本书获二〇二一年贵州省出版传媒事业发展专项资金资助
本书获贵州省孔学堂发展基金会资助

【阳明文库】学术专著系列

本体与方法

——王阳明及其后学学术思想研究

【张新民 著】

孔學堂書局

本书获2021年贵州省出版传媒事业发展专项资金资助
本书获贵州省孔学堂发展基金会资助

图书在版编目（CIP）数据

本体与方法：王阳明及其后学学术思想研究 / 张新民著. —贵阳：孔学堂书局, 2023.3
（阳明文库. 学术专著系列）
ISBN 978-7-80770-391-4

Ⅰ. ①本… Ⅱ. ①张… Ⅲ. ①王守仁（1472-1528）—哲学思想—研究 Ⅳ. ①B248.25

中国国家版本馆CIP数据核字(2023)第020006号

阳明文库（学术专著系列）
本体与方法——王阳明及其后学学术思想研究 张新民 著
BENTI YU FANGFA:WANGYANGMING JIQI HOUXUE XUESHU SIXIANG YANJIU

项目执行：苏 桦
责任编辑：丁 羽
责任校对：王紫玥 孟 红
书籍设计：曹琼德
责任印制：张 莹

出　　品：贵州日报当代融媒体集团
出版发行：孔学堂书局
地　　址：贵阳市乌当区大坡路26号
印　　刷：雅昌文化（集团）有限公司
开　　本：889mm × 1194mm　1/24
字　　数：327千字
印　　张：14.25
版　　次：2023年3月第1版
印　　次：2023年3月第1次
书　　号：ISBN 978-7-80770-391-4
定　　价：128.00元

阳明文库

目录

绪 论

阳明研究的百年审思

回顾与前瞻
——阳明学研究的百年经验总结

中国几千年的历史文化，诚可谓源远流长，人才辈出，但能同时做到“立德”“立功”“立言”三不朽者，则旷世难寻，为数不多，王阳明即为其中少数几个“真三不朽”的大儒。他以不世出的天资英才，一生汲汲于讲学论道，不仅开创了一个极为重要的心学时代，而且凭借平定宸濠之乱的功绩，缓和了明王朝内部深刻的政治危机，不可不说是道德、功业、文章冠绝千古，影响世道人心既深且巨。他的思想自明代中后期以来即“流传逾百年”①，延及晚近仍发出很大的声光，不仅显示出自身固有的强大学术生命力，而且也成为与西方思想对话的重要思想资源。也就是说，自20世纪以来，王阳明的哲学思想便已进入了西方人的学术视野，成为与朱子学相媲美的又一东方热门学问，阳明学乃是他们进行中国问题研究的一大重要领域。

一、中国阳明学研究的百年回顾

阳明学的研究已逾几百年，不同的诠释可谓充盈于耳，评价的升降起伏固然有内部学术理路范式转移的原因，但也明显受到了外部政治气候的干扰或影响。明清嬗变，山河巨变，回翔瞻顾，痛定思痛之余，自然要对前代学术做出反思和总结，于是阳明思想难免遭到各种褒扬与贬斥。而近代以来不少政治家和思想家之所以重视阳明心学，或多或少亦带有急迫的功利性目的。而与此同时，即至迟20世纪二三十年代，一批受过日本或西方学术文化熏陶的学者，开始主动、自觉地借助异域哲学方法或分析范畴，重新探讨阳明心学思想的特征及其社会意义。较有代表性者如梁启超的《王阳明知行合一之教》（1926）、黄建中的《王阳明与裴希脱》（1927）、蒋径三的《王阳明之直觉主义》（1928）、冯友兰的《宋明道学中理学心学二派之不同》（1932）、钱穆的《王阳明》（1933）等，无论成熟或不成熟，全盘照搬或有意消化吸收西学，均显示出东西方学术交融互鉴过程中特有的典范转移的特征。其中梁启超特别强调“致良知”必须“体认本体亲切”，乃是“一了百了的法门”，但同时也

---

① 张廷玉等:《儒林一》,《明史》卷二百八十二，中华书局1974年版，第7222页。

有必要重视“知行合一”工夫，否则“知行不复合一，又陷于‘知而不行，只是不知’之弊，其去阳明之本意远矣”[①]。钱穆则提出了不同于清儒的另一研究新方法，即王学表面“简易直捷”，实际仍从“深细曲折处来”，因而必须“脱弃训诂和条理的眼光，直透大义反向自心”，才能求得王学之“着精神处”。钱氏之说无异于要摆脱清代考据学拘泥于文字表层的干扰，直接以程朱之学还程朱，以陆王之学还陆王，虽赞同者未必就多，暗中亦必有西学的挑激，但仍反映了以心学方法解释心学传统的潜在致思取向，体现了由清学返归宋学的另一时代发展趋势。[②]

20世纪50年代以来，由于特殊的政治秩序和气候背景，中国大陆学界研究陆王心学可谓起伏跌宕，学术话语倏忽之间遂多转换成了政治话语，其中唯物主义或唯心主义、辩证法或“形而上学”两重标准，乃是陆王心学判断定位的绝对依据，在任何人都无法逃遁的意识形态“铁笼”中，陆王心学理所当然地被戴上主观唯心主义的帽子。延至“文革”期间，真正的研究实际已完全中断，代之而起的不过是口号式的荒诞性批判。如同政治权源居于中心则学术文化必退于边缘一样，唯物唯心的二分法也将历史人物切割成了中心与边缘两重决然不同的天地。因此，从理想的积极层面看，政治与学术固然应该在善的目的论的终极处有所交汇；但以现实的消极立场言，政治与学术为了防范恶的手段性侵扰又必须各自分途。

陆王心学思想研究的复苏，主要以1981年首次在杭州召开的宋明理学国际学术研讨会为标志。此外，中华书局陆续出版了诸如《陆九渊集》（1980）、《明儒学案》（1985）、《陈献章集》（1987）等一类心学人物的著述典籍，而阳明学的研究也开始摆脱教条主义的束缚，能够拥有较多的自由空间发表自己的研究成果，并形成了

---

① 梁启超：《知行合一与致良知》，《名家今论》，《阳明精粹》，张新民主编，孔学堂书局2014年版，第56页。

② 如稍后钱穆、陈寅恪先生即明确提到：“吾国近年之学术，如考古历史文艺及思想史等，以世局激荡及外缘薰习之故，咸有显著之变迁。将来所止之境，今固未敢断论。惟可一言蔽之曰，宋代学术之复兴，或新宋学之建立是已。华夏民族之文化，历数千载之演进，造极于赵宋之世。后渐衰微，终必复振。”（陈寅恪：《邓广铭宋史职官志考证序》，《金明馆丛稿二编》，上海古籍出版社1980年版，第245页）即反映了由清学返归宋学，乃是不少学人心中暗藏的价值诉求。而西学之挑激，则为一大助缘。惟王学乃承象山而发扬孟子心性之说，而宗程朱又兼取陆王的明代学者亦复不少，故广义之宋学，亦可包括明代心学。

与中国港台地区及与日美韩等国学者良好互动的学术局面。尽管从整体上看，心学发展固有的一派活泼天机状态迄今仍未恢复，[①] 无论正面或负面的学术经验均缺乏开阔宏通的反思和总结，但毕竟以西方唯物、唯心的生硬二元切割做出的歪曲性误解误读已成为历史，透过王阳明一生的事功业绩及相关著述直接还原其本来面目的研究成果已越来越多。

二、日本、韩国的阳明学研究发展走势

东亚地区以日本为重镇，他们对阳明学的研究显得相对深入。或许早在阳明生前，即有日本学者与阳明有过交谈接触。而真正使阳明心学广泛流传于当地的，则当以中江藤树（1608—1648）的转输工作为最早，时去阳明逝世不过九十年，诚可谓推动阳明学远播日本的第一人。[②] 以后至迟明治维新时期，日本学人甚至一度将阳明学说作为推动社会变革的指导思想，佐藤一斋、佐久间象山、横井小楠等著名学者均间接或直接地提出了“东洋道德，西洋艺术，精粗不遗，表里兼该”的主张。而无论衡以政治实践或生活实践，阳明学对他们的影响均可谓既深且巨，[③] 不仅透过长期向中国或明或暗的学习“发展出了日本版的阳明学”，而且更将其“作为自己个人生存方式的根本”[④]。诚如牟宗三所说：“一种学术，流于他国，常有新面目、新作用，亦可为新表现。或‘橘逾淮为枳’，此其坏者也。或‘天地变化草木蕃’，此其善者也。在日人，得善果而不得恶果，则益足增加吾人之反省矣。”[⑤]

自中江藤树创立阳明学派以后，“日本封建制度之瓦解及其全国

---

① 对心学思想资源适当作出哲学理论式的解读固然十分必要，但也会自觉不自觉地落入“理障”的窟窿（认知的包围）之中，丧失了其一贯固有的活泼灵性与创造劲气，诚可谓只知“比量”而不知“证量”或“现量”，了解真理的认知而不了解真理的直觉。

② 参见张君劢：《王学之衰落与日本阳明学之兴起》，中国人民大学出版社2006年版，第333页。

③ 佐藤一斋曾撰有《传习录栏外书》，于阳明学的传播贡献甚大，见《佐藤一斋全集》，（东京）明德出版社1999年版。

④ 野岛透：《日本阳明学的实践精神：山田方谷的生涯与改革路经》，钱明编译，上海古籍出版社2014年版，第176页。

⑤ 参见牟宗三：《校后记》，张君劢：《比较中日阳明学》，（台北）中华文化出版事业委员会1955年版。

统一于天皇之下的情形，阳明哲学发挥了很大的功效”①。故针对日本王学运动的实际，章太炎特别强调：“日本维新，亦由王学为其先导，王学岂有他长？亦曰‘自尊无畏’而已。”②梁启超也指出：“吾国之王学，唯心派也，苟学此而有得者，则其人必发强刚毅，而任事必加勇猛，观明末儒者之风节可见也。本朝二百余年，斯学销沉，而其支流超度东海，遂成日本维新之治，是心学之为用也。”③可见阳明心学始终受到日本民族的重视，不仅阳明信徒多刚毅果决之豪士，即政治举措亦得其精神活力之浸淫，当然也就不能不成为哲学研究的重要内容。这一传统至今尚在延续，成果累积的数量已极为可观。④ 举凡国内重大的王学学术活动，均可看见日本学者的积极参与。譬如著名阳明学家冈田武彦就多次沿着王阳明行踪足迹考察，与贵州学者交流过“体认之学”的理念。⑤类似的交往活动日见增多，讨论的题域日益广泛，于是遂因心性之学体认方法的认同，形成了一个遍及海内外的研究群体。而阳明学及其研究队伍的广泛国际性地缘格局分布，也决定了我们必须具备跨地域、跨国界的广阔视野，多方面地撷采海内外学者治学成果之长，才能更好地从事未来学术进步事业的开拓发展工作。

韩国集大成的阳明学者当首推郑霞谷（齐斗，1649—1736），乃是由敬重考亭（朱熹）折转为服膺阳明的一代大儒，不仅创辟了韩国的阳明学——霞谷学，反映中国阳明学向东亚各国延伸的发展趋势，而且自成一套理论系统，体现了韩国学术致思取向的民族性特点，表现出如实体认宇宙人生真谛的强烈色彩，显示了调适安顿现实生命存在的睿明哲思智慧。⑥ 他一方面延绵了栗谷、明斋等人的思

---

① 张君劢：《王学之衰落与日本阳明学之兴起》，第337页。

② 章太炎：《答铁铮》，《章太炎全集》（第4册），上海人民出版社1984年版，第369页。

③ 梁启超：《饮冰室文集》（第9册），中华书局2015年版，第46页。

④ 晚近以来日本学者王学研究的具体成果情况，可参阅永富青地、松野敏之合撰之《近十年阳明学关系论著目录：日本の部・1998年—2008年》（日本早稻田大学创造理工部：《人文社会科学研究》2009年3月号）。

⑤ 冈田武彦一生有关阳明学的著述甚多，举其要者如《王阳明大传：生涯与思想》、《王阳明与明末儒学》、《王阳明全集抄评释》、《王阳明纪行》（上下）等，均已收入《冈田武彦全集》，由日本明德出版社于2002年至2007年陆续出版。而推动中日两国阳明文化交流，亦可谓与有力焉。

⑥ 有关阳明学传入韩国的时间及分期阶段，以及霞谷本人对王学的传承与发挥。（李甦平：《论郑霞谷阳明学思想》，张新民主编：《阳明学衡》（第二辑），贵州人民出版社2006年版，第30—44页）

想系谱，不能不说多有继承意义的“因”，一方面又依据阳明学不时修证前人之说，更突出表现了发展意义上的“创”。他依据阳明建立起来的良知学说系统，则明显强化了人类道德实践活动的主体性与能动性。① 故其学术地位亦足可比肩日本阳明学鼻祖中江藤树。尽管朝鲜的朱子学始终压倒着阳明学，二者之间乃至有“正统”与“异端”的争论或分判，但依然不乏如南彦经（1528—1594）、李遥（南门弟子）等对王学有深刻体认的历史性人物，并产生了极为重要的阳明学派——江华学派。② 这一学派历经数百年的辗转发展，至今仍有其传人，不仅遗存的著述甚多，而且影响亦极为深远，同时也形成了较为成熟的理论系统，代表了阳明文化圈的又一地域—民族分布形态，值得结合中、日、韩三国的历史文化实际，依据不同时段的学者在接纳王学思想资源的过程中所作的阐释发挥和所赋予的具体新内容，并适当结合具有典范意义特征的个案，推动相互之间或同或异的深度比较及曲折会通工作的开展。

中国大陆的阳明学研究自20世纪80年代复苏以来，始终呈现出良好的发展势头，不仅参与的学者越来越多，而且研究的深度亦非昔日可比，范围则涉及阳明本人哲学思想的探讨分析，关联王门后学众多学派的挖掘阐发。也就是说，王学研究已非王阳明本人思想学说的解读阐发所能范围，王门后学各家各派的理论主张与学派特征也开始成为学界讨论的热点。这显然极为符合传统学术“辨章学术，考镜源流”的要求，既厘清了前后授受传承的渊源流变关系，也有裨于更好地把握自明迄清学术发展变迁的整体脉络，弥补了清朝以来数百年间王门后学研究成果长期匮乏的不足。而与此同时，以王阳明一生活动区域为思想资源凝聚热点，更形成了有趣的学术地缘分布格局，在其生长的浙江、悟道的贵州、建功立业的江西，分别形成了三大学术研究重镇，涌现出浙学、黔学、赣学三者齐头并进共同发展的良好局面。而从东亚阳明学的大范围看，显然也涌现出以中国为中心，中、日、韩三国良好互动的学术局面，不仅影响远播欧美各国，而且也具足了文

① 郑霞谷一生著述，大体均已汇辑为《郑霞谷集》，由韩国骊江出版社1988年刊行。

② 参见崔在穆：《东亚阳明学》，朴姬福、靳煜译，中国人民大学出版社2009年版，第47—74页。

明对话的必要条件。[①] 或可借用韩国学者崔在穆的表述，即“近代期与近世期不同，东洋学术与西欧学术文化互相渗透，哲学思想、文学、历史复杂地相结合，开始显现出时代的特征”。适足以说明文明对话的“俱熟果”的结出虽尚有较长的路途要走，但历史性的条件和可能已如朝阳一般在人类期望的地平线上冉冉升起。

三、阳明学说精义与时代特色

阳明的心学思想源自其深邃的生命体验，而每一次境界的跃升、发展和完善，都与他的人生苦难经历和生命磨练有关。他在龙场直面生死悟道之后发出的欣悦惊呼，堪称历史文化发展即将进入心学时代最震撼人心的思想惊雷。[②] 他在《教条示龙场诸生》中提出的立志、勤学、改过、责善等进德修业基本原则，更概括了生命成长和人格完善必须做到的四个方面。他的“心外无理”“心外无物”说，直下贞定了灵性生命应有的道德理性能力，揭示了活泼心灵必有的直观反应能力，突出了存在与存在之间互通互贯的价值意义，最大化地强化了人的意志力量及其所应承担的伦理责任。他的“知行合一”说明确肯定了复本体的重要，只要本体之“知”与本体之“行”不被私欲隔断，则必然能做到“知”与“行”的不二。“知”与“行”的不二即是“知”与“行”在本体实践活动中的统一，即是“知之真切笃实处，即是行，行之明觉精察处即是知”[③]，不仅强化了人的道德实践活动的必要，而且也极大地凸显了人的生命活动不可一日或缺的主体性精神。

以“心即理”“知行合一”说为理路脉络发展出来的致良知学说，乃是以简易直截的方式直指本体，并将之前各种成德的方法都纳入了工夫的范畴，而更能显示“体用一源，显微无间”的心学思想特点。“致良知”乃是阳明的晚年定见，也是学问大头脑，无论王门后学如何分化，都无不以良知学为根本宗旨，影响中国传统社会各阶

---

① 分析讨论阳明“知行合一”之说，撰文者历来甚多，而最精细缜密，并颇得阳明真义者，仍莫过贺麟《知行合一新论》一文（参见《名家今论》,《阳明精粹》，张新民主编，第17—21页）。

② 参见张新民:《思想史上的惊雷——王阳明龙场悟道简论》,《王学之旅》编委会编:《王学之旅》，贵州民族出版社2009年版。

③ 王守仁:《传习录中》,《王阳明全集》卷二，吴光等编校，上海古籍出版社1992年版，第42页。

层之深，虽在愚夫愚妇亦能开口即是良知。良知是“天则明师”，能知是知非，乃是生命价值感不断生发涌出的活泼机藏，当然也就意味着每一生命个体都拥有行为抉择的自由，不必盲从外部虚假权威，不能追逐世俗时髦潮流。

继“良知说”与“良知教”之后，阳明最后又应弟子钱德洪、王龙溪之询问，在家乡绍兴天泉桥，提出了有名的“四句教”，史称“天泉证道”。他以“四有”说工夫，以“四无”说本体，既兼顾了有与无，又涵盖了渐与顿，本体与工夫一并打尽，依然不失致良知的目的性根本旨趣。以无说本体，虽有本体而无本体之相，虽有工夫而无工夫之相，乃至无之一字亦浑然相忘，只是一圆融熟化境界现前；以有说工夫，则必须时时处处实地践履，步步下学以上达，刻刻调适而上遂，一样可以凭借循序渐进的方法臻至圆融熟化妙境。可见“四句教”乃是“彻上彻下语，自初学以至圣人，只此功夫。初学用此，循循有入，虽至圣人，穷究无尽，尧、舜精一功夫，亦只如此”[①]。只是考虑到世俗世间未悟未证者人数甚多，为善去恶乃是人类必须永远从事的庄严事业，阳明才更倾向于以“四有”说接引他人，始终强调实地践履工夫的重要与必要。但“四有”“四无”最终可以会通，不落二边才是本体与工夫合为一体的上乘法门，究竟孰当用孰不当用，如何契理契机灵活有效地施教，仍必须准确勘定每一个体的实存状况，凭借证量功夫或直觉智慧眼光恰到好处地予以处理，才能更好地防范流弊的产生或偏差的出现。[②] 至于天地万物一体之仁之说，则表现了一个儒者的人间关怀，反映了与佛教有别的儒学精神发展方向，依然是成德的工夫所要达致的目标，能够提供丰富的现代性诠释学意义，可以通过创造性的转化来丰富人类解决现实生存困境的思想资源和力量。

严格地说，阳明的良知学说，仍是对以孔孟为代表的儒家一贯主张的“仁义”之说的一种继续和发展，但却代表了宋明理学的又一思想发展高峰，具有崭新的时代意义和学术性价值内涵。而无论本体论或心性论，他都有自己大量的创造性发挥与契理契机的“时机化”言说：一方面乃是儒家“道统”集大成的总结者，不能不称

① 钱德洪：《年谱三》，王守仁：《王阳明全集》卷三十五，吴光等编校，第1307页。
② 参见张新民：《哲思探微》，《阳明精粹》，张新民主编，第175—215页。

为“源头活水”滚滚而来的思想学说；另一方面又是重建心学化儒家“道统”地位的重要创辟者，诚可谓最富原创性时代精神的一代鸿儒。回翔瞻顾，取鉴前贤，今天的人类已步入了文明对话的又一重要轴心时代，研究王阳明及其后学不仅是为了发思古之幽情，更重要的是着眼于将来的发展，以激活一切可供利用的思想文化资源，以涵盖东西方文化经验与智慧的宽广胸襟来谋求人类问题的解决出路。而依据传统丰富的心性学说思想资源，结合我们的实存感受和生命关怀智慧，辅以必要的现代科学观察手段，开出符合时代需要的既契理又契机的“新心学”（精神哲学），显然也应该上升为一代学人的主体自觉意识，成为重新寻找人类安身立命之道一大重要时代主题。①

四、主动参与世界文明的对话

如前所述，国际的深广比较视野，也为未来的阳明学研究（特别是新心学的创立）所必需。事实上，既往的阳明学研究，实际早已开启了比较与对话的大门——严格说比较即是一种对话——譬如阳明成圣理想与康德道德律令的比较，阳明美学思想与康德美学思想的比较，阳明的亲民思想与16世纪英国入世思想的比较，阳明心学与萨特存在主义的比较，阳明“天人合一”与海德格尔“天地神人”之说的比较，阳明生命教育思想与科尔伯格德育思想的比较，王阳明经典诠释思想与伽达默尔诠释学的比较，程朱陆王哲学与西方近现代哲学的比较等等，均为东西方学术视野交融会通所催生的重要研究成果，为今后进一步深入探讨古典学术思想奠定了历史性的基础。如果说阳明过去是儒学内部与朱子同质对话的一位异代知心谈伴，体现了传统学术思想自我调整和发展的深层智慧，那么今天他已越洋过海，成为与西方哲学异质对话的一位国际性诤友了。与文明的对话乃是多样性的对话一样，哲学思想的对话也应该是多元性的对话，它应该更深邃更宏广——代表人类最高瞻远瞩的理想

① 参见张新民：《视野交融下的哲学、宗教与科学——答香港城市大学邝振权教授问》，《阳明学刊》2009年第4辑；张新民：《多元化精神教育应成为第一义教育——就传统心学的现代意义答客问》，《阅江学刊》2010年6期。

和希望。与文明的对话相较，哲学思想的对话更应该展示人类最圆融究竟的智慧和勇气，体现人类最合情合理的命运判断和把握，彰显人类最鞭辟入里的存在勇气和批判力量。

如果追问哲学思想或学术理论的对话及其相互沟通何以可能？宋代大儒陆象山岂不早就有言："千万世之前，有圣人出焉，同此心同此理也。千万世之后，有圣人出焉，同此心同此理也。东南西北海有圣人出焉，同此心同此理也。"[①] 近人钱锺书亦云："东海西海，心理攸同；南学北学，道术未裂。虽宣尼书不过拔提河，每同《七音略序》所慨；而西来意即名'东土法'，堪譬《借根方说》之言。非作调人，稍通骑驿。"形下世界尽管是一分殊的世界，不能不最大化地突出特殊性的重要，但形上世界则是心同理同的世界，理所当然地应该强调普遍性的重要。天地宇宙之间只有人心最为灵明，灵明之心必能如实反映至明之真理，不但能做到人人心中都感到真理性的充实与喜悦，同时也能展开文明与文明之间的充满哲理旨趣的讨论和对话。何况今日交通之便利，往来之频繁，不仅东方西方近若比邻，即地球亦宛如一村落。而晚近以来，"理融欧亚，词驳今古，几如五光十色，不可方物"。则融合中西，会通古今，虽时有反复曲折，但仍不失为一种主流发展趋势。可见人类社会固然可能"由通而忽隔，当然也会正反转化，由隔而复通"[②]，重要的是能够真正以仁爱大心体贴天下之物，即所谓"因其所大而大之，则万物莫不大……因其所然而然之，则万物莫不然"[③]，不以私欲小我桎梏心体，以致"蔽其用于一身之小，溺其志于虚空之大"[④]，则必然会心了然于心同理同的妙旨，足以做好东西方精华文化的疏瀹会通工作。这是我们从道境视域生发出来的一种理论自信，也是我们认为阳明哲学可以参与世界文明对话的目的论预设。数千年的古今之争，一百多年的中西之争，无论地域、国别、时代、性别、族群、语言、阶层、礼俗、宗教、信仰有何差异，都终将因为心同理同的本体论

① 陆九渊：《杂说》，《陆九渊集》卷二十二，钟哲点校，中华书局1980年版，第273页。

② 钱锺书：《台湾版〈钱著七种〉前言》，《钱锺书论学文选》（第六卷），花城出版社1990年版，第248页。

③ 陈鼓应注译：《庄子今注今译》，中华书局2009年版，第452页。

④ 林乐昌：《正蒙合校集释》，中华书局2012年版，第401页。

道境性视域而找到会通融合的可能，从而将偏见、傲慢、僵滞、差异、分歧、争执、对抗、冲突消弭于无形。如同导源入河再汇归于深邃广袤的大海一样，观点学说虽千蹊万壑差异甚大，然论其心源则无不归本于一，最终都将相通相汇相融于人类思想苍茫无际的蓝天大海之中。

上篇

阳明体用哲学的实践化形成与发展

心学思想世界的建构与拓展
——以王阳明整合儒佛思想资源的学术活动为中心

王阳明乃是继孔子、孟子、朱子之后，在中国思想文化史上发出巨大声光的人物。其在中国思想史上的地位，完全可与朱子并埒。而分析传统中国思想世界的特点，则必然涉及儒、道、释三教。三教都极为关注生命存在的意义，都以形上本体的证入为终极诉求，[①]都在寻找对治人类生存病症的有效方案，都以拯救人类或安身立命为最终归宿。王阳明的龙场悟道，乃是儒学发展史上最具典范意义的思想性事件。阳明哲学可说是集传统心灵哲学大成的典范，尽管可视为直承孟子学说的儒家正脉，但也受到释老等多方面思想资源的影响，值得认真厘清其前后渊源流变，以说明东方形上哲学体用一源的智慧取向与方法论特点。

王阳明承宋代儒学余绪而起，一方面绵延象山学术精神发展方向，另一方面又多有自己的系统发明或创辟，不能不说是朱子之后的又一思想发展高峰，遂使陆王心学与程朱理学成为中国思想史上的两大儒家派别，而在理学之外另开出一片崭新的心学文化天地，建构并拓展了传统中国心学的思想世界。不过，他与朱子“宗旨各殊，持端自异，然说到极处，无非希圣希天，譬之狙栗，朝三暮四，朝四暮三，其各不同，其实则一”[②]。他们的学问路径尽管差异很大，但毕竟同属儒家阵营，都为孔、孟以降的大道正学，我们可以凭借“心”来彰显朱子所强调的“理”，也能够依据“理”来发明阳明所重视的“心”，二者之间不但不存在决然的对抗或冲突，反而有可能经过辩证综合获得新的创造性发展。

一、踏上儒家正学的早期心路历程

王阳明生活的时代，正是儒学发展承两宋余绪，正在酝酿新的变化的时期。而以儒为主，以释老为辅，“三教合一”已成为历史潮流，最终则经阳明登高一呼，遂出现心学盛极一时的时代。纵观宋明诸大儒证入道体者，虽有或深或浅的不同，但多得力于禅门思想资源的濡染，这也是不可否认的事实。特别是明代“之谈学者，新

---

① 关于形上本体之表述，三教之用词各有不同，依体起用后之向度亦有很大差异；而儒家由先秦至宋明，更有一个逐渐发展的过程，最终则建立了一个完整的形上义理世界。故此处言形上本体之证入，乃是一种理想型的归类或概括。

② 汤用彤：《理学谵言》，《理学 · 佛学 · 玄学》，北京大学出版社1991年版，第11页。

会之主静，河津之藏密，固已别具手眼。至于阳明、近溪，旷世而作，剖性命之微言，发儒先之秘密，如泉之涌地，如风之袭物，开遮纵夺，无施不可，人至是而始信儒者之所藏，固如是其富有日新。迨两公而始启其扃镉，数其珍宝耳”[①]。具见阳明及其门下学人，固然主要固守或传播儒家学说，但就证道方法与接人手段而言，仍明显具有禅宗的不少风格特点，足以显示已完全中国化的禅宗，也是儒学发展的一大重要增上缘，无论佛教的儒化或儒学的佛化，都是相互之间交流对话的必然结果，而儒学则在积极吸收、消化对方思想资源的同时，不断以新的生命形态开拓发展的空间和道路。

与宋代以来儒家理学的众多前辈一样，阳明早年亦曾出入于释老二氏，修习过天台止观法法门，[②] 受到禅宗多方面的影响。阳明弟子钱德洪（1496—1574）总结师门早年的心路历程，便以“三变”之说加以总结概括：

> 少之时驰骋于辞章，已而出入二氏，继乃居夷处困，豁然有得于圣贤之旨，是三变而至道也。[③]

钱氏所谓“已而出入于二氏”，证以与阳明同时的湛甘泉“溺于佛氏之习”之说，[④] 以及后来晚出的黄宗羲（1610—1695）“出入于佛、老者久之”等看法，[⑤] 都足以证明阳明早年曾一度精研过释老思想。至于阳明本人晚年的说法，则提供了更直接可靠的证据：

> 守仁早岁业举，溺志词章之习，既乃稍知从事正学，而苦于众说之纷扰疲疢，茫无可入，因求诸老、释，欣然有会于心，以为圣人之学在此矣！[⑥]

---

① 钱谦益著，钱曾笺注：《阳明近溪语要序》，《牧斋初学集》卷二十八，钱仲联标校，上海古籍出版社2009年版，第863页。

② “道本无为只在人，自行自住岂须邻？坐中便是天台路，不用渔郎更问津。”（王守仁：《别方叔贤四首》，《王阳明全集》卷二十，吴光等编校，第722页）

③ 钱德洪：《刻文录叙说》，王守仁：《王阳明全集》卷四十一，吴光等编校，第1574页。

④ 湛甘泉：《阳明先生墓志铭》，王守仁：《王阳明全集》卷三十八，吴光等编校，第1401页。

⑤ 黄宗羲：《文成王阳明先生守仁》，《明儒学案》卷十，沈芝盈点校，中华书局2008年版，第179页。

⑥ 王守仁：《传习录下》，《王阳明全集》卷三，吴光等编校，第127页。

可见钱、湛、黄三家之说，均有坚强的事实可作凭借。而自宋以迄明代，所谓“出入于释老”二氏之学，无论如廉、洛、关、闽，当然也包括象山、白沙，其实这都是他们共同的文化语境遭遇。稍有不同者，则为唐宋盛极一时之后，迨“有明中叶，佛教式微已极，万历而后，宗风复振，东南为盛，西南亦被其波动”[①]。故明代佛教声势虽远不及唐宋，但从传播范围看，则不能不说波及面越来越广。盖僧徒“往往一瓢一笠，即可遍行天下，故凡政治势力未到之地，宗教势力恒先达之”[②]。而当时佛教中国化之程度亦较先前更为明显。如与唐宋诸大儒相较，则阳明对佛教义理的把握，似更能深入其神髓，当然也就能够多方面吸收取鉴，并凭借其罕见的“性智”[③]直觉眼光，将其化为自己颇有创造性特征的学风，重建儒家精密系统的心学形上学，从而再塑民族文化精神，开出一时代的文化发展方向。

与“两宋诸贤何尝不与诸禅德往复，但谓有资于彼，事则不然”[④]不同，阳明从不讳言自己曾受到佛教思想的影响，对释老明显具有更多的发自生命境界的同情了解。《传习录》载他与萧惠的对话：

> 萧惠好仙、释，先生警之曰：“吾亦自幼笃志二氏，自谓既有所得，谓儒者为不足学。其后居夷三载，见得圣人之学若是其简易广大，始自叹悔错用了三十年气力。大抵二氏之学，其妙与圣人只有毫厘之间。汝今所学乃其土苴，辄自信自好若此，真鸱鸮窃腐鼠耳！”惠请问二氏之妙。先生曰：“向汝说圣人之学简易广大，汝却不问我悟的，只问我悔的！”惠惭谢，请问圣人之学。先生曰：“已与汝一句道尽，汝尚自不会。”[⑤]

阳明先称“自幼笃志二氏”之学，再云“错用了三十年气力”，

---

① 陈垣：《明季滇黔佛教考》，河北教育出版社2000年版，第234页。

② 陈垣：《明季滇黔佛教考》，第358页。

③ “性智”一词，乃借用熊十力之说，主要指真正觉悟自己本心本性的直观的本体的智慧，而与认识论意义上的理性或经验的“量智”大有区别。（参见熊十力：《新唯识论》，中华书局1985年版，第36—37页）

④ 马一浮：《圣传论序》，《序跋书启》，《马一浮集》（第2册），丁敬涵校点，浙江古籍出版社1996年版，第35页。

⑤ 王守仁：《传习录上》，《王阳明全集》卷一，吴光等编校，第36—37页。

可见他浸淫于禅学及道教思想世界之中，的确是既深且久。类似的说法，亦见他的《长生诗》：

长生徒有慕，苦乏大药资；名山遍探历，悠悠鬓生丝。微躯一系念，去道日远而；中岁忽有觉，九还乃在兹。非炉亦非鼎，何坎复何离；本无终始究，宁有死生期？彼哉游方士，诡辞反增疑；纷然诸老翁，自传困多歧。乾坤由我在，安用他求为？千圣皆过影，良知乃吾师。[①]

虽为诗化之言说，然仍可见他曾一度向往过仙家之说，修炼过道家的长生不死之术。钱德洪说他“学静入于阳明洞，得悟于龙场，大彻于征宁藩”[②]，可见他一度在绍兴会稽山的阳明洞，修习老、释两家入静的证道工夫，其重要性在熟悉阳明思想的钱氏看来，堪比龙场顿悟和征宁藩大彻。但阳明“中岁”以后，便已自觉放弃。考其具体时间，则当在“游九华归，筑室阳明洞中，泛滥二氏学，数年无所得”[③]之后，即《年谱》所云“渐悟仙、释二氏之非”[④]，时年恰值三十一岁。然未几即遭受刘瑾之难，虽在流离跋涉途中，却初步证到了空性，[⑤]遂为龙场悟道准备了前提条件。诚可谓：“趣真者颠沛于观空，徇物者沦胥于有取，情计之蔀不祛，智照之明不作，哲人之忧也。”[⑥]最终则经历了龙场九死一生的大彻大悟，踏上了迈向圣境的不归之路，并以良知学说为生命安顿的终极归宿，再次创造性地发展了儒家的心性之说。

---

① 王守仁：《长生》，《王阳明全集》卷二十，吴光等编校，第796页。

② 钱德洪：《上游国序》，王守仁：《王阳明全集》卷二十九，吴光等编校，第1038页。

③ 张廷玉等：《王守仁传》，《明史》卷一百九十五，5168页。

④ 钱德洪：《年谱一》，王守仁：《王阳明全集》卷三十三，吴光等编校，第1225页。

⑤ 早在赴龙场之前，阳明便在长期习定的过程中，“内照形躯如水晶宫，忘己忘物，忘天忘地，与空虚同体，光耀神奇，恍惚变幻，似欲言而忘其所以言，乃真境象也”（王畿：《滁阳会语》，《王畿集》卷一，吴震编校整理，凤凰出版社2007年版，第33页）。而在赴龙场路途中，他又有“险夷原不滞胸中，何异浮云过太空”之诗句（王守仁：《泛海》，《王阳明全集》卷十九，吴光等编校，第684页），即以“太空”隐喻心体，以“浮云”暗示往来于心中的杂念，足以证明他已初步证到了空性。（参见张新民：《儒家生死智慧的超越性证取与突破——王阳明龙场悟道新论》，《贵州师范大学学报（社会科学版）》2015年第1期）

⑥ 马一浮：《新唯识论序》，熊十力：《中国现代学术经典·熊十力卷》，王守常编校，河北教育出版社1996年版，第3页。

二、政治压力环境下的学术策略主张

但是，阳明为什么一方面用“悔”与“悟”两种说法，以表示自己的生命信仰归宿，且依然与释、道两家有很大区别；一方面又强调释、道两家与儒学，其妙“只有毫厘之间”，仍始终对其保持了理解之同情，并未自封畛域而完全否定呢？

要准确回答上面的问题，必须摸清两方面的原因：一方面儒家在形上道体的活泼起用问题上，始终不舍离人必须存在于其中的现实世俗世界，希望以人文化成的方式来展开或建构道德生活与文化秩序，从而由个体的“善”通往社会的“善”，并最终实现天下的“善”，乃至有一充分彰显“理”与“善”的价值的大同社会的设计或安排。而佛教虽未必就完全否定现实世界，[①]然其说既以“十二因缘”“三法印”“六波罗蜜”为理论中心，遂不能不以了生脱死的彼岸成就为根本究竟，与儒学比较、互诠，二者始终存在很大的差距或不同。另一方面，王阳明曾明言“圣人之学，心学也，学以求尽其心”，但问题是“禅之学与圣人之学，皆求尽其心也”[②]，二者既然同为心学，当然也就容易授官方正统程朱之学以口实，进而攻击、讥诋阳明所倡导的心学为禅学。特别是伊川强调“天有是理，圣人循而行之，所谓道也，圣人本天，释氏本心”[③]。而阳明则将外在之天理收摄为内在本心之理（心即理），虽发明孟子一系固有的心性论，如白沙所说“往古来今几圣贤，都从心上契心传”[④]，更加彰显了人的自觉自证能力，极大地突出了人的主体地位与超越可能，但与尊朱崇朱者更重视“天有是理”，十分强调

---

① 在佛教不断中国化的过程中，就大乘佛教与禅宗而言，也在世间法与出世法之间采取了一种中道的立场，从而不仅将出世间法转化成了不离世间觉，而且也产生了建立人间净土的思想，故文中遂以“未必就完全否定现实世界”为说。

② 王守仁：《重修山阴县学记》，《王阳明全集》卷七，吴光等编校，第256、257页。

③ 程颢、程颐：《伊川先生语七下》，《河南程氏遗书》卷二十一下，《二程集》，王孝鱼点校，中华书局1981年版，第274页。伊川的说法，后来遭到戴东原的激烈批判：“夫人物，何者非本之天乎？岂得谓心必与天隔乎，彼（释氏）可起争者也。苟闻乎此，虽愚必明，虽柔必强。扩而充之，何一非务尽其心以能尽道。苟自以为是而不可与入尧舜之道，虽言理、言知、言学，皆似而非，适以乱德。”［戴震：《答彭进士允初书》，《东原文集》卷八，《戴震全书》（第6册），杨应芹、诸伟奇主编，黄山书社2009年版，第353页］是说似亦可参。

④ 陈献章：《次韵张廷实读〈伊洛渊源录〉》，《陈献章集》卷六，孙通海点校，中华书局1987年版，第645页。

与客观外在的形上系统有关的“理”或“义”相较，即在儒学内部也自成与程朱理学大有区别的另一思想体系，当然就容易遭人错认、误判为儒家外部的非同质的禅学，① 遂不能不将自己与释氏共有的心学的“毫厘之差”有意放大，目的则在于争取更多的正统性合法思想资源，减轻官方意识形态有形无形的巨大压力。或许清代学者距离宋明两代已远，他们的观察也较为客观可靠，不妨具引四库馆臣之说如下：

> 托克托等修《宋史》，以《道学》《儒林》分为两传，而当时所谓道学者，又自分二派，笔舌交攻，自时厥后，天下惟朱陆是争，门户别而朋党起，恩仇报复，蔓延者垂数百年。明之末叶，其祸遂及于宗社。惟好名好胜之私心不能自克，故相激而至是也。圣门设教之意，其果若是乎？②

具见无论阳明生前或身后，儒家内部的纷争始终很激烈，而阳明正是是非议论的核心对象。以他的聪敏观察和睿智判断，③ 不可能没有清醒的认识，必然会以主动的姿态积极回应、防范。④ 阳明自己便有言云：

---

① 黄宗羲曾比较阳明与释氏之说云：“或者以释氏本心之说，颇近于心学，不知儒、释界限只一理字。释氏于天地万物之理，一切置之度外，更不复讲，而止守此明觉；世儒则不恃此明觉，而求理于天地万物之间，所为绝异。然其归理于天地万物，归明觉于吾心，则一也。向外寻理，终是无源之水，无根之木，纵使合得，本体上已费转手，故沿门乞火与合眼见暗，相去不远。（阳明）先生点出心之所以为心，不在明觉而在天理，金镜已坠而复收，遂使儒、释疆界渺若山河，此有目者所睹也。”（黄宗羲：《文成王阳明先生守仁》，《明儒学案》卷十，沈芝盈点校，第189页）施邦曜也明确提道：“儒与佛俱向心上问消息，但佛只说个明心，不知穷理，便归空寂。儒者只是能穷理，不越一心，而万物皆备，参赞事业，俱本于一心。《大易》云：穷理尽性，以至于命。学者舍穷理，亦何事哉！”（王守仁原著，施邦曜辑评：《阳明先生集要》，王晓昕、赵平略点校，中华书局2008年版，第57页）他们都极力厘清儒释之间的区别，但二者既然都以心为工夫的下手处，心乃是自证自悟的前提根本，则彼此之间相似处仍多，故借讥禅而攻阳明心学，实为情理中必有之事。

② 永瑢等：《四库全书总目》卷九十一，中华书局1965年版，第769页。

③《明史·王守仁传》“守仁天姿异敏”云云，当是可靠的纪实之笔，具见其必有超常之智慧和能力。

④ 阳明龙场悟道后，“始论知行合一，始席元山书提督学政，问朱陆同异之辨。先生不语朱陆之学，而告之以其所悟。书怀疑而去。明日复来，举知行本体证之《五经》诸子，渐有省”（钱德洪：《年谱一》，王守仁：《王阳明全集》卷三十三，吴光等编校，第1229页）。可见他“不语”时人关注的朱陆异同，或即有意避开是非争论的一种策略性选择。又历代攻击为阳明为禅者甚多，其中最突出者即为王夫之“阳儒阴释诬圣”说。

圣人既没，心学晦而人伪行，功利、训诂、记诵辞章之徒纷沓而起，支离决裂，岁盛月新，相沿相袭，各是其非，人心日炽而不复知有道心之微。间有觉其纰缪而略知反本求源者，则又哄然指为禅学而群訾之。呜呼！心学何由而复明乎！[①]

所谓"哄然指为禅学而群訾之"云云，适可见阳明倡导心学所承受的巨大压力。特别是相当一部分尊崇朱学者，甚至认为"自考亭以还，斯道已大明，无烦著作，直须躬行"[②]，而阳明则自成与朱子有别的一套系统，当然就极有可能随时无端受谤。而动辄即对非官方的学说扣以"禅学"罪名，显然也是儒学内部排除"异端"的一种做法。故阳明所承受的压力不仅来自士大夫精英群体内部，同时当也杂有朝廷上下权力世界的声音。足证表面的儒与释的学术性区别分判，暗中也受到了外部政治力量的制约或牵引。阳明之所以突出儒与佛的"毫厘之差"，一部分的原因当缘于学术之外的政治。曩昔陈寅恪先生为《明季滇黔佛教考》撰序，曾感慨"世人谓宗教与政治不同物，是以二者不可参互合论，然自来史实所昭示，宗教与政治，终不能无所关涉"[③]。佛教一类的宗教尚且如此，儒家心学又何能例外！

三、形上旨趣的展开与落实

不过，阳明早年"笃志二氏"，主要源于他对形上本体的好奇探问或关怀冲动，当然也可说成是对证入道体的生命渴望或心理焦虑。[④] 这显然也是他踏上人生"求道"心路历程极为重要的一环，构成他后来龙场大彻大悟不可或缺的增上善缘。《年谱》载龙场悟道之前，他三十岁时"奉命审录江北"之事云：

先生录囚多所平反。事竣，遂游九华，作《游九华赋》，宿

① 王守仁：《重修山阴县学记》，《王阳明全集》卷七，吴光等编校，第257页。
② 张廷玉等：《薛瑄传》，《明史》卷二百八十二，第7229页。
③ 陈寅恪：《〈明季滇黔佛教考〉序》，陈垣：《明季滇黔佛教考》，第235页。
④ 参见张新民：《哲思探微》，《阳明精粹》，张新民主编，第13—15页。

无相、化城诸寺。是时道者蔡蓬头善谈仙，待以客礼请问。蔡曰："尚未。"有顷，屏左右，引至后亭，再拜请问。蔡曰："尚未。"问至再三，蔡曰："汝后堂后亭礼虽隆，终不忘官相。"一笑而别。闻地藏洞有异人，坐卧松毛，不火食，历岩险访之。正熟睡，先生坐傍抚其足。有顷醒，惊曰："路险何得至此！"因论最上乘曰："周濂溪、程明道是儒家两个好秀才。"后再至，其人已他移，故后有会心人远之叹。①

阳明之"笃志二氏"，上述文字最能清楚说明。即使如此，他之所以踏上儒家成圣的不归路，仍多得力于方外之士的提示。所谓"周濂溪、程明道是儒家两个好秀才"，显然具有未来人生方向该如何发展的点拨作用，决不可当作轻言慢语随意放过，否则后面的"会心人远之叹"，便根本无从着落。至于儒与释两条道路究竟孰去孰从，"终不忘官相"的阳明之所以决难选择释教的道路，根本的原因则是"儒者为学目的，学究天人之际，而以立人极（人本位）为宗，故学须致用，用世而以人文政教，为儒者之务；故以'诚意''正心''修身''齐家''治国''平天下'为入世准绳。佛学目的，以学通天人造化，但初以立人极为行道镃基，终至于超越人天，出入有无之表，应物无方，神变莫测。故以佛之徒视儒者，犹为大乘菩萨道中人；而以儒视佛，则为离世荒诞者矣"②。可见阳明选择的正是一条"立人极"（人道之标准原则）的儒者成圣之路，最终则以"三不朽"垂为世间楷模。只是到了晚年，特别是"天泉证道"之后，他才表现出更多的"出入有无之表"的行为特征，明显地以儒家"有"的立场，包容了禅宗"无"的智慧，③ 标志着儒学又一飞跃式的发展，弥补了既往学者难以"超越人天"的不足，显示出"凤凰翔于千仞"的卓荦人格风姿。

不过，蔡蓬头有似预言的"终不忘官相"，说明了早在龙场悟道之前阳明的人生发展方向。尽管阳明最终选择的是儒家成圣成贤的道路，却并不意味着他就放弃了对释、道两家学术思想资源探究

① 钱德洪：《年谱一》，王守仁：《王阳明全集》卷三十三，吴光等编校，第1225页。

② 南怀瑾：《禅海蠡测》，中国世界语出版社1994年版，第192页。

③ 参见张新民：《哲思探微》，《阳明精粹》，张新民主编，第195—199页。

的兴趣，甚至在龙场大彻大悟之后，他对佛教义理也依然抱持欣赏、理解的价值立场。试看他的《送日东正使了庵和尚归国序》一文的说法：

> 世之恶奔竟而厌烦拿者，多遁而之释焉。为释有道，不曰清乎？挠而不浊，不曰洁乎？狎而不染，故必息虑以浣尘，独行以离偶，斯为不诡于其道也。苟不如是，则虽皓其发、缁其衣、焚其书，亦逃祖繇而已耳，乐纵诞而已耳，其于道何如耶！
>
> 今有日本正使堆云桂悟字了庵者，年逾上寿，不倦为学，领彼国王之命，来贡珍于大明。舟抵鄞江之浒，寓馆于驲。予尝过焉，见其法容洁修、律行坚巩，坐一室，左右经书，铅采自陶，皆楚楚可观，非清然乎！与之辨空，则出所谓预修诸殿院之文，论教异同，以并吾圣人，遂性闲情安，不哗以肆，非净然乎！且来得名山水而游，贤士大夫而从，靡曼之色不接于目，淫哇之声不入于耳，而奇邪之行不作于身，故其心日益清，志日益净，偶不期离而自异，尘不待浣而已绝矣。①

该文撰成于正德八年（1513），时距龙场悟道已有四至五年，阳明刚升南京太仆寺少卿，归越途中畅论“《大学》宗旨，闻之踊跃痛快，如狂如醒者数日，胸中混沌复开，仰思尧、舜、三王、孔、孟千圣立言，人各不同，其旨则一”②，与朱子有别之心学思想已开始扩大其传播范围。但读《送日东正使了庵和尚归国序》一文，可知是时他依然对佛教的超越智慧十分激赏。唯该文原未收入阳明集中，《年谱》亦只字未提，揣其个中原因，不能不说是为了避免遭人攻诋，防范有违圣学宗旨之非议，从而尽可能地减轻来自外部世界的学术与政治双重压力。文中的“恶奔竟而厌烦拿”云云，明显是不满官方朱学的烦琐，痛恨以之为仕途敲门砖而竞相奔趋的做法。尽管他也对理想中的佛教与现实中的佛教做了必要的区分，但从“为释有道”等一系列概括性的评语看，他对佛教所抱持的态

---

①《送日本正使了庵和尚归国序》原载《阳明学入门》，日本明德出版社1970年版；又收入《王阳明全集》卷三十二，吴光等编校，第1201—1202页。

② 钱德洪：《年谱一》，王守仁：《王阳明全集》卷三十三，吴光等编校，第1235页。

度仍不能不说是积极正面的。阳明一生与僧人交往颇多，了庵和尚不过只是其中之一。从“心清”“志净”的赞叹，亦可见他对真修行人的尊重或肯定。这一切都源于阳明对由“性智”开出的道境的深邃观察和判识，即使立足于儒家的世间法价值立场，也必有对形上超越世界彻上彻下的契入或体悟，遂能对外显的人格形态发出认同性的赞叹。

龙场悟道之后的王阳明，虽然以儒家的精神发展方向为终极皈依，但也清楚地看到了儒、道、释三家在形上道体上的基本一致，[①]其对禅宗超越形器世间的本体智慧有着深刻的把握和了解。《传习录》载阳明与门人王嘉秀的问答说：

> “仙、佛到极处，与儒者略同，但有了上一截，遗了下一截，终不似圣人之全；然其上一截同者，不可诬也。后世儒者，又只得圣人下一截，分裂失真，流而为记诵词章，功利训诂，亦卒不免为异端。是四家者终身劳苦，于身心无分毫益。视彼仙、佛之徒，清心寡欲，超然于世累之外者，反若有所不及矣。……鄙见如此，先生以为何如？”先生曰：“所论大略亦是。但谓上一截，下一截，亦是人见偏了如此。若论圣人大中至正之道，彻上彻下，只是一贯，更有甚上一截，下一截？一阴一阳之谓道，但仁者见之便谓之仁，知者见之便谓之智，百姓又日用而不知，故君子之道鲜矣。仁智岂可不谓之道？但见得偏了，便有弊病。”[②]

师生之间的所问所答，诚可谓机应自然。而圣人之学彻上彻下，内外上下一概打通，所谓“上一截”“下一截”的区分，不过是一种方便之“权说”而已。但对“上一截同者不可诬”的看法，阳明始终没有直接否定，反倒出以“所论大略亦是”之言，表示大体能够认可。因此，针对如何通过工夫证入本体，然后再凭借本体开出大化流行的世界的问题，他又特别强调：“虽小道必有可观，如虚无、

---

① 笔者所谓形上道体之一致，乃是指语言道断、远离分判而又可默契证悟、体验妙解之形上体道，而一旦对道体展开言说，三家安立之名相则显然各有差异。至于三家之如实妙有（佛）、自然（道）、生生流行（儒），虽就道体的展开而言仍各有区别，但未必就不可以相融而不冲突。道体本身之一致与道体展开或涵盖内容之差异，乃是讨论三教异同的一大关键。

② 王守仁：《传习录上》，《王阳明全集》卷一，吴光等编校，第18页。

权谋、术数、技能之学，非不可超脱世情。若能于本体上得所悟入，俱可通入精妙。但其意有所着，欲以之治天下国家，便不能通，故君子不用。”[①]可见儒家“大中至正”“彻上彻下”的道境及与之相应的工夫，并非要否认无差别相的形上本体（无体之体）世界，只是在“下学上达”之后，尚要在无执无着的本体境域中，展开人类历史文化与政治秩序的建构工作。就修道、证道、行道的过程而言，诸如虚无、权谋、术数、技能等小道之学，倘真能悟入精微绝妙的道体，又能在起用上无执无着，则必有裨于人文化成的儒家事业，又何尝不可取之以为我用！

四、禅宗思想资源的批判性吸收

欲进一步了解阳明对佛教超越精神持何态度，则当细读他与陆静原的书信往返。盖陆静原尝致书阳明求教，谈到“佛氏‘于不思善不思恶时认本来面目’，与吾儒‘随物而格’之功不同”时，阳明曾明确回答他说：

> “不思善不思恶时认本来面目”，此佛氏为未识本来面目者设此方便。“本来面目”即吾圣门所谓“良知”。今既认得良知明白，即已不消如此说矣。“随物而格”，是“致知”之功，即佛氏之“常惺惺”，亦是常存他本来面目耳。体段工夫，大略相似。但佛氏有个自私自利之心，所以便有不同耳。今欲善恶不思，而心之良知清静自在，此便有自私自利，将迎意必之心，所以有“不思善、不思恶时用致知之功，则已涉于思善”之患。孟子说“夜气”，亦只是为失其良心之人指出个良心萌动处，使他从此培养将去。今已知得良知明白，常用致知之功，即已不消说夜气；却是得兔后不知守兔，而仍去守株，兔将复失之矣。欲求宁静欲念无生，此正是自私自利，将迎意必之病，是以念愈生而愈不宁静。良知只是一个良知，而善恶自辨，更有何善何恶可思？良知之体本自宁静，今却又添一个求宁静；本自生

① 陈荣捷：《传习录拾遗》，《王阳阳传习录详注集评》，台湾学生书局1983年版，第409页。

生，今却又添一个欲无生；非独圣门致知之功不如此，虽佛氏之学亦未如此将迎意必也。只是一念良知，彻头彻尾，无始无终，即是前念不灭，后念不生。今却欲前念易灭，而后念不生，是佛氏所谓断灭种性，入于槁木死灰之谓矣。①

“不思善不思恶时认本来面目”，典出《六祖坛经·行由品》：“不思善，不思恶，正与么时，那个是明上座本来面目。”《坛经》载惠明（明上座）当下闻言，即有彻悟。所谓“本来面目”，禅宗或又作“本来鼻孔”“本来人”“无位真人”，均隐喻或象征人人皆有的本来“自性”。六祖慧能又特别强调“以无念为宗，无相为体，无住为本”；无念即“于念无念”。具体而言，则“念念不住，前念、今念、后念，念念相续，无有断绝，若一念断绝，法身即是离色身。念念时中，于一切法上无住……即无缚也”②。

与“本来面目”类似，“常惺惺”也是禅门大德常用的隐喻性说法，主要是指心体的清明不昏昧，以此确保心性本体的常寂常照；即如儒家学者阳明，也认为这是“常存他本来面目”——“自性”的一种重要方法。从根本上说，“湛一是寂，常惺是照。寂而常照是心之本体，即性也。只缘散乱故昏昧，本体隐而不见。才收敛，则昏散之病祛而本体渐显，故敬是最要工夫。由释氏言之，即谓修持法门”③。而在阳明之前，朱子便已提出：“向来妄论持敬之说，亦不自记其云何，但因其良心发现之微，猛省提撕，使心不昧，即是做工夫底本领。本领既立，自然下学而上达矣。”④所谓“使心不昧”云云，即“常惺惺”的另一种表述。只是从朱子的儒学立场出发，根本的工夫仍在主敬，因为“敬是工夫，由此工夫复其本体，故谓‘成始成终，只是一敬’”⑤。因而朱子又特别强调：“若是敬时，自然主一无适，自然整齐严肃，自然常惺惺，其心收敛不容一物。”

---

① 王守仁：《传习录中》，《王阳明全集》卷二，吴光等编校，第67页。

② 慧能：《坛经校释》，郭朋校释，中华书局1983年版，第31—32页。

③ 马一浮：《儒佛篇》，《马一浮集》（第3册），马镜泉、楼达人、马仲嗣等校点，第1049页。

④ 朱熹：《与何叔京》，《宋元学案》卷五十八，贵州大学图书馆藏清光绪五年长沙寄庐刻本。

⑤ 马一浮：《儒佛篇》，《马一浮先生语录类编》，《马一浮集》（第3册），马镜泉、楼达人、马仲嗣等校点，第1049页。

而一旦“整齐严肃，此心便存，便能惺惺。若无整齐严肃，却要惺惺，恐无捉摸，不能常惺惺矣”[①]。可见即使在朱子看来，“常惺惺”也与主敬有关，而又牵连“整齐严肃”的吃紧方法。这一看法当然引起了后来倡导朴学的戴东原的不满，所以他要特别批评朱子：“复归释氏，反用圣贤言语指其所得于释氏者。”[②]而阳明则较朱子更进一步，直接将自己所提倡的“致知”之功等同于佛氏的“常惺惺”方法，认为二者“体段工夫，大略相似”，意在保持心体的“虚灵不昧”[③]，以证取所谓“本来面目”。而“本来面目”既为人人皆有的“自性”，“自性”实即《中庸》“天命之谓性”的“性”。“性”作为一种先验固有的形上存在，本来就远离一切后天经验的烦恼或染污，当然就可以被称为“本来面目”，以提示人们自觉自证而不必再假外求。

与朱子不同的是，阳明在肯定“常惺惺”与“随物而格”作为证取本体的工夫或手段，其相互之间并无本质的区别的同时，也一本其心学立场，将“本来面目”做了儒家心学化的处理：“心者身之主也，而心之虚灵明觉，即所谓本然之良知也。”[④]因而在他看来，“本来面目”实即他所谓的“良知”，只是后者在体用上更容易联系儒家所强调的人伦道德生活，一旦体认得清楚明白，便可不必再提前者。而“不思善不思恶”，并非不区分善与恶，而是“恶”不应成为捆绑人的系缚，“善”亦不能变为人的刻意造作。诚如施邦曜所说：“自私自利、将迎意必，俱是急于求善之念。大贤以下亦不能免。原宪克伐怨欲不行，可以为仁之问，即受此累。孔子告之曰：‘仁则吾不知也’。只是教他着力于难，何必计较，此是仁，欲其去此累也。若颜子之克复，则无是矣。”[⑤]只有“不将不迎”[⑥]，做到

---

① 黎靖德编：《大学四》，《朱子语类》卷十七，王星贤点校，中华书局1986年版，第371页，标点有所改动。

② 戴震：《答彭进士允初书》，《东原文集》卷八，《戴震全书》（第6册），杨应芹、诸伟奇主编，第352页。

③ “虚灵不昧，众理具而万事出。心外无理，心外无事。”（王守仁：《传习录上》，《王阳明全集》卷一，吴光等编校，第15页）

④ 王守仁：《传习录中》，《王阳明全集》卷二，吴光等编校，第47页。

⑤ 王守仁原著，施邦曜辑评：《阳明先生集要》，王晓昕、赵平略点校，第178页。

⑥《庄子·知北游》：“颜渊问乎仲尼曰：‘回尝闻诸夫子曰：无有所将，无有所迎。回敢问其游。’仲尼曰：‘……圣人处物不伤物，不伤物者，物亦不能伤也。唯无所伤者，为能与人相将迎。’”（陈鼓应注译：《庄子今注今译》，第627—628页）

"毋意，毋必，毋固，毋我"，亦即透过"不思善不思恶"的无执无滞的究竟工夫，才能直证形上本体。而证取形上本体后，又不能守着本体之"清静自在"，以为一切均可以不顾，否则即是自私自利，即是"将迎意必之心"，既意味着有执有碍。只有克服了人的一己私欲，才能真正彰显心性本体，开展以良知为动力资源的道德实践活动，维护人的存在尊严。因此，阳明对执染的警惕与批判不可谓不严，而证入形上本体本质上即为破执去染的过程，即使"不思善不思恶时用致知之功"，只要有一毫"人为"杂入其中，亦会成为生命境界中的粘缚，不自觉中便已构成"思善""思恶"——"将迎意必"的人生大患了。

五、儒家尽心之学的充量发挥

除"本来面目""常惺惺"外，阳明尚提到孟子的"夜气"说。《孟子·告子上》："其所以放其良心者，亦犹斧斤之于木也。旦旦而伐之，可以为美乎？其日夜之所息，平旦之气，其好恶与人相近也者几希，则其旦昼之所为，有梏亡之矣。梏之反覆，则其夜气不足以存；夜气不足以存，则其违禽兽不远矣。人见其禽兽也，而以为未尝有才焉者，是岂人之情也哉！"[①] 后人以为养性当重阳明所说的"良知"，养气则不能不关注孟子强调的"夜气"。其实在阳明看来，孟子的"夜气"说固然重要，乃是"收放心"不可忽视的工夫，但"致良知"的工夫已涵盖了"存夜气"的方法，故既已"知得良知明白，常用致知之功"，则"夜气"作为工夫论的目的已经达到，自然就不必过多突出。[②] 否则一旦目的与手段错位，胶着于工夫而遗弃了本体，便难免不是"得兔后不知守兔，而仍去守株，兔将复失之矣"。故江右王门学者罗洪先（1504—1564）遂一本阳明良知之说，以为"培养一段工夫"既然不可轻忽，则"夜气苟得其养，无物不长，所以须养者，缘此心至易动故也。……扩充不在四端后，

① 焦循：《孟子正义》卷二十三，沈文倬点校，中华书局1987年版，第775—776页。

② "良知在夜气发的，方是本体，以其无物欲之杂也。学者要使事物纷扰之时，常如夜气一般，就是通乎昼夜之道而知。"（王守仁：《传习录下》，《王阳明全集》卷三，吴光等编校，第106页）亦可视为他以良知工夫论解释《孟子》"夜气"说的一种补充。

却在常无、内交、要誉、恶声之心，所谓以直养也。养是常息，此心常如夜之所息，如是则时时可似乍见与平旦时，此圣贤苦心语也。'良知'二字是阳明公特地提出，令人知圣贤不远，方有下手处。然上面添一'致'字，便是扩养之意。又良知'良'字，乃是发而中节之和，其所以良者，要非思为可及，所谓不虑而知，正提出本来头面也"①。他在阳明的基础上继续发挥夜气说，强调其作为工夫论的重要性。但所谓"本来头面"实即"本来面目"，则工夫论的夜气说仍须从属于心性本体论，以尽心知性知天为根本目的，完全可以为良知或致良知说所涵盖。

由此可见，无论禅宗的"本来面目"，抑或儒门的"良知"，尽管称名用语不同，实质都离不开不可言说的形上世界，都以证入如如自然的真实道体为究竟。而道不可说，根本就无任何人工可以着力，亦非任何语言能够挂搭，又何有儒释道三家的分别？故阳明以"大略亦是"来回答儒、释、道三家"上一截同者，不可诬也"之说，的确并非一时敷衍漫应之语。② 诚如晚近鸿儒马一浮所说："不明乎道，何名为儒！苟曰知性，何恶于禅！儒与禅皆从人名之，性道其实证也。"③ 相对不可说的即整体即本体的道体而言，"儒佛等是闲名，心性人所同具。古来达德，莫不始于知性、终于尽性……唯知性而后能率性，率性而后能践形，践形而后能尽性"④。现象界一切分殊差异的存在，或者说各种纷纷纭纭"不齐"的现象，一旦返回其根源处的形上本体，都可由"道通为一"的显象式差异，化归为"齐物"式的道体存在状态。这是从下往上"知性"而证道，当然也可反过来，也可从上往下以"尽性"，从而开显道体，走出一条由"尽性"而"率性"而"践形"的实践路径，在分殊差异的现象界实现生命的价值，兑现"天命之谓性"不可推卸的人生责任。而无论向上或向下哪条路经，最终都是本体与现象不二，"理一"与分殊合一，形上与形下一体，依然是天地人我万物通而为一。就人的存在世界而言，无论道的证悟或道的开显，其间尽管可能有不少

① 罗洪先：《与尹道舆》，《罗洪先集》卷七，徐儒宗编校整理，凤凰出版社2007年版，第251页。
② 参见张新民：《王阳明"四句教"探释》，《贵州文史丛刊》1997年第4期。
③ 马一浮：《〈儒林典要〉序》，《马一浮集》（第2册），丁敬涵校点，第30—31页。
④ 马一浮：《答吴希之》，《马一浮集》（第1册），虞万里校点，第743页。

错综复杂的环节，但一切都以其主动自觉的实践活动为根本，不能不说是始于“尽性”又复归于“尽性”。

但是，无论起点或终点的“尽性”，从儒家的视域看，显然都是“参赞化育”的过程，其动力资源的活泉即为与道合一的本心本性。因此，形上本体并非“死体”而是“活体”，如同“知性”即证入本体以后尚要“尽性”一样，“悟道”之后则要“行道”，因而“率性践形”的生命实践工夫尤为重要，[①]否则便谈不上形上与形下互贯互通的“尽性”，也难以成就世间与出世间成一片的“行道”。所以阳明又反对“欲求宁静欲念无生”，认为这“正是自私自利，将迎意必之病，是以念愈生而愈不宁静”，实即唯识学所谓“（藏识）恒转如暴流”。严格地说，包括阳明在内的多数儒家学者，他们的辟佛本质上都“只就其小乘权教一边说，如去人伦，怖生死，求福报，此殊悖于圣人，自是偏小卑陋之说，不可以是为佛法。若其大乘实教圆顿之义，岂复有别？先儒容有察之未精者，不可以耳为目也”[②]。

当然，阳明尽管对佛教多有批判，但其学究竟是儒是禅，历来议论纷纭，莫衷一是，誉者难免过其实，毁者则多损其真。特别是入清以后，讥诋其学为禅者弥多，毁者甚至主张将其从孔庙废除。清儒恽敬（1757—1817）有鉴于此，遂有为阳明抱不平之言云：

> 阳明先生之学，是非可得而微辨焉。若以从祀言之，圣人之门岂若是之小哉！……若达磨所言“净智妙圆体自空寂”，大鉴所言“真如自性起念，六根虽有见闻觉知，不染万境，而真性常自在”，此皆本源之言，与阳明先生良知之说无异。故先生之学不得不谓之禅。然而有与禅异者，亦言“戒慎恐惧”，亦言“慎独”，亦言“礼”，亦言“仁义”，亦言“孝弟”，此则其异者耳。……夫圣人之道，固极其正者也，异端不得而混之，然其大则如天地之持载覆帱焉。冉有、宰我之过，后人为之，宋儒所必摈也，而以言语、政事为高弟子；曾子明孝道，其后有

---

① 谈到实践问题就必须引进历史性的维度，不能不涉及生活世界的场域，惜阳明较少论及此类问题，显然是一大历史遗憾。

② 马一浮：《儒佛篇》，《马一浮先生语录类编》，《马一浮集》（第3册），马镜泉、楼达人、马仲嗣等校点，第1058页。

吴起；子夏好论精微，其后有庄周；七十子之徒有颜子骄、施子恒、琴子张诸人，若是则圣人及门固非若一人之言，一人之行者，岂得谓圣门之杂哉？天地之道固如是也。今观浮图之有功力者，盖异于众人矣，况其精大者乎？是故释迦、达磨、大鉴诸人，苟世与孔子相及，当有所以待之者。而谓高朗博大如阳明先生，必不收录在弟子之列，此敬之断不敢信者也。[①]

恽敬是因为有人深斥阳明为禅，欲废其从祀孔庙，才说出上面一番话的。毫无疑问，他显然以阳明为孔孟道统正脉，赞成将其从祀孔子——尽管他对阳明及其后学也多有批评[②]——理由是阳明的良知说，的确与禅宗初祖达摩、六祖慧能的“净智妙圆，体自空寂”“真如自性起念，六根虽有见闻觉知，不染万境，而真性常自在”之说没有差别，但阳明与禅宗的相同只是“上一截”或“本源”处的略同，一涉及“下一截”或工夫论，如阳明所一再强调的“戒慎恐惧”“慎独”“礼”“仁义”“孝弟”诸说，二者的差异立刻凸显，阳明是儒是禅的学派立场归宿，亦不难判断或定位。倘若因为阳明借鉴了佛教的思想资源，即所谓“疑其以儒而盗佛”，则不过是“疑东邻之井盗西邻之水”而已，[③] 根本就看不到儒佛之间本来就同质的一面，遗忘了心同理同乃是人类能够沟通的根本前提，似又不免太过门户之见，偏执一端而丢失了全体。

六、无执无着的人格生命形态

值得注意的是，前引阳明所说的“其妙与圣人只有毫厘之间”，

---

① 恽敬：《姚江学案书后二》，《大云山房文稿二集》卷一，《四部丛刊》本。

② 恽敬针对王门后学的批评，主要为他们好立新义，而论其肇始，阳明亦有责任，盖明儒：“尝立一义以动天下，其才力不及者，亦必于师说少变焉，如止修诸人是矣。而开其始者，阳明先生致良知之说也。夫言‘致’则不得为良，言‘良’则不得为致，致良知之义岂可立哉！孟子兼良能言之，爱敬即能也。阳明先生去良能言之，良知之义亦不可立矣。于是一变而为良知即未发之中，未发岂有知耶？再变而为良知即天理，天理岂有知耶？及无端自言之，则曰‘人心灵明’而已，是良知不能该良能矣。不能该良能，必不能该性与情也。又无端自言之，则曰‘是非之心’而已，是良知不能该恻隐、羞恶、辞让矣。不能该恻隐、羞恶、辞让，必不能该性与情也。其后及门更多支骈，互相矛盾，皆由于此。”（恽敬：《姚江学案书后一》，《大云山房文稿二集》卷一，《四部丛刊》本）

③ 钱谦益著，钱曾笺注：《阳明近溪语要序》，《牧斋初学集》卷二十八，钱仲联标校，第863页。

即儒佛之间在道体起用上颇为微细的一点差别，犹如“喜马拉雅山一点雨，稍偏东一点，落在太平洋，稍偏西一点，落在大西洋去了。《易》所谓‘差之毫厘，谬之千里’，亦是此意”[①]。在“体”上固然难以对儒、释二家做出任何分判，但“用”上的任何微细差异，一旦化为社会生活的具体实践，则必然表现为极大的差异，显像为各不相同的行为事相，而儒与禅的分别亦不难从中清晰料简。阳明对此实早已有清楚的认识：

夫禅之学与圣人之学，皆求尽其心也，亦相去毫厘耳。圣人之求尽其心也，以天地万物为一体也。吾之父子亲矣，而天下有未亲者焉，吾心未尽也；吾之君臣义矣，而天下有未义者焉，吾心未尽也；吾之夫妇别矣，长幼序矣，朋友信矣，而天下有未别、未序、未信者焉，吾心未尽也。吾之一家饱暖逸乐矣，而天下有未饱暖逸乐者焉，其能以亲乎？义乎？别、序、信乎？吾心未尽也；故于是有纪纲政事之设焉，有礼乐教化之施焉，凡以裁成辅相、成己成物，而求尽吾心焉耳。心尽而家以齐，国以治，天下以平。故圣人之学不出乎尽心。禅之学非不以心为说，然其意以为是达道也者，固吾之心也，吾惟不昧吾心于其中则亦已矣，而亦岂必屑屑于其外；其外有未当也，则亦岂必屑屑于其中。斯亦其所谓尽心者矣，而不知已陷于自私自利之偏。是以外人伦，遗事物，以之独善或能之，而要之不可以治家国天下。盖圣人之学无人己，无内外，一天地万物以为心；而禅之学起于自私自利，而未免于内外之分；斯其所以为异也。今之为心性之学者，而果外人伦，遗事物，则诚所谓禅矣；使其未尝外人伦，遗事物，而专以存心养性为事，则固圣门精一之学也，而可谓之禅乎哉！世之学者，承沿其举业词章之习，以荒秽戕伐其心，既与圣人尽心之学相背而驰，日骛日远，莫知其所抵极矣。有以心性之说而招之来归者，则顾骇以为禅，而反仇雠视之，不亦大可哀乎！[②]

---

① 熊十力：《十力语要》，上海书店出版社2007年版，第177页。
② 王守仁：《重修山阴县学记》，《王阳明全集》卷七，吴光等编校，第257—258页。

阳明讲心，禅宗亦讲心，无论宇宙论、本体论、心性论、人生论，他们的哲学都以虚明灵觉之心为出发点，都有高明超越的一面，都关心“人类的存在以及真正的自由这样一些问题”，都要“使人类觉悟到自身主体实际上处在‘无我’的状态”①，遂难免有相似之处，亦都可统称为心灵（精神或生命）哲学。② 但阳明的“尽心知性”与禅宗的“明心见性”，一落入形下生活的实践界，转化为对治人生、社会病相的医救药方，便显然会在实际社会生活中产生很大的分疏。如果稍加比较：一说有家国天下关怀，不能不担负家国天下人伦责任，必须将心中之理外化为道德实践的具体行为，积极从事人间秩序的建构工作；另一说放弃家国天下关怀，根本就不担负家国天下伦理责任，未必就能将心中之理与外在的道德实践活动打成一片，从来都无意于人间秩序的建构工作。前者可说是内外合一之说，所得当为道之整体大全，成全的是至大至公的人生情怀；后者则为务内遗外之言，所得虽多而丢弃亦大，难免陷入自私自利之偏狭。熊十力先生曾强调：“儒者有二道焉，曰与礼乐，曰本天下为公之道，以立制度。是二者，皆所以发扬人类周通万物之知，以弘济天下，而无往不利者也。”③ 以此为分析判识根据，观察阳明一生思想基本取向，他对佛教的批判，主要仍集中在儒家实现其价值理想必须依托之纲常伦理上。而儒家纲常伦理之所以长期得以保持，不仅取决于诸如阳明一类的士人的自觉维护，同时也有赖于社会经济文化制度之绵延赓续。中国历史上“亦尝有悖三纲违六纪无父无君之说，如释迦牟尼外来之教者矣，然佛教流传播衍盛昌于中土，而中土历世遗留纲纪之说，曾不因之以动摇者，其说所依托之社会经济制度未尝根本变迁，故犹能借之以为寄命之地也”④。

因此，检讨阳明一生对人间社会秩序建构活动的关怀，他的立德、立功、立言三不朽行履事迹，以及可以作为人生托命之地的心学的兴起，恰好反差式地凸显了另有终极归宿的禅宗的衰落。良知学说不仅是救疗个人沉沦颓堕的警醒药方，同时也是激活人间道德

① 镰田茂雄：《禅思想的形成和发展》，戴燕译，《中国文化》1992年第1期。

② 参见张新民：《多元化精神教育应成为第一义教育——就传统心学的现代意义答客问》，《阅江学刊》2010年第6期。

③ 熊十力：《原儒》，《中国现代学术经典·熊十力卷》，王守常编校，第233页。

④ 陈寅恪：《王观堂先生挽词并序》，《寒柳堂集》，上海古籍出版社1980年版，第6页。

精神的思想资粮，均足以说明阳明是儒而非禅，否则便自小了圣学雍容恣肆的思想文化天地，忽略了道统绵延光大必有的托命，不符合儒家所强调的“持载覆帱”的天地精神，遗忘了超脱俗谛桎梏也是圣门重要的人格理想追求。或许还是阳明自己的话说得最好，不妨再读他与门人张元冲的一段对话：

张元冲在舟中问：“二氏与圣人之学所差毫厘，谓其皆有得于性命也。但二氏于性命中着些私利，便谬千里矣。今观二氏作用，亦有功于吾身者，不知亦须兼取否？”先生曰：“说兼取，便不是。圣人尽性至命，何物不具，何待兼取？二氏之用，皆我之用：即吾尽性至命中完养此身谓之仙；即吾尽性至命中不染世累谓之佛。但后世儒者不见圣学之全，故与二氏成二见耳。譬之厅堂三间共为一厅，儒者不知皆吾所用，见佛氏，则割左边一间与之；见老氏，则割右边一间与之；而己则自处中间，皆举一而废百也。圣人与天地民物同体，儒、佛、老、庄皆吾之用，是之谓大道。二氏自私其身，是之谓小道。”①

稍晚于阳明的佛教天台宗大师传灯（1554—1628），后来也强调“道该儒释，理则偏圆，各有攸归，曷容概与”②。与阳明“儒、佛、老、庄皆吾之用，是之谓大道”之说颇为接近。只是从阳明的“圣学”视域出发，儒家思想广袤无垠，完全可以涵盖佛、老二家，统摄世间各种学问，一概取之以为我用，而不必将“尽性至命”切于身而不染世累一类学问尽皆拱手送给他人。可见阳明乃是要用儒家思想来吸收、包融而非拒斥、对抗佛老两家，其心志胸量较其他同时、先后的儒者更加宽广宏大。

七、彻上彻下贯通合一的学问境界

与其他真正的儒者一样，阳明也不愿意纯粹沉浸在自己的精神世界之中，只是做一个思辨的、隐居的旁观者。更重要的是，他要

---

① 钱德洪：《年谱三》，王守仁：《王阳明全集》卷三十五，吴光等编校，第1289页。
② 传灯：《序》，《性善恶论》，福建莆田广化寺20世纪90年代末内部印本。

将个人的良知本体之善引入人类社会生活，做一个积极参与人间秩序建构工作的行动者，在变化自己生命内在气质的同时，也改造外部的客观世界。他的“知行合一”说“知是行的主意，行是知的功夫；知是行之始，行是知之成”[①]，显然也是以道德的真实感为前提，兼顾人生必有的“知”与“行”两方面而立论，以确保人类道德实践生活的有效性和可能性，力求真正做到“内圣”与“外王”的完整性圆融统一。而他晚年应机施教，门经纯熟，主要倡导良知学说，实为孟子“性善”论的再发展，遂使工夫境界浑然一体，道德实践的诉求更为突出。因此，阳明对佛教的批判，与其说是针砭大乘圆融教义及其慈悲精神，不如说是不满现实佛教不断世俗化过程中所滋生的流弊或病相。所以除了与禅宗六祖慧能一样，主张以“无念”的方法契入本体之外，阳明实际也积极倡导“无住”与“无相”工夫的重要性，尽管他将佛教误读为守住形上“清静自在”本体便一切不管，便是“自私自利”[②]，不知最重要的仍是在工夫论上彻底斩断“意根”，即使“藏识”当彻底舍弃，佛教救世的精神仍以自利利他为究竟。阳明又说：

> 圣人致知之功至诚无息，其良知之体皦如明镜，略无纤翳。妍媸之来，随物见形，而明镜曾无留染。所谓情顺万事而无情也。无所住而生其心，佛氏曾有是言，未为非也。明镜之应物，妍者妍，媸者媸，一照而皆真，即是生其心处。妍者妍，媸者媸，一过而不留，即是无所住处。[③]

“无所住而生其心”，出自《金刚经》：“应如是生清净心，不应住色生心，不应住声、香、味、触、法生心，应无所住而生其心。”[④]《坛经》载五祖弘忍为慧能说《金刚经》，至“应无所住而生其心”处，慧能言下大悟“一切万法不离自性”，并云：“何期自

---

① 王守仁：《传习录上》，《王阳明全集》卷一，吴光等编校，第4页。

② 大乘佛教教义，深广如海，其说固然要自度，然又何尝不度他，实即以自度度他为根本。而无缘大慈，同体大悲，虽度尽一切众生，却无众生相。盖满心悲情救世，然又无限超越也。故以“自私自利”冠之，显然太过偏颇。惜此处暂无法置辩，仅稍做交代而已。

③ 王守仁：《传习录中》，《王阳明全集》卷二，吴光等编校，第70页。

④ 江味农讲述：《金刚经讲义》，余晋、阮添愉点校，黄山书社2005年版，第163页。

性本自清静，何期自性本不生灭，何期自性本自具足，何期自性本无动摇，何期自性能生万法。”[①] 阳明之所以引用其说，固然可能直接来自《金刚经》，但更有可能辗转得自《坛经》，反映他的心学思想的形成的确与禅宗有甚深的渊源关系 。[②]

《金刚经》强调清净本心于色、声、香、味、触、法六尘之相一无所住，当然也不住六尘之相而生，只是随缘而住，任运而生，虽住而实无住，虽生而实无生，故“法法都显无住真心，物物莫非般若实相”[③]。而一个“生”字，则可见清净心人人本来内具，能够豁然现前朗照，如实了知生命真谛，把握法界真相。阳明深得佛家“无住”妙义，又出诸自己深邃的生命体验，遂以明镜取譬清净心体，而冠以颇有儒家价值向度的“良知”之名，以为良知之直觉慧照，即如大圆明镜之照物，物来即现，物去即寂——如从良知本体的起用流行看，便是“妍者妍，媸者媸，一照而皆真”，当然就是《金刚经》所说的“是生其心处”；倘从良知本体的绝待超越观，则为“妍者妍，媸者媸，一过而不留”，显然即为《金刚经》所说的“无所住处”。

禅宗六祖以“无住为本”，强调本体与工夫互贯互通的重要，一如宋儒区分“气质之性”与“天命之性”一样，乃是要如实返还成佛果位上的真实本性，而非永远停滞于凡夫因位上的客尘习染。因此，“无住”必须与“无念”相互配合，“于一切境上不染”，亦即“于自念上离境，不于法上生念。若百物不思，念尽除却，一念断既死，别处受生”。如果追问：“无者无何事？念者念何物？”答曰：“无者，离二相诸尘劳，真如是念之体，念是真如之用。自性起念，虽即见闻觉知，不染万境，而常自在。《维摩经》云：‘外能善分别诸法相，内于第一义而不动。’”[④] 与此相应，阳明虽不讲“别处受生”，不提生死轮回，但比较儒家的“将迎意必”与佛教的“无念”

① 慧能：《六祖坛经·行由品》，台北兹云山庄三慧学处1994版，第37页。

② 诗云：“岩下萧然老病僧，曾求佛法礼南能；论诗自许窥三昧，入圣无梯出小乘。高阁松风飘夜磬，石床花雨落寒灯；更深月出山窗曙，漱齿焚香诵《法》《楞》。”（王守仁：《山僧》，《王阳明全集》卷二十，吴光等编校，第764页）反映他极为熟悉慧能事迹，了禅宗核心大义。

③ 江味农讲述：《金刚经讲义》，余晋、阮添愉点校，第171页。

④ 慧能：《坛经校释》，郭朋校释，第32页。《维摩诘经·佛国品第一》：“能善分别诸法相，于第一义而不动。”

之“念”，作为一种由本体直接开出的工夫论，他同样认为二者均极为重要，都是入道的必备法门，根本就与本体不一不二。因而他又特别强调良知说与良知工夫：“只是一念良知，彻头彻尾，无始无终，即是前念不灭，后念不生。”不同处则为与佛家相较，儒家多讲“生”而少讲“死”，更强调“生生之德”或“生生之道”的重要，更突出“圣人致知之功至诚无息”等积极力量的不可或缺，从而也显得更加刚健有力，强化了作为主体的人的自强不息精神。所以他在无执无着的意义脉络下，也十分认同禅门“无住”的重要，但同时又在收摄凝定的语义逻辑上，否定了“无住”存在的必要，以为“前念易灭，而后念不生，是佛氏所谓断灭种性，入于槁木死灰之谓”，依然在儒、佛之间作了工夫论的大同小异的分判。阳明试图在形上世界消泯儒、道、释三家的界线，但依然在形下世界为三家切割出各自的畛域。尽管他对佛教误读误解的现象诚可谓屡见而不鲜，包括断灭种性一类的问题即在佛教内部也应有所防范和警惕。

然而即使如此，我们仍不难发现，“无念”“无住”虽为禅宗即体即用悟道、行道的重要工夫法门，而阳明实际早已将其视为重要的思想资源，积极主动地加以借鉴吸收，将其纳入他的良知与致良知学说体系之中，显示了儒者无有一物存于胸中的超迈妙境。后来晚出的王夫之曾激烈批评守仁：“至姚江之学出，更横拈圣言之近似者，摘一句一字以为要妙，窜入其禅宗，尤为无忌惮之至。”[①]虽持论不免过于偏激或苛刻，且未见阳明在家国天下关怀上与禅宗的分疏，但也可见阳明的确借用了大量佛教思想资源，以重建儒门的心性形上学与工夫系统。无怪乎任继愈先生认为“由禅到儒只差一小步”，后者是按照前者的思维方式、宗教修养方式向前发展的，表面看教义教理不能不有所转换，实际“两家是接着讲的”[②]，相互之间有着内在的逻辑联系。宋儒导夫先路是如此，阳明发扬光大更是如此。

当然，从阳明的良知学说视域看，尽管“上一截”殊难有儒、佛之间的区分，但“下一截”的确存在精神发展方向上的不同。尽管佛教的“清净真心”与阳明的“良知”并无本质上的不同，上下互贯互通的取向为两家所共有，但从体用一源（“彻上彻下”）大中至正一

① 王夫之：《俟解》，《船山全书》（第12册），岳麓书社1992年版，第489页。
② 任继愈：《从佛教到儒教——唐宋思潮的变迁》，《中国文化》1990年第2期。

贯之道的立场出发，阳明仍始终只大讲“良知”而绝少论及“清净真心”，甚至根本不愿在“上一截”与“下一截”之间做出过多的区分，明显地在言说的架构上有意地淡化了佛教的色彩而突出了儒家的向度。“良知”在他看来既能“无所住”，又能“生其心”，不仅在“体”上无一尘能为其纤翳，在“用”上也无一物作得其障碍，当然也就同时涵盖了超越界与现实界，联结了“上一截”与“下一截”，完全能够彻上彻下，将形上、形下两个世界无罅无隙地打成一片。

八、儒者必有的人间秩序关怀

阳明以“情顺万事而无情”与“无所住而生起心”互训互释，而使佛教思想儒家化，显然也反映了儒、佛之间的互动与交流，折射出儒、释、道三家趋同性发展的历史大方向。而阳明所引者本为程明道之言：“天地之常，以其心普万物而无心；圣人之常，以其情顺万事而无情。”[①]兹说显示了儒家廓然大公、物来顺应的人文主义情怀，[②]故历来引用者甚多，解释者亦不少。阳明当然也有自己的解读：“情顺万事而无情，只谓应物之主宰无滞发于天理不容已处。”[③]可见情之当有即有，当无即无，一皆顺应自然，而无有一毫滞碍。《传习录》载：

> 问：“知譬日，欲譬云，云虽能蔽日，亦是天之一气合有的，欲亦莫非人心合有否？”先生曰：“喜怒哀惧爱恶欲，谓之七情。七者俱是人心合有的，但要认得良知明白。比如日光，亦不可指着方所；一隙通明，皆是日光所在，虽云雾四塞，太虚中色象可辨，亦是日光不灭处，不可以云能蔽日，教天不要生云。七情顺其自然之流行，皆是良知之用，不可分别善恶，但不可有所着；七情有着，俱谓之欲，俱为良知之蔽；然才有着时，

---

① 程颢、程颐：《答横渠张子厚先生书》，《河南程氏文集》卷二，《二程集》，王孝鱼点校，第460页。

② 戴东原曾比较明道与阳明两家上述说法，认为“程子说圣人，阳明说佛氏”［戴震：《答彭进士允初书》，《东原文集》卷八，《戴震全书》（第6册），杨应芹、诸伟奇主编，第357页］，可见阳明较诸明道，其说佛教色彩似更明显。

③ 陈荣捷：《传习录拾遗》，《王阳阳传习录详注集评》，第408页。

良知亦自会觉，觉即蔽去，复其体矣！此处能勘得破，方是简易透彻功夫。”①

具见“七情”作为良知发用必有的现象，重要的是顺其自然而流行。而值得强调的是，儒家所谓的“情”本出于廓然大公，无论任何时候都不可有执着。无执着本质上即是《坛经》所说的“无相”。从儒家的视域看，良知的流行发用，本身即是破除执着的关键根本：“心无所用，则为死灰，不能经世，才欲用时，便起烦扰。用不用之间，何处著力？日月有明，容光必照。变化云为，往来不穷。而明体未尝有动。方不涉意象，方为善用其心。”②足证破除执着的目的，乃是为了更好地确保良知的发用流行，而良知的发用流行即意味着儒家所重视的道德实践动力资源的永不枯竭，人的道德主体精神的一派生机盎然。

如前所述，除“无念”“无住”之外，《坛经》又特别强调“无相”的重要：“无相者，于相而离相。……但离一切相，是无相；但能离相，性体清静。此是以无相为体。”③而以无相为体，当然就如《金刚经》所说：“无我相，无人相，无众生相，无寿者相。”④按照《坛经》的说法：“无者，离二相诸尘劳。”⑤则举凡生灭、有无、空有、人我、是非、染净、内外等一切二元对立，均一概超越而不执着，甚至连超越亦超越，既无有分别，无有对待，又不落二边，无有取着，视一切世间法或出世法空而不空，不空而空，能入一切境而无染，离一切相而发心。足证“无念”“无住”“无相”三位一体，乃是宗门极为重要的修行方法。尤宜注意者，除“无念”“无住”外，阳明亦同宗门大德一样，极力强调“无相”的重要。不妨试看阳明本人的说法：

仙家说到虚，圣人岂能虚上加得一毫实？佛氏说到无，圣人岂能无上加得一毫有？但仙家说虚从养生上来，佛氏说无从出离生死苦海上来，却于本体上加却这些子意思在，便不是他

① 王守仁：《传习录下》，《王阳明全集》卷三，吴光等编校，第111页。
② 王畿：《三山丽泽录》，《王畿集》卷一，吴震编校整理，第10页。
③ 慧能：《坛经校释》，郭朋校释，第32页。
④ 江味农讲述：《金刚经讲义》，余晋、阮添愉点校，第283页。
⑤ 慧能：《坛经校释》，郭朋校释，第32页。

> 虚、无的本色了，便于本体有障碍。圣人只是还他良知的本色，更不着些子意在，良知之虚，便是天之太虚；良知之无，便是太虚之无形。日月风雷山川民物，凡有貌象形色，皆在太虚无形中发用流行，未尝作得天的障碍。圣人只是顺其良知之发用，天地万物俱在我良知的发用流行中，何尝又有一物超于良知之外能作得障碍？①

如宋儒横渠以为“性通极于无，气其一物尔”②，明儒白沙强调要“常令此心在无物处”③一样，阳明也以“太虚”妙喻良知本体，均为大彻大悟之语，而表现出儒家特有的“无”的智慧。无怪乎王夫之后来径直认为：“王龙溪、钱绪山天泉证道一事，乃摹仿慧能、神秀而为之，其‘无善无恶’四句，即‘身是菩提树’四句转语。”④尽管王氏所说之两件学术史大事，实则分属儒门与禅宗两家不同的公案，“摹仿”之说未免稍嫌牵强附会，但毕竟二者又有惊人的相似之处，或许均为“无”的形上智慧的开显，说明儒、道、释三家虽在人间世态的对治与超越的问题上大相径庭，但又都可以统摄于以“无”为体的形上意义的道学之下。只是考虑到世间中下根器的人较多，阳明又特别强调“人有习心，不教他在良知上实用为善去恶工夫，只去悬空想个本体，一切事为俱不着实，不过养成一个虚寂，此个病痛不是小小，不可不早说破”⑤。可见工夫论意义上的“致良知”，在阳明看来也极为重要。故其“致良知大体，并非如佛教所说顿教，全无工夫，所言善便存，恶便去，何等痛切，并非谓一识良知即可放纵，不惟需知良知，并需知致良知，尤需时时知致良知也。王门之每不如宋儒之循循规矩者，抑亦不为时时为克己工夫耳”⑥。至于“不着些子意”，即无有任何的人为造作，廓然大公而又一派自然，一切均本于人伦物理之当然，必然就是毫无任

---

① 王守仁：《传习录下》，《王阳明全集》卷三，吴光等编校，第106页。标点略有改动。
② 张载：《正蒙》，《张载集》，章锡琛点校，中华书局1978年版，第64页。
③ 陈献章：《与湛民泽七》，《陈献章集》卷二，孙通海点校，第192页。
④ 王夫之：《俟解》，《船山全书》（第12册），第488页。
⑤ 王守仁：《传习录下》，《王阳明全集》卷三，吴光等编校，第118页。
⑥ 汤用彤：《理学谵言》，《理学·佛学·玄学》，第2—3页。

何执着，也可说是即一切相又离一切相。阳明巧以太虚说良知，同时又比较释、道两家，一方面突出了良知之“体”虚寂无形，本来就无执无染的特征；一方面则强化了良知之“用”周遍流行，必然能够无障无碍的功能。① 诚可谓明体而达用，依用而显体。特别是从体用无间的立场看，则可说儒家坚持父子、君臣、夫妇人伦大义，较诸佛教的出家修行而不担负人伦责任，反而更显得不着相：“佛怕父子累，却逃了父子；怕君臣累，却逃了君臣；怕夫妇累，却逃了夫妇；都是为个君臣、父子、夫妇著了相，便须逃避。如吾儒有个父子，还他以仁；有个君臣，还他以义；有个夫妇，还他以别，何曾著父子、君臣、夫妇的相。”② 阳明的说法不能说毫无道理，尽管佛教强调“先遣我、人相……儒者只言己私，不加分析，不如佛氏加以推勘，易于明了”③，而“去相”的目的只在“破执”，未必就是根本否定人间伦理。但他的良知与致良知说仍体现了“圣人大中至正之道，彻上彻下，只是一贯”。而所谓“上一截”“下一截”，不过只是方便权说而已。在这一意义脉络下，阳明当然只能是儒而非禅。阳明自己的《门人王嘉秀实夫萧琦子玉告归书此见别意兼寄声辰阳诸贤》诗即可例可证：

> 王生兼养生，萧生颇慕禅；迢迢数千里，拜我滁山前。吾道既匪佛，吾学亦匪仙。坦然由简易，日用匪深玄。始闻半疑信，既乃心豁然。譬彼土中镜，暗暗光内全；外但去昏翳，精明烛媸妍。世学如剪彩，妆缀事蔓延；宛宛具枝叶，生理终无缘。所以君子学，布种培根原；萌芽渐舒发，畅茂皆由天。秋风动归思，共鼓湘江船。湘中富英彦，往往多及门。临歧缀斯语，因之寄拳拳。④

《年谱》载“王嘉秀、萧惠好谈仙佛”，阳明“尝警之曰：‘二

① 参见张新民：《儒家圣人思想境域的正法眼藏——王阳明的良知与致良知学说及其现代意义》，钱明、叶树望主编：《王阳明的世界：王阳明故居开放典礼暨国际学术研讨会论文集》，浙江古籍出版社2008年版。

② 王守仁：《传习录下》，《王阳明全集》卷三，吴光等编校，第99页。

③ 马一浮：《宜山会语》，《马一浮集》（第1册），虞万里校点，第91页。

④ 王守仁：《门人王嘉秀实夫萧琦子玉告归书此见别意兼寄声辰阳诸贤》，《王阳明全集》卷二十，吴光等编校，第733页。

氏之学，其妙与圣人只有毫厘之间，故不易辨，惟笃志圣学者，始能究析其隐微'"[①]。具见他接引来学，尽管可能借用禅宗的方法，以破其执着，但更根本的仍是培养善根，澡雪精神，助发生机，步入儒家圣境。诚可谓"大匠不为拙工改废绳墨，羿不为拙射变其彀率"[②]。只是贤者固然需要教以上达之法，中人亦有必要通过点化而使其寡过，而一皆以生命"自得"之学为目的，始终未放弃家国天下秩序建构之关怀，不仅没有屈己道而就禅学，反而以心学的独特方法发展了儒家一贯之学说。

有必要强调的是，"上一截""下一截"的划分，虽仅为方便权说，但阳明对佛教的批判性扬弃，仍主要集中在"下一截"；一涉及"上一截"，他依然表现出对佛教的欣赏或好感。如前面提到的良知本体本自宁静，本自生生，如果头上安头，床上架床，宁静之上添一个"求宁静"，生生之上加一个"欲生生"，他认为便是滞碍，便是执着，"非独圣门致知之功不如此，虽佛氏之学亦未如此将迎意必也"。可见他的确透过"上一截"的真实证量工夫，吸收了大量佛教的思想资源，打破了儒、道、释三家形上道境的长期认知隔阂，表现出惊人的超越智慧。对心学多有不满的戴东原遂据此批评说："阳明尝倒乱《朱子年谱》，谓朱、陆先异后同。陆、王，主老释者也；程、朱，辟老释者也。"[③]具见与程朱一派的理学系统相较，陆王路数的心学体系与佛教的关系更为契应。而阳明较诸象山，似更具有综合发展的时代特征。其实无论吸收或批判佛教思想资源，都必须以熟悉其学说为前提，如果"不涉其藩，不登其堂，不入其室，岂可以断其是非得失之分数哉"[④]。则阳明之出入二氏，固然不能据此遽断其为禅，否则便是依其始而论其终，借其末而评其本，但也不能说佛教思想就对他毫无影响，忘记了三教合一自唐宋以迄元明便始终是历史发展的主要潮流，而阳明即为此潮流中的有力推挽者，代表了儒学发展的又一历史变动新趋势。至于"无念""无住""无相"之说，虽在禅宗早已成为一种广泛流行的修行证悟方法，一旦纳入

---

① 钱德洪：《年谱一》，王守仁：《王阳明全集》卷三十三，吴光等编校，第1237页。

② 焦循：《孟子正义》卷二十七，沈文倬点校，第944页。

③ 戴震：《答彭进士允初书》，《东原文集》卷八，《戴震全书》（第6册），杨应芹、诸伟奇主编，第357页。

④ 恽敬：《五宗语录删存序》，《大云山房文稿初集》卷三，《四部丛刊》本。

良知与致良知学说系统之中，便极大地丰富了儒家义理体系的具体内涵，扩大了儒家形上探问的可能空间，弥补了儒家形上智慧长期显得不足的缺憾，推动了儒学形上世界建构工作的积极开展。

九、孔孟道统的继承与发扬

严格地说，儒、道、释三家的历史性辩证综合发展，透过阳明一生经历及其思想境界的个案例证，显然不难了解其早已成为一大时代主题，始终朝着融通一致的方向相互转化。而纵观儒、释、道三家学术思想融通会合发展的全程，则可说：

> 二千余年间，迹虽相距，理常会通；外则各呈不同之衣冠，内容早已汇归一途，共阐真理。尝谓三家学术，论其端绪，则各有偏重。所谓偏重者，第言其入门途径之所取尚，非谓整体皆然。如儒家则偏重伦理，留心入世，善则有侠气，弊易入霸道。佛家则偏重心理，志求解脱，善则无可非议，弊则流于疏狂，而皆以心法入门，超拔精神进于“形而上”者。道家则偏重生理，从形质入门，善则出神入化，弊则易落私吝，而亦终外形器，而达“形而上”者。入门方法既有不同之等差，故为学为道之始，不期然而见偏重之异迹，及其终皆归于道。佛说：“一切贤圣，皆以无为法而有差别。”旨哉言乎！“会万物于己者，其唯圣人乎！”故为学为道之极致，皆以“无缘慈”“同体悲”而兴“民胞物与”之思，此皆三家之同一出发点也。①

至于明清嬗递之后，王夫之、戴东原等学者多有针砭王门弊端过激之语，表面均将矛头直指王阳明，暗中的预设则多为心学末流。究其根本原因，则不难看到：“阳明点明良知，人人现在，一反观自得，则作圣有方，所谓致良知者，诚不刊之论点。顾后之学者，各师其意，失其真，以玄理高尚，妄相揣测，求见本体，遁入清谈，反远事理，则不若穷理格物之训，先知后行矣。”② 然阳明“知行合

① 南怀瑾:《禅海蠡测》，第195页。
② 汤用彤:《理学谵言》,《理学·佛学·玄学》，第2页。

一”“致良知”之说影响既深且巨，非特鞭辟入里，能得人心之真际，而且开辟价值方向，诚乃千古不磨之良言。惜王门后学分化，极为错综复杂，贡献殊多，流弊亦大，见仁见智的看法，不能不说是屡见不鲜。[①]其中如王龙溪，曾“亲承阳明末命，其微言往往而在，象山之后不能无慈湖，文成之后不能无龙溪”。其人非特发明阳明之学颇多，境界亦非流俗所能窥知。然历来訾议者颇多，毁损者亦不少，原因则多以为其学乃禅而非儒，持论不可谓不苛严。即使黄宗羲看法较为公允，然亦不能不有微词：“良知既为知觉之流行，不落方所，不可典要，一著功夫，则未免有碍虚无之体，是不得不近于禅。流行即是主宰，悬崖撒手，茫无把柄，以心息相依为权法，是不得不近于老。虽云真性流行，自见天则，而于儒者之矩矱，未免有出入矣。”[②]显然，欲了解阳明或龙溪，当首先发见道证体之宏愿，然后工夫久久熟透之后，真在形上本体有所悟入，生命固有的性智从此得以自然流出，才有足够的同处于一境界的发言权。而知“阳明之学确是儒家正脉，非袭自禅师”[③]。所谓“非袭自禅师”云云，即全靠实践性的自悟自证，遂有意承接孔孟正脉，光大儒学正统，而非仅凭外铄，拾人牙慧，徒自炫虚，虽在后人必多有批评，即阳明学脉中人亦未必不引以为耻。

尚需注意的是，后世学者往往以“浮轻不戢，好高自大”[④]为依据，由王门后学之偏颇而连累、罪及阳明，进而严判程朱、陆王畛域，以为其中必有一正一偏，实则争夺正统话语权力，遂将阳明打为儒门之外的禅学，则未免意气太过，门户之见太深，有失公正，欠缺客观。其实无论朱子或阳明，他们的世界显然都是以儒学为中心的世界，基本的身份当然也是士大夫，[⑤]或者说他们都是传统士大夫中不世出的卓绝伟才，学问取向都为希圣希天之学，都强化了中国文化成德的发展方向，发挥了重塑华夏民族精神的作用。儒者

---

① 参见张新民：《哲思探微》，《阳明精粹》，张新民主编，第215—244页。

② 黄宗羲：《郎中王龙溪先生畿》，《明儒学案》卷十二，沈芝盈点校，第239页。

③ 熊十力：《十力语要》，《熊十力全集》（第4卷），萧萐父主编，湖北教育出版社2001年版，第394页。

④ 汤用彤：《理学谵言》，《理学·佛学·玄学》，第2页。

⑤ 参见余英时：《朱熹的历史世界：宋代士大夫政治文化的研究》，生活·读书·新知三联书店2004年版，第3—5页。

身份与士大夫的身份，是完全可以在他们身上打并为一片的。二者作为儒学内部不同的学派，恰好可以发挥互补的作用。钱谦益以阳明及泰州学派的代表人物罗近溪为例，盛赞他们不仅针对人类问题剖析了人生应有的存在状态，更重要的是直承儒家道统掘出了形上哲学的秘密，[①]信为公允之论。而晚明大儒刘宗周的话亦说得很好，不妨录之以结束本文：

> 今之言佛氏之学者，大都盛言阳明子，止因良知之说于性觉为近，故不得不服膺其说，以广其教门，而衲子之徒亦浸假而良知矣。呜呼！古之为儒者，孔、孟而已矣，一传而为程、朱，再传而为阳明子，人或以为近于禅；即古之为佛者，释迦而已矣，一变而为五宗禅，再变而为阳明禅，人又以为近于儒，则亦玄黄浑合之一会乎？而识者曰："此殆佛法将亡之候，而儒教反始之机乎？"孟子曰："逃墨必归于杨，逃杨必归于儒。"今之言佛氏学者，既莫不言阳明子，吾亦言阳明子而已矣。譬之出亡之子，犹识有父母，一面时时动其痛痒，则父母固得而招之，自祢而上，益恍惚矣。阳明子者，吾道之祢也。今之言佛氏之学者，招之以孔、孟而不得，招之以程、朱而又不得，请即以阳明子招之。佛氏言宗也，而吾以阳明之宗宗之；佛氏喜顿也，而吾以阳明之顿顿之；佛氏喜言功德也，而吾以阳明之德德之，亦曰良知而已矣。孟子曰："无是非之心，非人也。"夫学者而不知有良知之说则已，使知有良知之说，而稍稍求之，久之而或有见焉。则虽口不离佛氏之说，足不离佛氏之堂，而心已醒而为吾儒之心，从前种种迷惑一朝而破，又何患其不为吾儒之徒乎？此仆之所以诵言阳明子而不容已也。
>
> 夫道者，天下之达道，而言道之言，亦天下之公言也。孔、孟言之而不足，则程、朱言之；程、朱言之而不足，则阳明子言；阳明子言之而不足，则后之人又有言之者。但不许为佛氏之徒所借言，而苟其借之，而足以为反正之机，则吾亦安

---

① 参见钱谦益著，钱曾笺注：《阳明近溪语要序》，《牧斋初学集》卷二十八，钱仲联标校，第863页。

得不因其借者而借之，以一伸吾道之是乎？孟子曰：“杨、墨之道不息，孔子之道不著。”仆亦曰：“阳明子之道不著，佛、老之道不息。”道阳明之道，言阳明之言，且独言其异同于朱子之言，殆亦以发明朱子之蕴，善继朱子之心，以求不得罪于孔、孟焉而止耳。[①]

程朱与陆王治学求道路径固然有差异，然所异仍不胜其所同，如何辩证综合地创造发展，仍为一尚未完全解决的时代课题。而阳明所建构或拓展的心学世界，显然也有继续丰富和充实的必要。笔者之所以撰兹文，亦兼有此微意，而非紧接着阳明讲，故甚望同道诸君努力焉。

① 刘宗周：《答胡嵩朱绵之张奠夫诸生》，《刘宗周全集》（第5册），吴光主编，浙江古籍出版社2012年版，第310—311页。

论王阳明实践哲学的精义

——以“龙场悟道”及心学的发生学形成过程为中心

“龙场悟道”乃是王阳明一生思想发展最重要的飞跃性转折，也是中国哲学史上最具震撼性的生命顿悟事件。而今人之所以应该围绕“龙场悟道”展开多方面的解读，则是因为可以从中了解东方体验哲学的不少特征，看到生命成长和不断超越的具体路径或方法，领悟本体实践智慧的重大意义及价值。中国几千年文明的不断发展和丰富，尤其儒、释、道三家思想世界的长期交融与传承，严格说都离不开生命本体的实践性智慧；即使文明的构成要素是多方面的，但如果缺少了本体实践智慧的积极参与，亦会显得一片苍白或黯淡。而王阳明龙场大彻大悟之后，由其一手开创的心学时代，本身就是融会了儒、释、道三家思想资源的结果，反映了中国文化特别是儒家思想内部创造发展的能力，放射出生命体验及本体实践的无穷智慧魅力。

生命本体的实践功夫，在王阳明心学系统中占有极重要的地位。例如，他“与黄绾、应良论圣学久不明”的原因时，便特别强调“凡人情好易而恶难，其间亦自有私意气习缠蔽，在识破后，自然不见其难矣。古之人至有出万死而乐为之者，亦见得耳。向时未见得里面意思，此功夫自无可讲处，今已见此一层，却恐好易恶难，便流入禅释去也”，即突出了亲证亲历直入生命本体，同时又依本体活泼发用流行，不仅要“明明德”，也要“亲民”，内外兼顾并重，浃然合为一体，才谈得上是严格意义上的“实践之功”。[①]他认为人应“各自且论自己是非，莫论朱、陆是非也。以言语谤人，其谤浅，若自己不能身体实践，而徒入耳出口，呶呶度日，是以身谤也，其谤深矣。凡今天下之论议我者，苟能取以为善，皆是砥砺切磋我也，则在我无非警惕修省进德之地矣。昔人谓：‘攻吾之短者是吾师。’师又可恶乎”[②]。也无非是在批评“入耳出口”玩弄光影的轻浮，肯定“身体实践”自证自得的必要，以为人必须在身心上用功，有一套心性体认的方法，但也不能忽视“事上磨练”的功夫，即“不论语默动静，从人情事变彻底练习，以归于元。譬之真金为铜铅所杂，不遇烈火烹熬，则不可得而精”[③]。显然不能离开社会化的躬行实践

---

① 钱德洪：《年谱一》，王守仁：《王阳明全集》卷三十三，吴光等编校，上海古籍出版社2011年版，第1358页。

② 王守仁：《传习录中》，《王阳明全集》卷二，吴光等编校，第68页。

③ 王畿：《留别霓川漫语》，《王畿集》卷十六，吴震编校整理，第466页。

过程，是一种“修身”必兼及“行事”的学问，但又时时不忘生命的“归元”或“证体”，表现出阳明心学特有的生命体验精神，反映了儒家学者突出的本体实践智慧。

阳明弟子钱德洪曾总结师门的施教方法：一方面认为“先生立教皆经实践，故所言恳笃若此”；一方面也担心“自揭良知宗旨后，吾党又觉领悟太易，认虚见为真得，无复向里着己之功矣”。因而他以为不能悬在口头空讲良知话头，必须强化向内体认心性的实践化功夫，否则“吾党颖悟承速者，往往多无成，甚可忧也”[①]，最终则不过是“议拟仿象”，“只做得一个弄精魄的汉”[②]而已。《传习录》载徐爱“因旧说汩没，始闻（阳明）先生之教，实是骇愕不定，无入头处。其后闻之既久，渐知反身实践，然后始信先生之学为孔门嫡传，舍是皆傍蹊小径、断港绝河矣”[③]。可见心学系统中的功夫之所以显得重要，当然首先是必须“反身实践”，“使之实体诸心，以求自得”[④]，即真正在心性证悟上踏实用力，同时也不能不“在事上磨，方能立得住，方能静亦定、动亦定”[⑤]，不能将心性功夫与事上磨练打成两橛。人固然需要凭借心性证悟的功夫来自觉生命的内在价值，但更重要的则是通过社会化的实践活动来展示人生的意义。王阳明便曾明确告诫学人：“昔者孔子在陈，思鲁之狂士，世之学者，没溺于富贵声利之场，如拘如囚，而莫之省脱。及闻孔子之教，始知一切俗缘皆非性体，乃豁然脱落。但见得此意，不加实践，以入于精微，则渐有轻灭世故，阔略伦物之病。虽比世之庸庸琐琐者不同，其为未得于道一也。”[⑥]具见证入性体固然是功夫，必然有助于契入与人生相应的本体真实，但入世实践亦何尝不是重要法门，真正的人生价值必须落实在现实的社会生活之中。而“体用一源也，知体之所以为用，则知用之所以为体者矣。虽然，体微而难知也，用显而易见也”[⑦]。“体”作为“隐蔽的序”固然难

① 钱德洪：《年谱一》，王守仁：《王阳明全集》卷三十三，吴光等编校，第1358页。

② 王守仁：《与杨仕鸣》，《王阳明全集》卷五，吴光等编校，第207页。

③ 王守仁：《传习录上》，《王阳明全集》卷一，吴光等编校，第12页。

④ 徐爱：《〈传习录〉序》，《横山遗集》，《徐爱 钱德洪 董沄集》，钱明编校整理，凤凰出版社2007年版，第90页。

⑤ 王守仁：《传习录上》，《王阳明全集》卷一，吴光等编校，第14页。

⑥ 陈荣捷：《传习录拾遗》，《王阳明传习录详注集评》，第416页。标点略有改动。

⑦ 王守仁：《答汪石潭内翰》，《王阳明全集》卷四，吴光等编校，第165页。

以为人所知，但仍可以透过“用”的方式，开显为“显现的序”而为人所见，形成“体用一源”的密切关系。因此，只有在“体”与“用”两方面都用够了实践的功夫，不仅因体以显其用，同时也因用而见其体，即在竭尽一己之命分以实现生命价值的同时，尚有必要真切地体认并助成天地万物的存在价值。而王阳明“龙场悟道”及其心学思想的形成与发展，恰好提供了一个难得的心路历程成长升华的典型个案，足以揭示心性体认与事上磨练两头功夫双管齐下实践精义的重要。

一、“龙场悟道”的本体论实践意义

“龙场悟道”发生在明正德三年（1508），以王阳明入黔为时间标志，当是中国思想史叙事结构最值得纪念的历史性年代。而在此之前，王阳明得罪朝廷权贵，先是廷杖打入大牢，接着受到贬谪处罚，经过千辛万苦的跋涉，终于到达了他的谪居地——贵州龙场，当了一名龙场驿丞，开始酝酿并形成自己的心学体系，遂将儒门心法推至发展的又一高峰，世人乃以其与陆象山并称，视为与程朱理学有别的陆王心学学派。

龙场当时的自然环境十分恶劣，是与汉文化差异很大的彝族土司统治区。然而在感受政治迫害及人生厄运的同时，他也呼吸到了朝廷体制外的另一种清新空气，获得了官场周旋之外的另一种难得的生命体悟。面对九死一生的生存处境，是积极主动地应对，还是消极被动地倒下，他要战胜的不仅是外部的生存困境，更重要的是内部的消极自我。能够经历各种重大苦难折磨，如孟子所说真能做到“动心忍性，曾益其所不能”者，或许只有少数严格意义上的豪杰之士，而对于王阳明来说仍是一次严峻的考验。而正是面对各种艰难困苦的考量，他才表现出极大的存在勇气，开发出无尽的心性力量。因而一方面根据当地风俗来开化教导民众，实现了汉彝之间的和睦相处，化解了不少地方之间的危机或矛盾；另一方面也对生命存在的价值与意义不断进行反思和追问，无论思想和精神都有了深邃的感悟，开始形成并传播自己的心学思想，提出了“心外无物”“心外无理”“知行合一”等一系列哲学命题，形成了一套崭新的经典解读系统和完整的施教方法，是继朱子学之后再一次崛起的儒学内部学派，为沉闷的官学氛围输入了强劲的新鲜思想空气，丰富了固有意识形态的具体内容，当然也强化了中国文化一贯固有的道德实践的发展方向，在中国思想史上发出了巨大的声光电响，形成了心学与理学二水分流的局面。

王阳明的心路跋涉历程，大体以贵州“龙场悟道”为坐标，可分为前期与后期两个既有区别又相互联系的阶段。也就是说，作为心学运动整体发展的空间坐标，他的思想是以龙场为起点不断扩大其传播范围的；作为个人心路历程不断变化升华的时间坐标，“龙场悟道”则将他的一生分为两个明显有别的思想发展阶段。后人称他“以心得定指归，力排众论，一时群彦闻风景从，借以端圣学之宗传，不流二氏”①，以致“弟子盈天下”②，显然并非夸大虚饰之言。他以讲学的方式不断扩大心学传播的空间范围，实际也是个人不断在时间上升华和完善自己的理论体系的过程。心学传播的空间坐标与个人思想发展的时间坐标是重叠的，从中正好可以看出“龙场悟道”的历史意义是何等的重大！

当然，以“龙场悟道”为时间坐标，将王阳明一生分成两个阶段，就个人的完整生命历程而言只能是相对的，因为他的思想发展始终都是道德主体不断实践的过程，缺少了前一阶段的思想准备就谈不上后一阶段的思想升华，抹去了后一阶段的思提升华也看不出前一阶段思想准备的价值意义。如果说前一阶段是“求道”，即不断追问生命存在的真谛，寻找成圣成贤的本体论依据，也可说是从功夫证入形上超越的本体，挺立起卓荦超越的人格风姿；那么后一阶段就是“行道”，即帮助他人如同自己一样悟道，也可说是从本体开出经验的具体的功夫，实践性地旁助他人同样证入本体，成就每一个人的道德主体人格。总结他一生前后两个思想发展阶段，无论是从功夫证入本体，抑或从本体开出功夫，都可说本体与功夫一体不二，表现出一种本体实践的殊胜智慧。而“开悟”正是本体与功夫圆融一体绽放出来的智慧花朵，是下学上达久久功夫成熟后必有的行为现象，说明作为充分条件的外缘的挑激和磨练固然十分重要，

① 陈锦：《王文成公弟子拟祀记》，《勤余文牍续编》卷一，光绪四年刻本。
② 张廷玉等：《王守仁传》，《明史》卷一百九十五，第5169页。

经验与现实乃是境界升华的重要前提，但作为必要条件的生命本体的存在及其开显才是更为吃紧的根本原因，经验与现实从来都限制不了境界的升华。

“龙场悟道”对王阳明个人生命的影响，他自己曾有过明确的表述：“吾亦自幼笃志二氏，自谓既有所得，谓儒者为不足学。其后居夷三载，见得圣人之学若是其简易广大，始自叹悔错用了三十年气力。”[①] 可见他真正步入儒家圣学正途，是在龙场“居夷三载”期间。这一点也是当时及后世学者的共识。如王门弟子王龙溪便说：“阳明先师崛起绝学之后，生而颖异神灵，自幼即有志于圣人之学。盖尝泛滥于辞章，驰骋于才能，渐渍于老释，已乃折衷于群儒之言，参互演绎，求之有年，而未得其要。及居夷三载，动忍增益，始超然有悟于良知之旨，无内外，无精粗，一体浑然，是即所谓未发之中也。”[②] 因此，“龙场悟道”之前他的“学”之“三变”，尽管曾一度泛滥于辞章，出入于释老，但更重要的是对朱子官学的不断突围，并创造性地形成了自己的心学体系，终极目的则是客观如实地步入儒家学者所一贯向往的“圣境”。可见在“变”之中仍有其“不变”者，“不变”的是成圣成贤的终极目的，可“变”的是不断探寻和调整着的方法。而在龙场大彻大悟之后，他也有“教之三变”，能“变”的乃是旁助他人同样悟道的方法，“不变”的则是方法背后可以活泼起用的恒常生命本体。正是“不变”的终极目标所激发出来的存在勇气和精神动力，以及悟道之后依体起用的生命睿智与仁爱情怀，推动他始终朝着自己认定的理想世界前行。召唤他不断向上翻转超越而不坠的，显然即他后来明确点出的“致良知”实践功夫，是良知沉默而又响亮的声音催逼他永远行走在追寻和践履真知的生命旅途之上。他思想天地的每一次变化都是对先前固有经验的调整和升华，是方法与本体或本体与方法不断实践化互动及动态化发展的必然结果。

不过，“龙场悟道”更是中国学术思想发展的一个重要里程碑。前人称他“起东南倡学，继往开来，得未曾有”[③]。其实无论悟道

---

① 王守仁:《传习录上》,《王阳明全集》卷一，吴光等编校，第42页。

② 王畿:《阳明先生年谱序》,《王畿集》卷十三，吴震编校整理，第340页。

③ 颜继祖:《阳明先生集要序》，王阳明原著，施邦曜辑评:《阳明先生集要》，王晓昕、赵平略点校，第8页。

或讲学，真正的起点仍应在贵州龙场。如果以“龙场悟道”为历史坐标，即不难看到，传统思想世界主要以朱子学为正统，士人学子无不在朱子思想的笼罩下读书治学，“龙场悟道”后阳明强调“格物”的功夫只在身心上做，“是去其心之不正，以全其本体之正”，“天理即是明德，穷理即是明明德”[①]，而“身家国天下之本，有不在于吾心乎？谓之曰心，有何形状，非以其虚灵之知乎？”[②]表现出一种生命的本体的实践性智慧，实际即另辟出了一条与朱子“向外求理”不同的心学思想发展新路径。用王阳明的话来讲就是“后世不知作圣之本是纯乎天理，却专去知识才能上求圣人，以为圣人无所不知，无所不能，我须是将圣人许多知识才能逐一理会始得。故不务去天理上着功夫，徒弊精竭力，从册子上钻研，名物上考索，形迹上比拟，知识愈广而人欲愈滋，才力愈多而天理愈蔽”[③]。因而他是冒着挑战官学权威的巨大压力，一反人云亦云积弊已深的思想舆论局面，以极大的勇气在儒学内部开辟出一个心学思想的新天地的。他的弟子后来形成了不同的心学学派，心学与理学也产生了双峰并峙的文化景观。而心学思想最重要的特点即极大地突出了人的主体性精神，大写的主体的人无论就本体论或实践论而言，从此在中国人的思想言说系统中占据了更为中心的地位，即使他后来讲“知行合一”，讲“致良知”等等，实际都是依据自己深邃的生命存在体验和客观现实观察，紧扣人的主体性及其道德实践来展开的思想言说。人的心性本体及其行为实践本来即与天地万物的运作节律生息相通，当然不能不在天地万物的创生化育过程中来为自己定位，同时也要自觉生命的价值及其实践活动的重要，只能服从内在的实存生命的真理而非外在的异化了的官学权威。他的理论主张明显有着冒犯官方权威朱子学的危险，不能不具有思想启蒙的重大历史意义。

王阳明的心学既然讲人的存在应该回归本来固有的真实存在状况即“知”与“行”的统一，而作为一种生命的本体智慧与本体实

---

① 王守仁:《传习录上》,《王阳明全集》卷一，吴光等编校，第7页。

② 王时槐:《刻大学古本跋》,《友庆堂存稿》卷十,《王时槐集》，钱明、程海霞编校，上海古籍出版社2015年版，第238页。

③ 王守仁:《传习录上》,《王阳明全集》卷一，吴光等编校，第32页。

践方法，倡导“知行合一”的根本目的，也“无非欲人言行必顾，弗事空言”[1]，而“使学者自求本体，庶无支离决裂之病”[2]，不仅高扬了人的主体精神，而且亦有对治伦理失范的重大时代意义。至于透过良知的最大化彰显或流行发用来突出人的主体性，当然也是以救心的方法来救世的重要学问，是针对社会弊病开出的救弊补偏的对治药方，充满了强烈的现实批判精神：“今世士夫计逐功名甚于市井刀锥之较，稍有患害可相连及，辄设机阱，立党援，以巧脱幸免；一不遂其私，瞋目攘臂以相抵捍钩摘，公然为之，曾不以为耻，而人亦莫有非之者。盖士风之衰薄，至于此而亦极矣！而省吾所存，独与时俗相反若是，古所谓托孤寄命，临大节而不可夺者，省吾有焉。”[3]正是目睹“世之士风颓靡，上之事君亲，下之处夫妇，以及朋友、长幼之间，皆不由诚心以失其道”的各种社会乱象，他才展开了各种“提撕人心”的思想言说，“欲人反本体察，切实用功而已”[4]。可见他对士林败坏风气极为深恶痛绝，完全是一个敢于直面现实的大智大勇者。而人的主体精神的挺立或豪杰式的气魄担当，乃是以自由意志和独立精神的存在为根本前提的，从他的人格力量和批判精神看，似乎也透露出了一种现代人渴求的精神文化信息。

如果追问“龙场悟道”的方法，从语言、逻辑或理性的角度看，则语言文字固然能够帮助我们更好地认知世界或把握世界，如海德格尔所说“语言是存在的家”，贮存了大量的历史文化信息，但未必就能直接将其等同于真理，尤其是中国文化所讲的形上超越的道。形上超越的道既非“有”亦非“无”，是超越一切言诠的，根本就属于不可说的范畴，必须以无分别即心灵无限开放的方式直接与其觌面相逢。而悟道本身即是对语言局限的一种突破，必须跨越语言文字的障碍，直奔生命的形上本体。如果说言语是一种生命活动，那么它就应该将人导向实践，而非仅仅抽象为干瘪的概念，特别是“用功到精处，愈著不得言语，说理愈难。若着意在精微上，全体功夫

---

① 黄绾：《明是非定赏罚疏》，《黄绾集》卷三十二，张宏敏编校，上海古籍出版社2014年版，第627页。
② 钱德洪：《年谱一》，王守仁：《王阳明全集》卷三十三，吴光等编校，第1356页。
③ 王守仁：《送别省吾林都宪序》，《王阳明全集》卷二十二，吴光等编校，第975页。
④ 黄绾：《明是非定赏罚疏》，《黄绾集》卷三十二，张宏敏编校，第627页。

反蔽泥了”[1]。这是一种无分别的直观体认的方法，它要解决的不是与对象思维有关的知识论的问题，而是在无思无虑的存在境域中，消解一切生命的障蔽，以超逻辑、超理性的方法，直接透过意识层面契入心性本体，是东方特有的一种生命体验的功夫，亦即“悟”的直观体认的方法。因此，“道之全体，圣人亦难以语人，须是学者自修自悟”[2]。自修自悟必须以一定的实践功夫为根本前提，任何话语的言说都不能取代真实的生命实践功夫。尽管完整的儒学绝不会排斥知识，但最重要的仍是要以“无分别智”来驾驭“分别智”，以生命本有的价值来统摄生命必需的知识，是顶天立地的人格与人生必具的知识的浑然一体，是成圣成贤有主有次的生命的学问，而非一般求知学人平面化的纯粹知识的学问。

现在要问，王阳明究竟“悟”了什么？为什么“悟”了以后生命焕然一新，从此有了崭新的人生和超然的境界呢？自明代以来，学者多将“龙场悟道”解释为大彻大悟。诚如黄宗羲便说：“（阳明）先生命世人豪，龙场一悟得之天启”[3]。这当然是可靠和合理的，但不能忽视的是在此之前他也有一长久的渐修过程，诚如他自己所说：“区区格、致、诚、正之说，是就学者本心日用事为间，体究践履，实地用功，是多少次第、多少积累在，正与空虚顿悟之说相反。”[4]可见他是一步一步艰难跋涉，经历了次第分明的境界升华，获得了大量的体验性功夫积累，才最终从生命内部确立了心性至善的本体论信念，有了直入形上道体的飞跃性大彻大悟的。忽视了他长久艰难跋涉的心路历程，脱离了真实的人生实际，缺少了必要的修行证道功夫，空讲“心性”“良知”“体悟”等等，都无异于缘木求鱼，如炊沙作饭，不仅难以进入他的生命存在境域，而且也会造成自欺欺人的思想障碍。

回过头来看龙场大彻大悟之前，阳明究竟有什么问题意识？而悟道以后，他又面对什么现实挑战？显然，王阳明的问题意识是如何成德及成圣，亦即如何实现生命的全部潜质并展现出应有的人格

① 王守仁：《传习录下》，《王阳明全集》卷三，吴光等编校，第131页。
② 王守仁：《传习录上》，《王阳明全集》卷一，吴光等编校，第27页。
③ 黄宗羲：《师说》，《明儒学案》，沈芝盈点校，中华书局1985年版，第7页。
④ 王守仁：《传习录中》，《王阳明全集》卷二，吴光等编校，第46页。

风姿。也就是说，他11岁时就在追问读书的目的究竟是考科举还是成圣成贤。这当然是历史性的千古一问，因为科举制度自隋唐以来已有上千年的历史，它早已成为追逐功名的巨大人生诱惑。但王阳明的回答是：读书的目的是“学圣贤”，成圣成贤才是人生“第一等事！”①“第一等事”即意味着在价值上必须无条件地优先，是先于其他一切短期目标的不可让渡的终极性目的，是与孔孟所开创的成德的文化实践发展方向合辙一致的终极人生理想，是一种先立己再立人的成己成人的生命之学，必然以人格的挺立与生命的完善为根本价值诉求。“龙场悟道”后他在《教条示龙场诸生》中特别强调：“诸生”应以“四事相规”，即“立志”“勤学”“改过”“责善”。以此四条衡量他的早期人生，也可说他都做到了。其中“立志”即意味着人生有了明确的发展方向，而生命亦因为有了高远宏阔的人生目标，遂显得愈加充盈丰富并充满了价值意义。

立志对于人生而言之所以重要，乃是因为“志不立，天下无可成之事”②。而“志于道德者，功名不足以累其心；志于功名者，富贵不足以累其心。但近世所谓道德，功名而已；所谓功名，富贵而已”③。所以，“志苟不甘于庸流，奋然欲全吾自性，以成位于天地之中，是之谓有志”④。足证真正的立志不仅要超越各种世俗世间“功利”和“富贵”的诱惑，而且容不得任何一点自我欺瞒或自我蒙蔽，必须始终朝着自己认定的人生发展目标努力。只有志气高远，理想凌空，而又脚跟着地，功夫切近，即所谓“见其大者，则其功不得不近而切，然非实加切近之功，则所谓大者，亦虚见而已耳”⑤可见离开了切近笃实的实践功夫，任何高远宏大的理想最后都会落空。而“勤学”“改过”“责善”作为人生不可缺的切近功夫，都是朝向终极目标必须时时注意的重要实践性方法。正是凭借“勤学”“改过”“责善”等一整套功夫系统，他才踏上了朝向成圣成贤终极发展方向的生命之旅，开始步入了以自觉精神为引导的求道、

① 参见钱德洪：《年谱一》，王守仁：《王阳明全集》卷三十三，吴光等编校，第1347页。
② 王守仁：《教条示龙场诸生》，《王阳明全集》卷二十六，吴光等编校，第1073页。
③ 王守仁：《与黄诚甫》，《王阳明全集》卷四，吴光等编校，第181页。
④ 王时槐：《仁文会约后跋》，《友庆堂合稿》卷五，《王时槐集》，钱明、程海霞编校，第565页。
⑤ 王守仁：《答方叔贤》，《王阳明全集》卷四，吴光等编校，第196页。

证道和行道的漫长人生之路。

二、从方法证入本体的实践性探寻

前面说到，王阳明11岁就开始以“读书学圣贤”为人生发展的终极目标。但是人的生命存在境界是有多种层次的，人的心智结构也是有多重需求的，针对不同的层次或需要有不同的实现方法。那么成圣成贤的方法是什么呢？如果说方法必须服务于本体，本体也可开出实践性的方法，本体与方法可以相互彰显，则成圣成贤的本体论依据又是什么，我们又怎样透过方法直入本体呢？所谓本体必然是人的生命不可消解的本原性存在依据，它既内在地规定着人的存在本质，又外在地支配着人的行为方式。如果这个依据在外部世界，那当然要到外部世界去寻找，追问向善发展的可能性是不是存在于外部事物之中；但如果这个依据就在人的内部世界，是不是就应该逆向性地体认内在生命，并从心智最深层的结构中生发出向善发展的可能性呢？尽管严格说本体是不可分内外的，任何的切割划分都有可能丢失作为整体而大全的本体，但毕竟我们必须先证入内在心性广袤无垠的形上超越之体，然后才能依此形上超越之体去涵摄一切存有。问题的存在即已预示了探究和解决的可能，关键在于是否有直面困难的求真勇气和实践能力。实际上，“龙场悟道”之前，王阳明各种可能解决问题的方法都尝试过，他实践性地不断探索生命的奥秘，通过一整套功夫来寻找圣贤学问的本体论根据的。

圣贤学问既始于王阳明的早年立志，其他值得注意者如17岁到江西娶亲，返回浙江时曾与大儒娄谅“论朱子格物大指”[①]。娄谅是吴与弼的学生，学问“以收放心为居敬之门，以何思何虑、勿助勿忘为居敬要指”[②]。而“收放心”在朱子学的系统中，正是“识得此性之善”的入手方法。娄谅明确告诉他，圣人是可学而至的。这就强化了他早年读书学圣贤的信心，并在方法论上受到朱子及其后学思想的影响。于是他便开始遍读朱熹的著作。以后又按照朱熹

① 张廷玉等：《王守仁传》，《明史》卷一百九十五，第5168页。
② 黄宗羲：《教谕娄一斋先生谅》，《明儒学案》卷二，沈芝盈点校，第44页。

“一草一木皆涵至理”[①]，即外部世界的任何存在都有其“理”的说法，尝试用“格竹”的方法来寻找成圣成贤的本体论依据。但结果是“格”了七天却毫无所获，实际是错用了“求知”的方法来“求道”，因为“求知”即向外求理的方法，固然能成就知识的世界，建构起知识的主体，但未必就能成就道德的世界，建构起道德的主体。即使要将知识的世界与道德的世界彻底打通，做到“众物之表里精粗无不到”与“吾心之全体大用无不明”的完整统一，也会产生天下万事万物的无限性与人的生命及其认知能力的有限性的紧张和冲突，必然引发由博返约寻找以“心”驭“物”出路的进一步反省和思考。

因此，正是由于格竹事件的失败，王阳明才决定放弃朱子向外求理以成德及成圣的路径，转而寻找另一条向内求理以步入“圣域”的方法，即他所说的“为晦翁格物穷理之学，几至于殒，时苦其烦且难，自叹以为若于圣学无缘。乃始究心于老、佛之学，缘洞天精庐，日夕勤修炼习伏藏”[②]。可见他之所以“筑室阳明洞中，泛滥二氏学”[③]，乃是在朱子的路走不通的前提下，才重新返回生命内部，寻找修行实践可能达致的心与理相通相契的新境界的。他早年生命的暂时性歧出其实也为儒学的丰富作了条件性准备，而对朱子学的修正和批评显然也离不开早期具体的体证实践经验。

不过，王阳明用心学方法来实现读书学圣贤的终极目标，早在尝试走朱子学路径之前便已开始了。例如，结婚大喜之日的当晚，他居然在铁柱宫与“道士趺坐一榻”，相互讨论养生之法，“遂相与对坐忘归”[④]。无论根据孟子“收放心”的功夫论要求，或者借用庄子“坐忘”的境界论说法，都可见他能专注于当下心灵妙境，不为外部事物所左右，已具备了一定的心学修养功夫。他婚后在岳父家中揣摩书法，自谓“举笔不轻落纸，凝思静虑，拟形于心，久之始通其法”[⑤]，实际乃是将心中之字构图成形后，再外化为笔上之字和纸上之字，而笔上之字和纸上之字本质上即是心中之字。推而广之，

① 钱德洪：《年谱一》，王守仁：《王阳明全集》卷三十三，吴光等编校，第1349页。
② 王畿：《滁阳会语》，《王畿集》卷二，吴震编校整理，第33页。
③ 张廷玉等：《王守仁传》，《明史》卷一百九十五，第5168页。
④ 钱德洪：《年谱一》，王守仁：《王阳明全集》卷三十三，吴光等编校，第1347页。
⑤ 钱德洪：《年谱一》，王守仁：《王阳明全集》卷三十三，吴光等编校，第1347页。

凡事均需先在心上做好功夫，一旦临事才能精明不乱，自有判断定力和理论主张，而又能从容转化为生命实践行为，外显为人格精神气象。这与他龙场大悟后强调格物便是正心中之物，即所谓“格者，正也。正其不正，以归于正”[①]之说，显然是一脉相通的。可见龙场大悟之前，他早已有了一定的渐修功夫和无数的小悟。正是透过不断渐修渐悟实践功夫的不断积累，才有了后来龙场惊天动地的大跨度飞跃式顿悟。

王阳明曾有过两次会试不第的失败经历，与世人均以落第为耻不同，他则以落第动心为耻，也可见他虽未放弃世间功业，但也有了超然物外的情怀。他晚年引用《中庸》“知耻近乎勇”之说，认为真正的耻“只是耻其不能致得自己良知”，而“今人多以言语不能屈服得人，意气不能陵轧得人，愤怒嗜欲不能直意任情为耻；殊不知此数病者，皆是蔽塞自己良知之事，正君子之所宜深耻者”[②]。显然精神境界已有了大跨度的升华，而“致良知”正是他思想发展的晚年定论，但未必就与早年的思想没有关联，前后仍有清晰的脉络发展可供发覆。缺少了早年步步踏实的功夫践履，便很难设想晚年精神境界的彩霞满天。

当然，最值得注意的，仍是他在绍兴阳明洞中专修静定的功夫，尽管主要采用释老两家的方法，但实际也与孟子“收放心”的功夫相通契合。更直接地说，他是用静坐的方法，将放逐或迷失在外部世界的心收回来，在消解一切可能妨碍主体性价值实现的前提下，证入康德哲学意义上的“物自体”，然后又将“物自体”与“现象界”打通，亦即彻上彻下浃然一体，从而最大化地开启了人的深邃广袤的精神世界，实现生命有体有用的全部潜能与价值。

然而怎样“收放心”呢？从心学的功夫系统看，实际就是收念头，是将纷纭杂乱有碍心体宁静敞亮的念头收回来，真正实现最能代表人的主体性的心的全体大用。从根本上讲，“人惟一心，心惟一念，念者心之用也”[③]，念头有可能即是心体的当下起用，借用西方理论术语，这是心理活动或意识活动，既不离人的心体，但也有可

---

① 王守仁：《传习录上》，《王阳明全集》卷一，吴光等编校，第28页。

② 钱德洪：《年谱三》，王守仁：《王阳明全集》卷三十五，吴光等编校，第1439—1440页。

③ 王畿：《念堂说》，《王畿集》卷十七，吴震编校整理，第501页。

能异化，完全受制于人的物欲，反而遮蔽或背离了人的心体。因此，阳明有时也提到“无念”，本质上即是“无欲”的功夫，有他“悟道”前“无欲见真体，忘助皆非功”[①]之诗，以及“悟道”后“破山中贼易，破心中贼难”[②]之言可证，即所谓“善能实实的好，是无念不善矣；恶能实实的恶，是无念及恶矣：如何不是圣人”[③]。否则“以无念为宗，此释氏法门也，孰以无欲为宗，又孰与以勿忘勿助为宗”[④]。如同思想不是一个实体一样，心体也不是一个实体。但心体既然能展开起用为意识活动，就说明意识活动背后还有一个广袤深邃的精神世界。只有把握好这个广袤深邃的精神世界，即寂即用，即用即寂，念念来自本心真性，才能确保念头与心体打成一片，而不致为物欲牵引流传，即念念均为正念而非邪念，才能成为念头的主人，而不致沦为它的奴隶。

收念头作为一种心学修养功夫，乃是证入形上本体必用的方法，即所谓“千古入圣之机，存乎一念”[⑤]。而“收”的方法实际就是《易·艮卦》所讲的“艮止也，时止则止，时行则行，动静不失其时，其道光明”。《大学》所谓“知止而后有定，定而后能静，静而后能安，安而后能虑，虑而后能得”。这正是儒家极为重视的一套证道功夫系统。王阳明也强调“至善者性也，性元无一毫之恶，故曰至善。止之，是复其本然而已”[⑥]。因此，“知止，所以知性也”[⑦]；“人能知性善而完复于道，则圣可几矣”[⑧]。只要一念回转，即通达天地，直贯无穷，万物敞亮。目的无非是透过功夫来实践性地证入本体，从而最大化地彰显人人均有的至善人性。

从方法上看，人的“患思虑纷杂，不能强禁绝”，应该怎么办？王阳明后来的回答是：“纷杂思虑，亦强禁绝不得，只就思虑萌动

---

① 王守仁：《阳明子之南也其友湛元明歌九章以赠崔子钟和之以五诗于是阳明子作八咏以答之》，《王阳明全集》卷十九，吴光等编校，第751页。

② 王守仁：《与杨仕德薛尚谦》，《王阳明全集》卷四，吴光等编校，第188页。

③ 王守仁：《传习录上》，《王阳明全集》卷一，吴光等编校，第110—111页。

④ 蒋信：《简王卓峰》，《道林先生文粹》卷八，《李道纯集·蒋道林文粹》，刘晓林校点，岳麓书社2010年版，第192页。

⑤ 王畿：《念堂说》，《王畿集》卷十七，吴震编校整理，第501页。

⑥ 王守仁：《传习录上》，《王阳明全集》卷一，吴光等编校，第29页。

⑦ 刘宗周：《大学古记约义》，《刘宗周全集》（第2册），吴光主编，第607页。

⑧ 王畿：《南游会记》，《王畿集》卷七，吴震编校整理，第155页。

处省察克治，到天理精明后，有个物各付物的意思，自然静专，无纷杂之念。《大学》所谓‘知止而后有定’也。”[①] 可证他对收念头功夫的重视，不仅来自他自己深邃的生命体验，而且也有经典文本的权威依据，是儒家前后一贯的重要修心秘法。因此，“致良知”也包含了“止”的功夫，时时可做，人人可为，亦人人可成圣。只是针对有人贪静厌动、务内遗外的弊病，阳明才强调功夫不分内外，“人须在事上磨炼做功夫，乃有益。若只好静，遇事便乱，终无长进。那静时功夫亦差，似收敛而实放溺也”[②]。可见儒家的学问是要用世的，因而勘验功夫究竟与否，仍要透过艰难困苦的磨试才能如实证知；“龙场悟道”乃是在苦难中磨砺出来的，不能不说是内外功夫一齐熟透的必然结果，是最好的历史性见证。阳明后来强调“心体上着不得一念留滞，就如眼着不得些子尘沙。些子能得几多？满眼便昏天黑地了”；又说“这一念不但是私念，便好的念头，亦着不得些子，如眼中放些金玉屑，眼亦开不得了”[③]。当然也是功夫长久积累之后的经验之谈，可视为修道过来人的晚年经验总结。

正是透过阳明洞静坐专修的功夫，王阳明才获得了难得的初入道门的生命体悟。王龙溪曾记录他的话说：“内照形躯如水晶宫，忘己忘物，忘天忘地，与空虚同体，光耀神奇，恍惚变幻，似欲言而忘其所以言，乃真境象也。”[④] 忘己忘物、忘天忘地，说明已进入了无我的精神境界，除了如如不动的心体本身固有的纯粹灵性观照功能外，一切与对象发生关系的思维念虑活动均已完全“空无”。心灵既已回到了寂然不动的自性本真世界，当然便会产生感而遂通的神奇妙用，透过无分无别的澄明精神境界，必然就有万物一体实存睿识的当下现量。而人与世界浑然合为一体，则不仅主客的对立不复存在，即心与物也浃然融为一体。这正是悟道必须的“无分别智”的初步获得，超越的直观智慧的如实开显。而在回归本真自性世界的过程中，仍时刻需要以收念头的方法来养心。养心其实就是养气，

① 王守仁：《与滁阳诸生书并问答语》，《王阳明全集》卷二十六，吴光等编校，第1082页。
② 王守仁：《传习录下》，《王阳明全集》卷三，吴光等编校，第104页。
③ 王守仁：《传习录下》，《王阳明全集》卷三，吴光等编校，第140页。
④ 王畿：《滁阳会语》，《王畿集》卷二，吴震编校整理，第33页。

养气本质上也是养心，因为心净必然气净，反之亦然，静心与静气不过是一体之两面。如同一切生命都在宇宙气机中发动一样，无论人的心体或气体，亦都因为排除了杂念的干扰，从而进入了粹然纯一的生命存在状态，必然涌现出生机勃发的生命气象。所以，净气也可称为“劲气”，中国文化多说成是“元炁”，是生命本来即有的至大至刚的创造活力。

“劲气”或“元气”在孟子那里也称为“浩然正气”，即所谓“我善养吾浩然之气”。浩然之气源自人的德性生命，由“性”而“心”而“气”，必然“至大至刚”，能够“塞于天地之间”，最能体现人的本真存在状态，因而也可称之为“真气”。“真气原无欠缺，无欠缺便是刚大，刚大便是道义。”[①]诚如孟子所说：“志壹则动气，气壹则动志。”因而在方法上就应做到“主一无适，敬以直内，便有浩然之气”[②]。也可志壹则气壹，气壹则志壹，依然必须在心体上做到归止一境，整个身心都投入或浸润在人生终极目标所开显出来的意义与价值的世界之中，是一种由“性”而“心”而“气”弥漫天地的“直养”方法。在真正的儒家学者看来，尤为必要的是做“集义”的实践功夫，即以人性本来内具之道义直养本心，因为“人必有仁义之心，然后仁义之气睟然达于外”[③]。所谓“不动心”即是“集义到自然不动”[④]。浩然之气也是“集义所生”必有的生命存在现象，是“行义以显仁”必有的行为结果，而在实存境域上必然也会有“浩浩然与天地参”的人格气象的显现。否则“无道义以为之配，夫是以馁而不塞”[⑤]，显然便谈不上真正的人格气象，更遑论源源滚滚不断的道德实践行为！

当然，从身体现象学的角度看，在身心彻底归静入寂的状况下，生命的“劲气”或“元气”必然周遍全身，无论气脉或经络必然都是打通的。甚至道家所说的“元气”“元神”“元精”等等，也“只

---

① 赵维新：《养气》，《感述续录》卷二，穆孔晖等：《北方王门集》，邹建锋等编校，上海古籍出版社2017年版，第755页。

② 程颢、程颐：《入关语录》，《河南程氏遗书》卷十五，《二程集》，王孝鱼点校，第143页。

③ 程颢、程颐：《心性篇》，《河南程氏粹言》卷二，《二程集》，王孝鱼点校，第1259页。

④ 王守仁：《传习录上》，《王阳明全集》卷一，吴光等编校，第28页。

⑤ 赵维新：《养气》，《感述续录》卷二，穆孔晖等：《北方王门集》，邹建锋等编校，第755页。

是一件：流行为气，凝聚为精，妙用为神”[1]，即在气脉或经络打通的情况下，会以精、气、神的种种生命实存现象表现出来，从而身心一体化归为虚寂，获得一种生机勃发畅通的本体性大快乐。王阳明讲“形躯如水晶宫”，即是身体完全气化后的现象学描述；“内照”则是不需凭借任何语言或逻辑工具，心体如镜子般直观地朗现一切生命存在现象。严格地说，“身”与“心”是一元的：心的变化必然引起身体的变化；反之，身体的变化也会引起心的变化。当心归入虚静敞亮的本然状况时，由“性”而“心”而“气”即生命的“劲气”或“元气”必然充满了能量，人会神采奕奕、精神焕发——心定而神动，神动而心明。在气化的状态下，不仅能进入忘我的精神境界，胸次一派自然洒落，更重要是神明睿智浚发，超然的智慧亦油然而生。

尤须注意的是，“有形总是气，无形只是道”[2]，“空空者，道之体”[3]，养气的最终目的仍是证入形上超越的道体。因而王阳明尚明确提到“与空虚同体”，当然也是生命入定归元后的现象学描述，只是“似欲言而忘其所以言”，是一种难以用语言来表述的实存生命体验，但却是生命存在境域的真实现量。这说明他已初步认证到了“空性”，而证到“空性”即是契入了形上本体，说明生命可以从身体的有限状态中突围出来，在更加广袤的超越界领悟存在的意义。只是本体界不离现象界，如何以本体来统摄现象，或者说以统一的本体的“空”来涵摄林林总总的分殊的“有”，依然是有待解决的一大问题。但证“空性”无论任何仍是悟道必须经历的第一步，佛教显然讲得最多，儒家未必就完全不说。例如，孔子就说过“吾有知乎哉？无知也，有鄙夫来问于我，空空如也”，“空空如也”的境界，就是道境的当下现量。而“子绝四：毋意，毋必，毋固，毋我”的方法，也是扫荡或消解人的执着的方法。方法不能脱离本体，本体必开出方法，所以儒门也强调下学上达的功夫，强调“空”作为体证功夫的重要。诚如阳明弟子王龙溪所说：“口惟空，故能辨甘苦；

---

① 王守仁：《传习录上》，《王阳明全集》卷一，吴光等编校，第22页。

② 黄宗羲原著，全祖望补修：《纯公程明道先生颢》，《宋元学案》卷十三，陈金生、梁运华点校，中华书局1986年版，第564页。

③ 王畿：《致知议略》，《王畿集》卷六，吴震编校整理，第132页。

目惟空，故能辨黑白；耳能空，故能辨清浊；心惟空，故能辨是非。世儒不能自信其心，谓空空不足以尽道，必假于多学而识以助发之。是疑口之不足以辨味，而先漓以甜酸；目之不足以别色，而先泥以铅粉；耳之不足以审音，而先淆以宫羽；其不至于爽失而眩瞶者，几稀矣。"①

透过以上分析，我们不难知道，王阳明在龙场大彻大悟之前，已初步证入了他所向往的道境。钱德洪说他在阳明洞中，"静摄既久，恍若有悟，蝉脱尘坌，有飘飘遐举之意焉"②。王龙溪也说他"洞悉机要，其于彼家（老、释）所谓见性抱一之旨，非惟通其义，盖已得其髓矣"③。均见他已深入释、老两家的神髓，只是究竟出世还是入世，早年"读书学圣贤"的终极目标该不该放弃，仍有待历史性地做出决定。但无论如何，正是凭借一步一步沉潜渐修的功夫，他已初步契入了超越性的道境，所谓"恍若有悟"云云，尽管只是向上翻转直入云霄一段光景，但仍为龙场大彻大悟作了功夫实践方面的准备。证以他回顾自己早年人生经历之说："守仁蚤岁业举，溺志辞章之习，既乃稍知从事正学，而苦于众说之纷挠疲薾，茫无可入，因求诸老、释，欣然有会于心，以为圣人之学在此矣。然于孔子之教间相出入，而措之日用，往往阙漏无归。依违往返，且信且疑。"④便可从中了解他不仅在功夫论上受益释、老颇多，即思想之转变亦与之密切相关。他的精神世界是发展性的而非静态性的，即使异质的思想学说也有丰富自身精神世界的正面作用。正是多方面地吸取各种思想文化资源，又通过自己的亲身实践，在"信"与"疑"之间往返徘徊，不断地由疑而悟，又因悟而疑，他才在龙场大悟后彻底扫荡了心中的一切疑惑，最终决定性地踏上了儒家圣学之路。他的学生钱德洪总结其一生思想发展线索，认为"学静入于阳明洞，得悟于龙场，大彻于征宁藩"⑤，显然便看到了早期在阳明洞

① 王畿：《致知议略》，《王畿集》卷六，吴震编校整理，第132页，标点有所改动。

② 钱德洪：《阳明先生年谱序》，《钱德洪语录诗文辑佚》，《徐爱 钱德洪 董沄集》，钱明编校整理，第190页。

③ 王畿：《滁阳会语》，《王畿集》卷二，吴震编校整理，第33页。

④ 王守仁：《〈朱子晚年定论〉序》，《王阳明全集》卷七，吴光等编校，第267—268页。

⑤ 钱德洪：《〈上国游〉序》，《钱德洪语录诗文辑佚》，《徐爱 钱德洪 董沄集》，钱明编校整理，第204页。

修静入定的重要，以为与后来的龙场大悟有着直接的因果关系。而“龙场悟道”作为人生转折的时间坐标，则不仅可溯源至阳明洞之入定，更为晚年“征宁藩”揭出“致良知”之旨准备了思想条件。它们共同构成了心灵升华的重大事件，反映了震荡生命的三次思想巨变，形成了前后一致的动态性思想发展脉络。

三、“百死千难”的悟道实践经历

王阳明用释道两家的方法修行静坐，在道境上已有所悟入，但最终为什么又彻底放弃，选择了一条早年已决定并尝试走过的儒家道路呢?《年谱》说他在阳明洞修习，“已而静久，思离世远去，惟祖母岑与龙山公在念，因循未决。久之，又忽悟曰：‘此念生于孩提。此念可去，是断灭种性矣。’”紧接着的第二年，发生了一件很有趣的公案：他“往来南屏、虎跑诸刹，有禅僧坐关三年，不语不视，（阳明）先生喝之曰：‘这和尚终日口巴巴说甚么！终日眼睁睁看甚么！’僧惊起，即开视对语。先生问其家。对曰：‘有母在。’曰：‘起念否？’对曰：‘不能不起。’先生即指爱亲本性谕之，僧涕泣谢。明日问之，僧已去矣。”[①]后人据此称道他“真正法眼”，并以为“不为异道所惑，非大智不能”[②]，似非夸大过誉。可见他之所以不愿放弃儒家的道路，实际即为不忍丢弃人间社会最重要的伦理亲情。丢弃亲情在他看来就是只知守寂耽静不能活泼起用的“断灭空”，就是切断了最能代表人的生命创造活力的“种性”。所谓“种性”即人性落实于“心”再外化为“行”的生命成长，当然也是实现生命潜能或人生价值必不可少的本源性创造生机。而“爱亲”既是人类社会生活最基本的生存经验和情感经验，也是儒家建构伦理世界最本源的生命创造基石。王阳明后来强调“只说明明德而不说亲民，便似老、佛”；又认为“大抵二氏之学，其妙与圣人只有毫厘之间”[③]。而亲民之说实本于孟子“亲亲而仁民，仁民而爱物”，

---

① 钱德洪：《年谱一》，王守仁：《王阳明全集》卷三十三，吴光等编校，第1351—1352页。

② 王阳明原著，施邦曜辑评：《阳明先生集要》，王晓昕、赵平略点校，第6页。又上引钱德洪《年谱》末三句，施邦曜《年谱》作“僧涕泣拜谢，掣钵而归”，文字略有异同，当一并参阅。

③ 王守仁：《传习录上》，《王阳明全集》卷一，吴光等编校，第42页。

依然代表了儒家由“体”而“用”的一条社会化实践路线，与释老的区别显然不在“体”而更在“用”上，适足以说明儒家既要深入心性的深处来护守人的“种性”，又要积极用世以展开各种“亲民”的社会化实践活动。内在的隐秘的心灵秩序与外在的显象的人间秩序，在真正的儒家学者看来是一体不二的，因而“修己治人，本无二道”①，“明明德”与“亲民”必须打并为一片。只有真正步入内外一体的“至善”境域，才能确保每一个体都能最大化地实现生命的意义与价值。

但是，王阳明毕竟在功夫论上得益于释老之学者颇多，即使“种性”之说也本自佛教。他后来用致良知说来统摄形上与形下，既重视本体也突出功夫，便特别强调：“只是一念良知，彻头彻尾，无始无终，即是前念不灭，后念不生。今却欲前念易灭，而后念不生，是佛氏所谓断灭种性，入于槁木死灰之谓矣。”② 这当然仍是前面提到的收放心的功夫，但显然是以良知作主脑有体有用——依体起用，又摄用归体的儒家进路的功夫。更重要的是他还特别强调良知之道即是生生之道，“良知即是天植灵根，自生生不息；但著了私累，把此根戕贼蔽塞，不得发生耳”③。良知既是“天植灵根”，当然就是与天道相通相契的形上本体。天道自然法则的本质就是创生化育，人当然不可能是天道自然法则的例外，同样也要生生不息谋求创造发展，所谓发展就是实现生命的全部价值，必然不能脱离社会化的人生实践场域，否则就意味着“种性”或“天植灵根”的枯萎窒息。可见无论本体论或功夫论，在真正的儒家看来，都必须以天道的活泼起用及社会化的躬行实践来作为衡量标准，都以维护人的生存、生活及创造发展为根本目的，不容许任何破坏人的生命成长和戕害人的人格尊严的行为存在。

由此可见，王阳明要成就的乃是儒家圣贤形态的生命学问，而非佛教佛菩萨形态的生命学问。但是，成圣成贤的本体论依据究竟是什么作为一个悬而未决的问题，尽管他早年通过多方面的生命实践活动，已在一步一步深入心性形上本体的过程中有了初步的答案，但最

① 王守仁：《答徐成之》，《王阳明全集》卷四，吴光等编校，第163页。
② 王守仁：《传习录中》，《王阳明全集》卷二，吴光等编校，第76页。
③ 王守仁：《传习录下》，《王阳明全集》卷三，吴光等编校，第115页。

终获得彻底解决仍要到龙场大彻大悟之后。恰好不久他即因得罪朝廷宦官受贬贵州，面对龙场极其恶劣的环境，像一个行走在真理道路上的朝圣者一样，从反面逼出更大的奋发勇气和正面力量，寻找只有步入生命的本然真实境域才能沛然涌出的切身性思想答案。

有关"龙场悟道"九死一生的经过，钱德洪《年谱》记载说："龙场在贵州西北万山丛棘中，蛇虺魍魉，蛊毒瘴疠，与居夷人鴃舌难语，可通语者，皆中土亡命……时瑾憾未已，自计得失荣辱皆能超脱，惟生死一念尚觉未化，乃为石墩自誓曰：'吾惟俟命而已！'日夜端居澄默，以求静一；久之，胸中洒洒……因念：'圣人处此，更有何道？'忽中夜大悟格物致知之旨，寤寐中若有人语之者，不觉呼跃，从者皆惊。始知圣人之道，吾性自足，向之求理于事物者误也。"[①] 一如孟子所说"万物皆备于我，反身而诚，乐莫大焉"一样，王阳明最后也大彻大悟到他长期探寻的问题的答案——成圣成贤的根据即内在人性之中，人性之中具足了一切成圣成贤的潜质和可能，因而向外部世界寻找成圣成贤之理，显然是错认了人生发展的路径和人格完善的方向。这是经历"百死千难"才换来的生命真理，固然得力于当下的功夫证悟现量，仍可说是长期积疑之后的涣然冰释。

阳明大彻大悟"圣人之道，吾性自足"一语，清楚地说明成圣成贤的本体论依据"当自求诸心，不当求诸事物"[②]。而"性即是理，性元不动，理元不动"[③]。这里的"性"是遍及一切人的存在的，因而也是无分殊的，人人具足的。"理"与"性"互涵互摄，必然也是周遍而非分遍的，同样是人人具足的，内在于无人不有的心性之中的。诚如黄绾所说："所谓极则工夫，但知本心元具至善，与道吻合，不假外求，只要笃志于道，反求诸己而已"[④]。而人具足了成圣成贤的"性"，也具足了成圣成贤的"理"。"性"之"理"必开显于"心"中，既为"心"之规范，又能为"心"所自觉，因而也可说"心即理也，无私心即是当理，未当理便是私心"[⑤]。当然

---

① 钱德洪：《年谱一》，王守仁：《王阳明全集》卷三十三，吴光等编校，第1354页。
② 张廷玉等：《王守仁传》，《明史》卷一百九十五，第5168页。
③ 王守仁：《传习录上》，《王阳明全集》卷一，吴光等编校，第28页。
④ 黄绾：《寄阳明先生书》，《黄绾集》卷十八，张宏敏编校，第339页。
⑤ 王守仁：《传习录上》，《王阳明全集》卷一，吴光等编校，第30页。

也可说："心之体，性也，性即理也。天下宁有心外之性？宁有性外之理乎？宁有理外之心乎？"而心可以流行发用，外显为人的生命实践行为，形成与对象世界有关的各种行为现象。行为现象尽管形形色色，都仍须与"心"及更深层的"性"之"理"相契相合，才称得上是本然的真实的及符合人心人性的道德实践行为。因而心之理一旦与对象世界发生关联，则可说"发之于亲则为孝，发之于君则为忠，发之于朋友则为信。千变万化，至不可穷竭，而莫非发于吾之一心"[①]。如同"性即理"或"心即理"一样，与人的行为相应的"事"当然也无一不有"理"，而周遍的统一的充分的"理"也就有了分殊的差异的具体的经验内容。形式虽然只能存在于分殊的个体之中，但普遍性的"理"却可以为一切分殊的事物所共有。这就意味着人性的实践无论在"心"或"事"的层次上，都是可以获得积极的丰富的具体的经验内容。所以，"圣人之道，吾性自足"尽管为我们提供了成圣成贤的本体论依据，但仍需要透过"心"的功夫及"事"的实践，即在做人做事上无时无处不与"心"之理相应，不仅"心"本身充盈着价值与意义，而且"心"也为世界赋予了生机和秩序。"心"之"理"与万事万物之"理"浃然融贯，人始终朝着本真人性的"至善"方向实践性地发展，始终不放弃儒者应有的"成己成物"的天下情怀，才能说是踏上了成德及成圣的人生不归之路。

成圣成贤的本体论依据究竟何在的答案，显然是透过他的长久修行实践功夫才豁然了悟的。诚如耿定向所说："（龙场）困衡动忍，不惟得失荣辱胥已解脱，即死生一念亦为拚置。端居澄默以思，倏若神启，大解从前伎俩见趣无一可倚，惟此灵昭不昧者相为始终，不离伦物感应，而是是非非天则自见。"[②]可见正是透过生死磨难的功夫，经过动心忍性的锻炼，跨过了生命转换的宗教性"过关"仪式，才彻底消解了以前的一切世俗知见，证入了无人不具的既内在又超越的形上本体，获得了由"分别"而"无分别"的超越性生命智慧。至于《年谱》所谓"日夜端居澄默，以求静一"，"一"按照

① 王守仁：《书诸阳伯卷》，《王阳明全集》卷八，吴光等编校，第308页。

② 耿定向：《新建侯文成王先生家世》，《耿定向集》卷十三，傅秋涛点校，华东师范大学出版社2015年版，第523页。

汉儒许慎的说法，“惟初太极，道立于一，造分天地，化成万物”[①]，实即形上超越的道体。而“静一”作为一种实践性的入手功夫，显然即是以静定的方法来证入形上本体。易言之，即“廓清心体，使纤翳不留，真性始见”[②]。必须一层层地将纠缠生命或遮蔽本真人性的得失荣辱之念剥落尽净，以致“寻求到四面迫塞无路可行，方渐渐有真实路头”[③]。即使死亡引发的生命焦虑也不能有意回避，反而应凭借极大的勇气积极正视并谋求超越，最终则直入“命根”一刀将其斩断，从此才生活在无执无着的自在境域之中，从而透过死亡获得了精神性的新生，步入了纯粹不杂的理想化生命境域。外在各种现象堆砌起来的虚假的非本然的自我轰然消解了，本体的真实的寂然不动的自我就豁然朗现了。这依然是用功夫来证本体，在方法论上必须息念止虑，消解一切可能遮蔽本体的私欲，回归人人均有的本真至善人性。而只有浸淫在本然人性所生发或彰显出来的内在真实世界之中，生命才能彻底消解外部世界诸如荣辱、毁誉、得失等计较执着的虚幻，并化掉生死一念引发出来的存在焦虑和自我束缚，跃入与万物同体的超越性澄明理想境域。不仅人心与天心相通，人道与天理合一，从容面对命运的安排，超越了生死的对立，而且跃入了无限的境域，获得无执无着的存在自由。他后来要学人反躬自问：“果利害，弃爵禄，快然终身，无人而不自得已乎？”并说：“凡有道之士，其于慕富贵，忧贫贱，欣戚得丧而取舍爱憎也，若洗目中之尘而拔耳中之楔。其于富贵、贫贱、得丧、爱憎之相值，若飘风浮霭之往来变化于太虚，而太虚之体，固常廓然其无碍也。”[④]这与其说是对学人的黾勉，不如说是他的夫子自道。他经历艰难困苦所展现出来的人格风姿，本身就是难得的可亲可感的身教典范。

四、本体与方法的实践性互动

前面提到“求道”与“求知”的区别在于知识世界的建构或扩大必须依靠加法，即缺少了积累便谈不上知识系统的形成不同，证

① 许慎撰，段玉裁注：《说文解字注》，上海古籍出版社1981年版，第1页。
② 钱德洪：《年谱一》，王守仁：《王阳明全集》卷三十三，吴光等编校，第1358页。
③ 黄宗羲：《参政陈蒙山先生嘉谟》，《明儒学案》卷二十一，沈芝盈点校，第497页。
④ 王守仁：《答南元善》，《王阳明全集》卷六，吴光等编校，第235页。

入道境的功夫则必须采用减法，即所谓“吾辈用功只求日减，不求日增，减得一分人欲，便是复得一分天理”①。消解与天理相对的人欲的方法显然是向内的，是必须返归身心内部做逆向体认或反思的功夫，当称为生命的实践的学问。然而建构与对象世界有关的知识系统则不能不是向外的，当然应该以客观事物为对象展开各种分析，可视为知识的分析的学问。他早年格竹失败就是误将减法当成了加法，只知道将意识投向经验对象以形成有关对象的外部知识，不知道将意识返归心性本体以形成对本体的内在了解，遂造成生命的学问与知识的学问的错置。所谓“往儒博物理于外，（阳明）先生约物理于内，夫博约不同趋，内外不相谋已久，约而返求诸身者，端本之学也”②，便很好地概括了他“龙场悟道”后专力于生命的学问的特点。不仅由向外求理逆转为向内求理，自己用生命体验总结出来的“致知以格物”的价值实践路径当远胜于朱子的“格物而穷理”的理性认知路径，更重要的是还要由内向外以心来统摄万事万物，明显有别于专骛向外求理的知识性学问，开辟出了圣贤生命之学的崭新天地。他批评“人之心神只在有睹有闻上驰骛，不在不睹不闻上着实用功。盖不睹不闻是良知本体。戒慎恐惧是致良知的功夫。学者时时刻刻常睹其所不睹，常闻其所不闻，工夫方有个实落处。久久成熟后，则不须著力，不待防检，而真性自不息矣。岂以在外者之闻见为累哉！”③显然也是有了深邃的心性体证实践功夫，透悟了本体界不睹不闻与现象界有睹有闻的差别，看到了生命的学问与知识的学问的不同，希望人们能够从现象界证入本体界，又透过本体界来驾驭现象界，才得出的与生命哲学有关的经验性结论。

当然，由现象界证入本体界，或者说从有睹有闻契入不睹不闻，仍必须依靠致良知的功夫，戒慎恐惧即为其中一个重要法门。生命的学问不能不关注无睹无闻的超越性本体世界，知识的学问则更重视有睹有闻的现象变化世界。一如生命的学问未必就不能与知识的学问整合一样，本体界与现象界本质上也是体用不二的完整世界。一旦功夫久久熟透脱落，非特真性自然流行不息，即外在闻见亦不能滞累心

① 王守仁:《传习录上》,《王阳明全集》卷一，吴光等编校，第32页。
② 邹元标:《愿学集》卷五，台湾商务印书馆1986年版，第198页。
③ 王守仁:《传习录下》,《王阳明全集》卷三，吴光等编校，第139页。

体。而“人者，天地之心，天地万物，本吾一体者也”[①]。正是透过实践的功夫证入形上本体，我们才能说“人之心即天地之心，一心之外无天地也。这个天地之心便是学问大头脑，便是万物一体大本原。只因不复，故不能见，故曰‘复见天地之心’。又曰‘复而后有无妄，学问未见头脑时，举心动用无非妄也’”[②]。人不仅能透过心性修炼的功夫自觉与天地万物一体，而且根本就在人性的深处具有与天地万物同源的创造力。倘若我们真能证入具足一切善端的人性，心中纯乎天理而无一毫人欲之染，一切人或物我的界线都消归于无形，则必然能最大化地彰显人的主体精神而“见天地之心”。而能“见天地之心”者亦必与天地万物有着一种本体存在的呼应，能够从心性之中沛然涌出“成己”以致“成人”“成物”的深切天下情怀。

正是以“龙场悟道”为思想发展的象征性坐标，王阳明开始形成了他的心学体系。所谓“心外无理”“心外无物”“知行合一”等一系列学说，都既有针对官学化的朱子学的意向，明显有救弊补偏的济世情怀，也有旁助他人悟道的目的，可说是悟后起修的存在论显现。而静坐作为一种悟道的实践功夫，也时常运用于他的施教活动之中，原因是“世人精神泼撒，向外驰求，欲反其性情而无从入，只得假静中一段行持，窥见本来面目，以为安身立命根基，所谓权法也”[③]。例如，他的学生钱德洪便曾“觅光相僧房，闭门凝神净虑。倏见此心真体，如出蔀屋而睹天日，始知平时一切作用，皆非天则自然。习心浮思，炯炯自照，毫发不容住着”[④]。显然在证量功夫上亦大有收获，只是担心学者喜静厌动出现枯槁病相，他才以“致良知”工夫作为究竟教法。认为“良知二字，自龙场以后，便已不出此意。只是点此二字不出。于学者言，费却多少辞说。今幸见出此意，一语之下，洞见全体，真是痛快，不觉手舞足蹈。学者闻之，亦省却多少寻讨功夫。学问头脑，至此已是说得十分下落，但恐学者不肯直下承当耳”[⑤]。而从他“始学，求之宋儒，

---

① 王守仁:《传习录中》,《王阳明全集》卷二，吴光等编校，第89页。

② 黄宗羲:《参政陈蒙山先生嘉谟》,《明儒学案》卷二十，沈芝盈点校，第498页。

③ 王畿:《留别霓川漫语》,《王畿集》卷十六，吴震编校整理，第466页。

④ 钱德洪:《刻文录叙说》,《钱德洪语录诗文辑佚》,《徐爱 钱德洪 董沄集》，钱明编校整理，第185页。

⑤ 陈荣捷:《传习录拾遗》,《王阳明传习录详注集评》，第396页。

不得入，因学养生，而沉酣于二氏，恍若得所入焉。至龙场，再经忧患，而始豁然大悟'良知'之旨。自是出与学者言，皆发'诚意''格物'之教。病学者未易得所入也，每谈二氏，犹若津津有味。盖将假前日之所入，以为学者入门路径"[①]，也可见在功夫论上，他受益于佛老颇多，由佛老折转并归正儒学，乃是龙场大彻大悟的根本前提。而一旦真见得良知本体昭明洞彻，必然能"使人人各得其中，由是以昧入者以明出，以塞入者以通出，以忧愤入者以自得出"[②]。从龙场大悟到晚年揭出"致良知"说，仍可看出其前后相续的思想发展脉络。

根据王阳明本人的看法，"良知"二字，实已隐含在他"龙场悟道"以后的思想言说之中了。这就提示我们，"圣人之道，吾性自足"，也可以良知来加以诠释。而"知行合一"之"知"与"行"，显然也可说成是良知之"知"与良知之"行"。"知"即是"良知"，"行"则为"致良知"，依然是一种生命的本体实践之学，不能不同时统摄"知"与"行"。也就是说，成圣成贤的本体论依据就是良知，既可将其看成是德性之知，也可将其看成是心的虚灵明觉，当然也可说成是一种本体的自然之知，本体的自然明觉。无论"知"或"行"都不过是良知本体的一体两面，既意味着良知的当下圆融开显，又象征着本体实践活动的必然。所以，必须透过各种道德的创造活动来实现其本然性的合一，防范一切可能导致人性伤害或异化危机的非本然的分裂。

"致良知"在王阳明那里，乃是"示人以求端用力之要"。而"良知为知，见知不囿于闻见；致良知为行，见行不滞于方隅。即知即行，即心即物，即动即静，即体即用，即工夫即本体，即下即上"[③]，不学而知，不虑而能，无人不具，无人不有，"虽匹夫匹妇之愚，固与圣人无异"[④]。显然意味着在德性与良知面前人人平等，人人都有人格与道德的尊严，人人都可以实践的方式来实现自己的生命价值和潜能，人人都可以成圣成贤。诚如他自己所说："自

① 钱德洪：《答论年谱书》，王守仁：《王阳明全集》卷三十六，吴光等编校，第1523页。
② 钱德洪：《阳明先生年谱序》，《钱德洪语录文辑佚》，《徐爱 钱德洪 董沄集》，钱明编校整理，第191页。
③ 黄宗羲：《师说》，《明儒学案》，沈芝盈点校，第7页。
④ 罗洪先：《龙场阳明祠记》，《罗洪先集》卷四，徐儒宗编校整理，第137页。

己良知原与圣人一般，若体认得自己良知明白，即圣人气象不在圣人而在我矣。”① 如果说他在贬谪龙场之前便已初证空性，那么他晚年讲“四句教”时强调“良知本体原来无有，本体只是太虚。太虚之中日月星辰、风雨露雷、阴霾饐气，何物不有，而又何一物得为太虚之障？人心本体亦复如是，太虚无形，一过而化，亦何费纤毫气力”②。同时又告诫学人：“惟有道之士，真有以见其良知之昭明灵觉，圆融洞澈，廓然与太虚而同体。太虚之中，何物不有？而无一物能为太虚之障碍。盖吾良知之体，本自聪明睿知，本自宽裕温柔，本自发强刚毅，本自斋庄中正、文理密察，本自溥博渊泉而时出之，本无富贵之可慕，本无贫贱之可忧，本无得丧之可欣戚、爱憎之可取舍。”③ 虚灵之中既包涵万有，又不容任何一点作得障碍。可见他已是以“空”来摄“有”，“空”是流行发用能生物造物的“空”，“有”是依体起用不碍空性的林林总总的“有”。生命的本体境界“常常是寂然不动的，常常是感而遂通”④的，一方面不执着“空”，一方面不执着“有”，非“空”非“有”，非“有”非“空”。既与一切存在相应，又无任何存在作得障碍，在一切存在中超越一切存在，超越一切存在又不离一切存在，既是天地万物存在的本体论基础，又必能落实或开显为道德实践生活。这显然就是儒家所一贯强调的“致广大而尽精微，极高明而道中庸”⑤境界的如实开显，显示了一种盎然充沛的创造性本体实践力量。然而诚如他自己所说“一棒一条痕，一掴一掌血”⑥，甚至譬为“刀锯鼎镬底学问”⑦亦不为过，乃是一步一步踏实功夫臻至的实存生命境域。正是以他一生的心路跋涉历程为观照视域，才可说“能受死尽世情心，洞见万物一体本原”。而“修”不离“悟”，“悟”不离“修”，“修”“悟”不二，“悟”“修”一体，“用功愈密，心量愈无穷际，无终始，见得一体愈亲切有味，此心与此理渐渐有凑泊”⑧。如果

① 王守仁：《传习录中》，《王阳明全集》卷二，吴光等编校，第66页。
② 钱德洪：《年谱三》，王守仁：《王阳明全集》卷三十四，吴光等编校，第1442页。
③ 王守仁：《答南元善》，《王阳明全集》卷六，吴光等编校，第225页。
④ 王守仁：《传习录下》，《王阳明全集》卷三，吴光等编校，第139页。
⑤ 黄侃点校：《中庸》，《礼记》，《黄侃手批白文十三经》，上海古籍出版社1983年版，第203页。
⑥ 王守仁：《传习录下》，《王阳明全集》卷三，吴光等编校，第140页。
⑦ 陆九渊：《语录》，《陆九渊集》卷三十五，钟哲点校，第453页。
⑧ 黄宗羲：《参政陈蒙山先生嘉谟》，《明儒学案》卷二十，沈芝盈点校，第497页。

离开了身体力行的本体实践功夫，便难有活生生的在身性的真实证境的豁然开显。

由此可见，功夫系统在他的思想学说中是何等的重要！特别是困居龙场三年，九死一生，动心忍性之余，才发现生命的信靠力量，价值与意义的来源，实即能够生生不息、创进不已的良知。他后来曾回忆在龙场的经历说："谪官龙场，居夷处困，动心忍性之余，恍若有悟。体验探求，再更寒暑，证诸《六经》、四子，沛然若决江河而放之海也。然后叹圣人之道坦如大路，而世之儒者妄开窦径，蹈荆棘，堕坑堑，究其为说，反出二氏之下。宜乎世之高明之士厌此而趋彼也！"[①] 足证他在龙场面对生存绝境大彻大悟之后，依然有一个悟后起修，即不断"体验探求"，并证之儒家经典及宋代诸大儒之说的过程。可见"苦修后悟，方是真悟，了悟后修，方是真修"[②]。他的三年龙场生活，无时无处不在圣学的实践功夫中尽心用力。后人称"龙场悟道，穷则思通，实践事功已属彪炳，朝野片言指点，名曰良知，第为下学推原自始，返其性天，迥非空山养寂，遗弃伦物，杜门谢世，敝屣勋名，因以震炫庸俗者比"[③]。显然缺少了本体实践的功夫，即谈不上龙场的大彻大悟，而后来的讲学无非是要旁助人返本"性天"，使人"才学便须知着力处，既学便须知得力处"[④]，同样也以痛下本体实践的功夫为根本前提。

"龙场悟道"大死而后大活的经历，他的门下弟子亦多有所述及，认为他一生学问之所以能够"出之而愈张，晦之而愈光。鼓舞天下之人，至于今日不怠者，非雷霆之震前日之龙场，其风霰也哉"，并感慨"今之言良知者，莫不曰'固有固有'，问其致知之功，亦莫不曰'任其固有'焉耳。亦尝于枯槁寂寞而求之矣乎？所谓盗聪明、增机械者，亦尝有辨于中否乎？……生于忧患，死于安乐，岂亦有待其人乎？"[⑤] 可见良知说乃是从忧患中逼出的生命实践哲学，尽管他的言说本身极富个人体验色彩，但却有遍及一切的存

① 王守仁：《〈朱子晚年定论〉序》，《王阳明全集》卷七，吴光等编校，第268页。

② 黄宗羲：《参政陈蒙山先生嘉谟》，《明儒学案》卷二十，沈芝盈点校，第497页。

③ 陈锦：《王文成公弟子拟祀记》，《勤余文牍续编》卷一，光绪四年刻本。

④ 程颢、程颐：《戌冬见伯淳先生洛中所闻》，《河南程氏遗书》卷十二，《二程集》，王孝鱼点校，第137页。

⑤ 罗洪先：《龙场阳明祠记》，《罗洪先集》卷四，徐儒宗编校整理，第137—138页。

在论普遍意义，能为人的道德实践提供既超越又具体的普世性价值，既是一种体用一源的德性实践形上学，又是一种必须付诸实践的生命行动哲学。

因此，尽管“良知”二字，人人可以脱口即出，且出于禀受之自然，不由学虑便即能即知，但要真正成为一种生命的价值自觉，转化为内外一体无间无隔的道德行为，仍必须痛下生命的本体实践功夫，即所谓“非经枯槁寂寞之后，一切退听而天理炯然，未易及此”。这正是阳明“龙场悟道”所昭示出来的真谛，揭示了本体实践学与道德实践学的一体不二。而“学者舍龙场之惩创，而第谈晚年之熟化，譬之趋万里者，不能蹈险出幽，而欲从容于九达之逵，岂止躐等而已哉！然闻之者惟恐失其师传之语，而不究竟其师之入手何在，往往辨诘易生，徒增慨惜”[①]。不仅丢掉了阳明良知说的实践精义，更难免不会造成好空蹈虚的弊病。他的“良知”及“致良知”之说，既凝聚了一生心血和经验才得以揭出，因而无论渐修或顿悟，都清晰地反映出本体的实践性品格，固然不可凿之过深而畏难，更不能因其简易而轻怠。或许正是因为如此，王阳明才一再告诫他人：“圣人之道若大路，虽有跛蹩，行而不已，未有不至。而世之君子顾以为圣人之异于人，若彼其甚远也，其为功亦必若彼其甚难也；而浅易若此，岂其可及乎！则从而求之艰深恍惚，溺于支离，骛于虚高，率以为圣人之道必不可至，而甘于其质之所便，日以沦于污下。有从而求之者，竞相嗤讪，曰狂诞不自量者也。呜呼！其弊也亦岂一朝一夕之故哉！”[②] 既然人人都有良知，而良知又为学做圣贤的本体论依据，则只要不断地痛下致良知的实践功夫，必然人人都可成德以至成圣。这就如同行路一样，路途尽管遥远，只要不错认了人生发展的方向，并始终不渝地长期坚持，永远行走在修行实践的道路上，再缓亦必能达致价值理想的目的地。遗憾的是世人不骛于虚高，即甘于污下，积弊既已深重，相沿亦成风气。王阳明语重心长的告诫，至今仍值得世人反思和警醒。

---

① 罗洪先：《寄谢高泉》，《罗洪先集》卷七，徐儒宗编校整理，第274页。
② 王守仁：《别梁日孚序》，《王阳明全集》卷七，吴光等编校，第269页。

五、余论

以知人论世的方法，透过王阳明一生行履，针对其思想发展历程，展开多方面的分析和讨论，我们已可清楚地看到，他一生所要解决的核心问题，就是自己及他人如何成圣成贤。成圣成贤本质上就是成就人的人格，完善人的德性生命，实现人生应有的价值，维护人的存在尊严。人的存在决非是与世界绝缘的，孤荒的存在，生命的价值也决不是与天地万物毫无关联的封闭的价值，因而人又必须透过社会化的实践过程来成就自己的人格，应该以与天地万物打交道的方式来实现生命的价值。所以，一方面“为学须有本原，须从本原上用力，渐渐盈科而进”①，即在生命的本源深处扎根安寨，以德性或良知为本建立起自己广袤而丰富的精神世界，激活自己源源滚滚不断涌现的创造活力；另一方面也要“推其天地万物一体之仁以教天下，使之皆有以克其私，去其蔽，以复其心体之同然”②，将自己内在的德性生命力量向外推廓出去，在成就自己的同时也成就他人，实现自身价值的同时也实现万物的价值，最终达致万物一体的价值理想。这显然正是王阳明心学思想最突出的特点。与《中庸》“成己，仁也，成物，知也，性之德也，合外内之道也”的儒家思想理路一脉相承，也可说内而“明明德者，立其天地万物一体之体”；外而“亲民者，达其天地万物一体之用”，“体”与“用”无间无隔，当然就无一物作得障碍。“故明明德必在于亲民，而亲民乃所以明其明德也。”③本体实践、道德实践、政治实践三者，必须相依相存打并为一片；个人身、心、意的行为修养与家、国、天下的治平事业，也要透过本体、道德、政治的实践化方式连为一体。而“彼（释老）二氏遗物而沦空，固不能达知之用；俗学昧本而逐末，又不能全知之体。惟致吾良知而实践于事物，是之谓圣学”④。十分明显，只有内外合为一体，不仅存在与天道、生命与价值、良知与实践等等层层打通，即存在与社会、个人与群体、人文与自然也要

① 王守仁：《传习录上》，《王阳明全集》卷一，吴光等编校，第16页。
② 王守仁：《传习录中》，《王阳明全集》卷二，吴光等编校，第61页。
③ 王守仁：《大学问》，《王阳明全集》卷二十六，吴光等编校，第1067页。
④ 王时槐：《初刻大学古本后跋》，《友庆堂合稿》卷五，《王时槐集》，钱明、程海霞编校，第563页。

扫荡其隔阂，才可说是达致了心学的究竟圆融境界，实现了“致吾良知而实践于事物”即体即用的价值目的诉求。

因此，我们今天走进王阳明的思想世界和精神世界，实际就是要走进自己的思想世界和精神世界，回归心性的本源，证悟良知本体，并实践性地将其转化为社会生活行为，遍及于一切与人的存在相关的事物。从根本上讲，“良知者，通天地万物为一体，忍其毒而弗之觉，犹弗知也”①。而一旦真证入良知本体，必然充满天下情怀。因为本体即是至善，同时也是大全，则人要充分完满地实现自己的潜质，就必须以至善为最高终极目标，在成就自己的同时，也成就他人或他物。可见人不仅应该按照善的目的去生活，而且应该按照善的目的来建构社会，并在善的生活中培养合理的品德，展开移风易俗的社会变革工作，达致万物一体的文化理想，实现诗意地栖居的目的。这当然即是“致良知”的功夫，必然以人本身的完善为根本目的，但仍有突出的实践性向度，不容许任何一物遗留在外。

阳明透过自己长期有体有用的“致良知”实践功夫，固然首先是要回归真实的人性，激发起生命的创造活力，显发为卓荦超伦的人格风姿，但更重要的是要将其转为积极入世的精神，主动参与人间秩序的建构活动，贞定现实世界的价值与意义。“致良知”作为一种本体实践之学，必然也是彻内彻外浃然一体的，不能容许其间有任何区隔，都为人的本然性存在方式所必需，可以随时在寻常细务中见真精神，未必都要付诸宏大话语或显赫事功。《明史·王守仁传》载“终明之世，文臣用兵制胜未有如守仁者也。当危疑之际，神明愈定，智虑无遗，虽由天资高，其亦有得于中者”②。所谓“中”乃是“过”与“不及”两端的平衡与调整，离不开良知本体及其起用时的明察和决断。具见其一生之所以能建立赫赫事功，并凭借勇气和智慧应对各种政治危机，亦不能说与内在人格力量的支撑毫无关系，是长久修行实践涵养出来的胸襟和气度，显示了心性功夫所生发出来的惊人智慧与道德力量。本体论的良知的决断必然是本然性的和规约性的，因而就本然性来说它必然是普遍性的，就规约性来

① 聂豹：《重刻传习录序》，《聂豹集》卷三，吴可为编校整理，凤凰出版社2007年版，第45—46页。

② 张廷玉等：《王守仁传》，《明史》卷一百九十五，第5170页。

说它又必然能指明方向，当然就具有了试金石和指南针的双重实践意义。同时功夫论的“致良知”固然包涵了实际才能的具体运用，当然也需要调动各种知识来加以配合，但无论行为动机力量的来源或人生发展方向的选择，都仍须听命于内在良知世界的本然性召唤，不以外部世界的荣辱得失为转移。因此，尚有必要将“知行合一”作为基本政治行为原则，即使国家或政府的行为也决不例外。国家与政府提供的外在之“善”固然重要，但仍必须与以良知为表征的内在之“善”相一致，才是正当的、合理的、应然的，否则便只能是对“善”的僭越和人性的亵渎。

儒学内部无论程朱或陆王，严格说都是有功于“圣学之入门与其实践以底于究极”的学问。今天我们重提王阳明的心学思想，不能仅满足于放言空论，更重要的是必须付诸功夫或实践，缺少了功夫系统的良知言说只能是虚假语言包裹起来的空洞话头，丧失了实践品性的良知理论亦只能是漂亮文字掩盖起来的虚假说教，既看不到良知的流行发用，也无助于人的生命成长，本身就窒息了良知生生不息的真机，违背了学必以见体为究境的实践精义。而“心之本体，即天理也，天理之昭明灵觉，所谓良知也”[①]。因此，良知之发用流行必然即是天理之发用流行，“致良知”显然即是自觉心体本然之天理。只要随顺本体界的天，则自然发用流行，又不离却实践界的事事物物，则人生必然饱含价值意义，生活亦充满天理精神。所谓“日用间何莫非天理流行，但此心常存而不放，则义理自熟”[②]，即显示了生活世界本体实践学的重要。充满了天理精神的生活方式，必然最大化地彰显与天地一体的生息不已的实践性创造活力。所以，反复强调“致良知”功夫系统重要性的目的，当然仍是要重新挖掘传统中国德性生命与人格实践的智慧，激活民族集体共同的活泼创造生机，彰显人人都能做到的既源自本体，又立足于实践的主体精神，维护每一个体的人格尊严和权利自由，建构天、地、人、神共在的文化生态秩序，实现一切分殊的差异性，存有“物各付物”的和谐化诗意栖居。这显然是一种本体的承诺，一种良知的责任，一

① 王守仁：《答舒国用》，《王阳明全集》卷五，吴光等编校，第212页。
② 王守仁：《答徐成之》，《王阳明全集》卷四，吴光等编校，第163页。

种道德的升进，乃是人类幸福达致的必要前提。

显然，本体的大门向一切人敞开，良知亦为一切人所内具，必然提供了既内在又超越的存在可能，因而也就意味着人人都可参与其中，人人都是其中的主人，完全可以透过本体与功夫或功夫与本体的互动不断提升生命的境域，如此才能构成人类永远创进不已的共同精神实践生活，而世界亦将成为日新不已的人文化成的世界。

寻找下学上达的心性体认施教方法
——论静坐方法在王阳明工夫系统中的价值与意义

王阳明在贵州龙场经历百死千难，以“端居澄默，以求静一”的方法证悟心性本体，大彻大悟生命的真谛，重新解释了《大学》“格物致知之旨”[①]后，便开始依据自己深邃的生命体验，开展了长期不间断的讲学施教活动，不仅帮助大量的来学者直入本心、本性，了解真实的自我，形成了一套完整的工夫论系统，而且传播了颇有理论特征的心学思想，催生了可与程朱理学并埒的心学学派，显示了一个时代学术变动发展的整体趋势。其中静坐尽管不如后来的“致良知”教那样“开口即得本心”[②]，本体与工夫无间无隔，浑然凝融为一体，但仍不失为从本体开出的重要方法，当然也可说是依据工夫证入本体的有效法门，乃是自古迄今，“圣哲为一大事因缘出世，兢兢于明体立极之学”[③]经常采用的手段、措施，同时也是阳明“教之三变”中极为重要的一变。惜历来学者对此讨论分析甚少，乃至出于理性的骄狂，以为静坐作为一种方法，既难在理论逻辑系统中呈现意义，也不可能成为阳明施教的一个阶段。他们根本就不了解静坐正是“反求诸己”并证入形上道体的有效入门手段，在儒门工夫系统中也有特殊的意义。有鉴于此，本文以静坐为中心，考察其在阳明施教过程中的利弊得失，并重新评估其价值与意义。难免存在不妥，敬请方家指正。

一、静坐施教方法的揭出

欲考察阳明的施教方法，了解静坐的特殊方法论意义，则必须凭借知人论世之法，客观把握阳明离开龙场后的思想发展历程。武宗正德五年（1510）十一月，阳明已年近四十，受朝廷政令之召，乃入京城朝觐，再次与湛甘泉在京师相聚，故友重逢，心情格外振奋。阳明谪赴龙场时，甘泉曾歌《九章》以赠，其中第七首云：“皇天常无私，日月常盈亏，圣人常无为，万物常往来。何名为无为？自然无安排，勿忘与勿助，此中有天机。”[④]所谓“自

---

① 钱德洪：《年谱一》，王守仁：《王阳明全集》卷三十三，吴光等编校，上海古籍出版社1992年版，第1228页。

② 王畿：《滁阳会语》，《王畿集》卷二，吴震编校整理，第33页。

③ 熊十力：《论量智、性智及玄学方法》，郭齐勇编：《现代新儒学的根基——熊十力儒学论著辑要》，中国广播电视出版社1996年版，第291页。

④ 湛若水：《九章赠别并序》，《湛甘泉先生文集》卷二十六，广西师范大学出版社2014年版，第1560页。

然无安排，勿忘与勿助”，显然是他对阳明的一种工夫论提示，目的则是讨论如何更好地证入形上道体。这是因为在甘泉看来，“心无一物，天理见前，何谓天理，本体自然。廓乎浑兮，四时行焉，勿忘勿助，圣则同天”①。“勿忘勿助”典出《孟子·公孙丑》，宋明理学家多以此方法来接引学者，阳明亦无例外。与甘泉一样，阳明也认为“学者一念为善之志，如树之种，但勿助勿忘，只管培植将去，自然日夜滋长，生气日完，枝叶日茂”②；只是晚年提出良知说后，才对甘泉“随处体认天理”之说略有批评，以为“随处体认天理，勿忘勿助之说，大约未尝不是，只要根究下落，即未免捕风捉影。纵令鞭辟向里，亦与圣门致良知之功尚隔一尘。若复失之毫厘，便有千里之谬矣”③。甘泉论学，务求自得，④虽一贯主张“随处体认天理”⑤，但未必就不赞同良知之说，试看其言“吾与阳明，斯文共起，有如兄弟，异姓同气。天理良知，良知天理，相用相同，二之则异”⑥，便可证之。足见阳明与他虽时有争辩，在工夫论上亦有同有异，然如果着眼于儒者真正的终极目标或终极托付，仍可说二者大端节目与基本立场颇为一致。⑦阳明再次入京，恰值后军都督府都事黄绾在京师。经人介绍，黄绾知阳明“趋向正，造诣深，不专文字之学”，而自己少年时便“有志圣学，求之紫阳、濂、洛、象山之书，日事静坐”⑧，有过尝试“求道”的经历，遂往谒王、湛二氏，三人相互砥砺，遂订下终生

---

① 湛若水：《示诸学者》，《湛甘泉先生文集》卷二十六，第1556页。

② 王守仁：《传习录上》，《王阳明全集》卷一，吴光等编校，第32页。

③ 钱德洪：《年谱三》，王守仁：《王阳明全集》卷三十五，吴光等编校，第1322页。

④ “先生以自得之学，发明中正求仁之旨，芜蔓支离净荡如洗，人无异学。”（洪垣：《湛甘泉先生墓志铭》，湛若水：《湛甘泉先生文集》卷三十二，第1875页）所谓“务求自得”云云本此。

⑤ 黄宗羲称：“先生（甘泉）与阳明分主教事，阳明宗旨致良知，先生宗旨随处体认天理，学者遂以王、湛之学各立门户，其间为之调人（停）者，谓天理即良知也，体认即致也，何异何同？”（黄宗羲：《文简湛甘泉先生若水》，《明儒学案》卷三十七，沈芝盈点校，第876—877页）可证甘泉主要以“随处体认天理”立说，阳明则以“致良知”立论，相互之间孰异孰同，乃是学界长期争论的问题。

⑥ 湛若水：《奠欧阳南野文》，《湛甘泉先生文集》卷三十，第1797页。

⑦ 阳明论及甘泉，见诸其文集者，可谓屡见不鲜。甘泉与阳明交往，往返论学书信，见存者数量亦不少。相互比观参照，即可见情义弥天盖地。阳明之言暂不赘举，甘氏书信则见《湛甘泉先生文集》卷七，第217—218、220—221、239—241、248、251—253页。

⑧ 黄绾：《阳明先生行状》，王守仁：《王阳明全集》卷三十八，吴光等编校，第1409页；黄绾：《阳明先生行状》，《黄绾集》卷二十四，张宏敏编校，第460页；张宏敏：《黄绾生平学术编年》，浙江大学出版社2013年版，第49—50页。

共学之盟，均以圣学期许。[①]

黄绾与甘泉，以后之学术交往亦多，二人最服膺阳明，遂于嘉靖元年（1522）执贽称阳明为师。试检其《明是非定赏罚疏》："臣曩与守仁为友，几二十年，一日自愤寡过之不能，守仁乃语以所自得，时若有省，遂如沉疴之去体，故复拜之为师。"[②]便可见二人相互黾勉责善，实为难得的道义之交。王、湛、黄三人均为同一时代颇有理论建树的历史人物，他们的相互交往不仅有助于自身思想的修正发展和成熟圆融，同时也形成并强化了心学运动的核心中坚。而士大夫之有志者，无不相率从游。在当时的京城，心学人物亦开始有了一定规模。惜不久阳明即调南京刑部主事、吏部验封清吏司主事，但问学受业者较诸往昔更多，乃随时点化，务期发明圣学，未尝有一日放废接引来学的工夫。明代学术之所以能开出新的气象，固然与阳明的广泛影响有关，但湛、黄一类大儒的同时涌现，尤其相互之间的交流切磋，以及多种学术谱系的互嵌互动，[③]也是不可忽视的重要因素。明代心学始终在包含着差异与多元的整体运动过程中，透过理想与现实的巨大落差，遭遇各种复杂诡谲的历史现象，才得以不断赓续发展。[④]

正德七年（1512），阳明复升南京太仆寺少卿，与弟子徐爱同舟归越省亲，途中痛论《大学》宗旨，徐爱骤闻之下，"如狂如醒者数日，胸中混沌复开"[⑤]，遂录为《传习录》卷首十四条。徐爱称：

---

① 黄绾以后亦倡导良知之学，以为："所谓学者无他，致吾良知，慎其独而已。苟知于此而笃志焉，则凡气习沉锢之私皆可决去，毫发无以自容。天地间只有此学、此理、此道而已。明此则为明善，至此则至善。"可见其评价阳明良知之说不可谓不高，然亦非毫无修正，其中最突出者即为"良止执中"说，惜此处暂无从详论。又《黄绾集》今尚有与阳明书四通、寄甘泉书三通，则可识三人交谊之深笃。（黄绾：《劝子侄为学文》《寄阳明先生书》《寄甘泉先生书》《寄甘泉宗伯书》，《黄绾集》卷九、卷十八、卷二十一，张宏敏编校，第158、338—342、376页）

② 黄绾：《明是非定赏罚疏》，《黄绾集》卷三十二，张宏敏编校，第628页。

③ 黄宗羲曾指出："王、湛两家，各立宗旨，湛氏门人虽不及王氏之盛，然当时学于湛者，或卒业于王，学于王者，或卒业于湛，亦犹朱、陆之门下，递相出入也。"（黄宗羲：《甘泉学案一》，《明儒学案》卷三十七，沈芝盈点校，第876页）所谓"互嵌互动"云云，即本之此。

④ 钱德洪言："良知天理原非二义，以心之灵虚昭察而言谓之知，以心之文理条析而言谓之理。虚灵昭察，无事学虑，自然而然，故谓之良；文理条析，无事学虑，自然而然，故谓之天。"（钱德洪：《上甘泉》，《钱德洪语录诗文辑佚》，《徐爱 钱德洪 董沄集》，钱明编校整理，第150页）可证阳明门下弟子，也多主动调和心学内部——特别是王、湛之间——的思想差异，从而张大了心学发展的声势，在程朱官学笼罩天下的沉闷空气中，别开出学术思想的新天地。

⑤ 钱德洪：《年谱一》，王守仁：《王阳明全集》卷三十三，吴光等编校，第1235页。

先生于《大学》"格物"诸说，悉以旧本为正，盖先儒所谓误本者也。爱始闻而骇，既而疑，已而殚精竭思，参互错综以质于先生，然后知先生之说若水之寒，若火之热，断断乎百世以俟圣人而不惑者也。先生明睿天授，然和乐坦易，不事边幅。人见其少时豪迈不羁，又尝泛滥于词章，出入二氏之学，骤闻是说，皆目以为立异好奇，漫不省究。不知先生居夷三载，处困养静，精一之功固已超入圣域，粹然大中至正之归矣。[①]

可见服膺阳明的学者虽多，但訾议者亦不少。在朱子学笼罩天下的情况下，阳明能别立一系统，再辟一天地，必然有人目以为立异好奇。但如同徐爱始疑终信一样，从朱子之学翻转过来追随他的人显然日渐增多，与程朱之学分庭抗礼之势俨然已成，时代进入新阶段的特征遂愈加突出。

正德八年（1513），阳明至安徽滁州督马政，从游弟子愈加之多。《年谱》"正德八年癸酉冬十月"条载：

滁山水佳胜，先生督马政，地僻官闲，日与门人遨游琅琊、瀼泉间。月夕则环龙潭而坐者数百人，歌声振山谷。诸生随地请正，踊跃歌舞。旧学之士皆日来臻。[②]

从游讲学的盛况，诚可谓殊胜难得。与其正德五年（1510）在庐陵以静坐方法接引学人"自悟心体"[③]的情形相似，阳明同样以静坐入手方法授受学人，接引四方来学之士。他事后曾回忆说：

吾昔居滁时，见诸生多务知解，口耳异同，无益于得，姑教之静坐。一时窥见光景，颇收近效。久之，渐有喜静厌动，流入枯槁之病。或务为玄解妙觉，动人听闻。故迩来只说致良知。良知明白，随你去静处体悟也好，随你去事上磨炼也好，良知本体原是无动无静的。此便是学问头脑。我这个话头自滁州到今，亦

① 徐爱:《〈传习录〉题辞》,《〈横山遗集〉补遗》,《徐爱 钱德洪 董沄集》，钱明编校整理，第89页；又见王守仁:《传习录上》,《王阳明全集》卷一，吴光等编校，第1页。
② 钱德洪:《年谱一》，王守仁:《王阳明全集》卷三十三，第1236页。
③ 钱德洪:《年谱附录一》，王守仁:《王阳明全集》卷三十六，吴光等编校，第1336页。

较过几番，只是致良知三字无病。医经折肱，方能察人病理。[①]

此足证自庐陵至滁州，阳明为了对治学人“多务知解，口耳异同，无益于得”的偏执习气，始终均以静坐方法教人，且的确颇见“近效”。而他所说的“一时窥见光景”，则是通过静坐工夫，排除杂念，收敛思虑，初见本体光景。尽管从整体上看，若继续向上翻转，尚有长程路途要走，但毕竟入手工夫已得，本体的亲证亲历并非无可能。故静坐作为一种接引他人证道、入道的教法，在方法论上具有不可忽略的重要意义。

但是，利在弊亦随生，尤其是证本体的生命之学，更是满途荆棘陷坑，稍不留神即有可能误入歧途。而如何契理契机施教，亦成为必须考量的一大难题。诚如伊川所说：“与学者语，正如扶醉人，东边扶起却倒向西边，西边扶起却倒向东边，终不能得佗卓立中途。”[②]静坐的方法尽管能很快助人入道，但也容易产生“喜静厌动，流入枯槁之病”，更甚者则“务为玄解妙觉，动人听闻”，均是必须严加防范的大病。所以自滁州讲学发现习静的弊端后，为了帮助学人更好地证入“大中至正”的道境，他又有各种补弊纠偏细微的方法，最后经“（张）忠、（许）泰之变”[③]后，才开始以“致良知”取代静坐，有了自己颇为独特的晚年教人定法。所谓“医经折肱，方能察人病理”云云，即说明“致良知”乃是尝试多种方法，不断总结经验教训，最终得出的一种大圆融教方法。

由此可见，自龙场悟道开始以心学立场施教以来，阳明先揭出“知行合一”的义旨，再改为“静坐”方法，最后则以“致良知”收结。考察前后源流演变，阳明之为教方法至少发生了三次重大变化。诚如其门下弟子钱德洪所说：

居贵阳时，首与学者为“知行合一”之说；自滁阳后，多教学者静坐；江右以来，始单提“致良知”三字，直指本体，令学者言下有悟；是教亦三变也。[④]

---

① 王守仁：《传习录下》，《王阳明全集》卷三，吴光等编校，第104—105页。

② 程颢、程颐：《伊川先生语四》，《河南程氏遗书》卷十八，《二程集》，王孝鱼点校，第187页。

③ 钱德洪：《年谱二》，王守仁：《王阳明全集》卷三十四，吴光等编校，第1275页。

④ 钱德洪：《刻文录叙说》，王守仁：《王阳明全集》卷四十一，吴光等编校，第1574页；又收入钱德洪：《刻文录叙说》，《钱德洪语录诗文辑佚》，《徐爱 钱德洪 董沄集》，钱明编校整理，第184—189页。

如果说龙场悟道之前的“学之三变”，主要是如何寻找方法证入本体，那么龙场悟道以后的“教之三变”，则为如何依据本体开出方法。也就是说，阳明龙场大彻大悟之后，其在“成德”或“成圣”教法上，曾有三次重大的调整或转换。而静坐即为其中不可忽视的一段工夫，连接了“知行合一”与“致良知”一前一后两个施教时期，或可视为必要的过渡方法论运用阶段。[①]

与钱德洪同时，王龙溪也特别拈出师门的“默坐澄心”为说，强调其在旁助他人悟道方面的价值与意义。王氏的《滁阳会语》曾明确指出：

> （先生龙场）居夷处困，动忍之余，恍然神悟，不离伦物感应而是是非非天则自见，征诸四子六经，殊言而同旨，始叹圣人之学坦如大路，而后之儒者妄开径窦，纡曲外驰，反出二氏之下，宜乎高明之士厌此而趋彼也。自此之后，尽去枝叶，一意本原，以默坐澄心为学的，亦复以此立教。于《传习录》中所谓“如鸡覆卵，如龙养珠，如女子怀胎，精神意思，凝至融结，不复知有其他”；“颜子不迁怒贰过，有未发之中，始能有发而中节之和”；“道德言动，大率以收敛为主，发散是不得已”。种种论说，皆其统体耳。一时学者闻之翕然，多有所兴起。然卑者或苦于未悟，高明者乐其顿便而忘积累，渐有喜静厌动、玩弄疏脱之弊。先师亦稍觉其教之有偏，故自滁、留以后，乃为动静合一、工夫本体之说以救之。而入者为主，未免加减回护，亦时使然也。自江右以后，则专提“致良知”三字，默不假坐，心不待澄，不习不虑，盎然出之，自有天则，乃是孔门易简直截根源。盖良知即是未发之中，此知之前，更无未发；良知即是中节之和，此知之后，更无已发。此知自能收敛，不须更主于收敛；此知自能发散，不须更期于发散。收敛者，感之体，静而动也；发散者，寂之用，动而静也。知之

① 黄宗羲也认为阳明龙场大悟之后，教亦有“三变”（参见黄宗羲：《文成王阳明先生守仁》，《明儒学案》卷十，沈芝盈点校，第181—182页），却突出了“默坐澄心”和“致良知”，淡化了“知行合一”，与钱说略有出入，然亦足证“三变”之说乃阳明生前身后不少学者的共识，可一并参阅。

真切笃实处即是行，真切是本体，笃实是工夫，知之外更无行；行之明觉精察处即是知，明觉是本体，精察是工夫，行之外更无知。故曰："致知存乎心悟，致知焉尽矣。"[①]

依据上文，可识"知行合一"说在龙溪的视域中，似未构成一个独立的思想发展阶段。阳明指出："知之真切笃实处即是行；行之明觉精察处即是知，知行工夫本不可离。"[②]在龙溪看来，无论以"真切"说本体，以"笃实"说工夫，抑或以"明觉"说本体，以"精察"说工夫，都足以说明"知之外更无行""行之外更无知"，都可以为体用一源、显微无间的"致良知"说所统摄，都可以用发自心源又植根实践的"致知"一语来加以概括，当然就可忽视时间前后之因素，而与"致良知"一处论说。龙溪对"知行合一"说的理解及位置安排正确与否可暂不置论，却突出了"默坐澄心"方法手段的重要性。必须注意的是，静坐的工夫当然必须以止念头为重要的方法论前提，而止念头的工夫又以澄心为目的论诉求，最终则以彻悟本心本性为根本归宿。因而静坐与"默坐澄心"或"静一澄默"等说法，在不同的语境中常常可以互换。要之，在他看来，必须将静坐视为一个独立的施教阶段，才能客观揭示其在阳明工夫系统中的价值与意义，否则便不符合阳明施教过程的真际，也难以与"统体"之说吻合。

龙溪将"默坐澄心"与"致良知"并置，虽有过分拔高前者之嫌，但仍可见静坐乃是阳明龙场悟道后经常采用的一种施教方法。《滁阳会语》反复征引《传习录》有关静坐的文字，目的都是要说明"以默坐澄心为学的，亦复以此立教"，明显与程朱理学学者"妄开径窦，纡曲外驰"的烦琐路径不同，乃是一种"尽去枝叶，一意本原"的简易法门。"默坐澄心"在方法论上的特点，即以"收敛"为"下学上达"的入门手段，不仅要摄用归体，向内收拾精神，使其凝聚融结，体验心体寂然不动的本体存在状态，而且要内观本来即有的未发之中，然后感而遂通，依体起用，做到人文实践活动中恰到好处的发而中节。在龙溪看来，阳明的所作所为均得力于他在龙场

① 王畿：《滁阳会语》，《王畿集》卷二，吴震编校整理，第33—34页。
② 王守仁：《传习录中》，《王阳明全集》卷二，吴光等编校，第42页。标点略有改动。

恍如“神悟”的深邃生命体悟，因而才自觉地以“默坐澄心”为引接他人自证心体的重要施教手段。静坐的工夫手段尽管后来也出现了诸如忽视工夫积累、“喜静厌动”、“玩弄疏脱”一类的弊病，阳明也有针对性地及时做出了方法论上补弊纠偏的调整，但在更加圆融究竟的“致良知”说提出之前，特别是在其居滁州传播心学思想期间，仍不失为一种重要的施教接引方法，不能不说是“教之三变”中极为重要的一变。

二、补弊纠偏方法的寻找

滁州是阳明以静坐方法施教济人的重要区域，前来听其讲学者人数颇多。不能说无人受益，但理解也产生了偏差。阳明遂做了微细方法的应机调整，虽仍可将其纳入静坐整体范畴，不能视为独立的阶段，但亦可一窥阳明施教的良苦用心，了解生命体证向上翻转的艰难。

阳明在滁州的讲学情况及影响，钱德洪也依据自己的观察有所介绍和总结。钱氏说：

> 滁阳为师讲学首地，四方弟子，从游日众。嘉靖癸丑秋，太仆少卿吕子怀复聚徒于师祠。洪往游焉，见同门高年有能道师遗事者。当时师惩末俗卑污，引接学者多就高明一路，以救时弊。既后渐有流入空虚，为脱落新奇之论。在金陵时，已心切忧焉。故居赣则教学者存天理，去人欲，致省察克治实功。而征宁藩之后，专发致良知宗旨，则益明切简易矣。兹见滁中子弟尚多能道静坐中光景。洪与吕子相论致良知之学无间于动静，则相庆以为新得。①

钱氏所说，实本于阳明之说：“吾年来欲惩末俗之卑污，引接学者多就高明一路以救时弊；今见学者渐有流入空虚，为脱落新奇之

---

① 王守仁：《与滁阳诸生书并问答语》，《王阳明全集》卷三十六，吴光等编校，第982—983页；钱德洪：《〈与滁阳诸生书并问答〉序》，《钱德洪语录诗文辑佚》，《徐爱 钱德洪 董沄集》，钱明编校整理，第200页。

论，吾已悔之矣。故南畿论学，只教学者存天理，去人欲，为省察克治实功。”[①]然足证其说源自师门，绝非一时偶发之语。文中所述“癸丑”，即嘉靖三十二年（1553），时间上距正德八年（1513）阳明在滁州讲学已40年，滁中弟子尚记得当年“静坐中光景”，可见阳明确实曾以此法接引过不少学人。

然而或许是戎马倥偬，或许是弟子遍及天下，无论是其自身无精力、无时间顾及，抑或客观的交通往返不便，阳明后来虽已在江右将其教法改为“致良知”，却长期不为远在滁州的学人所知晓。所以即使时隔40年，心学思想已成为一时之思潮，师门仍无间于动静的“致良知”简易宗旨。钱、吕二人和盘道出，滁中子弟骤闻之下，竟都“相庆以为新得”。此足证静坐作为一种关涉身心性命的修持方法，当地至少有一部分学人，长期将其奉为师说，甚至延至嘉靖三十二年，仍恪守不移，未尝轻率更改、变易。

值得注意的是，在静坐与“致良知”两种工夫法门之间，阳明一度采用过“存天理，去人欲”的方法，目的则为凭借省察克治的实功，对治静坐可能引发的“流入空虚，为脱落新奇之论”的偏失。这一点阳明在《与滁阳诸生书并问答语》中也有提及，读之感觉有如良医对症开出的药方。兹具录如下：

> 或患思虑纷杂，不能强禁绝。阳明子曰：“纷杂思虑，亦强禁绝不得，只就思虑萌动处省察克治，到天理精明后，有个物各付物的意思，自然静专，无纷杂之念。《大学》所谓‘知止而后有定’也。”[②]

细绎阳明所言，虽强调勤修省察克治之功，以至心体纯乎天理而无人欲之私的重要，却并未完全否定静坐法门在方法论上的必要性。只是针对静坐已经或可能出现的偏差，如强行禁绝思虑杂念，一味贪静而堕入顽空，他才主张补以明察天理的工夫，示明可以用“物各付物”的方法来加以对治。阳明曾有过格竹失败的经验，知道无论向外或向内过度人为用力，均难以接近反而更远离了道体。只

① 钱德洪：《年谱一》，王守仁：《王阳明全集》卷三十三，吴光等编校，第1237页。
② 王守仁：《与滁阳诸生书并问答语》，《王阳明全集》卷二十六，吴光等编校，第982页。

有以无为法（无一毫人力安排）做到“自然静专”，以勿忘勿助的方法切身实地体验，如《中庸》所谓“视之而弗见，听之而弗闻，体物而不可遗”[①]，才能杂念不强其去而自去，道境不期其至而自至。

值得注意的是，上引阳明所述文字，钱德洪特别说明：“时闻滁士有身背斯学者，故书中多愤激之辞。后附问答语，岂亦因静坐顽空而不修省察克治之功者发耶？”[②]今日读之，未必就能令人有“愤激”之感，或许门下学人已有所删削，然亦可识病痛既深，必非一时偶然现象，俨然已成社会风气，必然引起有识者的不满。例如较阳明后出的晚明高僧蕅益撰《论语点睛》，至《雍也》“女为君子儒，无为小人儒”一句，便突然有以下发挥：

> 从性天生文章便是君子儒，从文章著脚便是小人儒。即下学而上达便是君子儒，滞于下学便是小人儒。若离下学而空谈上达，不是君子儒，亦不是小人儒，便是今时狂学者。[③]

末句“便是今时狂学者”，的确是画龙点睛之笔。可见他不仅解释古典，同时也在发挥今义。足证当时学者不仅“滞于下学”者颇多，“离下学而空谈上达”者更夥。与佛教僧侣蕅益相较，儒门人物黄绾的批判似更严厉：“或有以戏子喻士大夫者，此言最切中今日之弊，云：‘戏子登场，或为忠，或为孝，或为喜，或为怒，或为廉洁，或为贞淑，或为抗直，或为执法，或为义行，或为事业，皆非其真；只欲看者喜，欲觅些赏钱而已。及下场，依旧一戏子。’此言，吾党极当知而深省，庶几于道有得。”[④]黄氏乃是与阳明同时代之人，亦一心学思想名家，而于良知之学最有心得；[⑤]阳明心学之弘传，其出力甚多，贡献亦大。文中所谓“吾党”，显然指心学阵营中的人，而“当知深省”云云，亦当为针砭时弊之言。足证阳明门

---

① 朱熹：《中庸章句》，《四书章句集注》，陈立校点，辽宁教育出版社1998年版，第25页。

② 王守仁：《与滁阳诸生书并问答语》，《王阳明全集》卷二十六，吴光等编校，第983页；钱德洪：《〈与滁阳诸生书并问答语〉序》，《钱德洪语录诗文辑佚》，《徐爱 钱德洪 董沄集》，钱明编校整理，第200页。

③ 蕅益：《论语点睛》，《灵峰宗论》，曹越主编：《明清四大高僧文集》，孔宏点校，北京图书馆出版社2005年版，第707页。

④ 黄绾：《久庵日录》，《黄绾集》卷三十六，张宏敏编校，第686页。

⑤ 参见黄绾：《祭阳明先生文》，《黄绾集》卷二十九，张宏敏编校，第563—564页。

下学人之病痛，不仅阳明本人发现批评甚早，黄绾一类的有心人亦已有所觉察。

蕅益提到的“离下学而空谈上达”的“狂学者”，如追溯其前后流源，则黄绾实已先于其而早有所针砭：

> 今之君子，有谓仙、释与圣学同者，传于人则多放肆无拘检。或问其故，予曰：“无他，只为见其本来无物顿悟上乘之旨，有以放其心而不知收，不思仙、释为学之初，全在持戒，苟持戒不严，则有不可胜言之弊矣，况圣学乎？”①

所谓“放肆无拘检”云云，显然为“狂学者”最易犯的毛病。病根的原因当然与高谈“上达”而不知“下学”，即一上手便以为能够悬空“顿悟上乘之旨”有关，乃是初学“静坐顽空”者最易产生的问题，恰好可以移作“渐有流入空虚，为脱落新奇之论”一语的注脚，是阳明急于“惩末俗卑污，引接学者多就高明一路以救时弊”引发的负面现象。他在龙场经历百死千难，“日夜端居澄默，以求静一；久之，胸中洒洒”②，最终从“悟道”经验总结出来的施教方法，却在后来接引他人的过程中，变成了“狂禅”的弊端。有鉴于此，或许是其一时救人心切，当然就“心切忧焉”；也有可能是为了补弊纠偏，遂警之以“愤激之辞”。而“存天理，去人欲”作为一种工夫论，本质上就是黄氏所说的“持戒”。显然，透过形上形下双重观察，阳明对弊害的滋生早有察觉。入手路径的及时调整，方法论的重新选择，遂成为其头等大事。“省察克治”实功的提出，就是针对已经滋生的流弊，及时开出的治病良药。沿着其思想发展路径向前延伸，最终必然会有更加圆融究竟的“良知”或“致良知”说。但“静坐”工夫的方法论过渡意义，似也不应忽视。

黄绾与蕅益，一位依据儒家圣学立场，一位凭借佛教修道经验，或内或外，均对明代儒学存在的流弊作出了现象学的描述或批判，足以帮助我们加深对阳明“教之三变”原因的了解。但时代的弊病绝不可能仅限于儒门一家，僧界内部同样普遍。因而蕅益又特别批评说：

---

① 黄绾：《久庵日录》卷一，《黄绾集》卷三十四，张宏敏编校，第663页。

② 钱德洪：《年谱一》，王守仁：《王阳明全集》卷三十三，吴光等编校，第1228页。

布施即般若，非离布施别谈般若也。……宣圣云："有德必有言。"予亦云："修般若者必修布施。"

今人不然，高谈般若，无不点胸，语以修舍，则心惊怖，反驾言"不必著相"。讵知不著布施相，早著悭贪相矣！设悭贪无悭贪相，何不布施无布施相之为妙也？经云："法尚应舍，何况非法。"著布施相是著法，著悭贪相岂不著非法耶？此所谓"无德无言者"也。①

具见当时学风，放言高论者多，切实用功者少。无论儒学还是佛教，均沾染虚狂学风。而"好胜矜傲"之风，越发展到后期就越炽烈，以致"士友略谈学问，即自高以空人，遂有俯视天下之心，略无谦下求益之意；如古人所谓'以能问于不能，以多问于寡，有若无，实若虚'者，或有不足；及至有失，辄以智术笼络，大言欺人，皆自以为良知妙用如此。或至私与之人，甚至污滥苟且，人不齿录，亦称同志，曲为回护，使人疾为邪党，皆自以为'一体之仁'如此。或在同类，偶有一言非及良知，其人本虽君子，亦共排斥，必欲抑之，使无所容，皆自以为卫道之力如此，而不知此实好胜矜傲之病，不可以入道"②。学风的败坏不仅影响到儒学的正常发展，而且导致了社会整体舆论的危机，引起有识之士的强烈不满，展开多方面的讽喻或批判。例如前面提到的"离下学而空谈上达"，显然是"虚狂"，当然也是阳明痛加针砭的"流入空虚"或堕入"顽空"，在佛教看来是顽病，③ 在儒门看来更是痼疾。阳明虽未必就能预见他逝世后出现的各种恶劣现象，但在流弊发生之初，便已孤明先发，洞见弊端初发时的要害，及时调整施教接人方法，开出省察克治药方，虽未必能根除病源，但也推迟了其发展蔓延的时间，无怪乎钱德洪要说他"多愤激之辞"，显然是忧深者其言必定剀切，静坐的方法固然重要，但防范其可能产生的偏失亦同样不可忽视。

---

① 蕅益：《杨辅之乞〈金刚集解〉序》，《灵峰宗论》，曹越主编：《明清四大高僧文集》，孔宏点校，第375页。

② 黄绾：《久庵日录》卷一，《黄绾集》卷三十四，张宏敏编校，第663页。

③ "经云'宁起有见如须弥山，勿起恶取空见如芥子许。'盖空见拨无因，能断五乘善根故也。"（蕅益：《重刻〈破空论〉自序》，《灵峰宗论》，曹越主编：《明清四大高僧文集》，孔宏点校，第374页）《破空论》全名《金刚般若波罗蜜经破空论》，乃蕅益依据姚秦三藏法师鸠摩罗什所译之《金刚经》新造之论，可见"空见"较诸"有见"，更为佛教所破斥。

三、心性本体世界的证入

由此可见，阳明乃是由于静坐方法所产生的流弊的挑激，才主动改变施教方法，先开出“存天理，去人欲”的对治药方，同时也强调“省察克治”实功的重要性，最后才以“致良知”为晚年定论，以为“致良知”乃是明切简易法门，能够直指本体，同时接引上中下根器的学人。① 但也反证静坐作为一种施教方法，的确是他“教之三变”中的“一变”，至迟离开龙场不久便开始采用，② 而在滁地时更用来“引接学者多就高明一路以救时弊”。今人不察，以为前引钱氏之说乃是“将贵阳之后、平藩之前统归之于静坐收敛，是不恰当的”；强调“教人静坐实际上从来不具有教之一变的意义”；“静坐根本不构成一个阶段”；“滁阳的所谓教人静坐，都是为省察克治阶段所做的准备。静坐的目的是定心息念，省察克治即存天理去人欲，这是两个不同阶段的功夫……没有理由认为阳明在征藩前在整体上以静坐为教法，更不可能表明阳明自己的思想在这一时期以收敛为主”。③ 其实姑不论钱德洪、王龙溪二人都为阳明门下高足，都极为了解阳明学说整个发展历程，④ 虽一重工夫，一重本体，但都熟悉静坐方法，都有深邃的生命体验，服膺于师门之说，绝不可能对阳明施教方法的变化妄下判断。尤其重要的是，即使阳明个人的龙场大悟，据黄绾所撰《阳明先生行状》，也是“日夜端居默坐，澄心精虑，以求诸静一之中”⑤，然后于“中夜大悟格物致知之旨”⑥。而“端居默坐”即静坐方法，即“澄心精虑”或“静一”，也就是他

---

① 关于致良知教能够同时接引上中下根器的学人的分析，可参见张新民：《王阳明“四句教”探释》，《贵州文史丛刊》1997年第4期。

② “嘉靖二十三年甲辰，门人徐珊建虎溪精舍于辰州，祀先生。精舍在府城隆兴寺之北。师昔还自龙场，与门人冀元亨、蒋信、唐愈贤等讲学于龙兴寺，使静坐密室，悟见心体。”（钱德洪：《年谱附录一》，王守仁：《王阳明全集》卷三十六，吴光等编校，第1336页）可证正德五年阳明离开贵阳后，在赴江西就任庐陵知县的途中，便已在湖南辰州以静坐方法接引学人。其中之“自悟心体”四字，亦点出了阳明以静坐施教的目的。

③ 陈来：《有无之境：王阳明哲学的精神》，生活·读书·新知三联书店1997年版，第326、227、228页。

④ 参见钱明：《儒学正脉——王阳明传》，浙江人民出版社2006年版，第138—139页。

⑤ 黄绾：《阳明先生行状》，《黄绾集》卷二十四，张宏敏编校，第459页。按：所谓“静一之中”的“中”，即“致中和”之“中”，可证静坐可达致“精一之中”，亦可偏离“静一之中”，阳明乃有悟道证量工夫的过来人，他所要对治的正是后一种情况。

⑥ 钱德洪：《年谱一》，王守仁：《王阳明全集》卷三十三，吴光等编校，第1228页。

后来依据自己的顿悟体验，以过来人的实践经验及证量工夫，在辰州要人“静坐密室，悟见心体”，在滁阳“教之静坐，一时窥见光景”的方法。衡以前后源流，比观变化发展过程，诚可谓理路、线索极为清晰一贯，都显示了静坐乃是引人入道的重要施教方法。而静坐可以收敛，也可以起观；[①] 能够“定心息虑”，未尝就不能“省察克治”。“省察克治”的工夫可以在事中做，为何就不能在静坐中做？即使“存天理，去人欲”或“致良知”，作为心性工夫固然不能离开“事上磨练”的实践环节，但未尝不可以在静坐澄心的修持过程中返观内省。一如“知行合一”之说虽发端于贵阳，但以后“与曰仁（徐爱）南舟论学，特发知行合一之旨，晚年与顾东桥书更发挥知行合一思想，很难把知行合一只看作贵阳时期的思想”[②]一样，静坐虽是阳明龙场顿悟的重要方法论助缘，又一度成为教之“三变”的重要一变，但绝不意味着“三变”之后阳明就完全放弃了静坐法门。“变”与“变”之间根本就不存在相互否定的关系。阳明后来之所以提倡“省察克治”，主张“存天理去人欲”，都不是反对或批判静坐本身，而是对治或防范静坐可能出现的弊端———流入空虚或堕入顽空。就证入良知本体而言，静坐既然能够帮助学人较快进入“静一”的生命实存状态，当然就能提高人的内在明察觉知能力，升华人的直观妙察智慧，依然不失为一种极为重要的增上法门。只是证体之后必须活泼起用，从动静一体的角度看，“静一”的工夫固然可以在静坐中做，未尝不能在行动中做。但无论如何，静坐与“省察克治”“存天理去人欲”“致良知”，绝非对立的关系。以为讲静坐便不能讲“省察克治”；讲“存天理去人欲”，讲“省察克治”，讲“存天理去人欲”便不能讲静坐，二者之间只能非此即彼，不仅在工夫上有隔阂，甚至在学理上也有滞障。无怪乎阳明撰《朱子晚年定论》，多引朱子病目静坐，“收敛身心，颇觉得力”，乃至“颇

---

① 儒家的起观的方法很多，如观圣人气象，观孔颜乐处，观天地精神，观未发已发，观正大光明等，但依孔孟心法，最重要的仍是证悟心性本体，发现生命固有的“仁”及其创造活力，当然也可说是《大学》的“明明德”，宋明儒所说的“德性之知”，阳明的“致良知”。其中阳明的心性之学的贡献，即更强调在本源深处的“根”上做工夫，不仅摄用归体，直契心性本体，回归本体界的“寂然不动”“未发之中”，而且依体起用，“感而遂通”“发而中节”，将本体界与现象界打通。故静坐内观的方法，必须置于心性证悟工夫系统，才能客观如实地凸显其意义。

② 陈来：《有无之境：王阳明哲学的精神》，第326页。

恨盲废之不早”之言，[①] 来证成自已与朱子之学无相谬戾，甚至朱子之学已先获其心之同然。而钱德洪亦称：“朱子病目静久，忽悟圣学之渊薮，乃大悔中年注述误已误人，遍告同志。”[②] 以后黄宗羲更认为阳明悟道工夫既透，学则已成，前后也有“三变”，除“致良知”之外，其所极力突出者便是“默坐澄心”，即大悟之后“尽去枝叶，一意本原，以默坐澄心为学的。有未发之中，始能有发而中节之和，视听言动，大率以收敛为主，发散是不得已”[③]。黄氏显然也是阳明施教方法难得的解人，所言虽主要本于钱、王二氏，然亦非毫无辨析，诚可谓一语而中的。

进一步分析，尚不难看到，阳明以“知止而后有定”为说，不能不涉及儒家经典《大学》，此乃当时人人共识、共认的施教修德重要文本依据。程颐便认为《大学》乃“孔氏之遗书，而初学入德之门”[④]。朱子也强调为学修德应先从读《大学》入手，即所谓“先读《大学》，以定其规模；次读《论语》，以立其根本；次读《孟子》，以观其发越；次读《中庸》，以求古人之微妙处”[⑤]。从“定规模”而“立根本”，再“观发越”而“求微妙”，显然是生命理境渐次提升，道德进路逐步宏阔，存在体悟日趋深刻，思想言说愈加圆融的过程。由于《大学》具有奠定人生志向和行为规模的作用，儒家学者开展教化工作，遂多首选其为初阶读本。[⑥] 而就《大学》所展示的工夫次第而言，则为“知止而后有定，定而后能静，静而能安，安而后能虑，虑而后能得”[⑦]，即分别有知、止、定、静、安、虑、得七个工夫步骤。从阳明的心学立场看，此均为虚灵明觉之心所统摄。

---

① 王守仁：《传习录下》，《王阳明全集》卷三，吴光等编校，第130页。

② 钱德洪：《〈朱子晚年定论〉引言》，《钱德洪语录诗文辑佚》，《徐爱 钱德洪 董沄集》，钱明编校整理，第197页。

③ 黄宗羲：《文成王阳明先生守仁》，《明儒学案》卷十，沈芝盈点校，第181页。

④ 朱熹：《大学章句》，《四书章句集注》，陈立校点，第1页。按：伊川原文作：“棣初见先生，问‘初学如何？’曰：‘入德之门，无如大学，今之学者赖有此一篇书存，其他莫如《论》《孟》。’”（程颐：《伊川杂录》，《河南程氏遗书》卷二十五，《二程遗书》，中华书局1981年版，第277页）当一并参看。

⑤ 黎靖德编：《大学一》，《朱子语类》卷十四，杨绳其、周娴君校点，岳麓书社1997年版，第222页。

⑥ 朱子尚反复提到“《大学》一篇，有等级次第，总作一处，易晓，宜先看”；“人之为学，先读《大学》……《大学》是个土坯模。《大学》譬如买田契，《论语》如田亩阔狭去处，逐段子耕将去”。（黎靖德编：《大学一》，《朱子语类》卷十四，杨绳其、周娴君校点，第222页）

⑦ 朱熹：《大学章句》，《四书章句集注》，陈立校点，第1页。

由于其中涉及的问题颇多，暂只能分析阳明所谈到的“知止而后有定”，以及与“静”有关的形上道体问题。

《传习录》载：

> 爱问：“‘知止而后有定’，朱子以为‘事事物物皆有定理’，似与先生之说相戾。”先生曰：“于事事物物上求至善，却是义外也，至善是心之本体，只是‘明明德’到‘至精至一’处便是，然亦未尝离却事物，本注所谓‘尽夫天理之极，而无一毫人欲之私’者得之。”①

文中提到的“本注”，即朱子为“大学之道，在明明德，在新（亲）民，在止于至善”——《大学》三纲领所出的注。可见他与朱子看法有异有同，并非一切均截然对立。其中“知止而后有定”乃是证入至善形上心性本体的重要方法，其所显现的理论脉络，仍是儒家“明明德”的内证修养工夫，也可说是“成德”的精神发展方向。但必达至中至正、至精至一之境，即经过知、止、定、静、安、虑、得七个工夫步骤，才有可能契入天理充量至极，而无一毫人欲之私的境域。生命从此获得了极为深刻的内在意义的体验，只是天理一派现成流行，必然会改变人的现实存在状态，使身心气质产生重大变化。而从证悟形上道体的终极关怀或终极托付出发，“明明德”的工夫必然会激发心性固有的“仁”及创造性活力，使其积极参与家国天下的各种事业，开展各种人文或人道主义取向的“亲民”实践活动，② 最终将本体之至善外化为人间社会具体的善，即阳明所说的“视天下犹一家，中国犹一人”③，实现内圣与外王的完整合一——（形）上、（形）下、（心）内、（心）外完全无间无隔——才可说证入了至善形上的道体，确保圆融究竟境界的不迁不移。阳明龙场大悟“圣人之道，吾性自足”④的实存主体经验，决定了他绝不

---

①王守仁：《传习录上》，《王阳明全集》卷一，吴光等编校，第2页。

② 与阳明同时之黄绾，曾总结“守仁之学，其要有三”：一即“致良知”，再即“亲民”，再即“知行合一”（黄绾：《明是非定赏罚疏》，《黄绾集》卷三十二，张宏敏编校，第626—627页）；可证“新民”说在阳明思系统中，实占有极为重要的地位。又“亲民”涉及“养”与“教”的多方面问题，详细分析可参见张新民：《哲思探微》，《阳明精粹》，张新民主编，第195—203页。

③ 王守仁：《大学问》，《王阳明全集》卷二十六，吴光等编校，第968页。

④ 钱德洪：《年谱一》，王守仁：《王阳明全集》卷三十三，吴光等编校，第1228页。

可能以向外部世界的事事物物追逐求理的方式来展开施教工作。[①]阳明与朱子，虽终极目标一致，然一主内一主外，一直截一迂曲，一简易一支离，一凌迈一平实，方法路径仍有明显差异，形成二水分流的局面。而静坐之所以能成为阳明的一种施教方法，是因为此方法能够助人不在林林总总的事物上打转，不在浮泛表面的言语上周施，从而更快地直入心性本体，踏上《大学》的工夫进路次第，[②]然后以浩浩然挺立的人格精神，开展"内圣"与"外王"合为一体的人间秩序建构事业。[③]从阳明的心学立场看，《大学》"知止而后有定"之"知"，乃是与"所知"有别的"能知"，当然也是心体虚灵明觉之知，也就是他后来所说的良知，既不是也不离客观价值知识系统（所知）的能够知善知恶的"能知"。"能知"与"所知"乃是不一不二的关系——离开了"能知"便难以产生"所知"，缺少了"所知"也无从体现"能知"。"能知"是"一"，"所知"是"多"。以"一"驭"多"，多而不杂，简易明达；以"多"求"一"，多而易歧，必然烦琐晦涩。心外无一物（事）可浪得，也无一物能对待。《大学》"明德"的世界是本体的世界，本体的世界即无欲的世界，当然也可说是即天理即仁爱即良知的世界，合之则明德无分天理、仁爱、良知，本来即为心体净洁空阔、无限广袤的存在世界，分之则明德即光明莹洁，天理即流行无碍，仁爱即万物一体，良知即昭明灵觉，可以称之为"至中至正"，当然也是"至精至一"，均不过是对本体及其起用的同一状况的不同描述。其中"知止而后有定，定而后能静，静而后能安，安而后能虑，虑而后能得"七步骤的"静"，并非通常与"动"相待的"静"，而是指形上道体固有的"静"，既同时包含了动与静，又了然无动静之相，是根源性的

---

① 朱熹释格物二字云："格，至也；物，犹事也。穷至事物之理，欲其极处无不到也。"（朱熹：《大学章句》，《四书章句集注》，陈立校点，第2页）阳明径斥其为"义"外之说，而另加解释云"格者，正也。正其不正，以归于正也""格物者，格其心之物也，格其意之物也，格其知之物也"（王守仁：《传习录上》，《王阳明全集》卷一，吴光等编校，第25、76页）。可证他绝不可能赞成朱子事事物上求理之说。

② 阳明云："《大学》之实下手处，彻首彻尾，自始学至圣人，只此工夫而已。非但入门之际有此一段也。"（王守仁：《传习录上》，《王阳明全集》卷一，吴光等编校，第76页）

③ 阳明云："修齐治平，总是格物。"（王守仁：《答甘泉书》，《王阳明全集》卷五，吴光等编校，第181页）可证他的"格物"说一端连着"诚意正心"，可称为"内圣"；一端系着"修齐治平"，当视为"外王"。而"内圣"与"外王"一体，即有体有用，体用一源，二者显然不能分割，依据《大学》的语义脉络，都可纳入"格物"说的整体范围之内。

可随时起用的“静”，是具有巨大创造活力的“静”，是充满无限动的势能的“静”，是生生不息的“静”，是能够与宇宙一体成就万物的“静”，是亘古亘今周遍一切的“静”。静隐动显，静显动隐，显微既然无间，动静必然一体。[①]而虚静之体即体即用，即用即体，常寂常照，常照常寂，则必有本体的直觉智慧的豁然开显，必有一派活泼生机的自然现前，当然人心就能上达天心，人心天心一体不二。[②]而“明明德”便是以实践化的人生修养方式恢复心性本有的空阔与光明，凭借良知证体的工夫展现生命存在固有的性德与智慧。诚如后来的刘蕺山（宗周）所说：“智者，良知静深之体。良知贯乎四德，而独于智见其体。盖深根宁极之后，正一点灵明葆任得地处。故曰：复其见天地之心乎！”[③]

由《大学》所谓“知”的妙悟，经过“心有定向”的“止”的深修，再获得“定”“静”“安”“虑”层层修养工夫的提升，最后必有“得”的本体境界的慧证，即能知、能止、能定、能静、能安、能虑之后必是能得，当然也是形上道境的证入，圣人气象的达致，“明明德”，同时也“止于至善”。这些均离不开一心之妙用，显示了生命存在之本真。可见“静”作为一种工夫论，不仅仅在阳明思想系统中，从中国哲学的整体发展脉络看，也具有极为重要的意义。

不妨试看阳明在《大学问》中的说法：

---

① 阳明云：“周子‘静极而动’之说，苟不善观，亦未免有病。盖其意从‘太极动而生阳，静而生阴’说来。太极生生之理，妙用无息，而常体不易。太极之生生，即阴阳之生生。就其生生之中，指其妙用无息者而谓之动，谓之阳之生，非谓动而后生阳也。就其生生之中，指其常体不易者而谓之静，谓之阴之生，非谓静而后生阴也。若果静而后生阴，动而后生阳，则是阴阳动静截然各自为一物矣。阴阳一气也，一气屈伸而为阴阳；动静一理也，一理隐显而为动静。春夏可以为阳为动，而未尝无阴与静也；秋冬可以为阴为静，而未尝无阳与动也。春夏此不息，秋冬此不息，皆可谓之阳、谓之动也；春夏此常体，秋冬此常体，皆可谓之阴、谓之静也。自元会运世岁月日时，以至刻杪忽微，莫不皆然，所谓动静无端，阴阳无始，在知道者默而识之，非可以言语穷也。若只牵文泥句，比拟仿像，则所谓心从法华转，非是转法华矣。”（王守仁：《传习录中》，《王阳明全集》卷二，吴光等编校，第64—65页）文中之说本此，而略有发挥。

② 阳明云：“天地无人的良知，亦不可为天地矣。盖天地万物与人原是一体，其发窍之最精处，是人心一点灵明。风、雨、露、雷、日、月、星、辰、禽、兽、草、木、山、川、土、石，与人原只一体。故五谷禽兽之类，皆可以养人；药石之类，皆可以疗疾：只为同此一气，故能相通耳。”（王守仁：《传习录下》，《王阳明全集》卷三，吴光等编校，第107页）又：“《艮》（《周易·艮卦》）言天地人之心一也，不可有二，二则非心矣，合内外而言之。”（黄绾：《久庵日录》卷一，《黄绾集》卷三十四，张宏敏编校，第651页）可证不仅人心可通天心，即万物亦能一体。而以人心天心为一，乃当时多数学者的共识。

③ 刘宗周：《学言中》，《刘宗周全集》（第3册），吴光主编，第380页。

曰："'知止而后有定，定而后能静，静而后能安，安而后能虑，虑而后能得'，其说何也？"曰："人惟不知至善之在吾心，而求之于其外，以为事事物物皆有定理也，而求至善于事事物物之中，是以支离决裂，错杂纷纭，而莫知有一定之向。今焉既知至善之在吾心，而不假于外求，则志有定向，而无支离决裂、错杂纷纭之患矣。无支离决裂、错杂纷纭之患，则心不妄动而能静矣。心不妄动而能静，则其日用之间，从容闲暇而能安矣。能安，则凡一念之发，一事之感，其为至善乎？其非至善乎？吾心之良知自有以详审精察之，而能虑矣。能虑则择之无不精，处之无不当，而至善于是乎可得矣。"[①]

从早年格竹失败，引发对朱子格物说的怀疑；到中岁龙场大悟格物致知之旨，将格物的解读由向外求理革命性地逆转为向内证心；[②]再到晚年授门人以《大学问》，提出人与天地万物为一体之说，《大学》对阳明的生命体验实践活动的影响，可以说自始至终相伴其一生。钱德洪说"吾师接初见之士，必借《学》《庸》首章以指示圣学之全功，使知从入之路"[③]，当是切合阳明一生实际的可靠之言。因此，从不同的观照角度检讨阳明的静坐施教方法，将熔铸了其一生体验经验，可视为哲学宣言的《大学问》纳入分析判断的整体范畴，可发现无论学理脉络或人生经验实际，二者都绝无任何扞格和冲突。而依据《大学问》的提示，则可见"定而后能静，静而后能安"之"静"——形上之道的"静体"——虽静而能随时起用，乃是"活体"，绝非"死体"，虽未必一定要通过静坐的方法才能证入，但静坐仍不失为初学者证入道体的重要方法。

---

① 王守仁：《大学问》，《王阳明全集》卷二十六，吴光等编校，第970页。

② "是年（阳明）先生始论知行合一。始席元山书提督学政，问朱陆同异之辨。先生不语朱陆之学，而告之以其所悟。书怀疑而去。明日复来，举知行本体证之《五经》诸子，渐有省。往复数四，豁然大悟，谓'圣人之学复睹于今日；朱陆异同，各有得失，无事辩诘，求之吾性本自明也。'遂与毛宪副修葺书院，身率贵阳诸生，以所事师礼事之。"（钱德洪：《年谱一》，王守仁：《王阳明全集》卷三十三，吴光等编校，第1229页）所谓"求之吾性本自明"云云，即可移来作为阳明由外向内革命性地逆转，以为格物即证心中之物（事），凸显了《大学》文本固有的心性论特征的旁证。

③ 王守仁：《大学问》，《王阳明全集》卷二十六，吴光等编校，第967页；钱德洪：《〈大学问〉序跋》，《钱德洪语录诗文辑佚》，《徐爱 钱德洪 董沄集》，钱明编校整理，第198页。

阳明自己便明确谈道：

教人为学，不可执一偏：初学时心猿意马，拴缚不定，其所思虑多是人欲一边，故且教之静坐、息思虑。久之，俟其心意稍定，只悬空静守如槁木死灰，亦无用，须教他省察克治。省察克治之功，则无时而可间，如去盗贼，须有个扫除廓清之意。无事时将好色好货好名等私逐一追究，搜寻出来，定要拔去病根，永不复起，方始为快。常如猫之捕鼠，一眼看着，一耳听着，才有一念萌动，即与克去，斩钉截铁，不可姑容与他方便，不可窝藏，不可放他出路，方是真实用功，方能扫除廓清。到得无私可克，自有端拱时在。虽曰何思何虑，非初学时事。初学必须思省察克治，即是思诚，只思一个天理。到得天理纯全，便是何思何虑矣。①

阳明以“静坐”的方法教人“息思虑”，显然是要排除人欲引发的念头干扰，改变思虑纷纭错杂的负面生命存在状况，实即《大学》“知止而后有定”方法的初步展开和落实。但“息思虑”的根本目的仍是收拾精神，澡雪心志，激活生命的活泼创造生机，决非执滞虚静，枯守空寂，造成生命的畸形病相。如果出现后一种情况，则必须辅以“省察克治”之法，落实不可一刻间断的“思诚”工夫。无论“静坐息虑”或“省察克治”，都不过是对治私欲病症开出的药方，二者固然可以分阶段展开，亦不妨相辅相成，同时进行，关键仍是必须深入生命内部体验，彻底在心源深处用功。一旦病源被连根拔除，习气消尽，既不堕于无，也不滞于有，言无私欲已无私欲可克，论无杂念亦无杂念当治。纯然天理境界朗现，何思何虑气象开显。生命如同天地无言一般，只是生息创造永无止境。

---

① 王守仁：《传习录上》，《王阳明全集》卷一，吴光等编校，第16页。标点略有改动。

四、本体与工夫统一

在阳明看来，无论“静坐息思虑”或“省察克治”，实际都是针对初学者开出的诊治药方，都是施教过程中可以交叉互用的救治设施，都具有人性的去蔽化改造的治疗学方法论意义。初学积习病痛时愈时发，症状必然各不相同，对治的手段方法亦应随时调整，并无任何单一固定的模式可以套用。唯一有必要指出的是，逆向体验人人均有的本真心性，向内收敛而非向外奔驰精神，从而更好地领悟生命存在的内在价值与意义，最终层层向上翻转实现自我的超越，最大化发挥生命的创造潜能和才情，不仅个人要“明明德”，而且于天下也要“明明德”，这始终是宋明理学大儒共同接受的基本预设。为了更好地说明实存主体证悟自我心性本体，静坐教法在方法论上的意义，与阳明亦师亦友的黄绾的心性体验经验或许值得我们稍加援引以供比对。

黄绾在《久庵日录》中明确说：

> 学者常要收拾精神，归缩在腔子内，不可一时放之散乱，稍起妄念，即思究破。若放散乱，便成荒失，渐堕肆戾，气质无由变化，乃谓气质素禀得如此。然不知只当初不知收拾精神，归缩在腔子内，日用随物变迁，益纵而益乱，益乱而益远故也。常知收拾精神，归缩在腔子内，即《大学》所谓“知止而后有定，定而后能静，静而后能安”，文王所谓“艮其背，不获其身；行其庭，不见其人，无咎”是也。此言其性之体如此。孔子所谓“艮其止，止其所也”，所谓“无思无为，寂然不动”是也。若言其用，《大学》所谓“安而后能虑，虑而后能得”，孔子所谓“感而遂通天下之故”是也。若求其要，常知收拾精神，归缩在腔子内，此孔子所谓“成性存存，道义之门”是也。此予所谓“艮知其止，以存其心”是也。即此存存，谓之有乎？谓之无乎？以视“无极”“无欲”“无心”“无情”之云何如？如儒、释之所以分也。[①]

① 黄绾：《久庵日录》卷三，《黄绾集》卷三十六，张宏敏编校，第686页。

黄氏反反复复，实际都在围绕他的立言宗旨——“艮止执中”说——不断展开源自心性体验的讨论。按：“艮止”典出《大易》“艮，止也，时止则止，时行则行，动静不失其时，其道光明”①；“执中”一语，则本自《古文尚书》“人心惟危，道心惟微，惟精惟一，允执厥中”②。黄绾自谓：“伏羲、尧、舜以艮止、执中之学相传。伏羲之学具于《易》，尧舜之学具于《书》。《易》之微言，莫要于艮止；《书》之要旨，莫大于执中。”③考泰州学派大儒王艮，原名银，“艮”乃阳明所易，并为其取字“汝止”④，实即本于《大易》“艮止”之说，诚可谓用心良苦。“执中”之意，阳明亦多有论及，多为自己的心学创见，然亦追本至先秦原始经典，甚至认为《古文尚书》十六字之说，即“心学之源也”。而所谓“中也者，道心之谓也；道心精一之谓仁，所谓中也”⑤，不仅心性论的取向更加突出，而且直下贞定“道无不中，一于道心而不息，是谓允执厥中矣”⑥。以后又以良知来说“中和”，以为良知知道“过”与“不及”，当然就是“中和”⑦。钱德洪亦发挥师说云：“中也者，人心之灵，同体万物之仁也。”⑧则黄氏虽为“知止”说另觅出一《大易》的权威经典源头，足以与《大学》之说相互发明，而见其异曲同工之妙，但未必就不能以“明明德”为总纲，做“理一分殊”式的统摄，最重要的仍是如何凭借工夫证入究竟三昧。

细绎黄氏之文，他当然也强调工夫论的重要。无论积极的“收拾精神，归缩在腔子内”，抑或消极的“不可一时放之散乱，稍起妄念，即思究破”，以及属于葆任工夫的“成性存存，道义之门”，无非希望学者能找到“下学上达”的用力处，这只有置入工夫论才能如实理解。而一涉及最好的入手工夫，当然仍首推静坐，即阳明所

---

① 黄侃点校：《艮卦》，《周易》，《黄侃手批白文十三经》，第31页。
② 黄侃点校：《大禹谟》，《古文尚书》，《黄侃手批白文十三经》，第5页。
③ 黄绾：《久庵日录》卷一，《黄绾集》卷三十四，张宏敏编校，第648页。
④ 钱德洪：《年谱二》，王守仁：《王阳明全集》卷三十四，吴光等编校，第1278页。
⑤ 王守仁：《象山文集序》，《王阳明全集》卷七，吴光等编校，第245页。
⑥ 王守仁：《重修山阴县学记》，《王阳明全集》卷七，吴光等编校，第256页。
⑦ “问：‘良知原是中和的，如何却有过不及？’先生曰：‘知得过不及处，就是中和。’”（王守仁：《传习录下》，《王阳明全集》卷三，吴光等编校，第114页）
⑧ 钱德洪：《年谱附录二》，王守仁：《王阳明全集》卷三十七，吴光等编校，第1356页；钱德洪：《王阳明先生年谱序》，《钱德洪语录诗文辑佚》，《徐爱 钱德洪 董沄集》，钱明编校整理，第190页。

谓："日间工夫，觉纷扰则静坐，觉懒看书则且看书，是亦因病而药。"[①]黄绾有过长期习静的心性体悟经验，曾引程子"性静者可以为学"[②]之语，强调"静是寡欲"[③]，寡欲才能扫荡妄念，扫荡妄念才能排除纷扰。即使有向外求理倾向的朱子，也知"收敛此心，不容一物，乃是用功也"[④]。"静坐息思虑"的方法，恰好便是诊治散乱的最好药方。[⑤]就《大学》"安"字所显示的方法论意义而言，则"人心之动，惟'安'为难，得其'安'则得心之体矣。故曰'安而后能虑，虑而后能得'"[⑥]。而"安"之前，诸如"止""定""静"等，也都为工夫系统中不可或缺的步骤。可见"静坐息思虑"作为一种心性证悟的入手工夫，主要的特点在于直入心源，如实观照、省察自己的内部存在状态，不断提升生命存在的境界，避免学人常见的纠缠枝叶而遗弃本根的人生弊病。尽管每一个体的具体情况不同，与之相应的方法也应随时调整，但静坐作为对治妄念杂虑的有效药方，仍获得心学学者的广泛认同。

回到静坐与"省察克治"相互关系的讨论主题，在阳明的工夫系统中，"省察克治"乃是对"悬空静守如槁木死灰"弊病的一种防范或纠偏，也可说是对静坐方法的一种补充或完善，绝不意味着直接否定静坐方法。"省察克治"固然可以在"事上磨练"的实践活动中坚持，但仍以静坐的方法——"收拾精神，归缩在腔子内"——最易见效果。所谓"收拾精神，归缩在腔子内"，则当"如猫捕鼠，如鸡覆卵，精神心思凝聚融结，而不复知有其他，然后此志常立，神气精明，义理昭著。一有私欲，即便知觉，自然容住不得矣"[⑦]。只要做到时时处处工夫无有间断，彻底在"意根"的深处将各种病根铲除，便是"到得天理纯全，便是何思何虑"，当然也是《大学》所谓"明明德"的工夫，必归到"止于至善"方为究竟。即使"知

① 王守仁：《传习录上》，《王阳明全集》卷一，吴光等编校，第11页。
② 程颢、程颐：《朱公谈录拾遗》，《河南程氏外书》卷一，《二程集》，王孝鱼点校，第351页。
③ 黄绾：《久庵日录》卷六，《黄绾集》卷三十九，张宏敏编校，第704页。
④ 黎靖德编：《孟子九》，《朱子语类》卷五十九，杨绳其、周娴君校点，第1259页。
⑤ 张新民：《探寻真实的存在与存在的真实——王阳明心学视域下的静定、立诚与格心》，《贵州大学学报（社会科学版）》2003年第5期；该文又收入陈祖武主编：《明清浙东学术文化研究》，中国社会科学出版社2004年版。
⑥ 黄绾：《久庵日录》卷三，《黄绾集》卷三十六，张宏敏编校，第687页。
⑦ 王守仁：《示弟立志说》，《王阳明全集》卷七，吴光等编校，第260页。

止而后有定”的妙悟妙修，也必有一主静息念的过程。只是从“体用一源，显微无间”的角度看，本体不离工夫，工夫即是本体，我们既需要从本体开出方法，也需要从方法证入本体，一旦方法偏离了本体，则必须依据本体调整方法。“同者，本体也；异者，病症也。”[①]本体只能是“一”，方法则必然为“多”。无论依据何种方法，都是为了见证本体。所以静坐的方法固然重要，但一味执着于静坐，不知道契理契机灵活调整，当然就难免造成病相。钱德洪所谓“师门未尝禁学者静坐，亦未尝立静坐法以入人”[②]，显然是破执之语，已深得阳明教法三昧。而“致良知”学说彻上彻下，即静即动，超静超动，合内合外，乃是究竟法门，代表阳明心路历程不断跋涉发展的又一高峰，既有静坐之长，又无静坐之弊，当然就成为阳明教之“三变”的最后一变，具有晚年定论的重要意义。足证阳明一再调整和发展的，实际都是如何在工夫论上契理契机地引接他人。所谓“变”实际是为了对治证本体过程中出现的偏差——“天下病虚，救之以实；天下病实，救之以虚”[③]——不变者则为龙场顿悟之后始终坚信不渝的终极道体及生命托付。诚如后来的聂双江（豹）所说：“教无定法，学有定体……随时因俗，量其资之所近而潜易其习之所染，惟善教者能之。”[④]

当然，与阳明早年学之“三变”，特别是由佛、老二氏返归儒教正学不同，他的教之“三变”乃是儒学内部“成德”工夫的一种自我调整，针对时人病疾，要求来学者痛下切实工夫，返求诸身而见性，因而不能不寻找适宜的对治方法，遂有教人方法的差异，临机设制的改变，都是应时应机，为区别当下的实际问题，从修身成德的实践活动中总结出来的施教方法。三种施教方法显然也可视为三个发展变化的阶段，大体以“补小学收放心一段工夫”[⑤]为初阶，以致良知为最圆融究竟，中间略去了大量具体而微的契理契机的手段

---

① 邹守益：《阳明先生书院记》，《邹守益集》卷七，董平编校整理，凤凰出版社2007年版，第380页。

② 钱德洪：《年谱附录一》，王守仁：《王阳明全集》卷三十六，吴光等编校，第1340页。

③ 黄道周：《阳明先生集要序》，王守仁原著，施邦曜辑评：《阳明先生集要》，王晓昕、赵平略点校，第7页。

④ 聂豹：《答戴伯常》，《聂豹集》卷十，吴可为编校整理，第353页。

⑤ 王守仁：《与辰中诸生》，《王阳明全集》卷四，吴光等编校整理，第144页。

差异，原因是每一个人都是活生生的、存在着个性差异的值得尊重的个体，接引其证道见性的门庭设施必然也是多样灵活的。其中致良知教彻上彻下，体用兼赅，既统摄了“知行合一”与“静坐”的道理，也能直指人的存在状态而有以启发，乃是他晚年教法的定论。三种施教方法都因应学人根机而安立，都以尽心见道为根本归宿，都是言教方法的展开和落实，相互之间并非否定的关系，可以各自分别，亦可彼此统合。譬如“静坐”，特别是“知行合一”，它们分别作为成圣的重要立教方法，即使在阳明晚年思想中也仍有重要位置，只是良知学说将本体与工夫、动与静、本与末、内与外、主与客、有与无融为一体，合成一事，所以依阳明，“致良知”才是圣门正法眼藏，是人人均有的“天则明师”①代表他的思想学说的高峰，展示了一生立教方法的归宿，突出了孔孟心法简易直截的本体论根源，提供了证悟本真生命特别是形上道体的工夫路径，体现了成圣成贤人生发展方向大道坦途，是其长期精神探寻摸索的最终结果。

---

①《诗经·大雅·烝民》：“天生烝民，有物有则，民之秉彝，好是懿德。”（毛亨传，郑玄笺，孔颖达疏，陆德明音释：《毛诗注疏》，朱杰人整理，上海古籍出版社2013年版，第1782页）王阳明则云：“吾儒养心，未尝离却事物，只顺其天则自然，就是功夫。”（王守仁：《传习录下》，《王阳明全集》卷三，吴光等编校，第106页）又云：“道即是良知。良知原是完完全全，是的还他是，非的还他非，是非只依着他，更无有不是处。这良知还是你的明师。”（王守仁：《传习录下》，《王阳明全集》卷三，吴光等编校，第105页）文中之“天则明师”本此。

探寻真实的存在与存在的真实
——王阳明心学视域下的静定、立诚与格心

王阳明"龙场悟道"不仅是他生命路途上的个体性重大转折事件，而且也是儒家重新调整内在发展理路的关键性历史象征。就个人生命历程而言，"龙场悟道"以后，阳明的精神蕲向开始决定性地返归儒学正途，自觉地依据孔、孟真义提倡心性之学，把圣贤理想人格作为自己生命的终极目的。从更广阔的思想史发展视野看，由于王阳明精神人格的影响及其思想学说的广泛传播，儒家传统原来一贯强调的成圣成贤的价值理想，也明显地从偏重客观存在的入路转向了偏重主观存在的入路，即一改朱子思想笼罩下偏重客观存在的儒家外向性施教方法，使其朝着偏重主观存在的内向性施教轨道向前发展，从而很好地解决了人的主体性实践问题。钱德洪总结阳明龙场悟道之后的成圣成贤教法，曾以"三变"之说加以总结和概括："居贵阳时，首与学者为'知行合一'之说；自滁阳后，多教学者静坐，江右以来，始单提'致良知'三字，直指本体，令学者言下有悟；是教亦有三变也。"[①]这里"知行合一""静坐""致良知"三者并列，都视之为成就儒家圣贤之道的重要施教法门，可见在当时关心形上追求的一般学者心目中，静坐作为一种紧扣主体的主观内向性入手工夫，它对心性本体的证入所具有的方法论作用，乃是不言而喻或不证自明的。需要特别强调的是，如果我们今天主动如实接近甚至直接游情于古人的思想世界与体悟境界，或依据一部分王门弟子的视域进行客观观察，就会发现，尽管阳明教法屡有变易，重视的程度也有轻重的不同，但"静坐"及与之相关的"立诚""格心"等施教活动，都始终是他为儒家成德之学寻找工夫系统的一种尝试，可说是由本体开出工夫，也可说是由工夫直探本体，既是"龙场悟道"之后个人形上经验的展开和落实，又是旁助他人成就儒家人格气象的心学授受手段。无论他施教的方法如何灵活变化，门人记录的证道手段前后有什么出入，但其思想深处仍有一以贯之的绝对宗旨，即深入生命内部，领悟心性本源，感受人生意义和价值，并最终依据深刻的人性体验及内心动力资源来展现成德的无限自由，树立起人的超越卓荦的绝对主体性精神风姿。

"静坐"与"知行合一""致良知"一样，目的无非是要使生命

---

① 钱德洪：《刻文录叙说》，王守仁：《王阳明全集》卷四十一，吴光等编校，第1574页。

契入真实的存在境域，即使是“致良知”容易直入本体，也仍有必要辅以“静坐”的方法，从而消解经验封闭的狭隘自我，超越概念的层次，证入主客俱忘、身与道合的意义境域。与西方走知性分析的路径，用主客二分、身与道裂的方法成就知识的世界完全不同，静坐的目的不在知性分析或知识学意义上的认知，而在心性本体或形上之道的体察默会，不是要用主客二分的方式来成就知识的世界，而是要用主客互融的方法来成就意义的世界。由于静坐既不像“知行合一”学说那样颇有社会实践的特点，也不像“致良知”那样当下就能点明本体，因此往往容易引起今人的轻视、怀疑和误解——譬如陈来先生就认为“教人静坐”实际上从来不具有教之一变的意义，易言之，即“静坐教法根本不构成一个阶段”①。造成轻视、怀疑和误解的原因，乃是不知道静坐作为本体论形上学进路的心性修养工夫，不止是一种默一澄心的证道方法，而且也能提高对自己内心世界起心动念活动的敏锐觉察能力，可以同时涵盖未发与已发，静一澄心与省察克治，存理去欲与诚意格物等各个方面，甚至最为重要的“知行合一”与“致良知”施教法门，离开了自觉的内观省察工夫，也很难化为主动的人性改造实践活动。② 静定的工夫有助于对道体的体贴。它既是主体的自觉活动，也就能够以终极理想为目标，主动对自己的存在状态作出内观式的省察。有省察才能有对治，有对治才能有提升。不断提升的结果即是证入本体境界，即是生命或人性的最终完善。通过内观省察工夫主动改造人性，自然需要诚意、正心的工夫，需要事上磨练的社会实践环节——即在生命的各种磨练活动中不断消解私欲妄念，从而真

---

① 陈来：《有无之境：王阳明哲学的精神》，人民出版社1991年版，第327页。

② 如同佛教天台宗的止观方法一样，静坐也可在默一澄心（止）与省察内观（观）两个方面同时用力，即既作默一澄心的未发工夫，也作省察克治的已发修养。广义的内观当然并不局限于静坐，在日常生活的行动实践中一样可以省察调整自己的内心世界，但这决不等于静坐只能默一澄心，而不能省察克治。陈来屡次将默一收敛、涵养未发与省察内观、克治已发对立起来，认为前者属静坐工夫，后者则与静坐工夫无关。而阳明在教法上也有一个“由默坐澄心的未发工夫转而为克治省察的已发工夫”的阶段，静坐只是为省察克治阶段所作的准备，它的“直接目的是定心息念，省察克治即存天理去人欲，这是两个不同的阶段功夫”。这一看法显然是不知道静坐作为一种内观的工夫，本来就可以涵盖未发、已发两个方面，不仅可以定心息念，而且可以省察克治，在内心世界体悟本有的“天理”，并不断减损或纯化感性生命带来的“人欲”。（陈来：《有无之境：王阳明哲学的精神》，第326、328页）有趣的是，王阳明早年练习静坐，正是以天台止观之法为入手工夫。关于天台宗止观法门的具体内容及实践要义，则可检读《摩诃止观》《修习止观坐禅法要》《法华玄义》《释禅波罗密次第法门》诸书。

正做到“心与理合”“心与物合”，使生命如实契入真实的存在与存在的真实，使生活永远安立在真实的境域之上。

一、静坐工夫与事上磨炼

“静坐”是王阳明继“知行合一”说之后提出的又一施教方法，也是他“龙场悟道”获得亲证经验之后，要求学人作踏实心地工夫的必然结果，原因是仅仅局限于“知行合一”的空洞说教，容易使人纠缠于概念文字，反而牵制支离，“纷纭异同，罔知所入”①。所以离开贵阳的第二年，就改以静坐澄心教法，“使自悟性体，顾恍恍若有可即者”②。以后在滁州亦以静坐补小学收放心功夫。这就是前面提到的钱德洪所谓教之三变的第二变。

静坐作为一种逆觉体验的证悟方法，其目的主要乃是恢复心体的本然之善，同时也依据心体本然之善不断内观和反省内在意念，最后化为外在实践以保证知行合一行为过程的正确，如阳明所说：“教人为学不可执一偏，初学时心猿意马，拴缚不定，其所思虑多是人欲一边，故且教之静坐息思虑。久之，俟其心意稍定，只悬空静守如枯木死灰亦无用，须教他省察克治。省察克治之功则无时而可间。”③ 可见静坐作为一种体悟内在心性的特殊方法，不仅要作息意定虑的收放心工夫，而且要作省察克治的内观涵养，收敛内观与省察克治一体两面，相资为用，乃是知行合一实践智慧的逻辑延伸和继续，④ 尽管这一智慧的开出首先取决对存在本身的主客体统一有无清楚的内在自觉，就阳明个人而言乃是龙场悟道静一默坐的工夫在前，而“知行合一”的提出在后。以静坐为施教方法可以摆脱文字概念的葛藤缠绕，直下显

① 阳明说知行合一，“但着实就身心上体履，当下便自知得。今却只从语言文义上窥测，所以牵制支离，转说转胡涂，正是不能知行合一之弊耳”（王守仁：《答友人问》，《王阳明全集》卷六，吴光等编校，208—209页）。可见知行合一精义不在概念的分析和口头的言说，而在于生命的体证与事上的践履。或者说“知”必须实质化、具体化，成为行动的原则，活化为实存主体的自觉活动，才是有意义的。至于如何建构既有人生哲理意义，又能与社会人文生活实践结合的现代知行合一学说，则是更为严峻的高层次时代课题。因不在本文的讨论范围之故，此处从略。

② 钱德洪：《年谱一》，王守仁：《王阳明全集》卷三十三，吴光等编校，第1230页。

③ 王守仁：《传习录上》，《王阳明全集》卷一，吴光等编校，第16页。本章所引《传习录》，均不再注明。

④ 静坐本身就是一种如实证悟心体的体验实践。证悟心体亦即寻找真实的自我，然后依此真实自我参与历史文化活动。

豁心体而真正作到“知”与“行”合一，这既是阳明长期自我体证与寻求超越的经验之谈，也是极有益于初学的修德证道入门工夫。

如果把静坐看成是一种心性内观或道德内省的方法，就会看到中国固有文化之外的其他几大东西方主流文化——无论是印度佛教文化，抑或希伯来基督教文化，甚至希腊理性文化，都无不对心性内观或道德内省的生活方式有着普遍的价值自觉。只是就西方而言，心性内观始终不是其文化的主流，积累的资源也远不如东方丰富，但这决不意味着西方人就没有相应的看法，譬如康德就把人的感觉区分为外部感觉和内部感觉，前者感知客观对象的存在状态，后者则感知主体自身的内部状态。布伦塔诺（Brentano）也把人的心灵活动划分为内感知与外感知两类，内感知主要针对心理现象，外感知则主要指向物理现象。[①] 类似于儒家强调的心性自我体验与自我修养，内部感觉或内感知即是一种逆觉体证，目的无非是深入生命内部，实现“自身之反照”，以求彻底了解自己或认识自己。相对于外部感觉或外感知，内部感觉或内感知更有第一性的性质，是生命活动不可或缺的自明性源泉。至于中国儒释道三家，亦都分别有静坐、禅定、心斋、坐忘等特殊的精神修习方式，此即说明向内省察以提升自己的生命乃是各家各派的共法。仅以儒家为例，孔子就一贯强调君子要善于求诸己，作到“见贤思齐焉，见不贤而内自省”[②]。由于儒家证悟本心本性主要是道德的进路，所以孔子很早便把道德修养的工夫看成是时时处处反观内省的道德觉醒工夫，而人的主体世界即在此道德觉醒的工夫中不断得到提升和开拓。宋明儒家积极响应佛、道以重建形上智慧，对反观内省的道德觉醒功夫更有系统阐述与深入的实践。阳明既将外在道德法则收为内心的是非判别，通过不断的内观自省以求升进道德境界在方法上也就成为必然。阳明自谓“静可以见其体，动可以见其用”，即是说静坐的方法能帮助人们体悟内在心体的本然之善。但心体本然之善并非枯寂之死物，它必然要在社会生活的实践活动中发显起用，由内在心体本然之善带出外在事物之善。这种内在本然之善的体验也是一种内心活力的体

① 参见倪梁康：《自识与反思：近现代西方哲学的基本问题》，商务印书馆2002年版，第339—367页。

② 阮元校刻：《论语》，《十三经注疏》，中华书局1982版，第2471页。

验，由内心的活动带出外在事物价值与意义源源不断的创造性活力。如果连自己心体的纯然本善也从未觉悟，又何能领悟生活世界的意义与价值，并在生活世界中从事价值与意义的创造呢？在日常世俗化、平均化的生活中，正是由于种种私欲的主观障蔽，种种固执成见的思虑缠绕，才使人失落了纯然本善的心体，疏离了真实的存在或存在的真实，忘记了由现实通向美好乃是人性的真正向往，从而生活在主观妄执的非本然异化境地中。所以在王阳明看来，静坐的目的主要是"觉"，"随他多少邪思妄念，这里一觉都消融了"。在成见扫除，障蔽化解的静一境域中，人当下就能对心灵的完美有一清楚自觉，当下就能契入生命的真实存在或存在的真实。徐爱是较早跟随阳明的弟子，最有这方面的体会。他说："始学于先生，惟循迹而行。久而大疑且骇，然不敢遽非，必反而思之，思之稍通，复验之身心。既乃恍若有见，已而大悟，不知手之舞，足之蹈曰：此道体也，此心也，此学也。人性本善也，而邪恶者客感也，感之在于一念，去之在于一念，无难事，无多术。"①这是通过静坐获得的真实体悟，是契入生命真实感受到的精神喜悦。现代文化人类学告诉我们，静坐有助于培养人的理性，更能调动智的自觉，静定中的冥想甚至是理性的摇篮。通过静坐内观心理活动乃是了解自己的最有效方法，当然更是证入形上道体应该借用的入手法门，与扶乩、拜忏、祈神或其他巫术活动经不起理性考察不同，不能轻易看成是神秘或神秘主义的体验，更不能忽视它在儒家工夫系统中对于"收放心"的作用 。②

阳明既重视本体也强调工夫，本体与工夫本来就必须并为一片。静坐作为一种证入形上本体的工夫，在他看来不仅可以静一澄心、省察内观，甚至直接就是存天理、去人欲的"医人方子"，能将"好名好色好货之根逐一扫尽"。通过静定修养工夫，达致心性本体境界的

---

① 黄宗羲：《郎中徐横山先生爱》，《明儒学案》卷十一，沈芝盈点校，中华书局2008年版，第222页。徐爱的"客感"，类似佛教的"客尘"，指内在本真心性受到外在功利经验的污染，使本来真实的自我丧失在感性私欲的障蔽中。

② 艾克哈德（Echurt）认为灵魂与上帝一样，是绝对的善，心灵隐含着直接呈现的证据。爱默生指出，内在与神圣本来一致，呼吁相信直觉，倾听内心永恒的呼声。海德格尔说："良知只在而且总在沉默的样式中言谈。"（海德格尔：《存在与时间》，陈嘉映、王庆节合译，生活·读书·新知三联书店1987年版，第327页）这些都可作为静坐有利于提升境界的注脚。

过程，也就是不断扫除私欲障蔽，从生命源头沛然涌出价值与意义的过程。[①] 心体向外起用即为意动，意动则不能不有经验内容的“事”与“物”，不能不有思维念虑。针对意动时的思维念虑，阳明又提出静中内观即省察克治的要求：“初学必须思诚，省察克治即是思诚，只想一个天理”。这里所谓“想”亦可说成是“观想”，即用“观想”的方法使心念专注于“天理”，在静定澄一的状态中化除私欲，原因是“纷杂思虑亦强禁绝不得，只就思虑萌动处省察克治，到天理精明后，有个物各付物的意思，自然精专无纷杂之念”。省察可视为与是否依循天理等内在心念有关的反思内省，克治则为一有私欲萌动即依据天理扫除。只要思维念虑自觉于天理，依循于天理，全然是天理的朗现，如如自然，真机流溢，即寂即感，即感即寂，即是静亦定，动亦定，那就不必囿于静坐的形式，也可获得定的体悟；那就无论静或动，都依然是本体境界。本体境界不是死寂枯槁的世界，不能不有所起用，不能不有天理流行，它与私欲萌动时的纷杂思虑自然不同，区别在于“循理之谓静，从欲之谓动。欲也者，非必声色货利外诱也，有心之私皆欲也。故循理焉，虽酬酢万变皆静也，濂溪所谓主静无欲之谓也，是谓集义者也。从欲焉，虽心斋、坐忘亦动也”[②]。“集义”在孟子那里正是培养道德情操与契入形上境界的一种工夫。一个通过长期“集义”工夫达致本体境界，无论何时何地都能自审无私无愧的人，必然能进入不动心的安定真实的形上胜境。“孟子不论心之动与不动，只是集义，所行无不是义，此心自然无可动处。……孟子集义工夫自是养得充满，并无馁歉，是纵横自在，活泼泼地，此便是浩然之气。”所以不能如槁木死灰般悬空守静，还必须以“集义”的方法涵养浩然之气，随时随地觉照调整内心世界的意义活动更为重要。即便静坐也一定要辅以克治省察的方法，才能避免枯寂死灭即天理不能从心体自明性中呈现的弊病。静坐息念与克治省察结合正是阳明重新为儒家开出的一个重要心地法门，目的乃是以静定澄一的方式来求理、穷理、循理，将心体性体之理全盘开出，通过道德实践层层提升人生境界，充

① 陈来认为静坐只能定心息念，不能省察克治即存天理去人欲，乃是缺乏生命体验的误读，也容易使儒家的本体与工夫割裂成两橛。至于新儒家将本体看成是哲学讨论的对象，大多缺少活泼泼的证量工夫，其利弊得失也颇值得反思和总结（陈来：《有无之境：王阳明哲学的精神》，第328页）。

② 王守仁：《答伦彦式》，《王阳明全集》卷五，吴光等编校，第182页。

量开显真实的人性，最终完成成就圣贤之道这一自我自觉、自我实现的终极目标。理不能自知，自知不能穷尽，穷尽不能遵循，遵循不能起用，起用不能开尽，即是尚有主观障蔽，尚有生命缺憾，尚有向上之事可为，尚未达致究竟圆满的境地。

成圣成贤既是自我实现的终极目标，又必须活化为生命时时处处当下的行动，亦即生命的每时每刻，出处进退，不分静动，无有内外，不管大小，都是德行修养的关键时刻。因此，尽管静坐“一时窥见光景，颇收近效”，但阳明也反对“喜静厌动，流入枯槁之病，或务为玄解妙觉，动人听闻”，违背儒家实践哲学精义，产生蹈空骛远弊病，流入禅学末流虚寂之途。为了避免这种知行分裂为二的现象，他又提出事上磨炼的主张：“人须在事上磨炼做工夫，乃有益。若只好静，遇事便乱，终无长进，那静时工夫亦差，似收敛而实放溺也。”这就是静亦定，动亦定的修养工夫。省察内观可以贯彻在一切动、静活动中，静的涵养必须以动的行为来检验。静坐作为证道的入门工夫固然重要，但事上磨练的实际印证更不能忽视，在动中奋勉自律，戒惧谨慎，省察克治，刚毅任道，一样可以涵养静定工夫，甚至作到动、静二相了然不生，彻达本体境界，直入超越智慧。而人生一切行为也都体用合一，成为有源头活水滋润的合理的生命行为。阳明弟子王龙溪总结师门三种入悟教法：一是从知解而得，谓之解悟，未离言诠；二是从静中而得，谓之证悟，犹有待于境；三是人事炼习而得，忘言忘境，触处逢源，愈摇荡愈凝寂，始为彻悟。[①] 可见阳明教法的要旨依然是一元论心学的本体与工夫的合一，儒家的人文关怀必然使他把形下的社会实践与形上的本体彻悟看得同样重要，在强调静定悟入工夫的同时，也凸显了事上磨练的根本意义。这固然是知行合一学说在精神修养层面的展开和发挥，但又何尝不是根据人的实存状况随时调整施教方法的必然结果。

二、经典依据与诚意要旨

阳明以静坐及事上磨炼等各种方法践履圣人之道的同时，也在为自己的学说寻找理论上的依据。他通过各种方法求取的本体体证，都

① 黄宗羲:《郎中王龙溪先生畿》,《明儒学案》卷十二，沈芝盈点校，第253页。

是就本心之善而言的，目的无外乎是要找到生命内部本具有的上进动力，涵养透入宇宙天地本质的睿智和能力，由此逐级升进人的存在层次，最终步入真实的存在和存在的真实的境域。在阳明看来，静坐的目的并不在静坐本身，事上磨炼也不是为磨炼而磨炼，根本的目的仍在于寻找真实的自我，实现真实的自我（真实的存在），发现存在的本质，契入存在的本质（存在的真实）。同时，这也就是恢复本心的善，实现本心的善，使生命完全与善合一，与世界存在的本质合一，使意义和价值在善的境域中如实呈现。深入自己的生命内部如实察照，反求诸身而自得之，善就是理，理不在心外，心即是理，心与理合，不能离心求理——脱离主体自身向外部寻找成圣的根据。因此，阳明不同意程颐、朱熹先道问学，后尊德性的说法。依程颐、朱熹，人应该先精读儒家经典，泛览诸子百家，成就知识，养成智慧，然后诚意、正心、修身，成就圣贤人格。用朱子的话说就是：理在万物之中，“必使学者即凡天下之物，莫不因其已知之理而益穷之，以求至乎其极。至于用力之久，而一旦豁然贯通焉，则众物之表里精粗无不到，而吾心之全体大用无不明矣”①。在阳明看来，如果将整个身心牵扯向外求理，即用力的重点在外部的天下万物，而不在内部的心性本体，无论朱子最终的意图如何，实际的结果恰恰是将心与理分判为二，也是知行脱离、体用两分的根源，不仅不能接近反而远离了成圣的目标。程朱的说法本于《大学》“格物致知”，有着经典来源的权威性。阳明要使自己的说法站得住脚，也不能不借重于经典的权威。于是他从自己的心学体系出发，对《大学》的格物说重新作了诠释。他的诠释既要满足自身心学体系实践可能性的需要，又要兼顾经典原意以谋求儒家义理的深化或突破，他要把当下的生命实践与内涵在儒家思想学说中的义理彻底打通，并做到心与理统一、知与行统一、体与用统一。如果借用佛教的言语，则不妨说他是借用孔子及其他真儒的“圣言量”，来与越世二千岁的晚出学者的心性体悟比度勘验，以显示自己不仅在心体而且也在义理上，直接传承了儒家道统的真精神、真血脉。同此前及以后其他种种有针对性的施教方法一样，这也是他为实现圣人理想人格做出的一项重要努力。

---

① 朱熹：《大学章句・补传》，《四书章句集注》，《四部备要》本。

《大学》本只是《礼记》的一篇，但出于响应佛教以重建道德形上之学的需要，却在宋以后儒家心目中占有重要地位。程颐以《大学》为“入德之门”[①]。朱子更认为是“定世立教之大典”。为学应“先读《大学》以定其规模，次读《论语》以立其根本，次读《孟子》以观其发越，次读《中庸》以求古人之微妙处”[②]。朱子因将《大学》看成是为学纲目，故又多采程颐之说，详加考订诠释，成《大学章句》，收入《四书集注》。阳明亦撰《大学古本旁释》一书，而《大学问》虽仅一篇，仍可视为发挥其思想学说的哲学宣言。如钱德洪所说：“《大学问》者，师门之教典也。学者初及门，必先以此意授。”[③]然而面对一系列诠释问题，朱、王却彼此歧异，尤其在成德之方法上，二人更是根本对立的。[④]

阳明对朱子的批评主要集中在“三纲领、八条目”上。按照朱子的意见，《大学》分经、传两部分，传的部分释格物致知之义，古本已阙佚，而且解释“诚意”明显秩序颠倒，当为原本之错简所造成。于是朱子“窃取程子之意以补之”，并将八条目调整成一个完整的理论架构：格物、致知、诚意、正心、修身、齐家、治国、平天下。阳明则认为《大学》古本乃是孔门相传的旧本，原无经传之分别，亦无脱误可补，朱子《大学章句》恰恰远离了圣门本旨，郑玄旧本反而体现圣门教人用功的真髓。正是从版本依据的不同出发，阳明另辟出一条孟子之后最系统的心学解释义理架构。

在“诚意”问题的解释上，朱子以为《大学》之格物致知应在诚意之前，亦即先通过长期格物穷理的积累功夫，然后外在客观之理与内在主观之理相互印证，始可获得真、善、美和谐统一的豁然贯

① 程颢、程颐：《伊川杂录》，《河南程氏遗书》卷二十二上，《二程集》。朱熹《大学章句》开篇即引此程子此语。

② 黎靖德编：《大学一》，《朱子语类》卷十四，杨绳其、周娴君校点，第222页。

③ 王守仁：《大学问》，《王阳明全集》卷二十六，吴光等编校，第973页。按：《大学问》虽刻于阳明晚年，然《传习录》卷首徐爱所录者，亦早已发挥《大学》之意，可见实为贯串一生之思想。

④ 需要特别指出的是，朱子与王阳明的歧异或对立，只能限定在入手工夫即方法论的差异上，至于心体至善的肯认特别是成圣成贤目标的追求方面，二人仍相当一致。朱子曾说过：“大凡为学有两样，一者是自下面做上去，一者是自上面做下来。自下面做上者，便是就事上旋寻个道理凑合将去，得到上面极处，亦只一理。自上面做下者，先见得个大体，却自此而观事物，见其莫不有个当然之理，此所谓自大本而推之达道也。”（黎靖德编：《朱子十一》，《朱子语类》卷一百一十四，杨绳其、周娴君校点，第2488页）所谓“自下面做上去”与“自上面做下来”的区分，大体可用来概括朱子与阳明入道方法论上的不同或差异。

通。这是以逐级打好提升层次为基础，最终由下向上翻出极高明而道中庸的生命境域，实现完善的道德理想人格。尽管格物而后诚意，格物偏重向外认知而诚意偏重向内体认，但向外的认知是为了向内的本善的呈显，无诚则无物，意诚则心正，诚作为真实无妄的境界既是本体又是方法，所以仍被朱子视为本体体认的根本法门，乃是“紧要工夫”[①]。阳明认为假如先从格物入手，积累外部经验，结果不仅不能从经验的有限性中超越出来，甚至反会造成对生命的重压，导致以小害大的生命病相。因此，他主张直接从“诚意”入手，直探心之本体，为生命定位，然后格物的工夫才有所着落。而依据《大学》旧本，诚意本来也在格物致知之前，这不仅符合经典原意，而且也能直接揭出明明德宗旨。“诚是心之本体”，诚的本体就是天理，天理只能反身而求，以内证的方式亲证亲历，需要静定的心体自明性来显豁，更要在生活的行动世界中来展现，同时又何尝不是对天道流行作用的领悟。心与理本来相通，价值原就应该在心性上落实，隔阂只是私欲障蔽了心灵本有的自明，影响了意念或情感的公正，“诚意只是循天理，虽是循天理，亦着不得一分意，故有所忿懥好乐则不得其正。须是廓然大公，方是心之本体”。换一种方式表述，则诚意的工夫即是从日常忙碌的思维念虑活动中超拔出来，在静定的澄明和智的直观状态中向内体认和恢复心性的本体，而心性的本体又在外在诚意功夫中发用显现。所以，诚意不仅意味着对意识始终保持省察觉知的状态，而且更意味着要用心体本有的光明朗照意识活动，从而真正使意识活动透明清澈，成为依体起用的无私生命活动。[②]

在阳明看来，与认识论所追求的知识在生命之外不同，道德论的天理本来就在生命之内，心之知只是一知，天下之物则各各分殊，难有穷尽，不先求取天下之一知，就急着在万物分殊之理上作工夫，乃是一种本末倒置。易言之，即朱子向外求理是犯了务外遗内、博而寡要的错误。因此，在形上本体的证悟方面，不能先走向客观存在求理

---

① 黎靖德编：《大学二》，《朱子语类》卷十五，杨绳其、周娴君校点，第272页。

② 人与动物的区别或许就在于：人可以依据心体省察觉知自己的内在意识，并依此自觉的意识主动调动自己的行为，而动物则只能依据盲目的本能活动，根本不能省察觉知自己的内在意识，更不能主动自觉地调整自己的行为。人的自身意识可以是自明的，动物的自身意识则只能是晦暗的。但值得警惕的是，人的意识尽管可以是自明的，但也有可能堕入晦暗之中，如禅宗所说在黑山鬼窟中作活计，完全生活在黑漆桶子之中，变得与动物无异。

再返归主观存在获取印证的路径，必须深入主观存在内观生命奥秘，使心中之理直接呈现，然后再以道眼观察客观存在之理，即用心体一知之“知”去统摄万物分殊之“知”，将心之理与万事万物之理彻底打通，即不仅直接体贴心中之天理或本体，而且当下就透入天地万物之本质或本性，才能更好地做到朱子所说的“众物之表里精粗无不到，而吾心之全体大用无不明”。这自然是主观内部长期涵养修行，最终祛除私欲之隔而感通天地万物，并呈现形上本体的结果。从王阳明的心学视域出发，向内体认天理即向内发现真实的自我，向内发现真实的自我与向外实现真实的自我根本不能二分，如果像朱子新本那样没有一个内在本善的根基，或缺乏先立乎其大的自证默会内在天理的工夫，就急忙“去穷格事物之理，即茫茫荡荡都无落处，须用添个敬字方才牵扯得向身心上来，然终是没有根源，若须用添个敬字，缘何孔门倒将一个最紧要的字落了，直待千余年后要人来补出”？此即显示《大学》的核心是诚意，诚意工夫只是格物致知，若以诚意为主，去用格物致知的工夫，即工夫才有下落。即为善去恶，无非是诚意的事。诚意的工夫即明白本体的工夫，在诚意工夫中知天理、尽天理，格物致知才有着落，做人做事也才中节合度。

格物致知在儒家义理系统中，本来就是本体论或存在论的工夫架构，它既不废弃知识论又不依据知识论，废弃知识论容易引发蹈空炫虚之狂慧，依据知识论则必然堕入支离破碎的“知识障”之中。务外遗内与务内遗外一样，都属于偏一边的极端作法。只是与朱子相较，格物致知在阳明这里已不是客观的入路而是主观的入路，主观的入路必须以诚意为根本，诚意本来就内涵在格物致知的工夫中，完全可以通过格物致知的方法重返客观世界之内的主观世界，在人的精神理境的内在性体验结构中领悟生命和世界的意义。重返主观世界并非排斥客观世界，而是以真正的道德本心更好地面对客观世界，坚定妥善地解决客观世界的一切问题。诚意的施教法门既直接关乎身心，又可沟通内外，足见“以诚意为主即不须添敬字，所以提出个诚意来说，正学问大头脑”。而致知亦“非若后儒所谓充广其知识之谓也，致吾心之良知焉”[①]。

① 王守仁：《大学问》，《王阳明全集》卷二十六，吴光等编校，第971页。

以上可见，朱、王都坚持道德价值优位的立场，他们都为儒学的前承后继作出了自己的诠释学贡献；但由于入手工夫有着偏重客观或偏重主观的差异，他们在诠释学的进路上仍存在很大的差异。这种差异正是一家思想独特精神的历史性表现。比较而言，朱子仍为知识论保留了一席之地，替认知主体转变成道德主体留下了一个义理逻辑上的可能。而阳明则认为只有通过直入生命的内观省察，在不断超越的过程中，才能体认那纯粹道德的真实自我，向外认知只能成就知识世界而难以成就道德世界，认识论不应亦不能僭越修养论，凭借知识学的路径根本就不可能证入形上本体。诚意的工夫乃是不断恢复真实自我和实现真实自我的过程，这个过程尽管需要学理来源方面的清楚说明和了解，但毕竟与主客二元化、对象化的认识过程完全是两回事。以道德始亦以道德终的诚意，乃是“圣门教人用功第一义”。以诚意的工夫证入形上本体，始可直达天地宇宙万物之理，虽不能成就知识的世界，但却是知识世界建构的本体基础。朱子的路径，可说是由认识论（知识论）逐层拾级，曲折向上趋入本体论（存在论）；阳明的方法，则是直入本体论（存在论），然后再由本体论向下涵盖或转出认识论（知识论）。这已足以表明，阳明比朱子更突出了道德的自主、意志的自律及其绝对性和普遍性，也更凸显了“尊德性”高于“道问学”的儒门第一义施教方法。① 当然，从阳明的诠释学路径看，他在强调“尊德性”绝对主体性入手工夫的同时，也十分重视儒家经典的权威性客观义理衡量标准，前者与朱子差距很大，而后者又与朱子完全一致。他们都认为“尊德性”并非是自己的孤明先发，而是儒家本有的一贯传统，“格物”诠释引发的歧异，正源于对经典的共同尊重。

三、“心与理合”意义下的“格物”说

在格物致知的解释上，朱子既将格物置于诚意之前，又谓“格，

① “尊德性”与“道问学”的辩证综合问题，也是现代人必须面对的学理难题，至今仍有争论，尚未很好解决。阳明曾说：“吾说与晦庵时有不同者，为入门下手处，有毫厘千里之分……然吾之心与晦庵之心，未尝异也。”（王守仁：《传习录上》，《王阳明全集》卷一，吴光等编校，第27页）朱子当然也认为“尊德性”为第一义，只是仍纠缠于知识，虽工夫极为踏实，但毕竟不像王阳明那样高明洒落而已。

至也；物，犹事也。穷至事物之理，欲其极处无不到也”[①]。格物与致知的分别，朱子认为“格物，是物物上穷其至理；致知，是吾心无不知。格物是零细说，致知是全体说”[②]。“致知格物，只是一事，非是今日格物，明日又致知。”[③] 格物要求到事物中穷理。致知则是推致本心之知，不断积累有关外部事物的知识，同时在这一过程中逐渐推广、拓展、印证、呈现本心的道德之知，一旦豁然贯通，就会“众物之表里精粗无不到，而吾心之全体大用无不明”，实现真与善，内与外合一的境界。

阳明既有过格竹失败的切身体验，又在龙场经历百死千难证悟“心外无理”“心外无物”之说，从他的心学视域出发，便认为只要真正契入心性本体，便可彻悟生命内具的天理，并将外部世界收摄到心中，成为与生命浃然俱化、联为一体的存在。这就决定了他要一反朱子之说，将格训释为正，而向外的格物也就逆转成了向内的格心。格心从消极方面说即是去除偏见，从积极方面说即是正心。当然，也可说正心即是以“格”的方式去除心体之中非本然的“不正”，而恢复其本然全体的“正”，于是这里便可以下一格物即正心的转语：“格物，如孟子大人格心之格，是去其心之不正，以全其本体之正。”“格者，正也，正其不正以规其正也”。这是直入心灵—精神的内部以获取本质性意义的一种方法。正心乃是内部工夫，但内部工夫不是丢下外部事物不管，恰恰是为了更好地彰显外部事物的价值和意义，因为一切事物如果不与人的意识发生关联，其存在的价值与意义便不可能如实豁显，而人也不断将自己的存在价值与意义通过意识投向一切事物，使人能自由地超越自己而将精神之光涵盖于一切事物之上。世界总是与人发生关联的世界，而人作为存在也总是世界中的存在，离开了“心”这一最根本的要素，缺少了“意向性”的感知，世界根本就不可能向人呈显，而人也不可能知道他在世界中的地位。因而从价值论立场出发，“意之所在便是物”，精神修养的格物工夫只能在心上做，在意义上做，在知上做——在心与物、意与物、知与物发生关联的存在境域中做。在这种相互关联的存在境域中，身、心、意、知、

---

① 朱熹：《大学章句》，《四书章句集注》，陈立校点，第2页。

② 黎靖德编：《大学二》，《朱子语类》卷十五，杨绳其、周娴君校点，第260页。

③ 黎靖德编：《朱子十七》，《朱子语类》卷一百二十，杨绳其、周娴君校点，第2623页。

物只是完整精神世界的不同方面，完整的精神世界就存在于由它们统一构成的生命之中，所以格物就是诚意的工夫，诚意乃是心灵—精神的改造，或者说自我的改造，也就是阳明所说的正心。正心即主动针对人的现实生命的缺陷和局限，积极地从事改造、充实、完善与超越的自我修行活动，最终层层深入，层层升进，从而达致人心（私欲之心）转向道心（本然之心）的自我觉醒，亦即由人的非本然存在证悟道德主体的本然存在的自我觉醒。诚意、正心、格物、致知、修身环环相扣，它们都是契入真实的存在和存在的真实的工夫。反之，在心与理、心与物的结构性关系中，由于心具有主观能动性，因此也显得更为重要。从主观的入路入手，便是从生命的根源处入手，在这一意义上看正心，正心即从心性本源处省视自己，纯化自己的精神，同时调整自己的行为，主动作修身的工夫，自觉心性本体及其起用时的动机、蕲向、意义和价值，把合乎心性本体至善意义的要求提升到自觉的层面上来，从而主动地变化气质、修正行为。这里的心不仅是本体的，而且也是主体性、决定性的，它能沟通超验与经验，也能化私欲为天理，把生命导向完善的方向。心能表像，能觉知，也能主宰与判断，心正则对物的价值判断自然会正，于是“格心”通过意向性的方式直接指向“格物”，而正心也即是正物，正心的过程也就是使物获至与人性本质相符的价值与意义的过程。这里的物乃是主体的人用智的直观方法直入其内部，可以透过心灵的光照直接映现其原象或本质的“物”，所以自然不是疏离的存在，异化的存在，而是与人亲和、向人生成的存在，是消解了概念替代物而回到自己，是其自己，存在于自己的物，即康德意义上的“物自体”的“物”或本体论的“物”。心之正，物之正，这里的“正”亦可理解为一种秩序。无论心灵内部或宇宙万物内部，都有甚深的法则条理，秩序森然，丝毫不乱，这便是天道的秩序。心、物交融构成的秩序，恰好就是天道活泼生机的体现，是一切存在交融互涉的天道秩序的展开，是人文自然化、自然人文化浃然合一的结果。在心、物交融的秩序化生成势态中，不仅心与理的阻隔得以打通，而且心与物的阻隔也完全打通；不仅心与理合，而且心与物合——无论心与理、心与物，都在内观的能动活动中同时到场，通过去弊的意向性直观而共同显豁呈露。心与物合即是自己的存在与世界的存在完全没有阻隔，自己的存在完全向世界的存在敞开，世界的存在也如实向自己的存在呈显，人透过现象界契入了存在的真实，存在的真实就内在于人的真实之中。[①]

正心作为人的自觉活动必须以整体的生命为对象，并在整体的生命中透显意义，但就工夫论而言，最主要的仍是反观心性，因此，在阳明看来，正心实际也是寻找生命提升和超越的内在根据，“然心之本体则性也，性无不善，则心之本体无不正也……其意念之所发而正之”[②]。本体的心无一人不正，无一人不善，只是在起用上有过和不及、正与不正的区分，所以心物交融下的格物主要是正念（头），正念就是诚意，诚意就是正心，诚意之极便是至善，达致至善即是证悟心之本体，证悟心之本体便是彻底把握了生命存在的根本。这自然离不开前面提到的包括静坐在内的默一澄心和内观省察的工夫，也需要社会人生“事上磨练”的具体实践的配合，即通过各种方法突破生命局限，提升生命理境，“必欲此心纯乎天理而无一毫人欲之私”，然后再依理（正确的理念）起行，使生命及其他社会实践活动也成为纯乎天理而无人欲之私的活动。易言之，即由心体的至善、至正保证意念发动时的“善”和“正”，再由意念的“善”和“正”保证人的活动的“善”和“正”。而这一正心的过程也是显理、行理、正理、契理的过程，概括言之，既是致知，也可称为格物。致知即“致吾心之良知于事物也，吾心之良知即所谓天理也，致吾心良知之天理于事事物物，则事事物物皆得其理矣。致吾心之良知者，致知也，事事物物皆得其理者，格物也。是合心与理而为一者也”。致知与格物乃是一个工夫的两头分说，工夫推至终极则是无一物不得其理，也无一物不得“善”或“正”。阳明的致知说虽然是对朱子的继承和发展，但格物说却是有意与朱熹对抗和挑战。在阳明看来，尽管朱子的目的是要实现真与善、内与外的合一，[③] 然而由于入手工夫的不同，特别是他所谓的格物主要是向外即物穷理，“即物穷理是就事事物物上求其所

---

① 柏格森（Henri Bergson）也认为，可以凭借智的直觉直接把握万事万物的存在本身，了解绝对的实在，进入活泼泼的宇宙生命之流，人的生命之流可融入世界的生命之流，以便与其中独特的、从而是无法表达的东西相符，作到内外生命的交融合一。这一看法可说是“心与物合”的西方式表述（参见柏格森:《形而上学导言》，刘放桐译，商务印书馆1963年版，第37页）。

② 王守仁:《大学问》,《王阳明全集》卷二十六，吴光等编校，第971页。佛教八正道有正见、正思、正念等，都指精神修炼而言。阳明言正心、正念，似是佛教智慧的积极扬弃。

③ 朱子也谈及“此心虚明，万理具足，外面理会者，即里面本来有底”；可见他虽主张向外格物，但格物仍必须依靠心的作用，格物的过程也是心的显用过程，心中的理不能自显，必须在格物即与物接触的活动中才能彰显，最后的结果则是打通（私欲）障蔽，内外贯通合一。

谓定理者也”，因此仍不免混淆了事物的“物理”与道德的“义理”，将心与理割裂成内外了不相涉的两截，结果不仅不能贞定生命发展的方向，甚至反会误入与目的背道而驰的歧途。所以真正要作好正心的工夫，仍必须主动自觉地提高自己的内观察照能力，举凡动心起念即生命存在每一刹那的心理活动，都是正心的关键时刻，也是实现人生价值的重要环节，而最终的目的则是既体现本体之至善，又将此至善展示在日常生活的行动世界中。

通过对《大学》文本语义转向的重新诠释，阳明将本来尚有认识论方面意义的格物致知说，完全发挥为道德形上学意义上的心性修养论，目的无非是要为道德至善的目标找到心灵—精神的内部依据及实现的路径，使每一个体都实存地觉醒真实的自我，恢复本心本性真实不欺的本然之善，同时依此本然之善发起相应的行为，使人的生命活动真正成为有本有源的活动，充溢着自由、自主及创造性、道德性的精神活力，并不断地从内心深处涌出超越的突破力量，从而最终将现实的生命转化为充满意义和价值的理想生命。类似于道家所说的“真我”，临济宗所说的“无位真人”，阳明把真实的自我称为“真吾”，物欲蒙蔽的假我称为“私吾”，实现理想的生命就是要彻底化掉“私吾”，把最真实、最本己的“真吾”呼唤到场，在到达生命至高境界，彻底契入真实的存在和存在的真实之后，再回到日常生活世界中来从事改造和完善社会人生的救世工作。也就是说，依据至善心体净化意念，最终一定要化为生活世界中的无私行为，从内部生命涌出来的无限创造生机，也一定要外显为点化世界的正面力量，才是真实可靠和具有价值意义的。尽管从现实生命升进到理想生命的过程极为艰难，成德之教要化为温润人间的力量并真正落实在世俗人伦社会，特别是国家政治事务之中也极为繁剧复杂，但阳明还是对人所能达到的完善和圆融高度充满了信心。而一旦真正契入具有终极价值意义的理想人格高度，便会以无分别之心把宇宙内事当成吾分内事，以更加积极的态度从事儒家所一贯提倡的“内圣外王”事业。他在《大学问》中具体描述了这一颇有“内圣外王”特点的理想生命：“大学者，昔儒以为大人之学矣。”大人“以天地万物为一体”，“大人之能以天地万物为一体也，非意也，其心之仁本若是，其与天地万物而为一”。成就大人之学以实现理想生命，在修己方面，就是要“去私欲之蔽，以自明其明德，复其天地万物之体之本然而已耳，非能于本体之外有所增益也”。在安人方面，就是要“亲民”[①]。亲民即是“达天地万物一体之用也”，即是自尽本心本性之事，这不仅符合人伦事业的追求目标，同时更以天地万物同体感通的原则一致。“故明明德必在于亲民，而亲民乃所以其明德也。是故亲吾之父，以及人之父，以及天下之父，而后吾之仁实与吾之父、人之父与天下人之父为一体矣；实与之为一体，而后孝之明德始明矣！亲吾之兄，以及人之兄，以及天下人之兄，而后吾之仁实与吾之兄、人之兄与天下人之兄而为一体矣；实与之为一体，而后弟之明德始明矣！君臣也，夫妇也，朋友也，以至于山川鬼神鸟兽草木也，莫不实有以亲之，以达吾一体之仁，然后吾之明德始无不明，而真能以天地万物为一体矣。夫是谓明明德于天下，是之谓家齐国治而天下平，是之谓尽性。”[②]这是由个体修身及自律开出的价值理想，是通过正心工夫呈现出来的光明对天地万物的无尽朗照，是生命与生命之间的彻底沟通，是生命局限的彻底突破，是心之本体与天地万物本体的完整合一，是明明德至精纯粹的必然结果，是人的主体性的全面展开，也是成德自由的真正实现，不仅是“安身”，而且是“立命”，不只是一人受惠，而是天下群体全都沾益，虽难免会让与传统疏离的今人怀疑为道德理想主义，但仍表现了博大的人道情怀，以及自觉承担人生责任与社会责任的强烈救世悲情！同时也足以说明阳明不仅重视修德为己和提升生命的内面工夫，而且也特别关注改造社会与完善群体的外面工夫。两个工夫一而二，二而一，在他看来，必须打并一片，方符合心学体系及人生事业完整性的要求。

从《大学问》所展示出来的生命理境看，阳明的工夫论仍以治国平天下为目的，落脚点与儒家一贯强调的心性修养宗旨完全契合。但他的看法或言说既代表了一种新的经典诠释进路，所以格物方面的论说仍引起了时人的普遍怀疑。围绕《大学古本旁注》与《朱子晚年定论》，罗钦顺、湛甘泉与阳明展开了激烈辩论。严格言，朱、王虽然表面存在很大歧异，后人对经典诠释之争孰是正解的辩难也

① 阳明认为《大学》古本“在亲民”，不能依朱子训为“作新民”；训为“作新民”不符合孔子“修己以安百姓”的本义。

② 王守仁:《大学问》,《王阳明全集》卷二十六，吴光等编校，第968—969页。

不能一概视为无谓，但其所异仍不胜其所同。原因是人不能在分裂的世界和生命中生存，人应该生存在世界和生命的总体性、完整性与和谐性之中，人最奇特的是他拥有内证形上整体的智慧能力；朱、陆都不怀疑人有此内证亲历的智慧能力，他们也相信人凭借这种内证亲历的智慧能力，完全能够生存在世界和生命的总体性、完整性与和谐性之中。他们都是真做儒学工夫并能成就儒者气象的一代大儒，所谓不同只是入手方法的不同，或许正可分别适应生存境况分殊，资质禀赋差异的“求道者”或“求学者”，也足以说明中国历史文化中内涵着丰富的形上智慧资源。从朱、王辩证综合与互补的角度重建儒家心性哲学，特别是如何针对社会与现实人类处境重新开出与形上智慧有关的工夫系统，在以理性的探知方式成就知识世界的同时，也通过工夫系统的实践不断提升生命境界，成就人类真正的道德理境，这不仅是一项学术层面上的有意义的工作，而且更是必须深入生命内部以实践的方式加以响应的现代课题。尤其在人们对人性完美的可能性普遍缺乏信心，精神修持的生活及具体实践的方法已显得疏离和陌生，人性低劣的部分越来越受到世俗工商社会的迎合，价值体系越来越混乱下堕的今天，由于这一现代课题不仅涉及人类深层精神的未来走向，而且也与人的终极意义及安身立命有关，所以意义更为巨大与急迫，也需要更多的人来关注和思考。可惜它已不在本文的讨论范围之内，只好留待将来另撰专篇详细阐述了。

德性生命的实践与价值世界的建构
——论王阳明良知思想的四重结构

一、本体与方法的一致与贯通

王阳明的心路发展历程，以龙场悟道为历史性的象征标志，可以将其分为前后两个不同的分期阶段；所谓两个不同的分期阶段，根据《年谱》的记载和钱德洪、王畿等人的说法，亦可用“前三变”和“后三变”来加以概括。“前三变”——驰骋于辞章，出入于释、老二氏，返归于儒家正学——是“学”之三变，主要反映了早期人生终极价值的自我选择，也可说是早年求道经历的扼要总结。“后三变”——首揭“知行合一”之旨，以后又重视静坐收放心工夫，最后则发展出一套良知学说[①]——是“教”之三变，大体揭示了后期接引学人手段路径的不断调整，当为施教方法不断趋于圆融究竟的具体归纳。

透过阳明一生事履来展开客观如实的分析，不难发现，龙场悟道前的“前三变”，主要是从方法进入本体，即如何寻找可靠适宜的方法来促使自己证道悟道，从而更好地了解和把握真实的自己，实现生命有体有用的全部价值；龙场悟道后的“后三变”，则是从本体开出方法，即如何寻找可靠适宜的方法来帮助他人证道悟道，从而更好地了解和把握真实的自我，实现生命有体有用的全部价值。不过，我们也有必要追问，龙场大彻大悟，阳明究竟悟到了什么呢？《王阳明全集·年谱一》说他：“忽中夜大悟格物致知之旨，寤寐中若有人语之者，不觉呼跃，从者皆惊，始知圣人之道，吾性自足，向之求理于事物者误也。”[②]可见他长期探寻成圣成贤之道，但成

---

① 关于王阳明良知学说的讨论，历年积累的学术成果颇多，然均与本文的题旨内容有别，难以穷尽其思想的全貌或底蕴。可举者如牟宗三的《阳明致良知教》(《历史与文化》1947年第3期)，贾宗复的《王阳明“致良知”学说在“行的哲学”中之地位》(《国魂》1954年第96期)，曹国霖的《王阳明“致良知”的理论与实践》(《建设》1960年第6期)，孙方琴的《王阳明“知行合一”与“致良知”之研究》(《孔孟月刊》1982年第5期)，臧宏的《王阳明“良知”范畴论》[《安徽师大学报(哲学社会科学版)》1984年第4期]，陈增辉的《王阳明致良知说试评》(《中国哲学史研究》1985年第3期)，杨国荣的《王阳明致良知说再评价》(《争鸣》1988年第5期)，蒋庆的《良知只可呈现而不可坎陷——王阳明与牟宗三良知学说之比较及“新外王”评议》(《中国文化》1996年第2期)，吴美瑶的《王阳明“致良知”学说及其在教育上的意义》(《鹅湖月刊》1999年第10期)，张学智的《从人生境界到生态意识——王阳明“良知上自然的条理”论析》(《天津社会科学》2004年第6期)，张新民的《儒家圣人思想境域的正法眼藏：王阳明的良知与致良知学说及其现代意义》(《阳明学刊》2008年第3辑)，张卫红的《“信得及良知”的理论与实践内涵——从王阳明到王龙溪的论述》(《学术研究》2016年第2期)。

② 钱德洪：《年谱一》，王守仁：《王阳明全集》卷三十三，吴光等编校，第1228页。

圣成贤的本体论依据是什么呢？龙场悟道得出的答案，已清楚地表明：人性本身即具足了一切“光明”和“至善”；成圣成贤的本体论依据就内在于人人均有的光明人性之中；如果远离了“至善”的心性本体而向外部世界另觅根据，那就只能是神识心志上的迷思妄想，生命发展方向上的颠倒错乱。

从中国传统哲学“体用一源、显微无间”的角度看，① 所谓成圣成贤的终极根据，不仅是本体论的，而且是存在论的，因而必须将生命存在一切后天习得的渣滓习染剥离净尽，同时向内层层深挖至最隐秘、最微妙的先天人性，然后又由人性上达形上超越的“天道”，才能在“天人合一”的境域中一展卓荦挺拔的人格风姿。正是在这一意义脉络下，孟子才特别强调：“尽其心者知其性也，知其性则知天矣。”② 宋儒张载也明确指出“人生固有天道”③，“必学至于如天则能成性”④。阳明则进一步发挥说：“人者，天地万物之心也；心者，天地万物之主也。心即天，言心则天地万物皆举之矣。”⑤ 可见无论从方法证入本体，抑或从本体开出方法，从儒家思想发展的内在理路看，其终极根据都只能是人之所以为人的“至善”天性。只是由先秦原始儒家经宋代理学再转至阳明心学，所谓本体已明显更具有了心性化的特征，即本体的心学化或心学的本体化，⑥ 但并非突出了心性就意味着遗忘了天道，而是心性论与天道论浃然打并为一片，依然必须做到“天性”与“德性”彻上彻下的合一，始终未离儒家“天人合一”的义理旨趣 。⑦

不过，一谈到“至善”的人性，实际意味着已契入了形上的本体论场域，便必然与超越的“天道”相通互贯。只是从本体工夫不可二分，即必须尽可能地发挥人的主体性以“证道”或“悟道”的

---

① 程颢、程颐:《论书篇》,《河南程氏粹言》卷一,《二程集》，中华书局2004年版，第1200页。
② 焦循:《孟子正义》卷二十七，沈文倬点校，第877页。
③ 张载:《语录中》,《张子语录》,《张载集》，章锡琛点校，第352页。
④ 张载:《气质》,《经学理窟》,《张载集》，章锡琛点校，第266页。
⑤ 王守仁:《答季明德》,《王阳明全集》卷六，吴光等编校，第214页。按:“人者天地之心”，出自《礼记·礼运》。
⑥ 张新民:《经典世界的心学化解读：以王阳明龙场悟道与〈五经臆说〉的撰写为中心》,《南京师大学报（社会科学版）》2016年第3期。
⑦ 参见张新民:《论先秦儒家的“天人合一”思想》，景海峰主编:《儒学的历史叙述与当代重构》，人民出版社2016年版，第29—47页。

角度看，“心”的主宰或主观能动性的作用则不可一毫轻忽。因而在工夫论进路上，就不能不以“尽心”的方式来“知性”，而“知性”即意味着“知天”。如果说“尽心”即人之“至灵”心体的充量展开和至极发挥，“知性”乃是人之“至善”天性的自我把握和沛然彰显，那么“知天”则表明了人已彻底契入了代表价值之源的超越界的“天境”，同时也是对生命存在终极本体的如实了悟，当然便是“天人合一”至高理境的当下显现。而心体彻上彻下，统贯天地，周流太虚，广大悉备，必然便会产生“仁者以天地万物为一体，使有一物失所，便是吾仁有未尽处”[①]的博大人道情怀。这显然是传统中国特有的一种向内超越的直观体认方法：虽内在而超越，虽超越而内在，必然以心灵的无限开放或开通为根本前提。无限开放或开通的心灵，必然具足一切人与天通贯合一的众理，[②]当然就能以有体有用的人生实践的方式，从容应对人间万事万物而实现其心灵的全体大用。

前引王阳明所阐发的“尽心”之说，本质上便是《大学》所谓“明明德”的工夫，也是他后来凭借生命体悟建构起来的“致良知”学说。也就是说，无论知行合一、默一体认、致良知等，对已经有证悟生命体验的阳明来说，无非从本体开出方法，显示出“道体”流行发用的无限开放性；但与之相对应，从初学者的角度看，则又是从方法证入本体，表现出“道体”等待他人证入的无限可能性。龙场大彻大悟之后的王阳明，始终都在想方设法帮助他人自证本体，并根据本体不断调整自己的施教方法，致良知可说是他晚年最后的定论，也是他思想学说发展的高峰。诚如阳明自己所说：“良知二字，自龙场以后，便已不出此意，只是点此二字不出，于学者言，费却多少辞说。今幸见出此意，一语之下，洞见本体，真是痛快，不觉手舞足蹈。学者闻之，亦省却多少寻讨工夫。学问头脑，至此已说

---

① 王守仁：《传习录上》，《王阳明全集》卷一，吴光等编校，第25页。

② 清人段玉裁认为“心所能通曰圣”（段玉裁：《孟子圣之于天道也说》，《经韵楼集》卷三，钟敬华校点，上海古籍出版社2008年版，第82页），其说最为可观。说明乾嘉考据学者治学，虽与明代心学差距甚大，然殊途同归，尤其是比对王阳明“个个人心有仲尼”（王守仁：《咏良知四首示诸生》，《王阳明全集》卷二十，吴光等编校，第790页）诸说未必就毫无相通之处。另可参见张新民：《道、学、政三统分合视域下的古今道统之辩》，《南国学术》2016年第4期。

得十分下落。”[①]“良知”二字不仅体现了阳明及其影响下的整个心学派的核心思想旨趣，而且强化了中国文化自先秦以来长期一贯的“成德”价值实践发展方向。

整体分析阳明的思想学说及其方法论特征，则可说他的良知说既是本体，又是工夫，即本体即工夫，工夫即本体，“无往而非道，无往而非工夫”[②]，本体与工夫已浑然打成一片。如果细加辨析，也可将其分为四个层面：“良知”（良知本体）、“致良知”（良知实践）、“良知教”（良知教育）、良知学说（良知理论）。四个方面彻上彻下，即内即外，环环相扣，一气贯通，构成了一个全面系统的结构性整体。我们固然可以分析或分解式地展开评述与讨论，但更有必要综合或贯通式地加以理解和把握，才能反映良知彻上彻下浑然一体的本体论原型，揭示良知体用不二流行发用的存在论特征 。

二、良知：本体世界的证入与敞亮

良知在阳明的思想系统中，固然是社会实践不可或缺的道德本体，但也是天道流行发用意义上的宇宙本体，是一切价值产生的最深层、最根本的源泉，既可看成生命存在最本己的本质，也可视为宇宙生成最原初的本原。阳明说：“天命之性，粹然至善。其灵昭不昧者，皆其至善之发见，是皆明德之本体，而所谓良知者也。至善之发见，是而是焉，非而非焉，固吾心天然自有之则，而不容有所拟议加损于其间也。”[③]如果追溯其源头，其说当发端于孟子，“良知者，孟子所谓‘是非之心，人皆有之’者也。是非之心，不待虑而知，不待学而能，是故谓之良知。是乃天命之性，吾心之本体，自然灵昭明觉者也”[④]。可见人性既与形上超越的天道相通，当然也可说是先于一切经验的，乃是天赋的，为人人所本有的，而良知则是其“灵昭不昧者”，能够将天道、天理开显于心体，同时又能将其

① 陈荣捷：《传习录拾遗》，《王阳明传习录详注集评》，第396页；钱德洪：《刻文录叙说》，《钱德洪语录诗文辑佚》，《徐爱 钱德洪 董沄集》，钱明编校整理，第185—186页。

② 王守仁：《传习录下》，《王阳明全集》卷三，吴光等编校，第123页。

③ 王守仁：《亲民堂记》，《王阳明全集》卷七，吴光等编校，第251页。

④ 王守仁：《大学问》，《王阳明全集》卷二十六，吴光等编校，第971页。

转化为与经验界相通的价值决断或行为选择，当是即是，当非则非，不仅沟通了先验与经验、先天和后天，而且联结了形上与形下、本体和工夫。而人类道德行为之所以能够显得庄严和伟大，则是因为其本身即有宇宙生成论的深广扎根。诚如康德所说，位我上者灿烂星空，道德律令在我心中。[①] 而阳明亦有《咏良知诗》云："无声无臭独知时，此是乾坤万有基。"[②]所谓"独知"，王龙溪曾有解释说："《易》曰'乾知大始'，乾知即良知，乃混沌初开第一窍，为万物之始，不与万物作对，故谓之独。以其自知，故谓之独知。"[③] 均可见天道论与心性的相通互贯，良知即为天地万物的本体。正从这一意义脉络下，我们才说良知既是道德本体，也是宇宙本体。而恰好是道德本体与宇宙本体的一体不二，才构成了"人""天"共有的创进活力的源源滚滚不断。阳明说得好："吾辈通患，正如池面浮萍，随开随蔽。未论江海，但在活水，浮萍即不能蔽。何者？活水有源，池水无源，有源者由己，无源者从物。故凡不息者有源，作辍者皆无源故耳。"[④]

正是以良知为宇宙天地的本体，而心灵秩序与宇宙天地秩序又有着密契一体的对应关系，王阳明才特别强调："人的良知，就是草木瓦石的良知。若草木瓦石无人的良知，不可以为草木瓦石矣。岂惟草木瓦石为然，天地无人的良知，亦不可为天地矣。盖天地万物与人原是一体，其发窍之最精处，是人心一点灵明。风雨露雷，日月星辰，禽兽草木，山川土石，与人原只一体。故五谷禽兽之类，皆可以养人；药石之类，皆可以疗疾：只为同此一气，故能相通耳。"[⑤] 与阳明同时的黄绾也特别指出："《艮》（《周易·艮卦》）言天地人心一也，不可有二，二则非心矣，合内外而言之。"[⑥] 聂豹

---

① 德文原文为："Zwei Dinge erfüllen das Gemüt mit immer neuer und zunehmender Bewunderung und Ehrfurcht, je öfter und anhaltender sich das Nachdenken damit beschäftigt: Der bestirnte Himmel über mir, und das moralische Gesetz in mir."（康德：《纯粹理性批判》，邓晓芒译，人民出版社2004年版）。

② 王守仁：《咏良知四首示诸生》，《王阳明全集》卷二十，吴光等编校，第790页。

③ 王畿：《致知议略》，《王畿集》卷六，吴震编校整理，第131页。

④ 王守仁：《与黄宗贤六》，《王阳明全集》卷四，吴光等编校，第153页。

⑤ 王守仁：《传习录下》，《王阳明全集》卷三，吴光等编校，第107页。

⑥ 黄绾：《久庵日录》卷一，《黄绾集》卷三十四，张宏敏编校，第651页。

更发挥阳明之意说："良知者，通天地万物为一体也。"①均可见良知不仅是人的生命存在的本原性本质，而且是宇宙存在的始源性本体，正是以终极意义的良知为创化不已的生存本体，我们才能得出人与天地万物同为一体的体悟性生命结论。②

着眼于宇宙本体生成论讨论人的良知，一方面可以说良知是天道、天理的"灵昭不昧"处——"天理即其灵昭不昧处，所谓良知也"③；一方面也可以称良知乃"天植灵根"——"良知即是天植灵根，自生生不息"④。良知既为天理之"灵昭不昧者"，当然也可说天地万物之"发窍之最精处，是人心一点灵明"。阳明曾借诗做比喻说："一窍谁将混沌开？千年样子道州来；须知太极元无极，始信心非明镜台。"又云："始信心非明镜台，须知明镜亦尘埃；人人有个圆圈在，莫向蒲团坐死灰。"⑤虽是借禅宗掌故谈儒家道理，亦可见良知正是混沌宇宙"一窍"敞开之处。⑥而作为天植灵根的良知，必然也与天道一样生生不息，因而阳明亦称良知为"乾知"。"乾知"之"知"即"大始"之知："知天地之化育，心体原是如此；乾知大始，心体亦原是如此。"⑦之所以称为"大始之知"，则是因为其乃"混沌初开之窍，万物所资以始"⑧。因而又可用"造化"做譬喻，称"良知是造化的精灵。这些精灵，生天生地，成鬼成帝，皆从此出，真是与物无对。人若复得他完完全全，无少亏欠，自不觉手舞足蹈，不知天地间更有何乐可代"⑨。天地的造化力量与人的生命创造活力乃是一体不二的，所以良知本质上也是一切创造活力永不枯竭的动力与源泉。

---

① 聂豹：《重刻传习录序》，《聂豹集》卷三，吴可为编校整理，第45页。

② 参见张新民：《意义世界的建构——论王阳明的"心外无理、心外无物说"》，《孔学堂》2014年第1期。

③ 闾东：《重刻阳明先生文集序》，王守仁：《王阳明全集》卷四十一，吴光等编校，第1593页。

④ 王守仁：《传习录下》，《王阳明全集》卷三，吴光等编校，第101页。

⑤ 王守仁：《书汪进之太极岩二首》，《王阳明全集》卷二十，吴光等编校，第772页。

⑥ 王门弟子罗洪先提道："当极静时，恍然觉吾此心虚寂无物，贯通无穷，如气之行空，无有止极，无内外可指、动静可分，上下四方，往古来今，浑成一片，所谓无在而无不在。吾之一身，乃其发窍，固非形质所能限也。"（罗洪先：《寄蒋道林书》，《罗洪先集》卷八，徐儒宗编校整理，第298页）可见所谓"发窍"之说，本得力于实存主体之生命体验，乃证量工夫的自然流露，既非形质所能限制，则仍以阳明的良知说为究竟，非思维念虑所能揣测。

⑦ 王守仁：《答友人问》，《王阳明全集》卷六，吴光等编校，第210页。

⑧ 王畿：《致知议辩》，《王畿集》卷六，吴震编校整理，第135页。

⑨ 王守仁：《传习录下》，《王阳明全集》卷三，吴光等编校，第104页。

宋儒张载“四句教”强调：“为天地立心，为生民立道，为去圣继绝学，为万世开太平。”[①]但人为何能为天地立心呢？[②]按照王阳明的思想进路，天地虽无心，但天地之理可以开窍于人之心，而为“灵昭不昧”的良知所觉知，因而不仅人心可以代表天心，而且人心即天道、天理的敞开敞亮处，而“在天则为天道，在人则为人道，其分虽殊，其理则一也”[③]。因而完全可以肯定：良知即是天道，良知即是天理，[④]良知即是人的价值抉择的定盘针、良知即是人的生命行为的天则明师，无论形上形下、先验经验、先天后天、本体工夫，均圆融无碍地得以彻底打通。所以，“学者真见得良知本体，昭明洞彻，是是非非，莫非天则，不论有事无事，精察克治，俱归一路，方是格致实功，不落却一边”[⑤]。良知本体固然有着不可轻忽的天道、天理的超越性终极根据，但更重要的是能将人引入活泼泼的道德实践场域，不仅展示社会生活本体与工夫合辙一致的奋勉不已的超越发展方向，而且推动实现天道与人道密契一体的有体有用的人生意义和价值。

良知既是天地宇宙的本体，当然便不能不是超越的，属于本体论的范畴；但又内在于人的德性生命之中，显然是内在的，可纳入存在论的范畴。本体论、存在论的良知，又可转化为人的主体道德行为，乃是社会伦理生活得以成立的终极根据，因而又是主体论和实践论的，或者说本体论、存在论与主体论、实践论已打并为一片，本来即是高度圆融究竟和一体不二的。[⑥]

---

① 张载：《近思录拾遗》，《张载集》，章锡琛点校，第376页。

② 张载曾指出：“天无心，心都在人之心。一人私见固不足尽，至于众人之心同一则却是义理，总之则却是天。”（张载：《诗书》，《经学理窟》，《张载集》，章锡琛点校，第256页）以众人同一及其和之心为“天”，虽不无道理，但仍不及下文所言阳明之“开窍说”周延。

③ 王守仁：《山东乡试录》，《王阳明全集》卷二十二，吴光等编校，第845页。

④ 后来的王夫之也认为“惟其理本一原，故人心即天”（王夫之：《太和篇》，《张子正蒙注》卷一，中华书局1975年版，王孝鱼点校，第18页），当一并参阅。

⑤ 钱德洪：《刻文录叙说》，王守仁：《王阳明全集》卷四十一，吴光等编校，第1575页；钱德洪：《刻文录叙说》，《钱德洪语录诗文辑佚》，《徐爱 钱德洪 董沄集》，钱明编校整理，第185页。

⑥ 张新民：《良知：人生与社会的天则明师——传统心学思想的现代性新开展》，《阳明学刊》2012年第6辑。

三、致良知：道德实践场域的开显与实现

如前所述，“人心一点灵明”是天地万物“发窍之最精处”，则最能代表人的主体性，乃至能在茫茫宇宙大化中为天地立心的，当然只能是具有高度主观能动性和直觉智慧能力的“心”。“心”不仅联系着形上超越的本体世界，而且关涉到形下具体的现象世界。阳明在回答弟子萧惠如何才能做到“非礼勿视听言动”的问题时，便明白指出：“汝心之视，发窍于目；汝心之听，发窍于耳；汝心之言，发窍于口；汝心之动，发窍于四肢。若无汝心，便无耳目口鼻。……所谓汝心，却是那能视听言动的，这个便是性，便是天理。有这个性才能生。这性之生理便谓之仁。这性之生理，发在目便会视，发在耳便会听，发在口便会言，发在四肢便会动，都只是那天理发生，以其主宰一身，故谓之心。”[①]这里既突出了“心”的主宰（主体性）作用，又强调了“心”的活动（实践性）功能。

“心”作为“身”之主宰，必有显用于视听言动的功能。而所谓“视”必然联系着一个“视”的世界，“听”必然联系着一个“听”的世界，“言”必然联系着一个“言”的世界，“动”必然联系着一个“动”的世界。也就是说，作为主体的人的自觉生命行为，无论视听言动，必然都会牵连一个必须与之打交道的客观世界，当然也会形成与多种多样的身份角色有关的复杂人际社会关系，不能不有秩序化的社会伦理世界的随时损益调整和不断建构。但是，外部伦理世界的随时损益调整与不断建构，毕竟要与人人均有的属于内部世界的“心”之理相应相合，否则难免不会发生心灵秩序与社会秩序的紊乱错位，不仅意味着天理的遮蔽，而且象征着心灵的封闭，严重者则导致人伦世界的大乱。

由此可见，内在于人的生命存在之中的“性之生理”，完全可以外化为现实社会生活的人之伦理，显像为人类道德实践活动的各种具体行为。易言之，内在之理与外在之理一体不二，才有真正属于人的伦理世界的产生，才有大量有着内心力量支撑的道德行为的涌现。因此，“吾人合下反身默识，心又何心？唯此视听言动所

① 王守仁：《传习录上》，《王阳明全集》卷一，吴光等编校，第36页。

以然处，便是此心发窍处也。此心发窍处，便是天地之心之发窍也”[①]。如果追问人类道德生活的终极性本体根源，便不能不“反身默识”，溯至可以神感神应、妙用无尽的本心，看到其为天地之心发窍处的形上超越根据，也就是阳明晚年所说“天植灵根”及“灵昭不昧”的良知。或许正是有鉴于此，阳明才特别强调：“目无体，以万物之色为体；耳无体，以万物之声为体；鼻无体，以万物之臭为体；口无体，以万物之味为体；心无体，以天地万物感应之是非为体。”[②]人不仅是能感通或感应的灵性生命存在，更重要的还拥有一个与之相应的完整的世界。所以，阳明又发挥《大学》“修身”之义说：

> 《大学》之所谓身，即耳目口鼻四肢是也。欲修身，便是要目非礼勿视，耳非礼勿听，口非礼勿言，四肢非礼勿动。要修这个身，身上如何用得工夫？心者身之主宰，目虽视而所以视者心也，耳虽听而所以听者心也，口与四肢虽言动而所以言动者心也，故欲修身在于体当自家心体，常令廓然大公，无有些子不正处。主宰一正，则发窍于目，自无非礼之视；发窍于耳，自无非礼之听；发窍于口与四肢，自无非礼之言动；此便是修身在正其心。然至善者，心之本体也。心之本体，那有不善？如今要正心，本体上何处用得功？必就心之发动处才可著力也。心之发动不能无不善，故须就此处著力，便是在诚意。如一念发在好善上，便实实落落去好善；一念发在恶恶上，便实实落落去恶恶。意之所发，既无不诚，则其本体如何有不正的？故欲正其心在诚意。工夫到诚意，始有着落处。然诚意之本，又在于致知也。所谓人虽不知，而已所独知者，此正是吾心良知处。然知得善，却不依这个良知便做去，知得不善，却不依这个良知便不去做，则这个良知便遮蔽了，是不能致知也。吾心良知既不能扩充到底，则善虽知好，不能著实好了；恶虽知恶，不能著实恶了，如何得意诚？故致知者，意诚之本也。然亦不

① 耿定向：《大人说》，《耿定向集》卷七，傅秋涛点校，第278页。
② 王守仁：《传习录下》，《王阳明全集》卷三，吴光等编校，第108页。

> 是悬空的致知，致知在实事上格。如意在于为善，便就这件事上去为；意在于去恶，便就这件事上去不为。去恶固是格不正以归于正，为善则不善正了，亦是格不正以归于正也。如此，则吾心良知无私欲蔽了，得以致其极，而意之所发，好善去恶，无有不诚矣！诚意工夫，实下手处在格物也。若如此格物，人人便做得，“人皆可以为尧舜”，正在此也。①

在阳明看来，“心”为“身”的主宰，又是道德行为最深层的动力来源，所谓“格物”亦非如朱子所说是“格”外部世界复杂纷纭之物，而是“正”由“心”及“物”所构成的自觉行为活动的“事”，即“训‘物’字为‘事’字，意之所着处为物，格是格其不正以归于正”，最终则“由无不正以底于忘其所谓正”②，表现出无限超越的情怀。因此，无论从本体引出工夫，抑或从工夫证入本体，都必须最大化地发挥人的主体性，从而更加积极主动地从事道德锻炼与伦理实践的各种活动。

但是，究竟应该如何从事道德锻炼与伦理实践活动呢？显然从潜藏在道德行为背后的动机世界入手，即深入“心源”，直入“意根”，从其发动至微之处“著力”，才有可能优入圣域，展示人性固有的光明。故诚意的工夫不可不讲，尤其是“以诚意为主去格物，格物即是择善”③，当然即为伦理生活与道德实践不可或缺的重要环节。而良知作为一种本体或德行之知，即使是一念至微升起之处有善有不善，均可凭借其灵昭明觉的功能而自知之，④不能不是“先天之功，却在后天上用”，而“先天是心，后天是意……良知是寂然之体，物是所感之用，意则是寂感所乘之机”⑤。“意”作为心体的起用或展开，无论是善是恶，良知必然能知之，诚如阳明所说：

---

① 王守仁：《传习录下》，《王阳明全集》卷三，吴光等编校，第119—120页。

② 邹元标：《告诸儒文》，《愿学集》卷七，文渊阁《四库全书》本。

③ 王守仁原著，施邦曜辑评：《阳明先生集要》，王晓昕、赵平略点校，第70页。

④ 阳明“四句教”：“无善无恶心之体，有善有恶意之动，知善知恶是良知，为善去恶是格物”（钱德洪：《年谱三》，王守仁：《王阳明全集》卷三十五，吴光等编校，第1307页），乃是对上述诸说的高度概括。具体分析可参见张新民：《哲思探微》，《阳明精粹》，张新民主编，第175—203页。

⑤ 王畿：《致知议辩》，《王畿集》卷六，吴震编校整理，第134页。

凡意念之发，吾心之良知无有不自知者。其善欤，惟吾心之良知自知之；其不善欤，亦惟吾心之良知自知之；是皆无所与于他人者也。……今欲别善恶以诚其意，惟在致其良知之所知焉尔。何则？意念之发，吾心之良知既知其为善矣，使其不能诚有以好之，而复背而去之，则是以善为恶，而自昧其知善之良知矣。意念之所发，吾之良知既知其为不善矣，使其不能诚有以恶之，而复蹈而为之，则是以恶为善，而自昧其知恶之良知矣。若是，则虽曰知之，犹不知也，意其可得而诚乎！今于良知之善恶者，无不诚好而诚恶之，则不自欺其良知而意可诚也已。①

正是因为良知“感触神应，有不言而喻之妙”②；“触机神应，是乃良知妙用，以顺万物之自然，而我无与焉”③，乃是儒家圣人至易至简之学，能够体现人人心体之同，因而阳明才将孟子的“良知”与《大学》的“致知”加以综合性的改造，同时也辅以自己深邃的生命体验和社会人心的观察，④ 创造性地提出了“致良知”的人生道德实践新路。所谓“致良知”之“致”，阳明解释说：“致者，至也。”“致”亦通“尽”或“极”，然“非若后儒充扩其知识之谓也，致吾心之良知焉耳”⑤，即将良知充量展开而又恰得和平中正之妙。聂豹说他“尝闻（阳明）先生之教”，因而总结阳明“致良知”之说云：“学本良知，致知为学。格物者，致知之功也。学致良知，万物皆备，神而明之，广矣，大矣。故曰：知皆扩而充之，足以保四海，无他，达之天下也。”所以，当“随事致此良知，使不至于昏蔽”，从而恢复良知的光明莹洁，实现其全体大用。“致”又可以解释为“行”。阳明尝称：“所谓致知格物者，致吾心之良知于事事物物也。吾心之良知，即所谓天理也。致吾心良知之天理于事事物物，则事事物物皆得其理矣。致吾心之良知者，致知也。事事物物皆得

① 王守仁：《大学问》，《王阳明全集》卷二十六，吴光等编校，第971—972页。
② 王守仁：《传习录中》，《王阳明全集》卷二，吴光等编校，第55页。
③ 王畿：《读先师再报海日翁吉安起兵书序》，《王畿集》卷十三，吴震编校整理，第343页。
④ 参见王守仁：《大学问》，《王阳明全集》卷二十六，吴光等编校，第971—972页。
⑤ 聂豹：《重刻传习录序》，《聂豹集》卷三，吴可为编校整理，第45页。

其理者，格物也。是合心与理而为一者也。”[①] 黄宗羲解释：“圣人教人只是一个行，如博学、审问、慎思、明辨皆是行也。笃行之者，行此数者不已是也。(阳明)先生致之于事物，致字即是行字，以救空空穷理，只在知上讨个分晓之非”；“夫以知识为知，则轻浮而不实，故必以力行为功夫。良知感应神速，无有等待，本心之明即知，不欺本心之明即行也，不得不言知行合一”。[②]

透过以上分析，已不难知道，“致良知”作为一种生命的实践活动，一方面要即用见体，不断化除一切私欲可能造成的良知昏蔽，让良知在无一丝一毫昏蔽的状态下自然地流行发用，从而彻底证入良知本体；一方面又要依体起用，将良知本体之用扩而充之以至无极，使天下万事万物无不呈现出价值意义，从而真正将良知之知转化为良知之行。这当然即为以本体与工夫不二为根本依据的“知行合一”之说。阳明岂不早就有言“知者行之始，行者知之成：圣学只一个功夫，知行不可分作两事”[③]；“知之真切笃实处即是行；行之明觉精察处即是知，知行工夫本不可离”[④]。“知”与“行”作为一种生命自觉活动的本体，显然只能是人人均有的天赋良知。“致良知”不过是致其本体之知或德行之知而行之。知行分裂即意味着私欲对良知的遮蔽，说明良知的流行发用受到了生命异化力量的阻挡，[⑤] 所以“致良知”永远都是最伟大的人性去蔽化改造工程，目的则是将人类带入生命价值最大化实现的终极至善境域。

---

① 王守仁：《传习录中》，《王阳明全集》卷二，吴光等编校，第45页。

② 黄宗羲：《文成王阳明先生守仁》，《明儒学案》卷十，沈芝盈点校，第178、181页。

③ 王守仁：《传习录上》，《王阳明全集》卷一，吴光等编校，第13页。

④ 王守仁：《传习录中》，《王阳明全集》卷二，吴光等编校，第42页。

⑤ 明儒黄淳耀认为：“圣贤论学，知行二者必不相离，离之不可以为学。近世王伯安拈出良知教人，盖以知透处行即在内，不知行不到者知亦不到。”（黄淳耀：《陶庵自监录》，《陶庵全集》卷十九，文渊阁《四库全书》本）虽于阳明之说略有发挥，然亦可见无论知或行，皆良知之知与行；“致良知”与“知行合一”，本来即相通契合，似当一并参阅。

四、良知教：人间道德拯救活动的展开与落实

前面已经提及，良知固然为人人先天所固有，但未必就不会受到个人私欲的遮蔽，从而产生各种背离人的天性或良知的丑恶异化现象。就日常生活而言，“良知良能，愚夫愚妇与圣人同，但惟圣人能致其良知，而愚夫愚妇不能致，此圣愚之所由分也”①。因此，阳明遂以“天日”与“浮云”为象征，隐喻良知（“天日”）可能受到私欲（“浮云”）遮蔽的三种情况：一是“圣人之知，如青天之日”，万里无云万里天，似可称为良知的“无蔽”存在状态；二是“贤人如浮云天日”，尽管阳光灿烂，仍有几丝浮云晃动，显然只能是良知的“半蔽”存在状态；三是“愚人如阴霾天日”，“天日”虽在，却阴霾密布，良知已处于“全蔽”的存在状态。但无论良知处于何种存在状态，受到遮蔽的程度有何等的差别，都只能说明良知的敞开有着显隐的不同，而决非意味着良知本体的亏损或消失。易言之，良知本体的流行发用尽管“昏明不同，其能辨黑白则一”，即使“昏黑夜里，亦影影见得黑白，就是日之余光未尽处”。如同“浮云”不能驱散“天日”，反而是“天日”可以驱散“浮云”一样，私欲也不能解构良知，反而是良知可以解构私欲。所以，良知的阳光只要在私欲的阴霾中透显出一点光亮，那就意味着生命尚有摆脱自我异化的希望，而“困学功夫，亦只从这点明处精察去耳！”②这显然即是阳明所说的“去人欲，存天理”③的工夫。人欲净尽，必是天理流行。而良知即天道天理，遮蔽良知阳光的私欲一旦扫尽，异化的非我的存在状态既已摆脱，生命的存在境域必然就会焕然一新，人就返回了最本源和最本真的自己。

与以“天日”喻良知类似，阳明又以“明镜”喻良知。良知如同“明镜”一样，亦有直观慧照的功能，然而难免不出现私欲和习气缠蔽的现象，时常会产生斑垢驳蚀的问题，必须痛下刮垢去污的工夫，重新恢复其明察照物的功能。只是具体到每一个人，情况又有很大的差异：“圣人之心如明镜，纤翳自无所容，自不消磨刮。若

---

① 王守仁:《传习录中》,《王阳明全集》卷二，吴光等编校，第49页。
② 王守仁:《传习录下》,《王阳明全集》卷三，吴光等编校，第111页。
③ 王守仁:《传习录下》,《王阳明全集》卷三，吴光等编校，第140页。

常人之心，如斑垢驳蚀之镜，须痛磨刮一番，尽去驳蚀，然后纤尘即见，才拂便去，亦不消费力。到此已是识得仁体矣。若驳蚀未去，其间固自有一点明处，尘埃之落，固亦见得，才拂便去。至于堆积于驳蚀之上，终弗之能见也。此学利困勉之所由异，幸勿以为难而疑之也。”[①] 驳蚀一旦磨刮净尽洁亮，即意味着良知朗照的功能得以彻底恢复。

严格地说，生活在世俗世界中的人，毕竟生而知之者少，学而知之或困而知之者多，诚如阳明所说：“困知勉行，学者之事也。”[②] 阳明门下的王艮甚至认为：“孔子虽天生圣人，亦必学《诗》，学《礼》，学《易》，逐段研磨，得明彻之至。”[③] 所谓“明彻”，在王门学者的思想语境中，当然便是天地之性发窍于人心的豁然了悟，同时更是心体的全然敞开或豁然朗照，亦即良知无遮无蔽的发用流行。因此，如果换一个角度，也可说“《六经》者，吾心之注脚也，心即道，道明则经不必用，经明则传复何益？经传，印证吾心而已”[④] 。从根本上讲，“良知在人，本无污坏。虽昏蔽之极，苟能一念自反，即得本心。譬之日月之明，偶为云雾之翳，谓之晦耳。云雾一开，明体即见，原未尝有所伤也”[⑤]。所以，“致良知”的工夫，即化除私欲障蔽，扫荡习气尘埃，消解翳晦云雾，恢复仁心本体，再现良知光明，实现生命价值意义的即本体即工夫的行为实践。如同一部《传习录》所示现的，阳明一方面以过来人的证悟经验，从本体开出各种方法，以接引来学者；一方面又针对来学者的气质根器，帮助其凭借方法证入本体。简单地加以概括，也可说是“随人立教，因病设方”[⑥]，各种各样方便手法的采用和展开，无非直入心性本体，唤醒沉沦中的真实自我，启发人性良知的自觉到场。故门下弟子王畿不无赞叹地说：“（阳明）先生英颖绝伦，解脱株局，顿悟本真，指良知以立教，揭日月于苍旻。”[⑦] 评价不可谓不高。阳明

---

① 陈荣捷：《传习录拾遗》，《王阳明传习录详注集评》，第413页。

② 王守仁：《传习录中》，《王阳明全集》卷二，吴光等编校，第43页。

③ 王艮：《语录》，《明儒王心斋先生遗集》卷一，《王心斋全集》，陈祝生等点校，江苏教育出版社2001年版，第8页。

④ 董燧：《年谱》，王艮：《明儒王心斋先生遗集》卷三，《王心斋全集》，陈祝生等点校，第70页。

⑤ 王畿：《致知议辩》，《王畿集》卷六，吴震编校整理，第134页。

⑥ 邹元标：《书阳明先生语略后》，《愿学集》卷八，文渊阁《四库全书》本。

⑦ 王畿：《祀阳明先生文》，《王畿集》卷十九，吴震编校整理，第567页。

自己也认为："'致良知'是学问大头脑，是圣人教人第一义。"①于是，与"良知"或"致良知"有关的各种施教活动，遂得以实践性地不断开展和成立，以致"阳明先生以致良知立教，天下士靡不翕然响风"②。以上均可见良知教影响涵盖范围之大，其实已构成晚明思想运动的一大重要内容。

"致良知"既为"圣人教人第一义"，而"致"又有"行"或实践之义，因此，如同本体的展开离不开现象一样，良知教的落实也难以脱离实践。与陆象山强调"先立乎其大者"③一样，阳明也指出"致良知"是"学问大头脑"。至于"良知教"之"教"，显然也非知识之教，闻见之教，世俗之教，分别智之教，而是本体之教，德性之教，超越之教，无分别智之教。阳明自己说得很清楚："良知不由见闻而有，而见闻莫非良知之用。故良知不滞于见闻，而亦不离于见闻"；如果"专求之见闻之末，则是失却头脑，而已落在第二义矣"。因此，钱德洪特别告诫说："始思，师门立教，良工苦心。盖其见道明彻之后，能不以其所悟示人，而为未悟者设法，故其高不至于凌虚，卑不至于执有，而人人善入。此师门之宗旨，所以未易与绎也。"④因而如果讨论阳明立教宗旨，大要仍不离"致良知"三字，但并非就意味着排斥知识，只是知识必须受到价值的规约。⑤借用阳明的表述，即："学问功夫只要主意头脑是当，若主意头脑专以致良知为事，则凡多闻多见，莫非致良知之功。"⑥

由此可见，良知教的根本落脚处，即在于将本体论的"良知"，转化为实践论的致良知，而"致良知"的实践过程，亦即高度发挥人的主体自觉精神，消解人心或多或少总是存在着的染污，变化

① 王守仁：《传习录中》，《王阳明全集》卷二，吴光等编校，第71页。

② 胡宗宪：《重刊阳明先生文录叙》，王守仁：《王阳明全集》卷四十一，吴光等编校，第1593页。

③ 黄宗羲原著，全祖望补修：《象山学案》，《宋元学案》卷五十八，陈金生、梁运华点校，第1884页。

④ 钱德洪：《续刻传习录序》，王守仁：《王阳明全集》卷四十一，吴光等编校，第1584页；钱德洪：《续刻传习录序》，《钱德洪语录诗文辑佚》，《徐爱 钱德洪 董沄集》，钱明编校整理，第181页。

⑤ 王畿尝发挥阳明良知说本意，分辨"良知"之"知"与"知识"之"知"的异同说："良知之与知识，差若毫厘，究实千里。同一知也，如是则为良，如是则为识；如是则为德性之知，如是则为见闻之知，不可以不早辨也。良知者，本心之明，不由学虑而得，先天之学也。知识则不能自信其心，未免假于多学亿中之助，而已入于后天矣。"（参见王畿：《致知议略》，《王畿集》卷六，吴震编校整理，第130页）

⑥ 王守仁：《传习录中》，《王阳明全集》卷二，吴光等编校，第71页。

生命气质，提升人格境界的过程。在阳明看来，“人心自有知识以来，已为习俗所染，今不教他在良知上实用为善去恶功夫，只去悬空想个本体，一切事为，俱不著实。此病痛不是小小，不可不早说破”[①]。阳明既以“致良知”立教，要人“实用为善去恶功夫”，终极目标则为成贤成圣，同时又有自己经历百死千难才获得的切身性“悟道”经验以作凭借，因而往往能看清来学者的人生真实病相，直透其心性根源展开各种积极有效的施教活动。所以，阳明特别告诫学人：“务要立个必为圣人之心，时时刻刻，须是一棒一条痕，一掴一掌血，方能听吾说话句句得力。若茫茫荡荡度日，譬如一块死肉，打也不知得痛痒，恐终不济事。回家只寻得旧时伎俩而已，岂不惜哉！”[②]这显然是要人脱胎换骨般改变生命存在的状况，当然就不能不针对其习气弱点或私欲病相，寻找契理契机的有效对治方法，即所谓“圣贤教人，如医用药，皆因病立方，酌其虚实、温凉、阴阳、内外而时时加减之，要在去病，初无定说。若拘执一方，鲜不杀人矣”[③]。所以，阳明的良知教似也可以称为良知治疗学，当为人类永远不能止息松懈的良知实践教化工程。[④]

与此同时，良知教在阳明看来，也是一种“下学上达”的生命实践指导。“下学上达”出于《论语・宪问》：“不怨天，不尤人，下学而上达。”二者究竟应该如何分判，阳明弟子王畿以为可以“有言”（可以言诠）、“无言”（超越言诠）来加以区别：“道必待言而传，夫子尝以无言为警矣。言者，所由以入道之诠，凡待言而传者，皆下学也。学者之于言也，犹之暗者之于烛，跛者之于杖也。有触发之义焉，有栽培之义焉，有印证之义焉，而其机则存乎心悟。不得于心而泥于言，非善于学者也。”[⑤]所谓“夫子尝以无言为警”，见《论语・阳货》：“子曰：‘予欲无言。’子贡曰：‘子如不言，则小子何述焉。”《论语・为政》则载：“子曰：‘吾与回言终日，不违，

① 钱德洪：《年谱三》，王守仁：《王阳明全集》卷三十五，吴光等编校，第1307页。
② 王守仁：《传习录下》，《王阳明全集》卷三，吴光等编校，第123页。
③ 徐爱：《〈传习录〉序》，《横山集》，《徐爱 钱德洪 董沄集》，钱明编校整理，第90页。
④ “良知治疗学”之概念，笔者于20世纪90年代末便已明确揭出，相关论述可参阅张新民：《般若智慧与禅道治疗学》，《国学论衡》2002年第1辑。
⑤ 王畿：《重刻阳明先生文录后序》，《王畿集》卷十三，吴震编校整理，第341页。

如愚。'"为何如此前后不一致呢？阳明早期弟子徐爱解释说："盖子贡专求圣人于言语之间，故孔子以无言警之，使之实体诸心，以求自得；颜子于孔子之言，默识心通无不在己，故与之言终日，若决江河而之海也。故孔子于子贡之无言不为少，于颜子之终日言不为多，各当其可而已。"[①]可见"下学"即良知教之言教，也可说是"道体"的言诠。但言诠本身不是"道"，只是诱人入道的工具，一旦言下触机感悟，证入心性本体，契入形上大道，则一切语言概念均挂搭不上，则只能称为良知无言之教，亦即所谓"上达"。不妨以阳明本人之诗为证："从来尼父欲无言，须信无言已跃然；悟到鸢鱼飞跃处，工夫原不在陈编。"[②]则良知教之开展，固然必须依靠言诠，但又不能拘泥于语言。而之所以必须依靠语言，则是"因人请问，各随分量而说，亦不肯多道，恐人专求之言语，故曰'予欲无言'"[③]。从根本上讲，"道无方体，不可执着。却拘滞于文义上求道，远矣"[④]，一旦"下学上达"证入形上本体，语言即为赘疣。否则徒在文字概念上打转，只是助长外驰病痛，便是玩弄光景，即违背了良知教本意。难怪王畿要特别追问：

> 我阳明先师倡明圣学，以良知之说觉天下，天下靡然从之：是虽入道之玄诠，亦下学事……吾党之从事于师说，其未得之也，果能有所触发否乎？其得之也，果能有所栽培否乎？其得而玩之也，果能有所印正否乎？得也者，非得之于言，得之于心也。契之于心，忘乎言者也，犹之烛之资乎明，杖之辅乎行，其机则存乎目与足，非外物所得而与也。若夫玩而忘之，从容默识，无所待而自中乎道，斯则无言之旨，上达之机。[⑤]

但是，"下学上达"在良知教系统中，毕竟是一体之两面，体

---

① 徐爱:《〈传习录〉序》,《横山集》,《徐爱 钱德洪 董沄集》，钱明编校整理，第90页。
② 王守仁:《次栾子仁韵送别四首》,《王阳明全集》卷二十，吴光等编校，第744页。
③ 王守仁:《传习录上》,《王阳明全集》卷一，吴光等编校，第9页。
④ 王守仁:《传习录上》,《王阳明全集》卷一，吴光等编校，第21页。
⑤ 王畿:《重刻阳明先生文录后序》,《王畿集》卷十三，吴震编校整理，第341页。

现本体与工夫的一致性，说明形上与形下的统一，根本就不能机械地切割，更不能人为地二分。阳明早年即有诗歌说：“器道不可离，二之即非性。孔圣欲无言，下学从泛应。”[①]器道不可离，体用不能分。而“下学学人事，上达达天理”[②]，人事中即有天理，天理亦非远离人事，下学上达本是一个工夫，又岂能二之乎？良知教固然要强调“上达”的工夫，不能不以“自得”的方式体认天道、天理、天德，必然在本体论上“无人己，无内外，一天地万物以为心”[③]。特别是“良知之在人心，亘万古，塞宇宙，而无不同”[④]，一旦以上达的工夫契入其中，必然，“有以全其万物一体之仁”[⑤]。但正如形上世界必然开显于形下世界一样，本体论的“万物一体之仁”也可转化为实践论的伦理行为，成为“事上磨练”的重要内在动因，开启了创造性的本真生活，为形下世界赋予了形上的意义。“下学”作为一种工夫系统，最重要者显然即为“明明德”而“亲民”而“至善”，最终则实现“家齐国治天下平”的“至善”人间社会理想，即所谓“至善也者，明德亲民之极则也”[⑥]。而良知即“明德”，“致良知”即“明明德”，“致知工夫在格物上用，犹云《大学》明德在亲民上用，离了亲民更无学也”[⑦]，则“致良知”必然内涵了亲民的实践活动。这显然是孟子“亲亲而仁民，仁民而爱物”[⑧]说的进一步发挥，虽为“下学”的“人事”活动，却有了“天地万物一体”的深刻形上哲理奠基，诚如阳明所说：“仁者以天地万物为一体，使有一物失所，便是吾仁有未尽处。”[⑨]不妨将其视为“上达”工夫落实于“下学”活动的实践化展开，当然更可说成是“下学”活动翻转为“上达”工夫的提升式超越。而无论“下学”或“上达”，均必须强调“以力行为工夫”，“本心之明即知，

① 王守仁：《阳明子之南也其友湛元明歌九章以赠崔子钟和之以五诗于是阳明子作八咏以答之》，《王阳明全集》卷十九，吴光等编校，第678页。
② 黄宗羲：《文清薛敬轩先生瑄》，《明儒学案》卷一，沈芝盈点校，第119页。
③ 王守仁：《重修山阴县学记》，《王阳明全集》卷七，吴光等编校，第257页。
④ 王守仁：《传习录中》，《王阳明全集》卷二，吴光等编校，第71页。
⑤ 王守仁：《传习录中》，《王阳明全集》卷二，吴光等编校，第54页。
⑥ 王守仁：《亲民堂记》，《王阳明全集》卷七，吴光等编校，第251页。
⑦ 王畿：《致知议辩》，《王畿集》卷六，吴震编校整理，第133页。
⑧ 焦循：《孟子正义》卷四十六，沈文倬点校，第949页。
⑨ 王守仁：《传习录上》，《王阳明全集》卷一，吴光等编校，第25页。

不欺本心之明即行也，不得不言‘知行合一’”[1]。则“知行合一”之说，无非要人“言行必顾，弗事空言如后世之失也”[2]，显然也可纳入良知教的范畴之内。

因此，从良知教的整体脉络看，似也可将其称为落实“万物一体之仁”的教化活动。在阳明看来，“天下之人心，其始亦非有异于圣人也，特其间于有我之私，隔于物欲之蔽，大者以小，通者以塞，人各有心，至有视其父子兄弟如仇雠者。圣人有忧之，是以推其天地万物一体之仁以教天下，使之皆有以克其私，去其蔽，以复其心体之同然”[3]。而开展良知教的目的，即是要人化去私欲，洞见本体，“由是以昧入者以明出，以塞入者以通出，以忧愤入者以自得出”[4]。因此，所谓“推其天地万物一体之仁以教天下”，本质上也是一场人间道德的自我拯救活动。因为与理想化的“唐、虞、三代之世，教者惟以此为教，而学者惟以此为学”相较，“三代之衰，王道熄而霸术猖；孔、孟既没，圣学晦而邪说横。教者不复以此为教，而学者不复以此为学”，以致转辗沿袭，“功利之毒沦浃于人之心髓，而习以成性也几千年矣”。“所幸天理之在人心，终有所不可泯，而良知之明，万古一日”。[5]比对古今，则可说“儒本经世，三代之学以明人伦为本，守仁见世之士风颓靡，上之事君亲，下之处夫妇以及朋友、长幼之间，皆不由诚心以失其道，故以此提撕之，欲人反本体察，切实用功而已”[6]。故良知教之揭出，乃在于恢复人心之同然，实现“万物一体之仁”，不仅将判断是非的标准从权力世界中剥离出来，交还给了作为主体的人必有的良知，而且说明心学运动本身即是一场道德危机拯救运动，拯救的纲领性旗帜即为“致良知”[7]。

---

① 黄宗羲：《文成王阳明先生守仁》，《明儒学案》卷十，沈芝盈点校，第181页。
② 黄绾：《明是非定赏罚疏》，《黄绾集》卷三十二，张宏敏编校，第627页。
③ 王守仁：《传习录中》，《王阳明全集》卷二，吴光等编校，第54页。
④ 钱德洪：《阳明先生年谱序》，王守仁：《王阳明全集》卷三十七，吴光等编校，第1357页。
⑤ 王守仁：《传习录中》，《王阳明全集》卷二，吴光等编校，第55—56页。
⑥ 黄绾：《明是非定赏罚疏》，《黄绾集》卷三十二，张宏敏编校，第627页。
⑦ 与阳明同时的黄绾，便明确在朝廷奏折中提出：“孔子尝读‘有物有则’之《诗》，而赞其为知道也。良知者，物则之谓也。”（黄绾：《明是非定赏罚疏》，《黄绾集》卷三十二，第626页）按孔子尝读云云，典出《孟子·告子上》：“《诗》曰：‘天生蒸民，有物有则，民之秉夷，好是懿德。’孔子曰：‘为此诗者，其知道乎？故有物必有则，民之秉夷也，故好是懿德。’”可证以良知为判断是非的标准，乃是多数心学人物的共识，代表了一个时代的社会思潮，目的则在于拯救社会日益突出的道德危机。

五、良知学：理论形态的升华与总结

阳明的良知之说，虽主要在晚年才明确揭出，即所谓“江右以来，始单提‘致良知’三字，直指本体，令学者言下有悟”[①]。但实际上，龙场大彻大悟之后，他所提出的一系列思想命题，尤其最为世人重视的“知行合一”之说，仍主要强调本体或德性之“知”与“行”的不可二分，无非是要以“知”“行”一体的方式来实现人的本真价值，依然不出他尚未点出的“良知”二字的涵盖范围。[②] 检读徐爱笔录的《传习录》初卷，均为南中所闻阳明之语，尽管通篇未见其提及“致良知”三字，但诚如阳明所说：“知是心之本体”，“心自然会知”，“心之良知更无障碍，得以充塞流行，便是致其知”。[③] 而“其云‘致’者何也？欲人必于此用力以去其习气之私，全其天理之真而已矣，所谓‘必慎其独’，所谓‘扩而充之’是也”[④]。足证“致良知”三字，实已暗含于其龙场悟道后的早期思想之中。诚如黄宗羲所说：“（致良知）三字之提，不始于江右明矣，但江右以后，以此为宗旨耳。”[⑤] 可证将良知说视为他一生思想的核心，当是有坚强可靠的事实根据的。

阳明一生，即在兵务倥偬之际，亦必乘隙接引学人，时常聚徒讲授。钱德洪称他：“平生冒天下之非诋推陷，万死一生，遑遑然不忘讲学，惟恐吾人不闻斯道，流于功利机智，以日堕于夷狄禽兽而不觉；其一体同物之心，譊譊终身，至于毙而后已，此孔、孟已来贤圣苦心，虽门人子弟未足以慰其情也。”[⑥] 可见他固然反对以知解说良知，以口耳辨异同，主张反身而诚，自证自得，在滁州时，甚至“多教学者静坐，要在存天理去人欲”[⑦]，构成教之“三变”中的重要一变，但毕竟一生讲学活动甚多，留给后人的文字文本亦不少，尽管少见严格的“比量”的逻辑推理和概念分析，不同于西方客观

① 钱德洪：《刻文录叙说》，王守仁：《王阳明全集》卷四十一，吴光等编校，第1574页。
② 参见陈荣捷：《传习录拾遗》，《王阳明传习录详注集评》，第396页。
③ 王守仁：《传习录上》，《王阳明全集》卷一，吴光等编校，第6页。
④ 黄绾：《明是非定赏罚疏》，《黄绾集》卷三十二，张宏敏编校，第626页。
⑤ 黄宗羲：《郎中徐横山先生爱》，《明儒学案》卷十一，沈芝盈点校，第221页。
⑥ 钱德洪：《钱德洪语录诗文辑佚》，《徐爱 钱德洪 董沄集》，钱明编校整理，第194页。
⑦ 黄宗羲：《宪使长胡庐山先生直》，《明儒学案》卷二十二，沈芝盈点校，第526页。

二元框架下的哲学致思取向及“遗忘了存在”的纯粹形上学，[①] 然也绝非缺乏关联的零碎片段的散论所能比况，实已构成了一定的以“现量”体认经验及思想言说为主的理论形态，代表了东方主客一体的直观体认智慧。一旦从知见肢解了的残缺世界重返与良知一体的本源性完整世界，看到良知作为本源之知先于一切知识或理性的先在性和根源性，便可从方法论上判断：无论生命成长或人格完善，固然需要见识，但更重要的是涵养，权衡比较二者，则可说“专涵养者，日见其不足，专识见者，日见其有余，日不足者，日有余矣，日有余者，日不足矣”[②]。与仅仅从闻见知识入手，“闻见日益，障道日深”的做法不同，[③] 涵养主敬的方法则“只求日减，不求日增。减得一分人欲，便是复得一分天理；何等轻快脱洒，何等简易”[④]。因而从根本上讲，阳明的良知说更重证默识深思，从容自得，显然为内省的生命的学问，而非外铄的知识的学问，采取的是与形上本体一致的方法论进路，未必就毫无理论层面上的建树。只是这一理论更多地强调从后天的人为的非本真的境域回归先天的自然的本真的境域，从人与万物对立的异化的世界回归本源的万物一本的理想世界，必然意味着生命气象的焕然一新，同时也更能转化为社会化的实践行为。因此，深入分析体会阳明大量的话语言说，最重要的仍是能进入他的阐释境域：一方面固然应该将其系统化、体系化而称为“良知说”，从而更好地总结以“良知”或“致良知”为立论宗旨的一整套心学理论；[⑤] 一方面也有必要关注凝固在文字中的真实生命跃动，将思想理论还原为鲜活的场景对话来加以考察。[⑥] 抽象的概念分析或逻辑推理未必一概不妥，但必须时时警惕和防范其对

---

① 传统中国特别是心学系统的形上与形下两个世界是不可分的，因而也可说是“道”（形而上者）“器”（形而下者）一体的，与西方完全脱离了形下世界，即（海德格尔语）“遗忘了存在”的纯粹形上学相较，诚可谓判若天壤，差别之大自不待言。

② 王守仁：《传习录上》，《王阳明全集》卷一，吴光等编校，第33页。

③ 陈荣捷：《传习录拾遗》，《王阳明传习录详注集评》，第414页。

④ 王守仁：《传习录上》，《王阳明全集》卷一，吴光等编校，第28页。

⑤ “（守仁）谪龙场，穷荒无书，日绎旧闻。忽悟格物致知，当自求诸心，不当求诸事物，喟然曰：‘道在是矣。’遂笃信不疑。其为教，专以致良知为主。谓宋周、程二子后，惟象山陆氏简易直捷，有以接孟氏之传。而朱子《集注》《或问》之类，乃中年未定之说。学者翕然从之，世遂有‘阳明学’云。”（张廷玉等：《王守仁传》，《明史》卷一百九十五，第5168页）则阳明良知之说，亦可径名为“阳明学”。而“阳明学”既可指阳明本人之学，更可指其学派之学。

⑥ 一部《传习录》便是阳明与学生的生动对话记录，不仅人的生命在对话场景中跃跃然涌动不已，即意义与价值也在其中交会云集，因而也可将良知说视为一种在场域中不断生成和展开的思想学说。

良知生成（流行发用）机制的遮蔽或限制。

良知说必须以本体论的良知为立论的根本，以确保其有一形而上的可靠来源与基础，从而在心性论和工夫论上“信得良知，只在良知上用工，虽千经万典，无不吻合，异端曲学，一勘尽破矣”①。因此，本体论必须与工夫打成一片，心性论也应与实践论贯通合一。也就是说，本体是有工夫的本体，工夫是合本体的工夫，心性是可以展开为实践的心性，实践是与心性一体的实践。本体与工夫不可二分，心性与实践不能两离。无论本体论与工夫论，心性论与实践论，都是良知学说得以成立的根本，构成了不可或缺的理论脉络环节。至于以良知说展开方法多样的教化活动，即所谓“人品不齐，圣贤亦因材成就”②，亦揭示了阳明思想发展及学问取向的大端，当视为良知理论在教学方法上的灵活运用，也开启了良知启发实践活动的生命新境域。因此，立教或施教者固然不能不有所言说，但从阳明的心学思想视域看，则所言必本于自己的亲身实践，契合来学者的存在状况，当然就充满了场景性的交谈理趣，表现出真实生命到场的活泼生气，展示出人格敞露的特殊魅力，实大得契理契机的妙谛真义。这显然是一种相互主体性交流与对话才能产生的“活”的理论，是从心性自然流淌出来的真实思想言说，同样涵盖了本体论与工夫论，不能离开心性论和实践论，均应纳入良知理论的整体框架范围。简单地加以归纳，则可说良知、致良知、良知教、良知说四位一体，共同形成了阳明良知理论的完整体系，目的则在于积极主动地投入道德实践的生活场域，自觉地践履或发挥德性生命具足的一切潜质，解构一切与人的真实存在对立的异化力量，实现人生应当肩负的一切伦理责任，建构立足于现实实践活动的价值世界。具见良知、致良知、良知教、良知说四位一体，构成了密不可分的理论脉络关系。其中最吃紧者、最根本者，当为以本体论的“良知”为核心，以工夫论的“致良知”，不仅要在本体论上先立乎大，更要在实践论上真用得力。即使阳明早年倡导较多的“知行合一”说，也主要是强调德性之“知”与德性之“行”的合一，二者一旦脱节即意味着本真心性受到了遮蔽，完全应当纳入“致

① 钱德洪：《〈传习录〉中跋》，《钱德洪语录诗文辑佚》，《徐爱 钱德洪 董沄集》，钱明编校整理，第195页。

② 王守仁：《寄希渊二》，《王阳明全集》卷四，吴光等编校，第158页。

良知”的整体脉络中来加以考察分析。[①] 而“致”之一字，在阳明看来最为吃紧，我们甚至可以将他的一整套良知学说，也概括为生命行动的哲学。[②] 质言之，“致良知”既高度肯定了人的主体自觉精神的重要，也充分凸显了人的道德实践活动的必要，说明人性固有的超越性仍必须透过具体的生活实践才能实现，当然就不能不以体用一源的“力行”活动为入手工夫，[③] 不妨称其为实践的良知学或良知的实践学。一旦抽离了良知本体及其实践化的言说向度，阳明四重结构的完整良知学说便会顷刻解体，由“知行合一”说统合起来的整体价值世界也会瞬间颠覆，可见“致良知”三字实为其一生立论的根本要旨。[④]

当然，工夫论的“致良知”，作为人类社会必不可少的道德实践活动，仍以本体论的良知为基本前提，本身即是一种体即用的主体自觉行为。从体用不二的存在关系看，“体即良知之体，用即良知之用，宁复有超然于体用之外者乎”[⑤]。一方面良知在本体上必然是寂然不动，是未发之中，是廓然大公；另一方面良知在起用上又自然是感而遂通，是发而中节，是物来顺应。“体与用本不二而究有分，虽分而仍不二。”[⑥] 易言之，“人之本体常常是寂然不动的，常常是感而遂通的，未应不是先，已应不是后”[⑦]。形上之体既不可分先后，当然在形下之用上亦不能别内外。[⑧] 因此，“寂非内而感而

---

① 例如能知道自己的过错的，只能是主体的人的“良知”自觉，属于自明意识的范畴，当称为“知”；能主动改正自己的过错的，必然为主体人的“致良知”活动，属于自觉行为的范畴，当称为“行”。二者既是“良知”与“致良知”的统一，当然也可用“知行合一”来加以概括。因此，“致良知”之“致”字，实际即有“知”“行”一体的内在含义，其所要强调的，正是人在生活场域中的实践维度。

② 张新民：《生命行动的哲学——论王阳明的知行合一说》，《贵州师范大学学报（社会科学版）》1997年第2期。

③ 黄宗羲曾解释阳明“致知格物之训”与朱子的不同，认为“以知识为知，则轻浮而不实，故必以力行为功夫……不得不言‘知行合一’”（黄宗羲：《文成王阳明先生守仁》，《明儒学案》卷十，沈芝盈点校，第181页），可见无论“致良知”或“知行合一”，均必须以“力行”为根本落脚之处。

④ 贺麟曾在《知行合一新论》中指出，阳明“知行合一”说中的“知行”，乃是“纯属于德行和涵养心性的知行”，当为“直觉的价值的知行合一观”。（贺麟：《知行合一新论》，《贺麟选集》，张学智编，吉林人民出版社2005年版，第372—393页）因此，知行一旦脱节，必然引发价值上的危机。

⑤ 王守仁：《答陆原静书》，《王阳明全集》卷二，吴光等编校，第63页。

⑥ 熊十力：《论体与用》，郭齐勇编：《现代新儒学的根基——熊十力儒学论著辑要》，第210页。

⑦ 王守仁：《传习录下》，《王阳明全集》卷三，吴光等编校，第122页。

⑧ 王阳明曾说：“人必要说心有内外，原不曾实见心体。我今说无内外，尚恐学者流在有内外上去。若说有内外，则内外益判矣。况心无内外，亦不自我说。明道《定性书》有云：‘且以性为随物于外，则当其在外时，何者为在内？’此一条最痛快。”（参见陈荣捷：《传习录拾遗》，《王阳明传习录详注集评》，第401页）

非外”[①]，不仅超越时间与空间，而且先、后、内、外本为一体；只有既不务内又不遗外，才能得其整体大全，展现其全幅大用。尤要者，良知作为主体的人的存在本源，总是在沉默中发出巨大的声响，彰显出道德律令的庄严崇高，所以也可用叩钟来做隐喻：“未扣时原是惊天动地，既扣时也只是寂天寞地。”[②]无论寂然不动或感而遂通，都只能是良知存在的一体两面，即所谓“体用一源也，知体之所以为用，则知用之所以为体者矣”[③]。既不能离用觅体，也不可离体觅用。这已足以展示中国人的形上思维特征，目的仍是为人的生命实践活动寻找终极根据，尽管主要依靠实存主体的直觉体认体验立论，但未尝就无严格意义上的理论建树和发明。

六、成人之学：良知学说的时代化指向

以上分别讨论了良知本体、致良知、良知教、良知说，它们相互之间可说是四位一体，一体四位，反映了阳明思想言说展开过程的不同路向，构成了难以分割的结构性完整理论整体。从根本上讲，良知说乃是与人的存在密切相关的学问，如果追问其终极价值诉求，则必然以步入“圣境”（成圣）为根本目的，显然也是传统儒家“成人”之学的再发展。“成圣”的本体论依据究竟是什么？检读《年谱》即不难知道，阳明乃是经历了学之“三变”，饱受各种难以想象的人生磨难，才透过龙场脱胎换骨般的大彻大悟，找到了终极性的生命答案，建立起以良知为本体的一整套学问体系的。也就是说，龙场悟道之后，他所提出的“心外无理”“知行合一”“致良知”等一系列颇有哲理义涵的命题，[④]均可看成在为成圣的终极目标寻找理论根据与实践方法，亦都可以纳入良知学说的整体理路框架。而无论千说万说，无非要人返观心性本源，当下自证自悟“成圣”的本体论依据，从而化去习气私欲的捆绑束缚，开启良知无碍流行的生命新境域。因此，他的一整套思想学说也整合了心性论与目的论，打通了本体论与工夫论，拓宽了传统儒家“成人”之学的实践路径，

① 王畿：《致知议辩》，《王畿集》卷六，吴震编校整理，第134页。
② 王守仁：《传习录下》，《王阳明全集》卷三，吴光等编校，第115页。
③ 王守仁：《答汪石潭内翰》，《王阳明全集》卷四，吴光等编校，第146页。
④ 参见张新民：《哲思探微》，《阳明精粹》，张新民主编，第97—174页。

揭示了人生发展应有的价值理想方向。而“圣学”之所以又可称为“心学”[①]，“心学”最大化地突出了实践的维度，则是因为“世之学者，蔽于见闻习染，莫知天理之在吾心，而无假于外也”[②]，不仅遗忘了实存主体步入圣域本来即有的形上本体论，而且忽视了人生修养不可或缺的反观内省方法，所以必然在工夫论上开出多种多样的方法手段，要人在生活的实践中真正树立起自己的主体人格精神。[③]具见良知说一头植根于原初本源的真实心性，不能不说是有源头活水滋养的生命体认之学，一头则敞开了“成圣”的未来可能，明显是有着终极目的指向的人文理性之学。

值得注意的是，阳明特别强调：“良知之在人心，无间于圣愚，天下古今之所同也。”[④]尽管人的后天境界德行存在着或高或下的差别，但先天本有的良知则绝无任何不同。因此，以天赋良知无人不具，无人不同为基本逻辑前提，必然可以推出一系列其他思想命题：良知面前人人平等，道德面前人人平等，人格面前人人平等，价值面前人人平等。[⑤]平等的形上本体来源，即在于人均有之的天赋良知。如果说天赋人性平等，乃是孟子以来的儒家一贯坚持的思想，[⑥]那么阳明则进一步将其发展成了天赋良知平等学说。天赋良知乃是无人不具的生命资质，绝非任何个人可以独占的特权，必然就意味着每一个体的存在都自有其价值与意义，每一生命的展开都自有其神圣和尊严，人人都有“成圣”的可能，人人都有维护自身存在价值的权利。[⑦]而“致良知”——良知本体展开其全幅大用——的可能性，一旦转化为活生

---

① 阳明曾明白指出：“圣人之学，心学也。”（王守仁：《象山文集序》，《王阳明全集》卷七，吴光等编校，第245页）

② 王守仁：《祭国子助教薛尚哲文》，《王阳明全集》卷二十五，吴光等编校，第958页。

③ 阳明有诗云：“个个人心有仲尼，自将闻见苦遮迷；而今指与真头面，只是良知更莫疑。”（王守仁：《咏良知四首示诸生》，《王阳明全集》卷二十，吴光等编校，第790页）可证无论何种工夫，目的都是要证到“真头面”。

④ 王守仁：《传习录中》，《王阳明全集》卷二，吴光等编校，第79页。

⑤ 由“天赋良知平等”理论脉络延伸出来的一系列“平等”，当然最后也可推论至“天赋人权平等”，而与西方文艺复兴与启蒙时代兴起的人权思想，特别是其中最核心的人应得到与其尊严相称的对待的理念，不仅不矛盾冲突，反而相互兼容。限于题域主旨，只能点到而止。

⑥ 张新民：《视野交融下的哲学、宗教与科学——答香港城市大学邝振权教授问》，《阳明学刊》2009年第4辑。

⑦ 阳明曾明确指出：“今日所讲良知之说，乃真是圣学之的传，但从此学圣人，却无有不至者。”（王守仁：《寄安福诸同志》，《王阳明全集》卷六，吴光等编校，第223页）圣人可学而至的本体论依据，即为人人均有的天赋良知，因而他的良知学说，也可称为学圣之学。

生的具体现实工夫，即意味着迈向终极理想的“圣境”的生命活动，开始踏上了社会化和生活化的长途实践路程。“成圣”的终极目标不仅不会丧失或遗忘良知的本源性，反而不断地丰富和扩充着良知的本源性，而本源性的良知的不断丰富和扩充，当然也象征着“成圣”终极目标的渐趋接近或达致。以阳明“成圣”之学衡量整个儒学发展史，则可说“汉以来儒者，几以圣人天纵，不可学而能。自宋以来，学者皆知圣人可学而至，其功岂不伟哉！”[①]其中尤宜注意者，即明代倡导心学最力的白沙（献章）、阳明二人，他们一前一后，敞开了人人可以“成圣”的大门。例如黄宗羲便明白指出：“有明儒者，不失其矩矱者亦多有之，而作圣之功，至（白沙）先生而始明，至文成而始大，向使先生与文成不作，则濂、洛之精蕴，同之者固推见其至隐，异之者亦疏通其流别，未能如今日也。”[②]而阳明一生用力阐发的良知学说，更有鉴于“人之良知一也，而领悟不能以皆齐。有言下即能了悟者矣；有良知虽明，不能无间，必有待于修治之功者矣；有修治之功百倍于人，而后其知始彻者矣”，遂“不语之以其所悟，而惟视其所入，如大匠之作室然，规矩虽一，而因物曲成，故中材上下，皆可与入道”[③]。如同良知需要透过“成圣”的可能性来显现自身，因而总是以朝向终极目标的方式来预示其结果一样，“成圣”的可能性也需要凭借良知的显现来实现自身，所以必须以回溯本源的方式来寻找其动因。良知的本源性与“成圣”的终极性，二者同样构成了一体两面的密契关系，不仅丰富了体用一源的学理依据，同时也揭示了实践的目的论发展方向。良知的本源性既然为一切人所固有，“成圣”的终极目标当然就会向一切人敞开。通达良知的原初性本源，即是迈向“成圣”的终极性目标。因此，完全可以毫无夸张地断言：“自姚江（阳明）指点出良知人人现在，一返观而自得，便人人有个作圣之路，故无姚江，则古来之学脉绝矣。”[④]

良知作为有体有用、生息不已的原初形上本体，透过人的自觉意识与文化行为，必然会与现实社会发生存在论意义上的关联；而良知

① 蒙文通：《儒家哲学思想之发展》，《儒学五论》，广西师范大学出版社2007年版，第28页。
② 黄宗羲：《文恭陈白沙先生献章》，《明儒学案》卷五，沈芝盈点校，第80页。
③ 钱德洪：《续刻传习录序》，王守仁：《王阳明全集》卷四十一，吴光等编校，第1584页；钱德洪：《续刻传习录序》，《钱德洪语录诗文辑佚》，《徐爱 钱德洪 董沄集》，钱明编校整理，第180页。
④ 黄宗羲：《姚江学案》，《明儒学案》卷十，沈芝盈点校，第178页。

学说亦表现出尽“人道”以合“天道”的致思特征，最终则要打通形上与形下两个世界，将人人生命本有的良知活化为历史文化的重要建构资源。阳明曾明确指出：“致吾心良知之天理于事事物物，则事事物物皆得其理矣”[①]；我们也可进一步发挥说，将吾心良知之价值与意义投射于事事物物，则事事物物皆有价值与意义矣。正是透过良知最本源性的即体即用的“感应”活动，人才建立起了主观的“心”与客观的“物”的实质性关联，形成了人跟世界道义而非功利性的价值连接，产生了与人的存在及其行为相关的即“心”即“物”——主客互渗——复杂万千的“事”，证明了由“正物”或“正事”回溯到行为本源的“正心”活动的重要。良知是能够流行发用的“活”的本体，必然就能透过感应成就人类社会生活的各种“事”，不能感应成“事”则必然难以称其为良知，亦难以构成真正的人类社会生活。“事”是人与世界打交道的必然结果，缺少了良知即存有即活动的精神感妙应与自觉参与，离开了“事”的生成发展及推移变化，不仅道德的世界无从安立，即知识的世界亦难以产生，生命的活泼创进力量从此归于枯萎，人生应有的价值意义则会随之消遁，世界只能一片混沌和黑暗。具见良知乃是超越的先验的本源性存在，但又总是以具体的经验的流行发用的方式显现着自身，因而也可说良知是显现的存在，能够转化行为现象的存在，是先于一切“事”但又不离于一切“事”的存在，是有体有用“必有事焉”的存在。[②]所谓“事”，不仅指道德形上意义的伦理生活，同时也可广涉一切人文社会活动。依据良知本体我们既可解构一切伤害人性尊严的异化制度，也可建构一切维护人性尊严的合理制度。良知的参与始终都是人类社会生活健康发展的重要前提。或许正是以阳明的良知学说为重新思考的出发点，我们才能更好地挖掘古典文明思想理论宝库中的优质资源。

“良知”与“致良知”既然如此重要，是否可以取代其他伦理实践的各种德目呢？早在明代，吕柟（泾野）便不无质疑地指出，良知说乃是“浑沦的说话”，因而他特别强调：“圣人教人，或因人病

① 王守仁：《传习录中》，《王阳明全集》卷二，吴光等编校，第45页。

②《孟子·公孙丑上》强调：“必有事焉而勿正，心勿忘勿助长也。”阳明则进一步发挥说：“夫‘必有事焉’，只是‘集义’。‘集义’只是‘致良知’。说‘集义’则一时未见头脑，说‘致良知’即当下便有实地步可用功。”（王守仁：《传习录中》，《王阳明全集》卷二，吴光等编校，第83页）文中之引文本此。

处说，或因人不足处说，或因人学术有偏处说，未尝执定一言。”[①] 然而揆诸实际，与天道、天理、天德相通的良知，在阳明那里，固然是现实人伦社会一切道德的形上本体根据，可称为众德之总目；内涵超越精神和本体意义的良知之说，显然也为形下世界制度化的“礼”提供了终极义理基础，可视为“浑沦的说话”。但并非就意味着良知不可以在具体的生活场域中开出多种多样的道德节目，更不能否定阳明深挖人的习气病源所展开的方法多样的施教活动。良知作为道德伦理行为存在的存在论基础，阳明早已说得十分清楚：“良知只是个是非之心，是非只是个好恶，只好恶就尽了是非，只是非就尽了万事万变。”[②] 良知不仅是理性凝聚于人性的开显处，具有知“是”知“非”的天然理性判断能力；而且是情感栖息于心灵的发动地，具有能“好”能“恶”的天然情感表达向度。至于所谓“尽了万事万变”，即是说良知作为人人天然本有的德性之知，尽管只是个体内在心理与外部世界接触而必有的“是”与“非”一类的道德判断或行为抉择，代表了人的理性能力；但“是”与“非”却植根于更深层的“好”与“恶”一类的道德情感之中，确保了情感的发而中节。因而反过来，也可说“本心之好恶，即所以为受是辞非之准，而性善之源也”[③]。先天固有的本真好恶情感，当然也是孰是孰非理性判断的重要来源依据，二者都为良知所统摄，是心体展开活动的一体两面。缺少了本源良知的真实到场，人类的任何道德实践活动，包括一切伦理行为，都意味着脱离了人性的来源基础，难免不变得伪善虚假。[④] 正因为如此，阳明才特别指出：“良知之于节目时变，犹规矩尺度之于方圆长短也。节目时变之不可预定，犹方圆长短之不可胜穷也。”[⑤] 良知作为一种可以灵活应变的价值尺度，当然能够活化为多种多样真正的道德行为；而真正的道德行为尽管多种多样，也必然不会背离良知的价值尺度。道德行为之所以可以灵活多样，乃是因为必须与具体的伦理处境和伦理身份相应。但如果

---

① 黄宗羲：《吕泾野先生语录》，《明儒学案》卷八，沈芝盈点校，第145页。

② 王守仁：《传习录下》，《王阳明全集》卷三，吴光等编校，第111页。

③ 蒙文通：《儒家哲学思想之发展》，《儒学五论》，第31页。

④ 张新民：《良知·内省·自律——中国传统道德精神与现代人格三题》，《贵州社会科学》1995年第6期。

⑤ 王守仁：《传习录中》，《王阳明全集》卷二，吴光等编校，第50页。

进一步追究主体道德行为的内在动机，则不能不溯源至人的更深层的心性世界。而一旦进入人的心性世界，则不难发现，无论植根于良知的原初道德理性，抑或来源于心灵的天然价值情感，都是道德行为产生的必要前提条件，当然就意味着生命存在自有其庄严和崇高。一般说来，缺少理性的道德情感往往是盲目的，丢失了情感的道德理性必然是冰冷的，二者恰到好处地互融互渗，合为完整有机的一体，才确保了道德行为的正确适宜，构成了永不枯竭的实践动力活泉。是非（理性）与好恶（情感）作为良知一体两面的起用功能，恰好表征了情理交融的内在心性结构，必然能够外化为复杂多样的社会道德行为，显现为形形色色的伦理生活现象。

七、良知阳光的朗照：人类社会生活的合理安顿

良知说体用兼顾，可以开出一套工夫系统，因而本质上也是一种动态的道德行为说，活的伦理现象学。依据良知本体固有的道德理性原则和道德情感原则，人们无论面对何种不同的伦理处境，针对何种特定的人际关系，有着何种特殊的伦理身份，都可以发出与之相应的道德律令判断，做出与之相应的道德行为抉择。阳明所谓："见父自然知孝，见兄自然知弟，见孺子入井自然知恻隐。"[①] 其所表现出来的正是遇境触机而发的最自然、最本真的道德情感及伦理行为，是随时都可见诸生活的经验世界的极好例证。良知天然本具的"感应"生成发动机制，必然能够针对各种可能性的境域，做出本真性的道德行为选择，于是主体动机意向世界的主观可能性，就转化成为外部行为世界的客观具体性，实际即以"知行合一"的生命自觉活动方式，成就了只有人才具有的价值与意义的世界。价值与意义的世界的建立，不可能脱离"知行合一"的存在方式；"知行合一"的存在方式一旦解体，即意味着价值意义世界的轰然坍塌 。[②] 因为无论价值或意义的产生，都离不开主体的人的自觉行为；而主体的人的自觉行为，本质上即是社会生活行为。生活世界不可能不有价值意义，当

① 王守仁：《传习录上》，《王阳明全集》卷一，吴光等编校，第6页。
② 参见张新民：《生命行动的哲学——论王阳明的知行合一说》，《贵州师范大学学报（社会科学版）》1997年第2期。

然就意味着有人的自觉行为的参与。与外部世界道德行为千差万别的对象相应，社会性道德行为的名目也是繁复多样的。但如果由外而内追溯其心性发动的根源，则无不本于人人均有的天则良知，即所谓“只致良知，虽千经万典，异端曲学，如执权衡，天下轻重莫逃焉”[①]。正因为如此，孟子才说：“人能充无欲害人之心，而仁不可胜用也；人能充无穿窬之心，而义不可胜用也。”[②]阳明则进一步发挥说：“若良知之发，更无私意障碍，即所谓充其恻隐之心，而仁不可胜用矣。”[③]“善恶”与“是非”，不过是一事之两端。良知天然固有的知“是”知“非”与能“好”能“恶”的能力，作为一种内在生命既深沉又本真的价值感，既能活化为世俗世间一切道德行为，又能统摄世俗世间一切伦理现象。离开了现实人伦社会的各种道德行为与伦理现象，即存在即活动的良知便无从显现自身。内在超越界的良知与外在社会化的道德行为的不可二分，实际也是良知形上本体与良知行为现象的一体不二，前者只能是“浑沦的说话”，当然是“一”，是“不变”，是纯粹的规范形式，后者则当“区分地讲”，必然是“多”，是“变”，是生动的具体内容。“一”与“多”相辅相成，“不变”与“变”，互为一体，纯粹的规范形式与生动的具体内容融浃无间，恰好构成了有趣的辩证统一关系，反映了良知本体即内即外的特点，打通了心性形式与社会实践内容的关系，当已具备了深刻的形上哲学的一般特征，反映了良知学说即体即用的“活”的理论言说向度。

良知作为根源性的本体存在，显然充满了活泼的创造生机，能展开、显现并活化为人的各种具体实践行为，进而开拓、创造或转化出各种人生社会发展的可能性境域。因此，沿着良知学说的内在理路向前延伸，也可说良知的流行发用过程，本质上即为社会化或客观化的过程。正是在不断社会化或客观化的过程中，良知才走上了所谓“事上磨练”即实践化的道路，具有了“事”的道德或伦理的生动具体内容，最终透过人类社会的实践而获得了必要的历史性。良知的历史性实践所成就的，不仅是个体修身——生命价值的

① 钱德洪:《五经臆说十三条》,《王阳明全集》卷二十六，吴光等编校，第976页；钱德洪:《〈五经臆说十三条〉序》,《钱德洪语录诗文辑佚》,《徐爱 钱德洪 董沄集》，钱明编校整理，第200页。
② 焦循:《孟子正义》卷二十九，沈文倬点校，第1007页。
③ 王守仁:《传习录上》,《王阳明全集》卷一，吴光等编校，第6页。

实现与圆融境界的臻至——的至善人格生命，开出人生“成德”的价值发展方向；更重要的是要助成秩序化的伦理世界，达致天下太平——生民得福和天下有治——的未来理想目标。表面仍不出“内圣外王”的致思框架，[①] 但由于“良知”与“致良知”学说既讲本体又讲实践，能够达天德而贯人伦，不但联结了内（主）、外（客）两个世界，提供了本真存在的形上来源和实践基础，具足道德行为应有的超越性、终极性、本质性及原则性，而且统合了普遍的德性原则与灵活的伦理行为原则，突出了主体的人应有的独立性、自主性、实质性及自律性，兼顾了生活经验中可能出现的特定性、条件性、相对性及变易性，因而更具有哲理的圆融性与话语的说服性，同时也闪烁着新的时代变化特征，充满了新的生命创进气息，足以代表儒家道德形上学发展的又一理论高峰。

阳明的良知思想，作为一个旁通统贯的整体，尽管在工夫论上显得极为简易直捷，但仍涉及人与天地万物多方面的问题，反映他的学说尚有精微细密的另一面相，决非“浑沦的说话”一语所能简单概括。例如：在阳明看来，人的存在乃“身心意知物是一件”的完整存在，即使外在于人的所谓“物”，也必须与人的意向性活动发生关联，才能敞亮或显现自身。“身心意知物”一旦解体割裂，不仅意味着完整的人的存在的解体割裂，而且象征着人与世界的联系的解体割裂，价值交流的广大和谐系统必然就会遭到破坏。但是，“身心意知物”之所以能合为一个整体，乃是因为其既能各司其用，又能相互配合为一个和谐的功能系统。如阳明所说：“耳、目、口、鼻、四肢，身也，非心安能视、听、言、动？心欲视、听、言、动，无耳、目、口、鼻、四肢亦不能，故无心则无身，无身则无心。但指其充塞处言之谓之身，指其主宰处言之谓之心，指心之发动处谓之意，指意之灵明处谓之知，指意之涉着处谓之物：只是一件。”[②] 可见阳明是仔细分辨了“身心意知物”各自存在的功能作用，然后看到其互为条件的密切配合，并建立起人与天地万物普遍联系的观点[③]——“仁者以天

---

① “内圣外王”本出《庄子·天下篇》，然亦反映儒家明体达用之学，揭示出其修己安人宏意，遂为宋明理学家所乐道。（可参见牟宗三：《心体与性体》，上海古籍出版社2007年版，第4页）

② 王守仁：《传习录下》，《王阳明全集》卷三，吴光等编校，第90—91页。

③ 墨子刻：《王阳明关于普遍联系的主张》，《名家今论》，《阳明精粹》，张新民主编，第133—139页。

地万物为一体”——确立了人的奋勉不已的生命创造精神与宇宙天地生息不已的化育力量在终极根源上浃然一体的哲学立场，同时强调一切价值都可统合于人的本真存在及其生活实践行为，必须展示出高明博厚、充实饱满的人格生命，才建立起他的以“良知”及“致良知”为基本架构的一整套心学思想的。

“心”的活动至为精微细密，在阳明的良知思想系统中，占有较多话语言说地位者，即为心体起用后必然产生的“意”的活动现象。“意”与身、心、物的关系，或者说其在“交养互发、内外本末，一以贯之”[①]的整体生命结构中的作用，可概括为：“心者身之主，意者心之发，知者意之体，物者意之用。”[②]因此，阳明除强调“致良知”的实践活动外，也极为重视“诚意”的下手工夫，认为“《大学》之要，诚意而已矣。诚意之功，格物而已矣。诚意之极，止至善而已矣。止至善之则，致知而已矣”[③]。因此，“《大学》诚意一关是学问立命灵符”[④]，其工夫必达于“至善”，方可称为圆融究竟。而一旦工夫臻至“至善”的终极处，则必然显发为良知睿见的朗然澈照，所以“诚意”与“致知”，亦为心性一体两面之工夫，即所谓“知止之功，诚意而已矣。知者，意之体；意者，知之所发也；知之所发，莫非物也”[⑤]。无论“诚意”或“致知”，最终都要透过人的意向性实践活动，涉及“物”的广袤存在世界。后来的学者如刘宗周，甚至认为“良知原有依据，依据处即是意，故提起诚意用致知工夫，庶几所知不至荡而无归”[⑥]。可见阳明倡导“致良知”，并非就意味着可以放弃“诚意”的工夫，而“意未有悬空的，必着事物，故欲诚意则随意所在某事而格之，去其人欲而归于天理，则良知之在此事者无蔽而得致矣，此便是诚意的工夫”[⑦]。《大学》极为重要的“格物”说，实际即“格其心之物也，格其意之物也，格其知之物也”[⑧]。心、意、知、物四者，依然是一个相互联系的和谐整体。

---

① 王守仁:《传习录中》,《王阳明全集》卷二，吴光等编校，第41页。
② 王守仁:《大学古本傍释》,《王阳明全集》卷三十二，吴光等编校，第1193页。
③ 王守仁:《大学古本序》,《王阳明全集》卷七，吴光等编校，第242—243页。
④ 刘宗周:《语录·问答》,《刘宗周全集》(第2册)，吴光主编，第347页。
⑤ 聂豹:《重刻大学古本序》,《聂豹集》卷三，吴可为编校整理，第48页。
⑥ 刘宗周:《语录·问答》,《刘宗周全集》(第2册)，吴光主编，第348页。
⑦ 王守仁:《传习录下》,《王阳明全集》卷三，吴光等编校，第96页。
⑧ 王守仁:《传习录中》,《王阳明全集》卷二，吴光等编校，第76页。

阳明所要做的理论工作，仍是要打通人与世界可能产生的一切隔阂，不仅心、意、知、物本来即为互摄互涵的统一结构，即人与天地万物也构成了不可分割的价值整体，最终则以“至善”为人类安身立命的归宿。

由此可见，阳明的良知学说——尤其有关良知当体起用的睿见卓识——已将《大学》的诚意、正心、致知、格物等一系列工夫系统统合为一个足可安顿人的精神生命的广袤生活实践场域。人与天地万物亦在理事圆融无碍的世界中，构成了同一流行的一体化价值秩序整体。概括言之，即：“天地万物，俱在我良知的发用流行中，何尝又有一物超于良知之外，能作得障碍？”①而在良知阳光的照耀下，世俗世间的一切价值及与之相应的社会秩序，“如曰好恶，曰忿懥恐惧、好乐忧惧、好乐忧患，曰亲爱、贱恶、畏敬、哀矜、傲惰，曰孝、弟、慈，曰老老、长长、恤孤，曰理财、用人、絜矩与不能絜矩之类”，均以明体达用的方式获得了合理的安顿，人类社会则日趋于和谐美好。如果追溯其根本原因，则可说以良知为本体依据的社会生活实践，必然能够做到“不过于物，好恶之必自慊也。忿懥恐惧，好乐，忧患之得其正也，亲爱、贱恶、畏敬、哀矜、傲惰之协于则也，孝弟慈之成教于国也。老老、长长、幼幼，推而至于理财用人、絜矩以通天下之情也”②。而亲民爱物等一切社会实践活动，亦无不以良知的发用流行为根本前提，遂能躬行践履，创进不已，生生不已，必以止于至善为归宿。良知之说要真正实现其全体大用，则心性与政治、教化与秩序、价值与存在，均必须无遗无漏，一网打尽。只有做到内外上下一齐开放通透，才称得上是义理言说的圆融和究竟。故阳明倡导“正心诚意之学，良知良能之念，施于一家，扩之四海，则大地皆红炉，而人心无歧路，谓为王氏之球图也，可谓为天下万世之振铎也”③。如此，人类基于德性而展开的生活实践活动必能绘制出美好的未来世界图景。

---

① 王守仁：《传习录下》，《王阳明全集》卷三，吴光等编校，第106页。
② 聂豹：《重刻大学古本序》，《聂豹集》卷三，吴可为编校整理，第48页。
③ 马士琼：《王文成公文集原序》，王守仁：《王阳明全集》卷四十一，吴光等编校，第1623页。

下篇

阳明后学的地域化崛起与成就

过化与施教
——王阳明的讲学活动与黔中王门的崛起

一、余姚之学成于龙场

王阳明正德三年（1508）“龙场悟道”的思想史意义，自明代以来即不断有学者论及。例如，王阳明门下大弟子钱德洪便曾明白指出：“先师（阳明）始学，求之宋儒，不得入，因学养生，而沉酣于二氏，恍若得所入焉。至龙场，再经忧，而始豁然大悟‘良知’之旨。自是出与学者言，皆发‘诚意”格物’之教。”[①]万历年间曾入黔考察阳明行踪遗迹的贵州巡抚郭子章也认为：“海宇谭圣学，半宗余姚，余姚之学，成于龙场。”[②]具见“龙场悟道”既是阳明一生思想发生转折的关键，也是他创立心学体系的开始。持类似看法者尚有江右王门学者胡直：“阳明先生抱命世之才，挺致身之节，亦可以自树矣，然不肯已，亦其天性向道故也。过岳麓时，谒紫阳祠，赋诗景仰，岂有意于异同？及至龙场处困，动忍刮磨，已乃豁然悟道原本不在外物，而在吾心，始与紫阳传注稍异。”[③]亦可见阳明之学在朱子之外，别开一大学派，形成二水分流之态势，实得益于其困顿中之身心体验，肇端于龙场之大彻大悟，决非有意与朱子立异。一生狷狂又极为服膺阳明的李贽，更认为阳明在龙场：“颠倒困踣之极，乃得彻见真性。是困而知之圣人也，大非象山先生之比也。其屡屡设法教人先知后行，又复言知行合一，复言静坐，卒以‘致良知’三字为定本。则以时方盛行朱学，虽象山先生亦不免数百年禅学之冤。呜呼！陆子静耳何曾闻一句禅语，目何曾见一句禅书乎？冤之甚矣，况王先生哉！”[④]其说称阳明“教人先知后行，又复言知行合一”，允当与否，姑暂不置论，然“知行合一”之说发端于龙场，当与“彻见真性”有关，历来学者无异言，是说亦决然无疑义。可见“龙场悟道”无论于阳明个人，抑或于整个明代思想史，其中也包括黔中王门的形成和发展，都有极为重要的历史性的思想意义与价值。

---

① 钱德洪：《答论年谱书》，王守仁：《王文成公全书》卷三十六，王晓昕、赵平略点校，中华书局2015年版，第1577页。

② 郭子章：《黔记》卷十五，赵平略点校，西南交通大学出版社2016年版，第389页。

③ 胡直：《与唐仁卿书》，《太虚轩稿》，《胡直集》，张昭炜编校，上海古籍出版社2015年版，第870页。标点略有改动。

④ 李贽：《答马历山》，《续焚书》卷一，中华书局2009年版，第2页。

阳明在龙场大彻大悟之后，突破性地创立自己极具独特意义的思想学说时，正值官方意识形态化的朱子学说笼罩天下，人人“恪守宋人矩矱”[①]而不敢越雷池半步的沉闷时代。与象山一样，阳明后来尽管屡遭时人讥诋为禅学，但其实仍是以儒家经典《大学》“格物致知”[②]之旨，依据龙场“居夷处困”[③]自我身心的真实体验，重新做出了与朱子迥然不同的创造诠释，展示了儒家理解人的灵性生命及其与万物关系的另一重要思想进路，倡导自成一家的“知行合一”学说，标志着其心学思想从边缘向中心突围的开始，所谓禅学的批评尽管出于门户之见，但也反映他的思想具有重塑典范的重大时代意义。

龙场乃贵州宣慰司辖下的驿站，“其地尽属夷疆”[④]，乃彝、苗、仡佬等族裔人群聚居区，“夷”多“汉”少，即儒家思想资源亦显得相对薄弱。阳明之所以能在“夷疆”悟道，并在朱学之外别树一帜，亦与他在当地感受到的占统治地位的程朱官学压力相对较轻有关，至少他在龙场驿丞任上的讲学活动从未有人攻击为“异端”[⑤]。因此，不必再过多列举例证，细读前引四家之说，即不难了解阳明一生学问“得力于龙场时居多”，尤其读其百死千难悟道后之诗文尤甚，更可一窥其一派超越之风姿，了解其真有常人罕见的“无入不自得之乐”[⑥]。

与一生学问多得力于动心忍性的“龙场悟道”类似，阳明平生最重视的讲学活动，亦即以心学思想的建构与传播为鹄的，积极自觉地开展各种“觉民行道”的教化活动，既吸引了大量地方普通民众，化导移易了民间社会风俗，也培养了不少科考读书士子，遂破天荒地开启与黔地有关的一大早期王门地域学派，以后虽“门徒遍

① 黄宗羲：《河东学案上》，《明儒学案》卷七，沈芝盈点校，第110页。
② 钱德洪：《年谱一》“正德三年戊辰”条称阳明“至龙场”，“始悟格物致知”（王守仁：《王文成公全书》卷三十二，王晓昕、赵平略点校，第1395页）。
③ 王守仁：《〈朱子晚年定论〉序》，《王文成公全书》卷七，王晓昕、赵平略点校，第290页。
④ 罗绕典：《黔南识略·黔南职方纪略》卷三，杜文铎等点校，贵州人民出版社1992年版，第300页。
⑤ 阳明有诗云：“投荒万里入炎州，却喜官卑得自由。心在夷居何有陋，身虽吏隐未忘忧。”所谓“得自由”固然与远离政治斗争迫害漩涡中心有关，但也与摆脱朱子官学无形束缚后的心境密不可分。而“未忘忧”则说明其济世之心犹在，终为一有家国天下抱负的儒者。（王守仁：《龙冈谩兴诗》，《王文成公全书》卷十九，王晓昕、赵平略点校，第845页）
⑥ 王士禛：《居易录》卷二十三，张鼎三点校，齐鲁书社2007年版，第4131页。

天下，流传逾百年，其教大行”[①]，然如果认真追溯其源头，实亦以其在龙场驿丞任上的人生史迹书写为发端，标志着一个可与朱子理学相媲美的心学时代的到来。而黔中王门作为阳明“龙场悟道”后最早产生的心学地域学派，无论思想史的研究还是学术史的书写，都是决然不可轻易绕过或忽视的重要历史文化现象，即使置于全国范围内观察也有极为重大的历史性意义。

二、悟道与讲学：天下无不可化之人

然而稍感遗憾的是，无论有意无意，或许由于黄宗羲《明儒学案》失载的原因，历来学者重视阳明“龙场悟道”的多，关心黔中王门人物活动的少。[②]但如果缺少了黔中王门产生发展的学术史研究或历史书写，不仅阳明本人思想变化发展轨迹的探讨会受到影响，而且王门后学地缘分布整体形态的分析也会出现缺失。“龙场悟道”与黔中王门的产生乃是明代王学编年叙事完整结构中不可分割的两个重要组成部分。质言之，从时间或空间大跨度范围讨论王学的全国性影响，作为阳明悟道及一系列心学活动之地的龙场既不可忽视，黔中王门作为一个重要的地域学派亦不当在史书叙事中有所遗漏。阳明晚年曾回忆其在龙场讲学的经历：

> 吾始居龙场，乡民言语不通，所可与言者，乃中土亡命之流耳。与之言知行之说，莫不忻忻有入。久之，并夷人亦翕然相向。及出与士夫言，则纷纷同异，反多扞格不入，何也？意见先入也。[③]

所谓“言语不通”云云，说明阳明生活的龙场，乃是贵州宣慰

① 张廷玉等：《儒林一》，《明史》卷二百八十二，第7222页。

② 黄宗羲《明儒学案》以地域划分阳明后学派别，涉及之地域有浙中、江右、南中、楚中、北方、粤闽、泰州等，唯独缺一黔中王门，遂使后世学者如容肇祖、嵇文甫、冈田武彦等，或立足于学者身份，或依据思想倾向，各立坐标，区分学派，讨论王门后学思想变化发展整体情况，均因缺少一黔中王门学派，而造成观察判断上的一大盲点，不能不说是重要缺失或遗憾。（张立文：《王门分派与黔中王门学派之要义梳理》，《北京行政学院学报》2019年第2期）

③ 钱德洪：《刻文录叙说》，王守仁：《王文成公全书》，王晓昕、赵平略点校，第10页。

使司治下的土司辖地，亦即与汉文化区差异很大的“夷区”[1]，借用宣慰司使安贵荣的话来，“历代以来皆止羁縻，即拒命，难以中国臣子叛逆共论”[2]。因而阳明在“夷区”龙场的讲学对象，开始主要为“中土亡命之流”的汉人，内容则为他率先揭出并倡导的“知行合一”学说。然而讲学效果，较诸其离黔后所面对的深受程朱思想影响的汉文化区的知识精英（士夫），反出人意料之外地更胜一筹。而面对当地彝、苗、仡佬多种族裔人群杂居的情况，阳明则“履若中土，居职之暇，训诲诸夷”[3]，做了大量与“觉民行道”有关的讲学教化和秩序建构工作，时间稍久即“夷人亦翕然相向”，推动了儒家思想及价值在“夷区”的扩散和传播。

由于阳明的讲学活动吸引了不少边地不同族裔的聚落人群，龙场实际已成为“夷区”内部儒家价值传播的中心，而儒学本身又有凝聚人心、维系秩序的作用，因而他的讲学活动不仅具有学术史与思想史的意义，同时也具备了政治学和社会学的价值。无论“儒学入边”或“儒学下乡”，他都做了积极有效的推动工作。类似的例证可举者尚多，譬如钱德洪便认为“师昔居龙场，诲扰诸夷。久之，夷人皆式崇尊信”[4]。嘉靖《贵州通志·本传》也称他“时集夷人老幼，亲狎教导之”[5]。清人更每每说他“因俗化导，夷人喜，相率伐木为屋，以栖守仁”[6]。均可见无论身教还是言教，他都做了大量“过化觉民”的工作，并扩大了儒家思想和价值在“夷区”的传播范围。他后来批评门下弟子说：“你们拿一个圣人去与人讲学，人见圣人来，都怕走了，如何讲得行。须做得个愚夫愚妇，方可与人讲

---

① 杜铭云：“粤若贵本古炎荒，蕞尔夷区，其类鸟言鴃舌，椎髻卉裳，习尚刀戈，而好勇斗狠。”（杜铭：《平越卫学记》，沈庠删正，赵瓒编集：《贵州图经新志》卷十二，张祥光点校，贵州人民出版社2015年版，第217页；另可参阅张廷玉等：《王守仁传》，《明史》卷一百九十五，第5160页）即可见明代所谓的“夷区”，固然主要指贵州宣慰使司辖地，即今包括龙场在内的黔西北地区，并常与“夷疆”同时混用，但也可用来泛指“华”“夷”杂处的整个贵州。文中所言乃取狭义用法。

② 王士性：《西南诸省》，《广志绎》卷五，吕景琳点校，中华书局1997年版，第134页。

③ 谢东山删正，张道编集：嘉靖《贵州通志》卷六，张祥光等点校，贵州人民出版社2015年版，第275页。

④ 钱德洪：《年谱附录一》，王守仁：《王文成公全书》卷三十五，王晓昕、赵平略点校，第1519页。

⑤ 谢东山删正，张道编集：嘉靖《贵州通志》卷九，张祥光等点校，第419页。

⑥ 张廷玉等：《王守仁传》，《明史》卷一百九十五，第5160页；夏燮：《明通鉴》卷四十一，沈仲九点校，中华书局2009年版，第1427页。

学。”[①]显然与早年在龙场针对乡村民众进行教化工作取得的经验有关。他与朱子有别的“亲民”思想的产生与形成，当也离不开龙场驿丞任上与“夷人”和谐相处的生活实践体证经验。

阳明一生之思想理论或学问，以“龙场悟道”为起点，集事功、道德、学术三者为一体，“上欲以其学辅君，下以其学淑吾民，倦倦欲人同归于善，欲以仁覆天下苍生”[②]。无论“诲扰诸夷”还是“因俗化导”，都是一种自觉主动的生命实践行为，都继承和发扬了孔子“有教无类”的精神文化传统。他在龙场大悟“圣人之道，吾性自足”[③]，显然也是可以推己及人，不分高低贵贱，无论族群类别，能够遍及一切人的生命存在的。因而不仅“天下无不可化之人”[④]，同时更应落实为以“有教无类”为出发点的讲学实践，二者作为一种最基本的教化原则，当然也应该是普遍或普世的。正是本此“有教无类”的教化原则，阳明才始终不忘以德化俗，以“亲民”的方式开展各种教化工作，[⑤]主要立足于民风习俗的改善，重视人伦社会秩序的建构，尽量以浅近平易的方式，讲解普通民众都能接受的内容，遂使风规习俗差异很大的“夷人亦日来亲狎”[⑥]。阳明曾有《寓贵诗》云：“村村兴社学，处处有书声。”[⑦]可见儒家价值在当地已有广泛深入的传播，当亦离不开阳明直接面对“夷人”讲学化导的历史性功绩。

阳明千里投荒初至龙场时，面对各种人生难以忍受的苦难，亦尝“为歌诗，调越曲，杂诙笑，以相解慰”[⑧]，固然不排除有个人解忧纾困的目的，但实际也是乐教或诗教的一种方法。事隔三十六年后的嘉靖十三年（1534），王杏入黔任贵州巡按监察御史，“每行部

---

① 王守仁：《传习录下》，《王文成公全书》卷三，王晓昕、赵平略点校，第144页。

② 余重耀：《阳明先生传纂》卷四，龚晓康、赵永刚主编：《王阳明年谱辑存》（二），赵永刚、钟翌晨点校，贵州大学出版社2018年版，第332页。

③ 钱德洪：《年谱一》，王守仁：《王文成公全书》卷三十二，王晓昕、赵平略点校，第139页。

④ 王守仁：《象祠记》，《王文成公全书》卷二十三，王晓昕、赵平略点校，第1024页。

⑤ 阳明曾引孟子之言：“君子之设科也，来者不拒，往者不追。”并云：“不愤不启者，君子施教之方；有教无类，则其本心焉耳。”（王守仁：《复唐虞佐书》，《王文成公全书》卷四，王晓昕、赵平略点校，第215页）当一并参阅。

⑥ 钱德洪：《年谱一》，王守仁：《王文成公全书》卷三十二，王晓昕、赵平略点校，第139页。

⑦ 谢东山删正，张道编集：嘉靖《贵州通志》卷三，张祥光等点校，第118页。

⑧ 王守仁原著，施邦曜辑评：《年谱》，《阳明先生集要》，王晓昕、赵平略点校，第8页。

闻歌声蔼蔼如越音，予问之士民，对曰：‘龙场王夫子遗化也。’”[①]从中即不难看到，阳明教化活动植入人心之深。正是在这一意义上，如果“以黔为文成过化地”[②]，或视为“过化居夷地”[③]，当也是颇为允当或妥适的。

三、因材施教：大、小两种传统受众的区分

然而，除了面对“夷民”做了大量“过化”工作外，更重要的是，阳明面对地方知识精英或科考读书士子，以讲学论道的义学说理方式，倡导与传播了他的“知行合一”等多方面的心学新鲜思想。作为民间性的龙冈书院，由他亲手订立的《教条示龙场诸生》个人传道授业学规，主要以立志、勤学、改过、责善四事黾勉规约，要求受业者不可谓不严。其中特别强调“立志”的重要，以为：“立志而圣，则圣矣；立志而贤，则贤矣。志不立，如无舵之舟，无衔之马，漂荡奔逸，终亦何所底乎？”[④]显然出发点是激发来学者坚定人生志向，从而最大化地透过各种社会实践活动来实现内在人性的“至善”价值，开显本真生存应有的自由意志与精神品性，最终迈入成贤成圣的终极理想境域。我们今天固然已无法将阳明讲学的语境还原为当时的场景，但如比观对照前面提到的针对一般民众即所谓“愚夫愚妇”说话的语气态度，则不难发现无论其施教的方式或言说的内容，相互之间明显存在着较大的差距。前者立论要求之严及希望寄托之高，显然只能是针对准备举业的读书士子而言的。

阳明龙场驿丞任上规模较大的讲学，固然以书院杏坛为主要场地（详后），但阳明平时随时随地施教，则无论人数多少，不拘形式内容，均针对具体的个人身世处境及当下问题而展开，颇有时机化的生动活泼理趣与妙义，遂多有与学生切磋交流对话讨

① 谢东山删正，张道编集：嘉靖《贵州通志》卷六，张祥光等点校，第275页。

② 焦竑：《通奉大夫陕西布政使司左布政使拙斋萧公墓志铭》，《澹园集》卷三十一，李剑雄点校，中华书局1999年版，第483页。

③ 谢东山删正，张道编集：嘉靖《贵州通志》卷六，张祥光等点校，第274页。

④ 王守仁：《教条示龙场诸生》，《王文成公全书》卷二十六，王晓昕、赵平略点校，第1120页。

论之语，[1]诚乃真正因材施教、平易高明的教化者。今观阳明《龙场生问答》一文，后人以为乃“贵州诸生从之游”[2]，始有此精妙问答之作。文中“龙场生”与“阳明子”一问一答，虽“龙场生”未必为实指，不过自己设问自己回答而已，然仍可见其传道授业时的活泼机趣，反映了师生间相得无间的真实场景。其中阳明所言“役者以力，仕者以道；力可屈也，道不可屈也”[3]，颇能反映其当时的人生际遇和守道心境，只能是针对来学“诸生”而非一般民众才会有此言说。而仅仅取上引课勉诸生“四条”及问答语录两事比观分析，延至清初仍有人抒发感想，以为阳明一系列的讲学活动，乃是“俾尼山之铎施及罗施鬼国，弦诵流传，以讫今日。黔之士肆，成人有德，小子有造，彬彬然盛矣”[4]。足见其在当地讲学的历史影响，可谓既深且远。

与门人弟子相互问答的启发式教学风气，虽主要形成于龙场生活期间的讲学活动，却自始至终贯穿了阳明后来整整一生。梁启超就明确点出了“随机施教”“教学相长”的特点：“致良知之旨，先生（阳明）发之殆无余蕴，其门下之解，亦有大相发明者。”[5]然阳明晚年“致良知”之说，实际亦有其早年龙场讲学活动之渊源。以下两段阳明的话便颇值得注意：

> 吾良知二字，自龙场以后，便已不出此意。只是点此二字不出。于学者言，费却多少辞说。今幸见出此意。一语之下，洞见全体，真是痛快，不觉手舞足蹈。学者闻之，亦省却多少寻讨功夫。学问头脑，至此已是说得十分下落。但恐学者不肯直下承当耳。
>
> 某于良知之说，从百死千难中得来，非是容易见得到此。

---

① 钱德洪称阳明“赴龙场时，随地讲授”（钱德洪：《年谱一》，王守仁：《王文成公全书》卷三十二，王晓昕、赵平略点校，第1398页）。施教者既随地讲授，受教者亦必能随地请正，则如切如磋，必多启发之语。

② 郭子章：《黔记》卷四十二，赵平略点校，第943页。

③ 王守仁：《龙场生问答》，《王文成公全书》卷二十四，王晓昕、赵平略点校，第1046页。

④ 田雯：《黔书》卷下，《黔书·续黔书·黔记·黔语》，罗书勤等点校，贵州人民出版社1992年版，第91页。

⑤ 梁启超：《知本第三》，《德育鉴》，中华书局2015年版，第28页。

此本是学者究竟话头，可惜此理沦埋已久。学者苦于闻见障蔽，无人头处，不得已与人一口说尽。但恐学者得之容易，只把作一种光景玩弄，孤负此知耳。①

由此可见，“龙场悟道”作为阳明思想史上的重大事件，特别是以“百死千难”换来的人生体验经历，为其晚年良知说的登场揭出，作了历史性和思想性的准备。所谓“不出此意”云云，亦说明早年的“知行合一”说与晚年的“致良知”思想，二者的言说方式尽管不同，但本质上仍可相互诠释。虽“良知”一语更能洞见本体之全体大用，但“知行合一”作为一种生命行动的原则，当也不能离开良知形上本体的展开和落实。以阳明晚年在江西揭出的“致良知”说为观察视域，回看其早年在龙场倡导的“知行合一”思想，必能更好地厘清其思想发展变化的逻辑线索，看到其思想发展层层推进、层层提升的连续性和一贯性。而这类颇具哲学深意的思想性、学理性言说，姑不论其早年“龙场悟道”面对的“汉”“夷”杂处边裔，即使在儒家思想或知识早已普及的江右、浙中地区，他所针对的对象也绝不可能是一般乡村民众意义上的“愚夫愚妇”，而只能是有志向道问学的地方读书士子。诚如清人陈弘谋所说：“阳明先生勋业文章，炳着天壤。读其文，所言为学，专尚致良知，未免开后来蹈空之弊。”② 所言既指阳明文集中的“为学”之语，当然也应包括龙场大悟后为诸生所撰的种种进德修业之文。而所谓“蹈空之弊”只能是针对王门后学偏离师说所发之论，与受过阳明“过化”影响的一般社会民众完全无关。

十分明显，阳明在其龙场驿丞任上期间，针对大、小两种文化传统的实际，展开了一系列的“有教无类”的教化实践活动，而所谓“有教无类”并非就是一刀切地不区分环境和对象。一方面，他根据乡村草根民众的社会习俗生活实际，传播了大量具有普世特点的儒家思想及人伦价值，做了不少以“亲民”实践活动为出发点的因俗化导工作，推动了边地社会秩序的内地化建构和变迁发展的具

① 陈荣捷：《传习录拾遗》，《王阳明传习录详注集评》，第396页。

② 陈弘谋：《王阳明文钞》，《五种遗规》卷二，苏丽娟点校，凤凰出版社2016年版，第233页。

体历史进程；另一方面，他也面向地方知识精英宣讲了不少自己的心学理论思想，做了大量以心性自我觉醒和实践性锻炼为出发点的人才培养工作，形成了以后不断在地域空间上扩大其涵盖范围的边地心学传播区。如果说前者为后者准备了社会土壤和心理气候等政治文化生态条件，那么后者则在前者提供的历史条件基础上回馈性地酝酿形成了边地难得一见的心学地域学派。无怪乎钱德洪概括阳明在黔史迹，要说“士类感德，翕然向风”①。王杏也认为“先生（阳明）功德在天，遗泽在贵州，公论在万世”②。均可见黔中对阳明而言，不仅是他的“过化”之地，其诱导边地民心移易风俗之功不可谓不大，同时也是他的“施教”之区，其启发地方知识精英反躬自悟本心真性之力不可谓不深。无论着眼于阳明个人的心路跋涉变化发展历程，抑或追踪他历年的心学讲学传播活动路径，乃至观察随之陆续兴起的各个王门后学地域学派的复杂历史成因，阳明在龙场驿丞任上与诸生的大量讲学互动活动作为一种早期的历史诱变现象，都是不可轻易忽视的。

四、从民间到官方：心学思想影响范围的扩大

龙场驿丞任上备尝艰辛的王阳明，在大悟“格物致知”之旨后，面向地方知识精英开展的规模较大的讲学活动，均主要集中在龙冈、文明两个地方书院。龙冈书院的具体地址，明嘉靖《贵州通志》载“在治城北七十里龙场驿，正德间，驿丞王阳明建”③。郭子章万历《黔记》亦云：“龙冈书院在治龙场驿内，正德间王文成守仁建”④。阳明自谓：“诸夷以予穴居颇阴湿，请构小庐。欣然趋，不月而成。诸生闻之，亦皆来集，请名龙冈书院。”⑤耿定向则称阳明贬谪龙场，“久之，夷人亦渐亲狎，共伐木，为构龙冈书院、何陋轩、玩易窝

---

① 钱德洪：《年谱附录一》，王守仁：《王文成公全书》卷三十五，王晓昕、赵平略点校，第1519页。

② 谢东山删正，张道编集：嘉靖《贵州通志》卷六，张祥光等点校，第275页。

③ 谢东山删正，张道编集：嘉靖《贵州通志》卷六，张祥光等点校，第274页。

④ 郭子章：《黔记》卷十六，赵平略点校，第410页。

⑤ 王守仁：《龙冈新构》，《王文成公全书》卷十九，王晓昕、赵平略点校，第838页。

居之”[①]。足证龙冈书院虽为阳明亲手创办，然具体修建仍得到了当地“夷人”的无私帮助，称名则与诸生共同商量后才最终确定。与龙场驿相距不远的龙冈书院，虽为民间私人性质的讲学杏坛，主要传授与官方朱子学明显有别的阳明个人的心学思想，尤其是“心即理”“知行合一”等当时极为新颖的理论主张。一时口碑相传，“贵之诸生，无远近，皆裹粮从之游”[②]。其声势影响之大，历来黔省其他书院罕有可比。具体到讲学规模之大小，前人亦多有描述。例如，明人王杏便明确说：“听讲居民环聚而观如堵焉，士习用变。意者文教将暨遐方，天假先生行以振起之乎？”[③]清初田雯更盛称：“当日坐拥皋比，讲习不辍，黔之闻风来学者，卉衣鴂舌之徒，雍雍济济，周旋门庭。”[④]田氏之说虽为异代遥想，然与王杏所言互观比照，即使有所夸大，亦必离事实不远。而听讲者固然多为来自各地的知识精英，但也有不少当地汉与非汉的普通草根民众。

文明书院在“贵学宪公署之左……诘所从始，正德间督学使毛公既辟公署，即置馆于此，以育蒙士”[⑤]。具体而言，也可说在“省治城内忠烈桥西，既元顺路儒学故址”。“弘治年间，提学副使毛科建；嘉靖间，提学副使蒋信重建。”[⑥]与龙冈书院为民间私学杏坛不同，文明书院则为政府官办讲堂。毛科（子应奎）“与守仁同乡”[⑦]，时任贵州按察司副使，“首以学校为务，恒念贵阳士子虽涵濡圣化之久，人才未底其盛，况初学小子，立志不确，问学罔进，深以为虑。乃建书院，择师儒以陶镕之”[⑧]。遂与阳明时有交往，并礼聘其前往文明书院讲学。因而“及科致仕归，守仁为文以送之，又尝为之撰

① 耿定向：《新建侯文成王先生世家》，《耿定向集》卷十三，傅秋涛点校，第523页；孙奇逢：《王子文成》，《理学宗传》卷九，万红点校，凤凰出版社2015年版，第147页。“夷人”作“龙人”，“龙”当指阳明谪居地龙场，则“夷人”必世居龙场，乃当地非汉族裔。
② 谢东山删正，张道编集：嘉靖《贵州通志》卷九，张祥光等点校，第419页。
③ 谢东山删正，张道编集：嘉靖《贵州通志》卷六，张祥光等点校，第275页。
④ 田雯：《黔书》卷下，《黔书·续黔书·黔记·黔语》，罗书勤等点校，第91页。
⑤ 蒋信：《文明书院记》，《蒋道林文粹》卷四，《李道纯集·蒋道林文粹》，刘晓林校点，第122页。
⑥ 谢东山删正，张道编集：嘉靖《贵州通志》卷六，张祥光等点校，第272页。
⑦ 周作楫辑，朱德璲刊：《明总部政绩录第二之二》，道光《贵阳府志》卷五十六，贵州人民出版社2005年版，第1109页。
⑧ 谢东山删正，张道编集：嘉靖《贵州通志》卷六，张祥光等点校，第272页。

《远俗亭记》”[①]，可见过从之密。

有关毛科礼聘阳明讲学事，据后者《答毛拙庵见招书院诗》：“野夫病卧成疏懒，书卷长抛旧学荒；岂有威仪堪法象，实惭文檄过称扬。移居正拟投医肆，虚席仍烦避讲堂；范我定应无所获，空令多士笑王良。”[②]足证毛科的确曾聘阳明赴省城治所文明书院讲学，诗中“法象”“虚席”等用语，适可见毛科先有函致阳明，极尽“称扬”之事。而阳明自知一介谪官，遂以谦词托病推辞，然暗中未必就毫无观察其是否真具诚意之想。是时阳明尚未完全从政治危机的阴影中走出，难免不对朝廷边疆大员的立场态度心存疑虑。毛科的回函今存文献已不见有载，然证以继任者提学副史席书（字文同，谥文襄）之说：“曩者应奎毛先生在任之日，重辱执事，旅居书院俯教，承学各生方仰有成。不意毛公偶去执事，遂还龙场，后生咸失依仗”云云，则可识阳明最终仍接受了毛科的礼请，由谪居龙场赴省城贵阳，为科考诸生开讲于官办之文明书院。

毛科离黔之后，同样是提学副使的席书，出于培养地方读书士子的考虑，加上仰慕阳明的人品节操，一方面专门去函礼邀阳明讲学，称“执事文章气节，海内著闻，兹谪贵阳，人文有光，遐土大庆……即今省试已迫，愚意欲候文车至，处分就绪，乃议巡试之期”[③]；另一方面更“身率贵阳诸生，以所事师礼事之”[④]，专程“自龙场延公（阳明）于文明书院，以教诸士。当是时，不惟贵阳诸士得闻所未闻，而文襄公之学亦由此深造远诣，至今贵阳称善教者必曰文襄。则阳明公切磨之功，固不可诬”[⑤]。阳明于患难中得此至交，亦构成一段难得的历史佳话。

阳明最初“居龙场有龙冈书院”，后又“居会城有文明书院”[⑥]，

---

① 周作楫辑，朱德璲刊：《明总部政绩录第二之二》，道光《贵阳府志》卷五十六，第1109页。

② 王守仁：《外集一》，《王文成公全书》卷十九，王晓昕、赵平略点校，第846页。

③ 席书：《与王阳明书》，《元山文选》卷五，沈乃文主编：《明别集丛刊　第一辑》（第76册），黄山书社2013年版，第497页。

④ 席书：《与王阳明书》，《元山文选》卷五，沈乃文主编：《明别集丛刊　第一辑》（第76册），第497页。钱德洪：《年谱一》，王守仁：《王文成公全书》卷三十二，王晓昕、赵平略点校，第1395页。“武宗时，（书）历河南佥事、贵州提学副使。时王阳明谪龙场驿丞，书择州县子弟，延守仁教之，士始知学。”（张廷玉等：《席书传》，《明史》卷一百九十七，第5202页）当一并参阅。

⑤ 谢东山删正，张道编集：嘉靖《贵州通志》卷十一，张祥光等点校，第590页。

⑥ 陈田辑：《王阳明》，《明诗纪事》卷十三丁签，商务印书馆1936年版，第1293页。

可说是“官事简于在朝，师道尊于牖世”[①]。然较诸具有民间性质的龙冈书院讲学稍有不同的是，阳明在官方主办的文明书院开坛授课，更多的则是面对准备科考举业的读书士子，如何处理原先不必考虑的授学内容与科考课的关系，便不能不提上了议事日程。也正因如此，席书致函礼聘阳明讲学时，遂特别强调“误天下之豪杰者，举业也，然使天下士借是而知所向上者，亦举业也”。他同时又引宋儒之言云：“科举非累人，人自累科举。”而“今之教者，能本之圣贤之学，以从事于举业之学，则亦何相妨哉？”[②]这是充分了解阳明之后才能发出的能感动对方的肺腑之言，可见礼聘阳明讲学乃是具有朝廷大员身份的席书周密考虑后才做出的决定。

与席书对科考的看法完全一致，阳明从自己一生求学经历的立场出发，也同样认为“士君子有志圣贤之学，而专求之于举业，何啻千里！然中世以是取士，士虽有圣贤之学，尧舜其君之志，不以是进，终不大行于天下”。何况“知洒扫应对之可以进于圣人，则知举业之可以达于伊、傅、周、召矣”[③]。即在阳明自己，也是“早以文学进于道理，晚以道理发为文章”[④]。席书与阳明一样，亦为进士出身，都以圣贤之学为职志，为官“服御俭约，寮属多所感化。公余唯喜论学，尝著《鸣冤录》，以明陆象山之冤，学者多所开悟”[⑤]。甚至在早期面对患难之中的阳明，亦颇能认同其与朱子迥然有别的心学。因而即使在举业问题上的看法，二人也言虽异而实一致。阳明能在官方主办的文明书院自由发抒其思想，朝廷边疆大员席书的认同与支持乃是决定性的前提条件。

从文化差异性极大的属于土司管辖的“夷区”龙场，移至具有地缘政治文化中心意义的省城贵阳讲学，由民间私人施教传道转入与官方合作的学业授受，而其所传所授又为源自个人心性体悟并有儒家

① 邹国彬：《献征志》，《修文龙冈山重修阳明先生祠碑铭》，民国《修文县志稿存》卷六，修文县地方志办公室点校，修文地方志办公室2009年内部点校本，第293页。

② 席书：《与王阳明书》，《元山文选》卷五，沈乃文主编：《明别集丛刊　第一辑》（第76册），第498页；谢东山删正，张道编集：嘉靖《贵州通志》卷十一，张祥光等点校，第601页。

③ 王守仁：《重刊文章轨范序》，《王文成公全书》卷二十二，王晓昕、赵平略点校，第1003页。

④ 席书：《与王阳明书》，《元山文选》卷五，沈乃文主编：《明别集丛刊　第一辑》（第76册），第499页。

⑤ 李贤：《浙江布政司·名宦·席书》，《大明一统志》卷三十八，方志远等点校，巴蜀书社2017年版，第1858页。

经典可以印证的圣贤之学，其中必然会有与科考举业必备的朱子官学课目明显不同的个人心性论思想。因此，阳明在省城文明书院的讲学活动，其历史象征意义显然十分重大。它不仅意味着与朱子迥然有别的另一新颖独特的心学思想传播地域的迅速扩大，人才培养数量规模的急剧增加，同时也象征着陆学之后又一以“王学”为符号标志的理论学说的划时代崛起，其势头之强劲甚至很快就获得了代表朝廷的地方政府的认可，官学笼罩下的沉闷思想世界突破性地注入了来自边裔的新鲜空气。从这一观察视域出发，如果说龙冈书院是全国第一家弘传阳明个人心学思想的民间私人讲学要地，更多的是针对当地的乡村草根民众，那么文明书院就是全国第一家倡导阳明个人心学思想的官方讲学机构，主要针对的是当地的科考生员或士绅精英。阳明心学后来之所以风行天下，固然主要得力于门下弟子王艮、王畿等后学人物的发扬光大，[①] 然穷流溯源讨论其早期的流衍传播，则不能不首推席书、毛科两位地方政府大员礼聘其讲学之功。

五、培养精英：“知行合一”说的面授与传播

以龙冈书院的民间讲学活动为基础，阳明受官方邀请前往文明书院，遂凭借省会政治文化影响辐射中心的有利条件，进一步面向更多的受众倡导和传播其心学思想。是时阳明虽仍在龙场驿丞任上，然“为时甚暇，故得从容讲学”[②]，而“贵之诸生，无远近，皆裹粮从之游”[③]，从游受学人数规模明显有所扩大。一时社会声势影响广传，“士类感德，翕然向风”[④]，其中多数为科考读书士子，亦有不少地方知识精英。因而“不惟贵阳诸士得闻所未闻，而文襄公之学亦由此深造远诣，至今贵阳称善教者必曰文襄。则阳明公切磨之功，固不可诬也”[⑤]。以此观察阳明“龙场之谪”，也可说乃是“天假手于瑾，

① “阳明先生之学，有泰州、龙溪而风行天下，亦因泰州、龙溪而渐失其传。”（黄宗羲：《泰州学案一》，《明儒学案》卷三十二，沈芝盈点校，第703页）文中之说本此。

② 孙熙昌撰，严寅亮书：《去思碑》，《贵州碑记》，《严修集》附录二，陈鑫、杨传庆整理，中华书局2019年版，第928页。

③ 谢东山删正，张道编集：嘉靖《贵州通志》卷九，张祥光等点校，第419页。

④ 钱德洪：《年谱附录一》，王守仁：《王文成公全书》卷三十五，王晓昕、赵平略点校，第1519页。

⑤ 谢东山删正，张道编集：嘉靖《贵州通志》卷十一，张祥光等点校，第590页。

玉王公于成者。公始以文章气节自负，至黔始悟良知，以养圣胎，龙场其陈蔡也。豫章己卯之乱，繇公而敉，龙场其隆中也。……至谪于黔者，幸公自宽；宦于黔者，依公为仪。其有功于黔，岂曰柳永、韩潮已哉？”[①]

由此可见，阳明在文明书院的讲学，由于获得了席书政治与学术上的双重支持，不仅表明他开始走出了政治迫害的困局，[②] 同时也标志着他已彻底摆脱了朱子学的困扰束缚。诚可谓“三年瘴疠不能侵，何陋翻能施教泽”[③]。是时“人之尊信朱夫子，犹夫子也，而能识知朱子之非夫子，唯阳明之学乃真夫子，则其识见为何如者！然有识而才不充，胆不足，则亦不敢遽排众好，夺时论”。正因为如此，则席书之独具慧眼，敢冒天下之大不韪，竟率诸生“皈依龙场，以驿丞为师也。官为提学，而率诸生以师驿宰，奇亦甚矣。见何超绝，志何峻卓，况不虞贼瑾之虐其后乎？”[④] 如前所述，席书于阳明心学的早期认同与倡导，不能不说有首开一方风气之功。正是由于他与阳明的相互默契与配合，才使后者的讲学有了政治与学术的双重合法性，从而能够更加有效地突破地方社会沉闷僵化的官学笼罩局面，开启一个新的心学时代强劲刚健、初生勃发之风。时人评价席书，以为“即此一事，公之才识，已足盖当世矣”[⑤]，其说不可谓不客观公允。

但是，立足于黔中王门地域学派产生和形成的立场进行历史性分析，则席书与阳明的相互默契配合，各自发挥自己的政治身份地位和学术影响优势，更重要的则是以因缘聚合的方式催生了早期心学地域学派破天荒般地产生。从龙冈书院到文明书院，由地方土司领地到朝廷流官辖区，不仅意味着阳明个人生存与生活环境的改变，政治生态格局压力的减轻，同时也象征着他的讲学受众规模的扩大，知识精英群体参与人数的增多。因此，如果说“黔中学派开自阳明

---

① 郭子章：《黔记》卷四十二，赵平略点校，第946页。

② 阳明有诗云：“卧龙一去忘消息，千古龙冈漫有名”“寄语峰头双白鹤，野夫终不久龙场”（王守仁：《龙冈谩兴五首》，《王文成公全书》卷十九，王晓昕、赵平略点校，第845页），其开始走出政治迫害困局的心境，诗句可谓表露无遗。

③ 胡长新：《献征志》，《访王文成玩易窝》，民国《修文县志稿存》卷六，修文县地方志办公室点校，第299页。

④ 李贽：《席书》，《续焚书》卷三，第87页。

⑤ 李贽：《太傅席文襄公》，《续藏书》卷十二，中华书局1974年版，第805页。

贵州龙冈书院”[①]，那么其声势之壮大则当始自省城贵阳之文明书院。是时“王阳明谪龙场驿丞，书择州县子弟，延守仁教之”[②]，无论有意或无意，自觉或不自觉，读书士子既来自全省各行政州县，他们或多或少总会接触或了解到阳明的思想主张，也就会透过吸收消化的方式将其带回原籍，从而扩大了传播影响的地缘生态分布格局，形成了朱学、王学相互并峙的多元文化景观。而席书在延聘阳明至文明书院“训多士”的同时，也“居恒相与讲论，常至夜分”。后人以为阳明“妙悟宗旨，倡明良知之学，上接孔孟之传”[③]，或亦与席书的切磋讨论有关，阳明回忆“往年与公（席书）论学于贵州”时，亦情不自禁地感叹“受公之知实深”[④]，均可见席书与阳明交谊之深，诚可谓亦师亦友。加上前者“才识敏决，文章政事，亦卓然可称。其学专右象山而抑考亭，尝著《鸣冤录》以明象山之冤，识者韪之”[⑤]。阳明读其书后，亦以为“学力所到，卓然斯道之任，庶几乎天下非之而不顾，非独与世之附和雷同从人非笑者相去万万而已”[⑥]。足证席书亦为有明一代心学运动的重要核心人物，无论探讨黔省王门地域学派的兴盛崛起，抑或分析全国心学整体运动的利弊得失，他与阳明的交往过从都是不可忽视的重要历史大事，甚至直接视其为黔中王学的开山，当也是符合历史之本来实际的。

龙冈书院与文明书院，二者虽一为民间私学，一为官方公学，然而以阳明为中心大规模聚会讲学时，参与听讲的人群数量均极为可观。其中尤以省城讲学规模最大，以致“诸生环而观听以百数，自是贵人士知从事心性”[⑦]。甚至较诸后来的在滁及居越讲学，贵阳讲学的数量规模也显得毫不逊色。[⑧]而自两汉以迄，黔地讲学亦从未

---

① 傅振照：《李慈铭年谱》，中华书局2016年版，第475页。

② 张廷玉等：《席书传》，《明史》卷一百九十七，第5202页。

③ 王耒贤、许一德修纂：万历《贵州通志》卷四，黄富源点校，贵州大学出版社2010年版，第81页。

④ 王守仁：《祭元山席尚书文》，《王文成公全书》卷二十五，王晓昕、赵平略点校，第1107页。

⑤ 李贽：《太傅席文襄公》，《续藏书》卷十二，第808—809页。

⑥ 王守仁：《与席元山》，《王文成公全书》卷五，王晓昕、赵平略点校，第218页。

⑦ 王耒贤、许一德修纂：万历《贵州通志》卷二，黄富源点校，第34页。

⑧ 钱德洪称阳明滁州督马政时，“地僻官闲，日与门人游遨琅琊、瀼泉间，月夕则环龙潭而坐者数百人，歌声振山谷”（钱德洪：《年谱一》，王守仁：《王文成公全书》卷三十二，王晓昕、赵平略点校，第1405页）。又其《刻文录叙说》则谓阳明返乡居越后：“每临席，诸生前后左右环坐而听，常不下数百人，送往迎来，月无虚日。”（钱德洪：《刻文录叙说》，王守仁：《王文成公全书》，王晓昕、赵平略点校，第12页）较诸黔中聚讲规模，可谓旗鼓相当。

有过如此之盛者。[①]故万历年间郭子章巡抚贵州，便盛称“贵州士类赖以兴起”[②]；其历史影响之长久深远，以致“无远近，无夷汉，莫不尸”[③]。而终阳明一生，虽在戎马倥偬之际，亦不忘讲学，[④]然若论严格意义上的心性论讲学，亦当以“龙场悟道”为时间坐标，必始于黔地龙场驿丞任上无疑。

然而聚讲参与的会场人数虽多，除一部分为“士类感慕者”外，亦有不少好奇前来围观的“听讲居民”[⑤]。其中即使是感慕而来的读书士子，也不能一概视为阳明认可的及门弟子。证以龙场驿丞任上阳明自己的诗作，如其所谓：“闲来聊与二三子，单夹初成行暮春；改课讲题非我事，研几悟道是何人？阶前细草雨还碧，檐下小桃晴更新；坐起咏歌俱实学，毫厘须遣认教真。”[⑥]则真能入其室的弟子，除大型聚会参与听讲之外，必又随时随地得从其游。所谓“二三子”云云，即可见其人数必不多。然既能入其室受其业者，针对各人的根性品质差异，阳明亦必随时随地灵活有效地施教，或因病予药，或密示指点，只是天然应机，自在随问作答，要在当下即有震动感应，能够猛醒内省自察。阳明自己也在循循善诱，看到学生悠然自得之际，不期然而然地吟出“正思讲习诸贤在，绛蜡清醅坐夜分”[⑦]的诗句，真是相处融融然无有分别，完全一派天生自然活机。显然未必都要高居大殿讲堂，才能说教式地传宣大道，否则便谈不上随机指点，亦丧失了对话交流的活泼机趣。

因此，如果认真细绎上引“研几悟道是何人”“毫厘须遣认教真”等句，则可识其在省城文明书院授业，如与席书私下论学，曾

---

① 刘师培曾明确指出到了清朝，“不许读书人讲学，所以教育一门，就衰的了不得”（刘师培：《刘申叔遗书补遗》，万仕国辑校，广陵书社2008年版，第273页）。全国如此，贵州亦无例外。

② 郭子章：《黔记》卷三十九，赵平略点校，第874页。

③ 王耒贤、许一德修纂：万历《贵州通志》卷四，黄富源点校，第81页。

④ “终明之世，文臣用兵制胜，未有如守仁者也。当危疑之际，神明愈定，智虑无遗，虽由天资高，其亦有得于中者欤。矜其创获，标异儒先，卒为学者讥。守仁尝谓胡世宁少讲学，世宁曰：‘某恨公多讲学耳。’桂萼之议虽出于媢忌之私，抑流弊实然，固不能以功多为讳矣。”（张廷玉等：《冀元亨传》，《明史》卷一百九十五，第5170页）是说虽未必持平公允，然亦可见阳明一生多讲学。

⑤ 谢东山删正，张道编集：嘉靖《贵州通志》卷六，张祥光等点校，第275页。

⑥ 王守仁：《春日花间偶集示门生》，《王文成公全书》卷十九，王晓昕、赵平略点校，第856页。

⑦ 王守仁：《木阁道中雪诗》，《王文成公全书》卷十九，王晓昕、赵平略点校，第849页。

示以“知行合一之旨，豁然有省，曰：‘朱陆异同，无事辨诘，求之吾性本自明’”[①]一样，针对其他入室亲炙弟子，亦必多有类似的启发式教学。其中最重要者即示人以心性体悟之入手工夫，倡导最能表现其本体实践学精义的“知行合一”即体即用学问宗旨，[②]远非仅仅在书册子上凭空死钻硬扣，只知道“改课讲题”的三家村塾师可以比拟。钱德洪说阳明“居贵阳时，首与学者为‘知行合一’之说”[③]，所谓“学者”必以真入室亲炙弟子为主体。

六、授学乐群：黔中王门弟子的人数规模

阳明的在黔及门弟子，早在明万历年间，郭子章入黔了解情况后就曾感慨：“王文成谪龙场，黔士大夫始兴起于学，当时龙场生问答，莫着其姓名”[④]，遂长期影响了对黔中王门的客观评估。以余重耀所撰《阳明弟子传纂》为例，其搜罗阳明弟子人数不可谓不多，然一旦涉及黔中王门学者，则仅于补遗中列有汤冔（字伯元）、叶梧（字子苍）、陈文学（字宗鲁）三人名姓，虽均为阳明在黔期间亲炙弟子，仍不过根据钱德洪《年谱》掇拾而已。[⑤]按钱氏《年谱》述巡按贵州监察御史王杏建阳明祠于贵阳事，遂顺便提及“请建祠以慰士民之”之“门人汤冔、叶梧、陈文学等数十人”[⑥]，上述三人始得以在《年谱》中具名。然钱氏《年谱》所记，又本于王杏《阳明书院记》。是时恰为嘉靖十三年（1534），在阳明学被官方打成伪学的严峻政治势态下，王杏“以激劝边人”为正当理由，仍坚持立祠以祭祀阳明，较之嘉靖十六年（1537）周汝员建新建伯祠于越地，早了整整三年，是为全国最早的纪念阳明的祠祀。而王杏敢冒政治风险的所作所为，实又离不开阳明一批在黔弟子的合作与支持，有其“先生门人汤君冔、叶君梧、陈君文学数十辈，乞为先

① 孙奇逢：《王子文成》，《理学宗传》卷九，万红点校，第147页。

② 张新民：《论王阳明实践哲学的精义：以“龙场悟道”及心学的发生学形成过程为中心》，《浙江社会科学》2018年第7期。

③ 钱德洪：《刻文录叙说》，王守仁：《王文成公全书》，王晓昕、赵平略点校，第9页。

④ 郭子章：《黔记》卷四十五，赵平略点校，第981页。

⑤ 余重耀：《阳明弟子传纂补遗》，龚晓康、赵永刚主编：《王阳明年谱辑存》（二），赵永刚、钟翌晨点校，第389页。按“汤冔”，原误作“汤啍”，已据《年谱》改。

⑥ 钱德洪：《年谱附录一》，王守仁：《王文成公全书》卷三十五，王晓昕、赵平略点校，第1519页。

生立祠，以便追崇”[①]之说可证。从中正可见嘉靖年间尚有一批阳明亲炙弟子活跃于西南黔省边地，他们显然是作为一个学派群体在维护和发扬师说的。

作为一个学派群体的黔中王门，其崛起于西南边地当始于阳明的黔中讲学。考徐爱《赠临清掌教友人李良臣》诗曾有句云：“吾师谪贵阳，君始来从学；异域乐群英，空谷振孤铎。”[②]徐氏（字曰仁）乃阳明之妹婿，早在阳明赴龙场之前，即已入于其门下。除黔中王门受业弟子外，徐氏乃最早接受阳明“知行合一”之说，[③]同时极为熟悉其在黔史迹掌故者，故所言自当可信。黔中王学亲炙子弟，见诸他省王学人物载籍者，汤冔、叶梧、陈文学之外，又多有了一李良臣。惟诗中既言“乐群英”，则人数又何止此四人？

从阳明一生事迹行履看，其最为重视者即讲学。就全国范围论，“当时及门之士，相与依据尊信，不啻三千之徒”[④]。黔中负笈入门弟子，必有可再举其名姓者。值得庆幸的是，天亦不忍湮没其事其人。早在阳明离黔赴江西庐陵任，抵达镇远转舟之旅次途中，回首顾望，惓惓殷殷，遂手书信札，遥寄黔中及门弟子。是札虽未收入《王文成公全书》，然真迹迄今尚保存完好。[⑤]据此可知阳明及门弟子除前述之汤冔、叶梧、陈文学、李良臣外，有字号可考者尚有张时裕、何子佩、越文实、邹近仁、范希夷、郝升之、汪原铭、李惟善、陈良臣、易辅之、詹良臣、王世臣、袁邦彦、高鸣凤、何廷远、陈寿等人。[⑥]札中具名虽未必尽得黔中门人之全，然仍可补万来载

---

① 谢东山删正，张道编集：嘉靖《贵州通志》卷六，张祥光等点校，第275页。

② 徐爱：《赠临清掌教友人李良臣》，《横山遗集》，《徐爱 钱德洪 董沄集》，钱明编校整理，第7页。

③ 孙奇逢：《徐曰仁爱》，《理学宗传》卷二十一，万红点校，第352页。

④ 王宗沐：《阳明先生图谱序》，冯梦龙、邹守益原著：《王阳明图传》，张昭炜编注，上海古籍出版社2017年版，第226页。

⑤ 有关阳明信函真迹原件的流传经过、文字连结分合及题名等问题，闫平凡的考证最精（闫平凡：《〈镇远旅邸书札〉考略》，《阳明学刊》2016年第8辑），亦最当参阅。

⑥ 王守仁：《明王文成倪文正尺牍真迹卷》，《岳雪楼书画录》卷四，顾文彬、孔广陶：《过云楼书画记·岳雪楼书画录》，柳向春点校，上海古籍出版社2011年版，第502—503页；又见高野侯编：《古今尺牍墨迹大观》第2辑），湖北美术出版社2013年版，第34—42页；另可参阅刘咸炘：《推十书》（增补全本丙辑），上海科学技术文献出版社2009年版，第1337—1338页。按手迹原件无标题，孔、高二氏著录时，亦无识语跋文。束景南、查明辑编之《王阳明全集补编》（上海古籍出版社2016年版，第33—34页）遂将其割裂为三篇入录，并题名为《与贵阳书院诸生书》，“贵阳书院”当系“文明书院”之误。而今本《王阳明全集》卷三十二《补录》（吴光等编校，浙江古籍出版社2010年版，第1576、1579页）亦将是函析分为二：一题作《与惟善书》，一题作《镇远旅邸书札》，似亦欠妥。实则三篇共为一札，均当共称为《与惟善书》。

籍遗漏失收之缺憾。其人数规模之多，即使置于全国范围内比较，一如《阳明弟子传纂》所列，亦毫无逊色。

阳明离开贵阳时，门下弟子曾远道送行至龙里。阳明《诸门人送至龙里道中》诗有句云："蹊路高低入乱山，诸贤相送愧间关；溪云压帽兼愁重，峰雪吹衣着鬓斑。"[①] 阳明到达镇远后之信札，特意提到当"致谢"送行"远饯"的弟子，并专门致意"列位秋元贤友"。显然前者即指长程送行至龙里始挥手告别的群弟子，后者则为当年乡试（秋闱）高中的众门生。[②]而历来"绩学博一第者，强半寒素之家"[③]。边地"秋元"高中之弟子，必有不少出身寒门，然能以心学人物崛起一方，乃至蔚成一大地域学派，则不能不说是得力于阳明奖掖指点之功。

阳明的黔中及门弟子群，除本地读书士子外，亦有他省远道慕名前来，同一受业于堂下者。例如，尹守衡《皇明史稿》便明称：有"朱光霁者，字克明，蒙化（今云南巍山县）人，王阳明谪官龙场，光霁以诸生从讲学，自是欲弃举子业，以父命遂举于乡，授重庆府通判"[④]。隆庆《云南通志》也说光霁"随父之任，得闻良知之说于王阳明先生之门"[⑤]。考其父朱玑（字文瑞）乃贵州左参政，后升按察使。阳明初入黔地，即撰《重修月潭寺建公馆记》一文，盛赞"宪副滇南朱君文瑞按部至是，乐兹岩之胜，悯行旅之艰，而从士民之请也，乃捐资庀材，新其寺于岩之右，以为厘祝之所"[⑥]。其《赠朱克明南归言》亦说："朱光霁字克明，廉宪朱公之子也，尝与

---

① 王守仁：《诸门人送至龙里道中》，《王文成公全书》卷二十九，王晓昕、赵平略点校，第1239页。

② 欧阳修称："其亲授业者为弟子，转相传授者为门生。"（欧阳修：《后汉孔宙碑阴题名》，《欧阳修全集》卷一百三十四，李逸安点校，中华书局2001年版，第2092页）今人或据此以作阳明传下弟子与门生之别。然欧阳氏兹说，后人多已质疑辨误。例如郑珍云："《论语》记孔子言行，其或曰'门弟子'，或曰'门人'，皆孔子之弟子也。'"［郑珍：《巢经巢文集》卷一，《郑珍全集》（第6册），黄万机等点校，上海古籍出版社2012年版，第416页］则门生、弟子，原皆门人之称。

③ "万历十三年八月丙申"条，《明神宗实录》卷五百三十五，台湾"中央研究院"史语所1966年版，第8页。

④ 尹守衡：《朱光霁传》，《皇明史稿》卷一百，明崇祯年间刻本，第22页。

⑤ 邹应龙：隆庆《云南通志》卷十一，民国二十三年龙氏重印本，第37页。

⑥ 王守仁：《重修月潭寺建公馆记》，《王文成公全书》卷二十三，王晓昕、赵平略点校，第1027页。

其兄光弼从学于予，举于乡游太学。”[①] 足证阳明与朱氏两代皆有交谊，从其游者除光霁本人外，胞兄光弼（字克相）亦曾同往受业，并与黔籍学者交流互动，不仅形成了一个跨省际的心学士人群体，同时也推动了西南边地心学学派的产生和发展。更重要者，朱氏一门乃云南“世家钜族”[②]，又承良知之教，家传阳明心学。他们两代人与阳明的交往，不可能不对地方社会产生影响。尤其泰州学派学者罗汝芳经黔入滇，任云南右参政后，自觉“天地万物一身，无不可教之人，政暇集士夫于书院，更端问难，响答如洪钟，人人虚往而实归”[③]，继阳明黔中讲学及朱氏家族传衍推廓之后，进一步加快了“儒学入边”的历史发展进程，强化了儒家学说建构边地社会秩序所发挥的影响作用，阳明学也因此成为西南地方社会不可忽视的重要精神思想资源。[④] 而朱氏一门两代人作为南滇精英人物的代表，他们所发挥的承上启下的历史作用亦断不可轻易忽视。

七、先立乎其大者：黔中王门学者的圣学工夫积累

阳明在黔中讲学施教时，便极力反对举业士子“惟欲钓声利，弋身家之腴，以苟一旦之得，而初未尝有其诚”[⑤]，非常不满将科举视为入仕谋利敲门砖的功利化社会行为。他认为即使登第入仕，也要以修己治人为根本目的，成就一番治国平天下的人生事业。与阳明的看法类似，席书也反对将科举完全视为“利禄之媒”，认为无论任何时候都必须“进以古人之德业”，身心一体地契入“圣贤之学”，从而达致“风动于道德仁义之域”的秩序化建构目的。[⑥] 而阳

---

① 王守仁：《艺文志·赠朱克明南归言》，蒋旭修，陈金珏纂：《蒙化府志》卷六，清康熙三十七年刻本；又见杨世钰、赵寅松主编：《巍山朱氏历代宗支族谱》，《大理丛书·族谱篇》卷二，云南民族出版社2009年版，第722页。而《王文成公全书》失收该文。

② 许宗鲁：《方茅翁朱老先生宗支谱序》，杨世钰、赵寅松主编：《大理丛书·族谱篇》卷二，第718页。

③ 刘文征纂修：《官师志·罗汝芳传》，天启《滇志》卷十，清钞本，第79页。

④ “阳明王子当明中叶，迁谪龙场，验征其学，宏敷教义，良知之说，遂阐于西南万山间，而大播乎斯世。”（《人物志》，民国《修文县志稿存》卷八，修文县地方志办公室点校，第313页）说虽略显夸张，然仍可参阅。

⑤ 王守仁：《重刊文章轨范序》，《王文成公全书》卷二十二，王晓昕、赵平略点校，第1003页。

⑥ 席书：《与王阳明书》，《元山文选》卷五，沈乃文主编：《明别集丛刊　第一辑》（第76册），第498—499页。

明的“知行合一”学说，当也得到了席书的认同。其说强调“知者行之始，行者知之成，圣学只一个功夫，知行不可分作两事”①。因此，阳明与黔中及门弟子讨论学问，如前引徐爱《赠临清掌教友人李良臣》诗所云：“文章自余事，道义领深约；南宫屈有待，东州教相许”②；必时时处处示以“圣学”工夫，劝勉告诫一切来学者以立志成圣成贤为鹄的。考李良臣为嘉靖四十三年（1564）举人，次年成进士；陈文学为正德十一年（1516）举人，十六年（1521）成进士；汤冔与陈文学同年举于乡，先一年成进士；叶梧正德八年（1513）成举人；朱光霁为正德八年（1513）举，其兄光弼乡荐则在嘉靖七年（1528）。阳明在黔中讲学授业时，上述诸人尚为生员，因此无论席书“身率贵阳诸生，以所事师礼事”③阳明，或由其礼请阳明“居文明书院为诸生讲知行合一之学”④，他们作为亲炙受业弟子，都必然同列于门墙之内。

阳明早年即笃志圣人之学，谪居龙场期间又大悟“圣人之道吾性自足”，因而其传道讲学活动，必然也以点醒别人发明本心真性，能够步入成贤成圣正途为终极目标，始终不悖儒家“率性之谓道，修道之谓教”（《中庸》）的一贯宗旨。而前来听讲者虽多乡里之士，亦不乏有志圣学者。其中如陈文学，乃贵州前卫人，⑤“年十余即能诗文，以诸生事阳明，乃潜心理学”⑥。曾官耀州知州，撰有《耀归存稿》《余生续稿》《孏簃闲录》，后由门人合编为《陈耀州诗集》，

---

① 王守仁：《传习录上》，《王文成公全书》卷一，王晓昕、赵平略点校，第17页。

② 徐爱：《赠临清掌教友人李良臣》，《横山遗集》，《徐爱 钱德洪 董沄集》，钱明编校整理，第7页。

③ 钱德洪：《年谱一》，王守仁：《王文成公全书》卷三十二，王晓昕、赵平略点校，第1397页。

④ 莫友芝：《太守汤伯元先生冔传证》，《黔诗纪略》卷三，《莫友芝全集》（第9册），张剑、张燕婴整理，中华书局2017年版，第157页。

⑤ 有明一代之贵州布政使司、宣慰使司均同驻贵阳府城，贵州卫、贵州前卫治事之署，亦设于贵阳府城区。故明清两代之黔地方志，言及王门后学及其他耆旧人物里贯，或称贵州宣慰司人，或省作宣慰司人，或称贵州卫人，或称贵州前卫人，均今贵阳人。又今人言及明代之龙场，每每径称“修文龙场”，然是时龙场乃宣慰司辖地，非仅未设国家军事卫所，即修文之名亦未见。当地之建县，当在平播、平水西之后，是时先在龙场驿旧境建城设敷勇卫，后又于康熙二十六年（1687）改卫设修文县。故凡云明代史事，而称“修文龙场”者，皆以后代前，有失草率。（《人物志》，民国《修文县志稿存》卷八，修文县地方志办公室点校，第316页）

⑥ 莫友芝：《太守汤伯元先生冔传证》，《黔诗纪略》卷三，《莫友芝全集》（第9册），张剑、张燕婴整理，第157页。

或又题作《五粟山人集》。阳明曾有诗赠他："学文须学古，脱俗去陈言。譬若千丈木，勿为藤蔓缠。又如昆仑派，一泻成大川。人言古今异，此语皆虚传。吾苟得其意，今古何异焉？子才良可进，望汝师圣贤。学文乃余事，聊云子所偏。"[①]便是针对其耽于诗文的偏颇，劝勉其排除各种世俗陈言的干扰，专心以优入圣域为职志，成为人间社会不可或缺的真豪杰。阳明曾激烈批评"世之学者，章绘句琢以夸俗，诡心色取，相饰以伪"的做法，认为"今之所大患者，岂非记诵词章之习，而弊之所从来，无亦言之太详、析之太精者之过欤！"[②]取是说与赠陈氏之诗相较，虽一正面一负面，亦可见其对辞章之学的看法，立场可谓前后一贯。而陈氏很早就亲得阳明之耳提面命，阳明的循循善诱诚乃一派护爱之真心。时人称陈氏之学"学有自来矣"[③]，显然并非一时偶发之虚语。

与陈氏同时问学于阳明之汤冔，乃贵州宣慰司人，其与陈文学时相唱和，关系极为密契。据《贵阳府志·汤冔传》记载，"王阳明谪龙场，师事之"[④]，"得知行合一之学"[⑤]。后出知潮州府，为京朝官十余年，晚年与陈文学唱和，撰有《逸老闲录》《逸老续录》。清人莫友芝撰《雪鸿堂诗搜逸序》，称"黔自明始有诗，萌芽于宣、正，条衍于景、成以来，而桐豫于隆、万。……百有余年，榛莽递开，略具涂轨"[⑥]。并一一列举黔中可圈可点之诗家人物，陈、汤二氏均赫然具名其中。而"王伯安先生谪龙场，公师事之"[⑦]，阳明告诫陈氏之言，如进一步加以发挥，也可说真有志圣学者，必先立乎其大，然后下学上达，直明本心真性，以自得为根本，所言必对汤氏亦有启发。

与乡人陈、汤二人同时，叶梧亦从游于龙场驿丞任上的阳明，席书率诸生以师礼事阳明，叶氏亦必在其中。叶梧亦贵州宣慰司人，曾任湖南新化县教谕，并与徐爱时有过从。阳明也有书寄他，以为

---

① 王守仁：《赠陈宗鲁》，《王文成公全书》卷二十九，王晓昕、赵平略点校，第1239页。
② 王守仁：《别湛甘泉序》，《王文成公全书》卷七，王晓昕、赵平略点校，第278页。
③ 郭子章：《黔记》卷四十七，赵平略点校，第1004页。
④《乡贤·贵阳府·汤冔传》，《贵州通志》卷二十八，清乾隆六年刻、嘉庆修补本，第4页。
⑤ 周作楫辑，朱德璲刊：《明陈汤二马吴传第三》，道光《贵阳府志》卷七十三，第1296页。
⑥ 莫友芝：《雪鸿堂诗搜逸序》，《郘亭文集》卷二，《莫友芝全集》（第8册），张剑、张燕婴整理，第41页。
⑦ 郭子章：《黔记》卷四十六，赵平略点校，第989页。

其能“掌教新化，得遂迎养之乐，殊慰殊慰！”同时复殷殷告诫说：“古之为贫而仕者正如此，子苍安得以位卑为小就乎？苟以其平日所学熏陶接引，使一方人士得有所观感，诚可以不愧其职。今之为大官者何限，能免窃禄之讥者几人哉？”信末又特别鼓励：“子苍勉之，毋以世俗之见为怀也。”[①]叶氏既掌教一方，人称“性醇厚温和，而立教严肃，诸生惮之。尝以学宫祭器多缺，竭力营备”[②]。具见他是以学为教，竭力以圣学熏陶接引他人，其人生态度及所作所为，当也与阳明的殷殷勖勉有关。叶氏后曾升陕西镇安知县。

纵观阳明一生事功学术，他都希望能“求豪杰同志之士于天下”[③]。而他所谓的“豪杰同志之士”，固然首先要“治人”，即承担家国天下的大任，但更重要的是能够“修己”，即注意自己的人品涵养提升，甚至一念发动之微也是工夫不可忽视的下手处。个人的人格完善与社会群体的整体性完善，在阳明一类的儒家人物看来，二者从来都是不可分割的。因此，阳明在《赠朱克明南归言》中，便极力告诫他与黔中王门弟子，强调为学之第一要务，便是如何“变化气质”。所谓“变化气质”，举例言之，则譬如“其未学也，粗暴者也，贪鄙者也，虚诞者也，矜夸者也，轻躁者也。及其既学，粗暴者变而为温良，贪鄙者变而为廉介，虚诞者变而为忠信，矜夸者变而为谦默，轻躁者变为重厚”[④]。事实上，如同孔子赞叹颜回好学，能够“不迁怒，不贰过”（《论语·雍也》）一样，前引阳明《教条示龙场诸生》立志、勤学、改过、责善四条，[⑤]都既是儒家生命学问普遍性的为学之方，也是每一个体针对自身弱点变化气质之法。因为如果丢失了存养克治的工夫，气质长期昏浊而僵滞，“则物欲感而过失易生”，必然“改变难而洗涤不易”。即使真能做到“神明之发，及其存养之纯，虽其天姿之高，亦由好学之笃”[⑥]，不可能离开

① 王阳明：《寄叶子苍》，《新刊阳明先生文录续编》卷一，张新民审定，孔学堂书局2020年版，第143—144页。

②《官师志二》，《新化县志》卷十五，清同治十一年刊本，第6—7页。

③ 王守仁：《答聂文蔚》，《王文成公全书》卷二，王晓昕、赵平略点校，第98页。

④ 王守仁：《艺文志·赠朱克明南归言》，蒋旭修，陈金珏纂：《蒙化府志》卷六，清康熙三十七年刻本；又见杨世钰、赵寅松：《巍山朱氏历代宗支族谱》，《大理丛书·族谱篇》卷二，第722页。

⑤ 参见王守仁：《教条示龙场诸生》，《王文成公全书》卷二十六，王晓昕、赵平略点校，第1120—1123页。

⑥ 康有为：《雍也》，《论语注》卷六，楼宇烈整理，中华书局1984年版，第72页。

平时点点滴滴的工夫积累。其中穷理的实践固然不能少，但更重要的则是养气的工夫，需要从静中收摄精神，全面调适整个心智情意结构。阳明正是有鉴于此，以“变化气质”为出发点，特别开出了五剂人生治病的药方：“温良者粗暴之剂也，能温良则变其粗暴矣；廉介者贪鄙之剂也，能廉介则变其贪鄙矣；忠信者虚诞之剂也，能忠信则变其虚诞矣；谦默者矜夸之剂也，能谦默则变其矜夸矣；重厚者轻躁之剂也，能重厚则变其轻躁矣。”并云“道经湖贵从吾游者多，或有相见者，亦出此致勉励之意”①。具见他的话不仅是针对朱氏兄弟的，也是遍告包括黔中王门在内的所有从游弟子的。至于该如何具体下手躬行实践，则各人的禀性气质不同，入门的工夫路径亦有异差，诚如后来谪戍都匀并推动了黔中王学健康发展的邹元标所说：“有因持志入者，如识仁则气自定；有由养气入者，如气定则神自凝；又有由交养入者，如白沙诗云：‘时时心气要调停，心气功夫一体成；莫道求心不求气，须教心气两和平。’此是先辈用过苦功语。”②也是后人当认真取鉴的经验谈。

八、刊刻典籍：学术思想资源的传播

十分明显，阳明与黔中受业弟子的交流互动，无论在黔离黔，见面不见面，乃是长期持续而未中断的。早在离黔赴庐陵任的旅途中，他便有信谈到“梨木板可收拾，勿令散失，区区欲刊一小书故也。千万千万！”，并云“良臣、伯元诸友均此见意”③。考王杏嘉靖十四年（1535）之《书〈文录续编〉后》，亦曾明确提到“阳明先生处贵，有《居夷集》，门人答问有《传习录》，贵皆有刻”④；郭子章《黔记》亦载有《居夷集》，并称“阳明先生谪龙场时撰”⑤，该书在阳明居黔时即已编排毕役，离黔时遂念念不忘保存梨板以备刻印。今

① 以上均见王守仁：《艺文志·赠朱克明南归言》，蒋旭修，陈金珏纂：《蒙化府志》卷六，清康熙三十七年刻本；又见杨世钰、赵寅松：《巍山朱氏历代宗支族谱》，《大理丛书·族谱篇》卷二，第722页。

② 黄宗羲：《忠介邹南皋先生元标》，《明儒学案》卷二十三，沈芝盈点校，第539页。

③ 王守仁：《明王文成倪文正尺牍真迹卷》，沈之雪点校，顾文彬、孔广陶：《过云楼书画记·岳雪楼书画录》卷四，柳向春校点，上海古籍出版社2011年版，第503页。

④ 王杏：《书〈文录续编〉后》，王阳明：《新刊阳明先生文录续编》，张新民审定，第489页。

⑤ 郭子章：《黔记》卷十五，赵平略点校，第374页。

嘉靖《贵州通志》、万历《贵州通志》及郭子章《黔记》，均收有大量阳明诗文，大多为在黔期间所撰，不少为丘养浩嘉靖三年刻本《居夷集》及晚出之通行本《王文成公全书》所未载。其中嘉靖《贵州通志》由王门后学谢东山主修，刊刻于嘉靖十四年（1535）①，具有“地近则易核，时近则迹真”②的文献搜考优势。书中云阳明“任龙场驿丞，有《居夷集》传于贵”③，则所据必为黔地刻本《居夷集》。足证阳明所云区区“小书”，必指《居夷集》无疑。④刊刻时间似当早于丘养浩嘉靖三年本。盖阳明正德四年（1509）岁杪离黔时，刻书之“梨木板”即已准备就绪，刻书时间绝不可能拖延太久，及门弟子李良臣、汤冔等，均曾参与其事，并有雠校之功。尤宜注意者，则是“阳明先生之学，大成于贵阳，三载居夷，兴起甚众”⑤。因而《居夷集》在阳明悟道之地的刊刻传播，既可反映阳明个人心路跋涉的艰难变化历程，也能折射黔中王门兴起发展的师资因缘，不能不说是西南边地心学发展史上的一大盛事。

除《居夷集》外，黔地所刊阳明著述，以及门受业弟子所为为限，至少尚有《传习录》《阳明王先生文录》《新刊阳明先生文录续编》等三种。⑥《传习录》如前引王杏所言，黔地早已有刻本，当为早期罕见珍稀之书。《阳明王先生文录》今存嘉靖年间刻本，乃“贵

① 参见张新民：《贵州地方志考稿》，根特大学出版社1993年版，第5—9页。

② 章学诚：《修志十议》，叶长青：《文史通义注》，张京华点校，华东师范大学出版社2012年版，第898页。

③ 谢东山删正，张道编集：嘉靖《贵州通志》卷十，张祥光等点校，第467页。

④ 今人束景南所撰：《阳明大传：“心”的救赎之路》（复旦大学出版社2020年版，第452页），认为阳明所谓“区区欲刊一小书”，乃是“指《五经臆说》。《五经臆说》作为龙场之悟后的第一书（始笔），阳明在当时还是非常看重的，他已经准备好梨木板，打算刊刻成书，首先用于贵阳文明书院”。然据《王文成公全书》卷二十六《五经臆说十三条》（第1123页），可识《五经臆说》一书，阳明从不轻易示人，并云“付秦火久矣”，显然无论早期晚期，始终未予重视。今仅就钱德洪“偶于废稿中”所得，尚见存于《居夷集》之十三条文字观之，明人王廷相在《与赵侍御世胤》中（王廷相：《王廷相集》，王孝鱼点校，中华书局1989年版，第499页），便认为其中“春王正月之论，甚正甚的，非后儒驳僻之说”。据此则不能不追问，何以阳明“阅十有九月”呕心沥血始成之作，竟要付之一炬，必自行焚弃而后快？《五经臆说》凡四十六卷，篇幅如此繁杂，以阳明居黔期间之人生经历、活动内容等等推之，殊难及时完成。何况较诸《五经臆说》之从未单刻，《居夷集》单刻时间甚早。故阳明之说未必真，钱氏之说亦不可信。居黔生活乃阳明最宝贵之人生经历，所谓“小书”必指《居夷集》无疑。束氏之说，似嫌武断。

⑤ 谢东山删正，张道编集：嘉靖《贵州通志》卷二十一，张祥光等点校，第400页。

⑥ 张新民：《明代黔中地区阳明文献的刊刻与传播——以嘉靖贵阳本〈新刊阳明先生文录续编〉为中心的研究》，《孔学堂》2020年第3期。

州按察司提学道奉梓”[①]，题作“门人陈文学、叶梧重校”。按嘉靖《普安州志》卷三《学校志》著录“《阳明录》二部、《传习录》一部、《居夷集》二部”，并云均“布政司发下”。贵州巡按御史王杏亦提到，其曾将旧藏黔刊本《阳明王先生文录》，“属所司颁给之”，以裨“贵之人士家诵而人习之”[②]。万历《贵州通志》载“《阳明文录》一部十四册，万历十九年副使萧良干刊”[③]，则是书嘉靖初年刊行后，万历年间又由官方再次重梓。具见以上三书之刊行与颁布流传，均得力于官方行为，亦离不开阳明亲炙弟子之校雠编纂，乃入黔宦游官员与地方王门学者通力合作之产物。其书既由官方权力系统分发，则绝不止于普安一地，必当涵盖布政司辖下之各州县，甚至涉及个别土司地区，反映阳明撰作传播的地缘空间范围已十分广泛，甚至成为不少地方科考士子常读之书，自然也为黔中王门的传衍壮大提供了必要的“土壤环境”和“气候条件”。

嘉靖十四年本《新刊阳明先生文录续编》稍晚出，亦题有“耀州门人陈文学、镇安县知县门人叶梧校刊”等字样，主要以黔地先已刊行之“《文录》所未载者，出焉以遗之，俾得见先生垂教之全录”[④]。具见《续编》乃是《文录》的新刊补编本，以前后两书合而观之，则阳明著述已大体齐备。新刊《续编》本的锓版，固然离不开王学及门弟子的参与，但也得到了以王杏为代表的官方的支持。[⑤]书籍的大量刊刻与传播则意味着思想与知识的流通与普及，从而有利于推动地方心学人才群体的形成和发展，参与阳明著述校刻的不过李良臣、汤冔、陈文学、叶梧等数人，但其所代表的仍是黔中王门整个心学学派的认同群体。

大量刊行阳明一生著述文集，作为黔中王门传播心学思想的一种方式，历数其前后经过，可谓始终坚持不懈，不仅反映了边地心学学者学术交往活动的频繁与活跃，同时也体现了宦黔官员对阳明

---

① 王杏：《书〈文录续编〉后》，王阳明：《新刊阳明先生文录续编》，张新民审定，第485页。

② 王杏：《书〈文录续编〉后》，王阳明：《新刊阳明先生文录续编》，张新民审定，第485页。

③ 王耒贤、许一德修纂：万历《贵州通志》卷二十四，黄富源点校，第520页。

④ 王杏：《书〈文录续编〉后》，王阳明：《新刊阳明先生文录续编》，张新民审定，第488页。

⑤ 张新民：《明代黔中地区阳明文献的刊刻与传播——以嘉靖贵阳本〈新刊阳明先生文录续编〉为中心的研究》，《孔学堂》2020年第3期。

心学的认同和支持。观察黔中王门地域学派产生、形成和发展变化的整体特征，二者都是不可轻易忽视或绕过的重要学术文化现象。

稍有必要强调的是，《居夷集》的撰作在贵州、刊刻在贵州，内容所涉也主要为贵州，对黔籍学者尤其是阳明及门弟子而言，稍一展卷诵读，便不能不立刻感到亲切而有情味，以为其人虽已远离黔地，精神影响仍长留在山川大地之间。而心乃一切价值之源，阳明之心必藏于其书中，读其书而求其心，求其心而反诸身，则又能滋养涵化自己之境界精神。故黔中王门亲炙弟子每感其人其事，遂不能不有“阳明翁此居三年，覆载吾土天地大”[①]之歌吟。而继《居夷集》锓版首刻之后，又先后有《传习录》《阳明王先生文录》《新刊阳明先生文录续编》诸书的刊行，固然首先是源于学理认知的需求，但也有精神情感的劫因。因此，也可说：“先生谪寓兹土，遗惠在人，思其人而不可见，故于文致重也。其勿剪甘棠之义乎？”[②]而阳明自己在心智情感上，也始终挂念和关心黔中王门学者，曾有书札寄贵阳诸生说：“吾所以念诸友者，不在书札之有无。诸友诚相勉于善，则凡昼之所诵，夜之所思，孰非吾书札乎？不然，虽日致一书，徒取憧憧往来，何能有分寸之益于诸友也。为仁由己，而由人乎哉？诸友勉之。”[③]虽天各一方，然道义之交，仍灵犀相通，能够神感神应，相互鼓励劝勉。即使阳明逝世后，黔中受业弟子也时常感怀：“不拜先生四十年，病居无事检遗编；义文周孔传千圣，河汉江淮会百川。”[④]具见无论是居黔离黔，生前生后，黔中王学弟子或仰瞻旧迹，驰念追忆，或摩挲遗编，神思怀想，他们与师门的思想联系与精神感应，似乎从来就难有任何人为的阻隔或中断。

九、薪火相传：承良知之派以开黔学

当然，作为阳明心学理论和精神思想的学派传人，在黔中王门学者或有意提倡王学的官员看来，更当强调的是“尊其人，在行其

① 谢东山删正，张道编集：嘉靖《贵州通志》卷六，张祥光等点校，第275页。
② 王杏：《书〈文录续编〉后》，王阳明：《新刊阳明先生文录续编》，张新民审定，第485—486页。
③ 王阳明：《寄贵阳诸生》，《新刊阳明先生文录续编》，张新民审定，第113页。
④ 郭子章：《黔记》卷四十七，赵平略点校，第1004页。

道，想象于其外，不若佩教于其身”[①]。尊崇阳明的最好方式，乃是一本人人均有的天赋良知，自觉主动地投身于人间社会的道德实践和秩序建构事业，谋求人道天道一体不二的价值理想，能在具体的现实生活中公平合理地落实。因此，黔中王门的早期受业弟子，虽相关的学术著述较少，思想理论上的建树不多，但仍能一本师门“知行合一”之训，既重视最能体现生命自我本真精神的觉悟，也关心有益于社会民生福祉的践履，[②] 以为觉悟不离践履，践履不离觉悟，二者本来一体，不能须臾分割。这当然也是一种“身体而力行”[③]之学，在黔中王门学者的身上表现得尤为突出。

早期黔中王门的第一代学人，主要以陈文学、汤冔、叶梧等三人为代表，较诸后来相继崛起的第二代学人孙应鳌（字山甫）、李渭（字湜之）、马廷锡（字朝宠）等，前者当称为“前三贤”，后者则应名为“后三贤”。“前三贤”中叶梧史迹见诸载籍者最少，姑暂不置论。陈文学诗作“大半在溪山花月杯酒游览间，触趣而发，不强作，其冲澹如栗里，萧散如苏州，沉郁酝藉如少陵”[④]。又不满官场黑暗，“杜门养疴，一切世故罔预。稍闲，即与圣贤对”[⑤]。而在圣学工夫论上，则受阳明“龙场悟道”之启发，“终日静坐，默记先圣语言与师说相证发，亦游艺染翰。或对客谈诗文。唯意所适，殆无一时不自得”[⑥]。显然诗也是发抒心志，批评时政的一种方式。因而郭子章尝引其《赠汪识环歌》：“慨昔阳明翁，过化此边疆。峷嵂龙场冈，夙愿终当偿。驾言道阻长，吾道歌沧浪。”以为“其自任良亦不小，岂徒作黔中一诗翁乎哉！”[⑦]

汤冔在“前三贤”中的地位也很重要，他在潮州郡任上时，“潮于两广号剧郡，商旅辏集，税务猥杂，士大夫又好请托，官于其地

---

① 谢东山删正，张道编集：嘉靖《贵州通志》卷六，张祥光等点校，第275页。

② 陈文学诗句：“当宁思民瘼，观风走使星。”（谢东山删正、张道编集：嘉靖《贵州通志》卷十一，张祥光等点校，第527页）便反映了黔中王门学者的民生关怀。

③ 王耒贤、许一德修纂：万历《贵州通志》卷二十一，黄富源点校。第394页。

④ 郭子章：《黔记》卷十一，赵平略点校，第382页。

⑤ 郭子章：《黔记》卷四十七，赵平略点校，第1004页。

⑥ 莫友芝：《太守汤伯元先生·传证》，《黔诗纪略》卷三，黎兆勋采诗、莫友芝传证，贵州人民出版社2017年版，第157页；另可参阅周作楫辑，朱德璲刊：《明陈汤二马吴传第三》，道光《贵阳府志》卷七十三，第1296页。

⑦ 郭子章：《黔记》卷四十七，赵平略点校，第1004页。

者多为所挠”[①]。謩至则“裁决如流，税租不一指染”[②]；“缙绅请托不少徇渎之，再三则糊刺堂壁以愧绝之，人由此衔公”。遂因此为所拒势家诬告，不幸竟以堂堂正正之身“中飞语归”。汤氏仕任思亲，不获迎养，乃有“肠断九回情独苦，仕逾十载养全贫”[③]之句，全然出于至真之天性，适可见其为官之清廉。而尤要者，诗未必就不能传达心法，彰显道体，见证悟境，用作教化。诚如阳明所说：“道广矣大矣，文词技能于是乎出，而以文词技能为者，去道远矣。”[④] 汤氏以一生行事见证阳明“知行合一”之旨，正是身体力行证道、行道之践履型人物。他与陈文学之立身处世颇为相近，都是颇能守儒者矩矱的践行者。

透过以上分析不难看出，黔中王门地域学派之形成，也可广义说是整个“黔学之兴，实自王文成始”[⑤]。所谓“黔学”乃特指儒家堂堂正正做人，乃至成圣成贤之学，因而也可说自明以迄清，“三百年来，黔人知圣贤之学者，实自先生倡之”[⑥]。阳明当年曾颇为自信地说：“他年贵竹传遗事，应说阳明旧草堂。”[⑦] 正是学派的形成与思想的传衍，影响了一代又一代的学人，才能打通古今的隔阂，见证人的精神的不死。

以阳明的系列讲学活动为肇端，实践性地开启了黔中王学学派。如果考察其前后源流，尽管陈文学、汤謩、叶梧等“前三贤”，较诸后来兴起的第二代王门人物，尤其是被郭子章视为理学重要人物的孙应鳌、李渭、马廷锡等“后三贤”，他们思想性、学术性的话语言说虽不多，但阳明心学乃至整个传统儒学的精义在实践，任何历史文化都不能缺少活生生的，以“仁”或“良知”为本体的人的下学上达的现实实践，而所谓实践并不离人生当然之理及其应行应为的社会日常生活，因而他们以身体力行的实践方式，所发挥的承上

---

① 周作楫辑，朱德璲刊：《明陈汤二马吴传第三》，道光《贵阳府志》卷七十三，第1296页。
②《乡贤·汤謩传》，乾隆《贵州通志》卷二十八，清乾隆六年刻嘉庆修补本，第4页。
③ 郭子章：《黔记》卷四十六，赵平略点校，第989页。
④ 王守仁：《送宗伯乔白岩序》，《王文成公全书》卷七，王晓昕、赵平略点校，第276页。
⑤ 翁同书：《叙》，周作楫辑，朱德璲刊：道光《贵阳府志》，第3页。
⑥ 张辂：《新建阳明祠记》，贵阳市志编纂委员会编：《贵阳市志·文物志》，贵州人民出版社1993年版，第157页。
⑦ 王守仁：《夜宿汪氏园诗》，《王文成公全书》卷十九，王晓昕、赵平略点校，第851页。

启下的历史作用仍不可忽视。正是有鉴于此，清代朴学大家邹汉勋应贵州巡抚贺长龄之邀，入黔主纂具有“领袖全黔”意义的大型志书——《贵阳府志》[①]，便将陈文学、汤冔、马廷锡、马云龙、吴淮合为一传，盛称“陈宗鲁、汤伯元亲炙文成，宗鲁得文成之和，兼擅词章；伯元得文成之正，且有吏治，虽以飞语见责，恬然自退，又何伤哉！”[②]从黔中王门早期兴起的角度看，其评价显然是符合客观历史实际的。

与邹汉勋高度评价陈、汤二氏，认为其“开黔南学业”的看法类似，黔籍著名学者莫友芝也特别指出：黔中及门学者“争知求心性，得其传者首推陈宗鲁及先生（伯元）。宗鲁得阳明之和，先生（伯元）得阳明之正。文章吏治，皆有可称”。从而充分肯定“两先生承良知之派以开黔学，岂区区诗文足以重两先生？”[③]具见黔中王门的早期形成，主要得力于阳明的亲炙弟子，尤以“前三贤”的贡献最为突出，乃是清人的共识。

阳明一生从事心学讲学活动，首先发端于黔中，以后随着其活动范围及思想传播空间的扩大，尽管其所“创良知之说，是其识见学力深造所到，非强立标帜以张大其门庭”[④]，然门徒仍不断增多，几至遍天下。“及其末流，竟慕心法，以顿悟相高，不顾事功。有仅以默坐调息为王学本领者，又或外以狂逸为高，而身践蔑弃礼义之事，无所忌惮，是以深为后人诟病。”[⑤]即使高明卓荦如王艮（字汝止，号心斋），超拔圆融如王畿（字汝中，号龙溪），黄宗羲亦以“跻阳明而为禅”讥评之，更遑论“传至颜山农、何心隐一派，遂复非名教之所能羁络”[⑥]，虽勇猛决断之精神不能不说是痛快，但罔顾现实境遇亦难免滋生过激弊害，故历来皆有人视其为“异端”。黄氏的批评不可谓不苛严，但即使如此，四库馆臣也依然认为，其“于王门末流诸人，流于猖狂恣肆者，亦颇为回护。门户之见，未免尚

---

① 贺长龄：《序》，周作楫辑，朱德璲刊：道光《贵阳府志》，第1页。

② 周作楫辑，朱德璲刊：《明陈汤二马吴传第三》，道光《贵阳府志》卷七十三，第1297页。

③ 莫友芝：《太守汤伯元先生传证》，《黔诗纪略》卷三，《莫友芝全集》（第9册），张剑、张燕婴整理，第156—157页。

④ 袾宏：《竹窗随笔》，心举点校，华东师范大学出版社2013年版，第28页。

⑤ 谢无量：《中国哲学史》，《谢无量文集》（第2卷），中国人民大学出版社2011年版，第460页。

⑥ 黄宗羲：《泰州学案一》，《明儒学案》卷三十二，沈芝盈点校，第703页。

存”[①]。而无论是“得阳明之和”或“得阳明之正”，以清人重汉学而非宋学的立场视之，黔中王门学者能独得此赞誉，诚非易事。

当然，回到阳明本人，其学上承孔孟，别开天地，最重自得，亦最得儒门之正。所谓“杂入于禅，殆学文成者之过，非文成之失也。今以文成之所表著者观之，学禅者能之耶？且学固欲其通时务、济变故而已，如文成者而尚不谓之正学，将必方领矩步、拘墟无用者而后谓之学耶？”[②]以此反观黔中王学学者，较有代表性者如陈文学、汤冔、叶梧等，均能一本师说，既重践履，又重气节，治心工夫愈深，便愈能复归平实。人品学术，既“和”亦“正”。以“得阳明之和”及“得阳明之正”两语视之，则非仅示王学后人以中正平和之规矩，而且也范导了地方习俗风气的实践性良善变易。阳明心性良知之学得此数人，遂张大旗帜，率先开派于黔中，虽谨守规矩有余，发挥创造不足，然导夫先路之功，仍值得充分肯定。

继陈文学、汤冔、叶梧等“前三贤”入阳明之室，“承良知之派以开黔学”后，产生较大声光影响而崛起一时者，尚有孙应鳌、李渭、马廷锡等“后三贤”，均无不私淑阳明，实乃王门后学中的“荦荦著者”[③]。“后三贤”较之前辈王门学人更有进处，即不仅各有其思想性的专门著述，发明心性学问精义颇多，弥补了早期学者理论建树薄弱的不足，反映了黔中王学学术发展成就的完善和成熟，而且门下弟子济济甚众，形成了范围广袤的地域性心学人才群体，完全能够跻身全国性名家大儒的行列，代表了黔中王学成果积累深刻化和精细化的巅峰。黔中王门经过几代学者的薪火相传，不能不说是“事之后起者，其美出乎前而兼乎前之美”[④]。是时，黔中、楚中、浙中、江右、泰州等不同地域学派的学者之间，往返交流互动愈加频繁，声势规模亦愈加壮大，最突出者即“文成弟子道林蒋信以副使提学贵州，重举阳明学旨以教诸生，贵阳心庵马廷锡独有悟入。清平淮海孙应鳌见知于提学徐樾，即传阳明、心斋之

① 沈佳：《明儒言行录》，永瑢等：《四库全书总目》卷五十八，第528页。

② 翁同书：《叙》，周作楫辑，朱德璲刊：道光《贵阳府志》，第3页。

③ 郭子章：《黔记》卷十五，赵平略点校，第389页。

④ 邵懿辰：《半岩庐遗集·仪宋堂记》，清光绪三十四年邵章刻本；又见徐世昌等编纂：《邵先生懿辰》，《清儒学案》卷二百〇四，沈芝盈等点校，中华书局2008年版，第7943页。

学，又走桃冈印证于道林。思南同野李渭自传家学，亦谒道林陈楼上楼下光景。终明之世，吾黔学祖断以文成为开先”[①]。而阳明教下陈文学、汤冔、叶梧三人亲得阳明衣钵，黔中王门学派于焉成立，孙应鳌、李渭、马廷锡三人扬波助澜，黔中王门学派亦因此逐渐壮大。如果说前者颇有功于阳明，那么后者则“不愧龙场”[②]。黔中王门地域学派的崛起兴盛和日趋壮大，乃是几代学人共同努力发展的历史性结果。

---

① 陈田辑:《王阳明》,《明诗纪事》卷十三，商务印书馆1936年版，第11页。

② 郭子章:《黔记》卷四十五，赵平略点校，第981页。

明代黔中地区阳明文献的刊刻与传播

——以嘉靖贵阳本《新刊阳明先生文录续编》为中心的研究

16世纪下半叶，为配合心学运动在西南边地的发展，黔中王门学者凝聚各种政治与学术资源，先后刊刻了《居夷集》《传习录》《阳明先生文录》《新刊阳明先生文录续编》《阳明先生遗言稿》《阳明文录》六部专书，即使较诸王学发展最为兴盛的浙江、江西等中心地区，其数量规模亦足以令人惊诧，不能不说是阳明文献传播史上必须关注的重要历史事件。

贵州刊刻的阳明文献虽多已亡佚，然《新刊阳明先生文录续编》嘉靖十四年刻本及《阳明先生文录》嘉靖十八年补刻本，今皆尚存。其中《新刊阳明先生文录续编》（以下简称《续编》）凡三卷，各卷均按文体类别编次，依序为文类、书类、跋类、杂著、祭文、墓志、诗类。据书后所附王杏《书〈文录续编〉后》，可知书之梓行，乃是因其初至黔，即有感"（阳明）先生以道设教，而贵人惟教之由无他也，致其心之知焉而已矣"；特别是"（阳明）先生昔日之所面授，此心也，此道也；今日之所垂录，此心也，此道也，能不汲汲于求乎……贵人之怀仰而求之若此，嘉其知所向往也"。遂以"《文录》所未载者，出焉以遗之，俾得见先生垂教之全录，题曰《文录续编》"，以为"读是编者能以其心求之，于道未必无小补。否则是编也，犹夫文也，岂所望于贵士者哉？"[①] 可见是书之所以题曰《续编》，乃是补已刊的《阳明先生文录》之未载者；所谓"新刊"云云，亦相对旧刊本《阳明先生文录》而言。而新刊本《续编》之梓刻时间，亦必在王杏撰文之嘉靖乙未十四年（1535），是时距阳明先生逝世才七年，[②] 谢廷杰之《全书》合刻本尚未刊刻，[③] 流传于世之单行本，无不"各自为书"[④]。《续编》即早期少数罕见单行本之一，历来鲜有史志目录专书著录，即使置于阳明文献整体系统之中，也弥足珍贵。

---

① 王杏:《书〈文录续编〉后》，王阳明:《新刊阳明先生文录续编》，张新民审定，第485—489页。

② 嘉靖七年（1528）十一月乙卯，阳明先生卒于南安，次年正月己丑正月，丧发南昌，二月庚午，丧至越，十一月，葬于洪溪。其弃世距《续编》之刊印，前后相距正好七年。（钱德洪:《年谱三》，王守仁:《王文成公全书》卷三十四，王晓昕、赵平略点校，第1511—1515页）

③ 谢廷杰所编之《王文成公全书》，刊刻于隆庆六年（1572），《四部丛刊初编》本即据此影印，较《新刊阳明先生文录续编》，已晚去三十七年。

④ 永瑢等:《四库全书总目》卷一百七十一，第1498页。按《四库全书总目》卷一百七十六尚著录《王阳明集》十六卷，乃阳明五世孙贻乐重编，或亦刻于嘉靖中，惜早已亡佚。是否为合编全书本，亦有待详考。

一、地方王门学者的合作与《续编》的刊刻

《续编》之梓行，王杏既云乃其“以《文录》所未载者，出焉以遗之”，则主其事者必乃其人，刊刻地亦当在黔省无疑。考书之每卷卷末，均分三行题有“贵州都司经历赵昌龄”“耀州知州门人陈文学”“镇安县知县门人叶梧校刊”字样，则参与校刻者尚有赵昌龄、陈文学、叶梧三人，后两人为阳明亲炙弟子，否则便不会在姓氏前冠以“门人”二字。而王杏、赵昌龄亦必为服膺或私淑阳明者，刊刻《续编》一事即足可证明之。王杏之史迹，综合历代史志考之，知其字世文①，一字少坛②，号鲤湖③，又号日冈，浙江奉化人，嘉靖十三年（1534）巡按贵州。时“贵州虽设布、按二司，而乡试仍就云南。应试诸生艰于跋涉，恒以为苦”④。故早在嘉靖初，给事中田秋即“建议欲于该省开科”，然前后逾五年未有定议，至此复“下巡按御史王杏勘议，称便。因请二省解额，命云南四十名，贵州二十五名，各自设科”⑤。杏之勘议奏疏明确称：

> 贵州地方，古称荒服，国初附庸四川，洪武十七年开设科目，以云、贵、两广皆隶边方，将广西乡试附搭广东，取士一十七名，贵州乡试附搭云南，取士一十五名。永乐十三年，贵州增建布政司，以后抚按总镇，三司衙门渐次全设，所属府、卫、州司遍立学校，作养人才，今百五十年，文风十倍，礼义之化已骎骎与中原等，乃惟科场一事，仍附搭云南，应试中途间有被贼、触瘴死于非命者。累世遂以读书为戒，倘蒙矜悯，得于该省开科，不惟出谷民黎获睹国家宾兴盛制，其于用夏变夷之意，未必无少补矣。⑥

---

① 郭子章：《黔记》卷二十八，赵平略点校，第647页。
② 周作楫辑，朱德璲刊：《明总部政绩录第二之三》，道光《贵阳府志》卷五十七，第1115页。
③ 光绪《奉化县志》卷二十四，清光绪三十四年刻本。
④ 周作楫辑，朱德璲刊：《明总部政绩录第二之三》，道光《贵阳府志》卷五十七，第1115页。
⑤“嘉靖十四年八月庚子”条，《明世宗实录》卷一百七十八，（台湾）“中央研究院”历史语言研究所1962—1965年校勘本，第3831页。
⑥ 王耒贤、许一德修纂：万历《贵州通志》卷十九，黄富源点校，第353页。

足证嘉靖年间，尽管黔地“环处皆苗，其冠带而临苗夷者皆土官”①，“夷多汉少”②的族群生态局面，实际并未完全改变。但儒家思想的传播范围仍在不断扩大，地域性的士绅阶层早已形成，③诚如王阳明《寓贵阳诗》所云：“村村兴社学，处处有书声”④，后人据此以为其用心之苦，乃在“喜其向道知方也”⑤。适可见不仅府州县科考生员的数量日益增多，即独立开科设考亦成为历史的必然。而正德二年（1507），王济（字汝楫）“巡按贵州，大有声绩，以贵州少书籍，曾与左布政使郭绅刻谢枋得《文章轨范》，以公之士林”⑥。书稿刊刻前，王阳明受王济之嘱撰序，即称是书乃“取古文之有资于场屋者……是独为举业者设耳。世之学者传习已久，而贵阳之士独未之多见”。因而重新刊刻是书，必能“嘉惠贵阳之士”。当然，他也特别告诫：“工举业者，非以要利于君，致吾诚焉耳。世徒见夫由科第而进者，类多徇私媒利，无事君之实，而遂归咎于举业。不知方其业举之时，惟欲钓声利，弋身家之腴，以苟一旦之得，而初未尝有其诚也。”凡此种种，在阳明看来，均极不可取。而主事者王济又尝“谋诸方伯郭公辈，相与捐俸廪之资，锓之梓”。故阳明又极为担心“贵阳之士，谓二公之为是举，徒以资其希宠禄之筌蹄也，则二公之志荒矣”⑦。尽管“地以人才重，人才以科目重久矣”，但“若作兴风励之机，则在上不在下”⑧，因而“能本之圣贤之学，以从事于举业之学”⑨，以致“风动远人，使知激劝”⑩，仍为多数在黔官员的共识。即在王济本人，也认为“枋得为宋忠臣，固以举业进者，是吾微有训焉”⑪，用心诚可谓良苦。

---

① 王耒贤、许一德修纂：万历《贵州通志》卷二十，黄富源点校，第373页。
② 王耒贤、许一德修纂：万历《贵州通志》卷二十，黄富源点校，第373页。
③ 参见张新民：《西南边地士大夫社会的产生与精英思想的发展——兼论黔中阳明心学地域学派形成的文化背景》，《国际阳明学研究》2013年第3辑。
④ 谢东山删正，张道编集：嘉靖《贵州通志》卷三，张祥光等点校，第118页。
⑤ 王耒贤、许一德修纂：万历《贵州通志》卷三，黄富源点校，第42页。
⑥ 周作楫辑，朱德璲刊：《明总部政绩录第二之二》，道光《贵阳府志》卷五十六，第1107页。
⑦ 王守仁：《重刊文章轨范序》，《王文成公全书》卷二十三，王晓昕、赵平略点校，第1003页。
⑧ 谢东山删正，张道编集：嘉靖《贵州通志》卷六，张祥光等点校，第298页。
⑨ 郭子章：《黔记》卷三十九，赵平略点校，第873页。
⑩ 田秋：《西麓奏议》，引自黎庶昌：《牂柯故事》卷十二，《黎庶昌全集》，黎铎、龙先绪点校，上海古籍出版社2015年版，第2846页。
⑪ 王守仁：《重刊文章轨范序》，《王文成公全书》卷二十二，王晓昕、赵平略点校，第1002页。

由此可见，随着边地科考人数的增多，相关书籍的刊刻也开始受到地方官员的重视。《续编》的编排刊印虽较《文章轨范》为晚，但也与大量读书士子文化心理上的需求有关。《文章轨范》或《续编》的刊行流通，如同科考的独立开设与取名额的增加一样，立足于国家的整体宏观治理策略，从地方官员边政实情的观察视野出发，都既可在文化上“昭一代文明之盛”[①]，也能在政治上满足“用夏变夷之意”[②]，从而促使“夷多汉少”的边地朝着内地化或国家化的方向发展，实现王朝中央强化或巩固大一统政治秩序的治边目的。[③]

当然，从国家有意建构的一整套教化体系看，更重要的是，“凡古昔名贤流寓之地，必稽姓氏，为往迹之光，甚而崇庙祀，景德永，流韵为人心之芳传”[④]。如果说稽考流寓名贤姓氏，乃至立碑建祠，使人知所景仰固然重要，则刊刻其生前撰述，从而移易地方习俗风气，影响世道人心，从而改变“理学不明，人心陷溺，是以士习益偷，风教不振”[⑤]的文化积弊现象，在地方官员看来，当也是其展开教化工作的一种重要手段。因而《续编》的刊印作为一种官方政治行为，尚有其他具有地方官员身份，署名为“贵州都司经历”的赵昌龄的参与。赵氏生平事迹，史籍载之甚少。考徐问《抚院续题名记》“昔司马文正公谏院题名，有忠诈直回之语，将欲揭诸后之人，俾瞩目警心，聿兴劝戒。然则今日之求宁，非后事之师乎？某以是惧，爰命都司从事赵昌龄董工伐石，窃取文正公之意以续书焉”[⑥]；王杏《清理屯田事议》“臣巡历贵州新添等卫地方，查据经历赵昌龄呈称，贵州屯种额例……恐虚言无凭，委官履田踏勘，已各得实” 云云；具见参与校勘《续编》者，必是上述两条材料提及之人，则赵氏除参与校对之役外，又曾“董工伐石”，以便

① 王耒贤、许一德修纂：万历《贵州通志》卷十九，黄富源点校，第353页。
② 谢东山删正，张道编集：嘉靖《贵州通志》卷六，张祥光等点校，第217页。
③ 史称“今开科会省，风教大行，向道知方，人文益彬彬矣”（谢东山删正，张道编集：嘉靖《贵州通志》卷三，张祥光等点校，第118页）。可见科考的独立开设，的确有助于王朝中央“用夏变夷”政治策略的实现，能够强化边地自上而下一统秩序的建构。至于书籍的刊刻与广泛流通，显然也可满足日益增多的读书士子的心理文化诉求。
④ 谢东山删正，张道编集：嘉靖《贵州通志》卷六，张祥光等点校，第276页。
⑤ 杨希闵：《明王文成公年谱节钞》，龚晓康、赵永刚编：《王阳明年谱辑存》（一），龚晓康等点校，贵州大学出版社2018年版，第369页。
⑥ 谢东山删正，张道编集：嘉靖《贵州通志》卷十二，张祥光等点校，第622页。

刻写贵州抚院续题名，并受命查核“贵州屯种额例”，所报数字均一一真实不虚。可证赵氏与王杏，二人虽在官秩有为上下之分，多有公务往来，然在私交上亦必时有过从，均心仪阳明心学，赵氏遂深得王杏信任，参与《续编》之文字校订，其名赫然列于书中。

参与《续编》之文字校对者，尚有陈文学、叶梧两人，均阳明早期黔籍弟子，分别署名“耀州知州门人”与“镇安县知县门人”，然其时早已由官任返归贵阳，实际仍以门人弟子之身份，主动承担《续编》文字校雠。钱德洪《年谱》“嘉靖十三年甲午五月”条载：

> 师（阳明）昔居龙场，诲扰诸夷。久之，夷人皆式崇尊信。提学副使席书延至贵阳，主教书院。士类感德，翕然向风。是年杏按贵阳，闻里巷歌声，蔼蔼如越音；又见士民岁时走龙场致奠，亦有遥拜而祀于家者；始知师教入人之深若此。门人汤冔、叶梧、陈文学等数十人请建祠以慰士民之怀。乃为赎白云庵旧址立祠，置膳田以供祀事。①

席书延请阳明至贵阳，主讲文明书院，② 其事亦见郭子章万历《黔记》：“文成既入文明书院，公（席书）暇则就书院论学，或至夜分，诸生环而观听以百数。自是贵人士知从事心性，不汩没于俗学者，皆二先生之倡也。”③ 可见阳明之主讲文明书院，与提学副使席书的关系极大，也可说是地方官员有意支持的一种施教行为，因而参与听讲的生员显然数量较多，汤冔、叶梧、陈文学即为其中最有代表性的人物，实乃阳明在黔期间最早的亲炙弟子，亦必列坐于“环而观听”诸生之中。

---

① 钱德洪：《年谱附录一》，王守仁：《王文成公全书》卷三十五，王晓昕、赵平略点校，第1519页。

② 钱德洪称“提学副使席书聘（阳明）主贵阳书院”（钱德洪：《年谱一》，王守仁：《王文成公全书》卷三十二，王晓昕、赵平略点校，第1396页）云云，“贵阳书院”显系“文明书院”之误，细读下文引语即可知之。又“文明书院，在治城内忠烈桥西，即元顺元路儒学故址”（沈庠删正，赵瓒编集：《贵州图经新志》卷一，张祥光点校，第19页）云云，亦可证之。

③ 郭子章：《黔记》卷三十九，赵平略点校，第874页。

二、国家边地政治策略与纪念阳明系列活动

钱德洪提到的汤冔、叶梧、陈文学等人，因阳明之因缘而知儒家心性学说，晚年致仕归黔带头请建阳明祠一事，亦见于李贽《阳明先生年谱》："门人汤冔等数十人请建祠以慰士民之怀。乃为赎白云庵旧址，立祠置田以供亲事。"[①] 实际是时"贵阳初设府，未建庙学，权以阳明祠为学，而庙则附于宣慰学"[②]。故建祠之同时而阳明书院亦得以成立，可证其事之必可信据，则贵阳之建专祠祭祀阳明，较诸直隶巡抚曹煜于九华山建仰止祠祭祀阳明，时间上整整早了一年，可谓全国最早建专祠祭祀阳明的区域，足证边地民众思慕系念之情弥久弥深。只是无论钱德洪或李贽所记，如果沿流讨源，追溯其原始出处，实皆本于王杏的《阳明书院记》。王氏在《记》中明白称：

> 嘉靖甲午，予奉圣天子命，出按贵州，每行部闻歌声蔼蔼如越音，予问之士民，对曰："龙场王夫子遗化也。"且谓夫子教化深入人心，今虽往矣，岁时思慕，有亲到龙场奉祀者，有遥拜而祀者，予问曰："何为遥拜而祀也？"对曰："龙场去省八十里，陵谷深峻，途程亦梗，士民艰于裹粮，故遥祀以致诚云尔。"子闻而矍然曰："有是哉。"先生门人汤君冔、叶君梧、陈君文学数十辈，乞为先生立祠，以便追崇。余曰："公帑未敷也。"次日，宣慰司学生员汤表、张历等以辞请；又次日，汤君冔辈又请。予曰："诸君之请，私情也；问之于官，公议也。牵之以私者徇，强之以公者矫，矫与徇君子弗取，诸公斯请，情至义得，是可以行矣。"乃行布、按、都三司掌印官，左布政使周君忠、按察使韩君士英辈会议，佥曰："此舆论也，先生功德在天下，遗泽在贵州，公论在万世，祀典有弗舍焉者乎？请许之以激劝边人。"遂许之。为赎白云庵旧基，给之以工料之费，供事踊跃，庶民子来，逾月祠成。[③]

---

① 李贽：《年谱后人》，龚晓康、赵永刚主编：《王阳明年谱辑存》（二），赵永刚、钟翌晨点校，第72—73页。

② 周作楫辑，朱德璲刊：《明总部政绩录第二之四》，道光《贵阳府志》卷五十八，第1122页。

③ 谢东山删正，张道编集：嘉靖《贵州通志》卷六，张祥光等点校，第275页。

文中提到的汤冔、叶梧、陈文学，以及当时尚为宣慰司学生员的汤表、张历等，显然均为黔籍人士，而受到阳明心性之学的沾溉。其中之汤冔，字伯元，即贵阳人，正德三年（1508），“王伯安先生谪龙场，公师事之”[①]，“得知行合一之学”[②]，“正德辛巳成进士，历官南户部郎，出守潮州……甫三月，改巩昌，便道归省。其在任思亲，有‘肠断九回情独苦，仕逾十载养全贫’之句。居无何，中飞语归。”[③] 汤冔撰有《逸老闲录》《续录》，惜俱亡佚。黎庶昌撰《全黔故国颂》，将其收入儒林传。[④]

与汤冔同时之陈文学，字宗鲁，自号五粟山人，贵州宣慰司人，“年十余即能诗，以诸生事阳明，乃潜心理学”[⑤]，“弘治丙子乡举，知耀州。三年调简，不果赴。杜门养疴，一切世故罔预。稍闲，即与圣贤对……自耀归，日者言岁将不利公，自作《五粟先生志》”[⑥]。著有《耀归存稿》《余历续稿》《孏簃闲录》，均合编为《陈耀州诗集》。后人认为他与汤氏，均“亲炙文成，以开黔南学业，宗鲁得文成之和，兼擅词章；伯元得文成之正，且有吏治，虽以飞语见责，恬然自退，又何伤哉？”[⑦]

同陈文学一样，叶梧（或作“叶悟”）也参与了《续编》的校勘。叶氏字子苍，亦贵州宣慰司人，正德八年（1513）举人，曾任陕西镇安县知县，[⑧] 刘咸炘撰《明理学文献录》，广搜阳明弟子，“子苍”之名即赫然列于其中。[⑨] 正德三年（1508）阳明龙场悟道后，讲学龙冈、文明两书院，他与汤冔、陈文学同时，均为最早进入师门的一批王学弟子，较诸最早在山阴（今浙江绍兴）师事阳明的徐

---

① 郭子章：《黔记》卷四十六，赵平略点校，第989页。
② 周作楫辑，朱德璲刊：《明陈汤二马吴传第三》，道光《贵阳府志》卷七十三，第1296页。
③ 郭子章：《黔记》卷四十六，赵平略点校，第989页。
④ 黎庶昌：《全黔故国颂》卷十五，《黎庶昌全集》，黎铎、龙先绪点校，第1939—1941页。
⑤ 莫友芝：《黔诗纪略》卷三，清同治十三年遵义唐氏梦研斋金陵刻本，第13页。
⑥ 郭子章：《黔记》卷四十七，赵平略点校，第1004页。按弘治无丙子年，据万历《贵州通志》卷四《宣慰使司·科贡》，陈氏举正德丙子（1516）乡试，则引文所谓“弘治”，必系“正德”之误。阳明黔中讲学时，陈氏尚为生员。
⑦ 周作楫辑，朱德璲刊：《明陈汤二马吴传第三》，道光《贵阳府志》卷七十三，第1297页。
⑧ 谢东山删正，张道编集：嘉靖《贵州通志》卷六，张祥光等点校，第299页。
⑨ 刘咸炘：《推十书》（增补全本丙辑），第1335页。

爱（字曰仁），其前后相去不过仅仅一年。[①] 故晚年返归故里筑垣后，不仅与汤冔、陈文学共同带领地方读书士子请建王文成公祠，同时也与赵昌龄、陈文学合作共同校订了师门的《文录续编》。

汤冔、叶梧、陈文学三人，外出入仕即为肩负官守职责之地方父母官，可谓握有朝廷权柄大任的士大夫，返黔乡居则为望重一时的缙绅，乃是能够代表读书士子发言的地方知识精英。而贵州宣慰司与贵州布政司、贵州都指挥司、贵州提刑按察司同城而治，贵州宣慰司在治城北，贵州布政司、贵州提刑按察司在治城中，贵州都指挥司在治城中西，[②] 均同在府城，彼此紧邻。城内“官军士民移自中土，且因迁调附住于此，生齿渐繁，风化日启”[③]。故叶梧、陈文学虽名为贵州宣慰司人，实际也是贵阳人。时王杏恰在巡按任上，按察院具体位置即“在会城东门内”[④]，阳明祠及所附书院也在城东。[⑤] 据此完全可以推断，所谓黔本《续编》，刊刻地点尚可确定在王杏、赵昌龄、汤冔、叶梧、陈文学共同交往和活动的区域，即贵州宣慰司与贵州布政司、贵州都指挥司、贵州提刑按察司同城而治的贵阳，可称为嘉靖十四年贵阳刻本或筑刻本。

阳明祠及其所附书院之修建，虽出于汤冔、叶梧、陈文学等地方缙绅之请，但毕竟要经过代表官方的王杏的允准，并商之“行布、按、都三司掌印官”周忠、韩士英等人，以为可以“激劝边人”，能够强化地方秩序，达致教化目的，才最终得以建成，可视为朝廷官员与地方缙绅的一次重要合作。而筑本《续编》的梓行，既有主事官员王杏及其下属当差赵昌龄的倡导，也有叶梧、陈文学等地方精英的配合，也可说是地方政府与边地读书士子的一次成功合作，体现了国家治边大员与边地士绅文化共识空间的良性开拓与

---

① 徐爱称：“自尊师阳明先生闻道后几年，某于丁卯春，始得以家君命执弟子礼焉。于时门下亦莫有予先者也。继而是秋，山阴蔡希颜、朱守中来学，乡之兴起者始多，而先生且赴谪所矣。”（徐爱：《同志考叙》，《横山遗集》，《徐爱 钱德洪 董沄集》，钱明编校整理，第56页）黄宗羲也认为“阳明出狱而归，（徐爱）先生即北面称弟子，及门莫有先之者”（黄宗羲：《郎中徐横山先生爱》，《明儒学案》卷十一，沈芝盈点校，第220页）。按：丁卯即正德二年（1507），可证龙场悟道前，徐爱便已入师门，较诸叶氏等人，当早了整整一年。

② 沈庠删正，赵瓒编集：《贵州图经新志》卷一，张祥光点校，第12—17页。

③ 谢东山删正，张道编集：嘉靖《贵州通志》卷一，张祥光等点校，第33页。

④ 郭子章：《黔记》卷二十三，赵平略点校，第562页。

⑤ 王耒贤、许一德修纂：万历《贵州通志》卷十九，黄富源点校，第46页。

扩大。如果以阳明心学在边地的传播和发展为观察视角，进一步向前追溯，则正德三年（1508）贵州提学副使席书与阳明往复论辩，最终为阳明所折服，并“与毛宪副修葺书院，身率贵阳诸生，以所事师礼事之”①，也可说是“身督诸生师”②阳明，即以阳明的身教与言教为中介，实现了地方官员与边地读书士子的良性互动。而阳明亦因此开始传播其与朱子有别的“知行合一”学说，从而培养了以汤冔、叶梧、陈文学为代表的一批黔中弟子，标志着心学思想在贵州的扎根，汤、叶、陈可称为黔中王门的“前三贤”。此后更以修建阳明祠及阳明书院为触媒，实现了地方政府与边地缙绅的合作，不仅透过祭仪活动提升了边地士子仰止先贤之心，而且也扩大了有利于边地秩序建构的思想符号资源。

十分明显，《续编》的刊印梓行，与阳明祠及其所附书院的修建一样，也是国家行政理性与地方文化认同资源的一次整合，既满足了边地士子阅读心理的需要，也有裨于阳明一生完整思想的传播，遂有孙应鳌、李渭、马廷锡等第二代心学学者的兴起，当被称为黔中王门的“后三贤”。尤其贵阳一地，“富水绕前，贵山拥后，沃野中启，复岭四塞，据荆楚之上游，为滇南之门户”③，不仅在文化风气的开启上具有引领全省的重要作用，即在国家地缘政治的布局上也有稳定整个西南的战略意义。地方官员形成了“（阳明）先生功德在天下，遗泽在贵州，公论在万世，祀典有弗舍为者乎”的共识，并与地方精英群体合作刊刻了《文录续编》。稍后黔中王门学者陈尚象为万历《黔记》撰序，也立足于国家立场着重强调：

> 今夫天地之元气，愈渐溃则愈精华；国家之文治，愈薰蒸则愈彪炳。而是精华彪炳者，得发抒于盍代之手？其人重，则其地与之俱重，黔盖兼而有之。贵山富水与龙山龙场，行且有闻于天下万世矣。世有寥廓昭旷之士，亦必于黔乎神往矣。④

---

① 钱德洪：《年谱一》，王守仁：《王文成公全书》卷三十二，王晓昕、赵平略点校，第1397页。
② 王守仁原著，施邦曜辑评：《年谱》，《阳明先生集要》，王晓昕、赵平略点校，第9页。
③ 王耒贤、许一德修纂：万历《贵州通志》卷三，黄富源点校，第39页。
④ 陈尚象：《黔记序》，郭子章：《黔记》，郭子章、赵平略点校，第4页。

这些足证《文录续编》的刊行，与席书要求诸生礼敬阳明为师，王杏采纳缙绅意见修建阳明祠类似，都是颇具国家边地政治策略象征意义的历史性事件。其发挥了学术、文化、政治等多方面的符号感召力量和影响作用，蕴含着“用夏变夷”即移易地方礼俗的微妙深意。

三、黔地刊刻的多种阳明文献及其源流关系

阳明著述文献的整理刊刻，即便在僻远的贵州也远不止一次。王杏《书〈文录续编〉后》便明确提道：“贵州按察司提学道奉梓《阳明王先生文录》，旧皆珍藏，莫有睹者”；又称“阳明先生处贵有《居夷集》，门人答问有《传习录》，贵皆有刻”[①]；具见《续编》梓行之前，黔地尚刊刻过《阳明王先生文录》《居夷集》《传习录》等书。如论撰作先后次第，《居夷集》主要为入黔后之著述，与黔省关系最为密切，结集时间亦最早。嘉靖《贵州通志·王阳明传》亦明载阳明“正德间以兵部主事任龙场驿驿丞，有《居夷集》传于贵”[②]。郭子章万历《黔记·艺文志》著录“《居夷集》，阳明先生谪龙场时撰”[③]，亦必为黔中之刊本，均可证王杏之言必不诬。其刊刻时间，考正德四年（1509）岁杪阳明离开贵阳赴庐陵任，途中曾有信札寄黔中弟子，信中便强调“梨木板可收拾，勿令散失，区区欲刊一小书故也，千万千万”[④]。所云似即指《居夷集》之刊刻，或阳明在黔时即有刻印是书之打算，付梓则必在正德年间后期。阳明信中提及的黔地弟子达十七人，其中必有参与其事者，当为全国最早的《居夷集》印本。[⑤]稍后贵州按察司副使谢东山谓其“读公

---

① 王杏：《书〈文录续编〉后》，王阳明：《新刊阳明先生文录续编》，张新民审定，第489页。

② 谢东山删正，张道编集：嘉靖《贵州通志》卷十，张祥光等点校，第467页。

③ 郭子章：《黔记》卷十五，赵平略点校，第374页。

④ 王守仁：《与惟善书》，手迹原件载民国十七年中华书局影印高野侯辑《古今尺牍墨迹大观》石印本；又见高野侯编：《古今尺牍墨迹大观》，第34—42页。学界多题作《镇远旅邸书札》，闫平凡则厘定原信行文顺序，多方考辨，以为当题作《与惟善书》（闫平凡：《〈镇远旅邸书札〉考略》，《阳明学刊》2016年第8辑），其说当从。

⑤ 黄裳曾称其“得《居夷集》三卷，嘉靖甲申刊于黔中者，时（阳明）先生尚存”，颇疑乃与下文所述丘养浩嘉靖三年（甲申）刻本牵混而致误，否则何以今日所见者，皆丘之叙刻本，而非黔刻本。黄说见上海图书馆藏明嘉靖十四年刻本《新刊阳明先生文录续编》封面墨批识语。

《居夷集》”[①]，显然又联想到阳明在龙场“百死千难”的情形，[②]“未尝不叹天之所以重困公而玉之成者，实在乎此”[③]。其寄慨如此之深，似亦入黔获读《居夷集》后才有之文字。惜书已不传，历来著录者亦极少，[④]然必是最早刊刻之本，似无任何疑义。

《居夷集》今存嘉靖本三卷，首有丘养浩叙，末有韩柱、徐珊跋，丘《叙》云：“引以言同校集者，韩子柱廷佐，徐子珊汝佩，皆先生门人。”[⑤]徐《跋》谓：“集凡二卷。附集一卷，则夫子逮狱时及诸在途之作。并刻之。”[⑥]可识丘、韩、徐三氏，均为是书之校刻者。唯三人均未曾入黔，其书亦非黔刻本。韩、徐二人尚在跋文落款处明书“门人”，揆诸史迹，其入门时间必在阳明离黔之后。故钱德洪特别强调：“徐珊尝为师刻《居夷集》，盖在癸未年，及门则辛巳年九月，非龙场时也。”[⑦]癸未即嘉靖二年（1523），据丘养浩“嘉靖甲申（三年）夏孟朔”叙，知“二年”必为“三年”之误；辛巳则为正德十六年（1521），是时阳明离开黔地已久，故是书决不当牵混为黔本。

继黔刻本《居夷集》之后，黔中尚有阳明在黔遗言专书之镂刻。主其事者为胡尧时。胡氏字子中，号仰斋，亦阳明弟子，好与人讨论阳明心学。郭子章万历《黔记》尝载其事云：

> 胡尧时，字子中，泰和人，嘉靖丙戌进士，由驾部郎出为云南提学副使、贵州按察使。公昔为阳明先生弟子，虽职事在刑名案牍，然谓贵阳民夷杂处，宜先教化、后刑罚。既以躬行，为此邦士人倡。复增修黉舍与阳明书院，凡王公遗言在贵阳者，

---

① 谢东山删正，张道编集：嘉靖《贵州通志》卷十一，张祥光等点校，第591页。

② 陈荣捷：《传习录拾遗》，《王阳明传习录详注集评》，第396页。

③ 谢东山删正，张道编集：嘉靖《贵州通志》卷十一，张祥光等点校，第591页。

④《千顷堂书目》卷二十一著录“《居夷集》三卷”，惜未注明版本，是否与黔省有关，则当俟考。

⑤ 丘养浩：《叙居夷集》，引自王守仁：《居夷集》，北京图书馆藏明嘉靖三年刻本，第2页。

⑥ 徐珊：《居夷集跋》，引自王守仁：《居夷集》，第18页。

⑦ 钱德洪：《答论年谱书》，王守仁：《王文成公全书》卷三十六，王晓昕、赵平略点校，第1576页。按：辛巳乃正德十六年（1521），即徐氏师事阳明时间；癸未则为嘉靖二年（1523），当为其参校《居夷集》时间。然丘养浩《叙居夷集》明题“嘉靖甲申夏孟朔丘养浩以义书”，甲申实乃嘉靖三年（1524），书之刻成亦必在是时。钱氏“癸未”之说，当为一时偶然误写。

> 悉为镌刻垂远，且与四方学者共焉。朔望率诸生拜先圣礼毕，即诣阳明祠展拜，如谒先圣礼。已，乃进诸生堂下，与之讲论学问，率以为常。[①]

胡氏在“民夷杂处”的边地，以秩序的建构为目的，认为“宜先教化、后刑罚”，又鉴于阳明在黔省的影响，遂有一系列的行政作为。其中搜考阳明在黔遗言，并在贵阳镌刻垂远一事，清人邹汉勋也主动加以证实，以为其“尝师事王阳明，学以躬行为本……又新阳明书院，刊守仁所著书于贵州，令学徒知所景仰，士风为之大变”[②]。可证其事必当可信，阳明在黔之遗言，除《居夷集》外，尚另有一胡氏刊本。

胡氏刊行之书，据郭子章《黔记·艺文志》之著录，当题作“《遗言稿》”，或乃《阳明先生遗言稿》之省写。郭氏按语明云：“贵州按察使泰和胡尧时编集阳明先生遗言在贵阳者，悉为镌刻，与四方学者共焉。胡，王（阳明）先生门人也。”[③]胡氏对阳明的尊崇，观其友人谢东山的赠言：“我国家文明化洽，理学大儒后先相望，而阳明王公则妙悟宗旨，刊落支离，其有功于后学为尤大”云云，[④]或亦可窥而知之，故书名必作《阳明先生遗言稿》，似可完全断言。是书专记阳明谪居黔地期间遗言，就阳明一生思想发展而言，较之徐爱所辑《传习录》时间断限更早。然成稿并锓版于何时？考胡氏到任贵州按察使，乃在嘉靖三十年（1551），[⑤]则撰稿或当始于是时，付梓则必在稍后。刊刻地点与《续编》类似，亦当在按察司署所在地贵阳。其时去阳明龙场悟道不久，与阳明交往之人或多健在，可说“地近而易于质实，时近而不能托于传闻”[⑥]，显然具有材料搜考核实上的便利。其书必多有可观，兼可与《居夷集》互证，惜早已亡佚，难免不令人兴叹。

---

① 郭子章：《黔记》卷三十九，赵平略点校，第880—881页。
② 周作楫辑，朱德璲刊：《明总部政绩录第二之三》，道光《贵阳府志》卷五十七，第1114页。
③ 郭子章：《黔记》卷十五，赵平略点校，第374页。
④ 谢东山删正，张道编集：嘉靖《贵州通志》卷十一，张祥光等点校，第591页。
⑤ 王耒贤、许一德修纂：万历《贵州通志》卷二，黄富源点校，第23页。
⑥ 章学诚：《州县请立志科议》，叶瑛校注：《文史通义校注》，中华书局1985年版，第591页。

与《居夷集》《阳明先生遗言稿》一样，《传习录》一书亦有黔中之刊本。然是书之最早编集，实因徐爱从阳明游久，乃“备录平日之所闻，私以示夫同志，相与考而正之”[①]，遂得以成书。考阳明与徐爱畅论《大学》之旨，乃在正德七年（1512），[②]而今本《传习录》卷一，亦多载有相关内容，则其书之结集，亦必在是年或稍后不久。虽规模狭小，不过十四条或稍多，然保存阳明龙场悟道后早期教言，功亦不小。以后薛侃据徐爱所载，补以陆澄与自己所录，刻于虔州（今江西赣州），时在正德十三年（1518），是为最早之初刻本，即今本一之上卷。[③]嘉靖二年（1523），南大吉续刻《传习录》，[④]即今通行本之中卷。其他可考者，如聂豹有感于其所见之本，“答述异时，杂记于门人之手，故亦有屡见而复出者”，乃与陈九川“重加校正，删复纂要，总为六卷，刻之八闽”[⑤]。钱德洪广搜师门遗稿，合以诸家之所录，补入其撰辑，重编增刻，时间已在嘉靖三十三年（1554）之后。故王杏所言专记“门人答问”之黔本《传习录》，必在钱氏之前即早已刊刻。如谢东山乃四川射洪人，嘉靖十年（1531）举乡试，二十年（1541）登进士，[⑥]自谓“自弱冠时得公（阳明）《传习录》而读之，虽以至愚之质，亦未尝不忻然会意”[⑦]，则其所读者，必乃早期刊本。而蜀、黔两地毗邻，谢氏亦长期关心阳明在黔史迹，则其所读之书，似不能排除即黔本之可能。因此，尽管《传习录》陆续补辑成书，“四方之刻颇多”[⑧]，然黔刻本仍为早期罕见之书，透露出不少阳明文献地域传播的信息，惜亡佚甚早，学界亦鲜少知之。

前云《续编》，其书名既冠以“新刊”二字，王杏又明言：“一奉梓《阳明王先生文录》，旧皆珍藏，莫有睹者。予至，属所司颁

---

① 徐爱：《〈传习录〉题辞》，《横山遗集》，《徐爱 钱德洪 董沄集》，钱明编校整理，第89页。
② 钱德洪：《年谱一》，王守仁：《王文成公全书》卷三十二，王晓昕、赵平略点校，第1404页。
③ 陈荣捷：《概说》，《王阳明传习录详注集评》，第8页。
④ 南大吉：《传习录序》，王守仁：《王阳明全集》卷四十一，吴光等编校，第1753—1755页。
⑤ 聂豹：《重刻传习录序》，《聂豹集》卷三，吴可为编校整理，第46页。
⑥ 万历《四川总志》卷十一，明万历刻本；另可参阅张新民：《贵州地方志考稿》，第5页。
⑦ 谢东山删正，张道编集：嘉靖《贵州通志》卷十一，张祥光等点校，第591页。
⑧ 王宗沐：《传习录序》，王守仁：《王阳明全集》卷四十一，吴光等编校，第1764页。

给之。贵之人士，家诵而人习之，若以得见为晚。”[①]足可说明黔地必曾刊刻过《文录》，刊刻地点亦必在按察司署所在地贵阳，唯原版印数甚少，所谓“颁给之”云云，极有可能据原刻再印，否则便谈不上“家诵而人习之”。足证其亦为官方牵头出资梓行，不仅刊刻时间早于《续编》，即印次亦绝非一次可限。王杏《续编》接踵后出，实即其书同一性质之补编本。

贵州按察司提学道刻本《文录》，虽久已不为人所知，幸中国人民大学图书馆所藏有明嘉靖年间刻本，书名正题作《阳明先生文录》，凡三卷三册，非特体制规模大小与《续编》相当，即称名亦与王杏所言一致。而版刻特征虽有差异，风格仍有接近之处。[②]更要者即与贵阳本《续编》类似，是书卷末亦赫然题有“门人陈文学、叶梧重校”字样，并附有《祭阳明先师文》一篇。祭文称“隆辈生长西南，实荷夫子之教”；又云“嘉靖己丑三月戊辰，阳明夫子卒于官，讣闻至辰，门人王世隆等为位设主，哭于崇正书院之堂，复具香币往奠之”[③]。可证作者必为王世隆，当为阳明生前入门弟子，相互之间多有过从，故一俟闻知阳明讣信，即专设木位祭祀，严守弟子守丧之礼。具见是书之刊刻，不仅涉及黔地及其学人，更与王门弟子王世隆有关，极有可能即是王杏所说之黔本《文录》。

四、《阳明先生文录》之补刻及其与黔地学者的关系

《祭阳明先师文》当撰于阳明病卒之后。按史籍载阳明之卒年，当在嘉靖七年（戊子，1528）十一月。[④]时王氏（世隆）正在湖南辰州，故获知师门讣闻，已在嘉靖八年（己丑，1529）三月，祭文

① 王杏：《书〈文录续编〉后》，王阳明：《新刊阳明先生文录续编》，张新民审定，第485页。

②《文录》版框20.4厘米 × 13.2厘米，四周单边，版心黑口，单黑鱼尾，鱼尾下标卷数，半叶9行，行17字（刘昊：《关于〈阳明先生文录〉的文献学新考察——就新发现的〈文录〉三卷本及黄绾〈文录〉本而谈》，《中国哲学史》2018年第3期）；《续编》本版框21.0厘米 × 12.70厘米，四周单边，版心黑口，双鱼尾，上鱼尾下标卷数，半叶9行，行19字（永富青地：《上海图书馆藏〈新刊阳明先生文录续编〉について》，《东洋の思想と宗教》第23号，早稻田大学出版社2006年版）。版式略有差异，风格仍较接近。

③ 王世隆：《祭阳明先师文》，《阳明先生文录》，中国人民大学图书馆藏明嘉靖间刻本，第62—63页，祭文作者考证则见下文。

④ 钱德洪：《年谱一》，王守仁：《王文成公全书》卷三十二，王晓昕、赵平略点校，第1511—1512页。

即撰于是时。是书既由陈文学、叶梧“重校”，则必与黔地有关。考明人郭子章《黔记》，果在《总督抚按藩臬表》中有王氏题名，据此可知其“字晋叔，长洲人，进士”，曾任贵州“（按察）副使”。[①]检读《阳明先生文录》中国人民大学图书馆藏明嘉靖年间刻本，恰好有别本不载之阳明《与王晋叔》三通。首通开首即云“昨见晋叔，已概其外，乃今又得其心也”；次通又云：“所惠文字，见晋叔笔力甚简健”；第三通复云：“刘易仲来，备道诸友相念之厚”；则二人不仅时常见面，同时更有文字交往，从中可见以阳明为中心，其周围已形成一讲学群体，所谓“实荷夫子之教”云云，当为信实可靠之语。

然极为可疑者，王氏里贯既在长洲，万历《贵州通志》所载亦同，[②]长洲乃在江苏，王氏何以自称“生长西南”？而黔本《文录》与《续编》，一前一后，时序分明，附有王氏《祭文》之书，如若真为黔地刊刻之书，则必有线索可寻。复核郭子章《黔记》及万历《贵州通志》，可知王氏到任贵州副使时间，乃在“嘉靖十七年”（1538），[③]是时《续编》已刊毕，更遑论更早之《文录》，王氏可能与役？欲回答上述问题，则必须进一步详考。

先看王氏之里贯，除长洲说外，早出之嘉靖《贵州通志》，便明载其为“辰州人”[④]。而辰州或称辰阳，故欧阳德亦径称“王君晋叔，辰阳人也”[⑤]。其地历来为湖南属府，再查《沅陵县志》，果然内其立有专传云：

> 王世隆，少英敏，强记为文，援笔立就。年十七，中正德丁卯举人，嘉靖丙戌进士，授刑部主事，谳议精详，多所平反。历升贵州副使，有风裁，既归，构大西妙华书院，集诸生讲业，其中湛甘泉为铭其堂，著有《洞庭髯龙集》行世。[⑥]

---

① 郭子章：《黔记》卷二十八，赵平略点校，第648页。

② 王耒贤、许一德修纂：万历《贵州通志》卷二，黄富源点校，第25页。

③ 郭子章：《黔记》卷二十八，赵平略点校，第648页；王耒贤、许一德修纂：万历《贵州通志》卷二，黄富源点校，第25页。

④ 谢东山删正，张道编集：嘉靖《贵州通志》卷五，张祥光等点校，第268页。

⑤ 欧阳德：《大西洞书院记》，《欧阳德集》卷八，陈永革编校整理，凤凰出版社2007年版，第252页。

⑥ 同治《沅陵县志》卷三十，清光绪二十八年补版重印本，第20页。

文中提及之大西妙华书院，乃因大西山妙华洞而得名，其地即“在辰阳西北”[①]。其所著《洞庭髯龙集》一书，早已不传，今存《辰州郡城记》一篇，或即其中之佚文。文中总结辰州形胜，称“据楚上游，当西南孔道”[②]，则王氏所谓“生长西南”云云，显然自有其立论根据。足证其必为辰州人，所谓“长洲”当为音近致误。嘉靖《贵州通志》纂成时，距王氏出任贵州副使，前后相去不过十七年[③]，实为当时人记当时事，较之晚出之其他志乘，似更为准确可靠。

王氏既为辰州人，阳明赴谪贵州，往返均经过其地，而尤以正德五年（1510）返程就庐陵知县，滞留当地时间最长，遂多有讲学活动，并“与诸生静坐僧寺，使自悟性体”，从游者则有“冀元亨、蒋信、刘观时辈，俱能卓立”[④]。所谓“静坐僧寺”，前引阳明《与王晋叔》第二通亦有句云“守仁前在寺中说得太疏略”云云，其事似均发生在同一地点，即当地虎溪龙兴寺内。而文中之刘观时，其人“字易仲，从阳明讲学虎溪，尽得其奥妙。阳明作‘健斋说’遗之，学者称为沙溪先生”[⑤]，显然即《与王晋叔》第三通提及之刘易仲。具见阳明函札之前二通，必当作于其在辰州时。第三通有语云：“路远无由面扣，易仲去，略致鄙怀，所欲告于诸友者，易仲当亦能道其大约。”其时阳明已离开辰州，似当撰于滁州督马政送别观时之后。阳明尝自谓“辰州刘易仲从予滁阳……久之辞归，别以诗”，诗中有句云“秋风洞庭波，游子归已晚”[⑥]，足可征而证之。故王世隆与冀元亨、蒋信、刘观时，亦必在正德五年（1510）初，阳明离黔途经辰州时，得以面益入师门，遂形成楚中王门早期重要人物群体。[⑦]

---

① 欧阳德：《大西洞书院记》，《欧阳德集》卷八，陈永革编校整理，第252页。

② 王世隆：《辰州郡城记》，雍正《湖广通志》卷六，文渊阁《四库全书》本。

③ 嘉靖《贵州通志》之纂成时间，当在嘉靖三十四年（1555），由此上溯至王氏到任之期，相去恰为十七年。参见参阅张新民：《贵州地方志考稿》，第5页。

④ 钱德洪：《年谱一》，王守仁：《王文成公全书》卷三十二，王晓昕、赵平略点校，第1398页。

⑤ 周圣楷编纂，邓显鹤增辑：《蒋信传》，《楚宝》卷二十二，廖承良、杨云辉等点校，岳麓书社2016年版，第694页。

⑥ 王守仁：《别易仲》，《王文成公全书》卷三十，王晓昕、赵平略点校，第870页。

⑦ 黄宗羲称“当阳明在时，其信从者尚少，道林、暗斋、刘观时出自武陵，故武陵之及门，独冠全楚”（黄宗羲：《楚中王门学案》，《明儒学案》卷二十八，沈芝盈点校，第626页）。未见提及王世隆，显然遗漏失载，或可据以补入。

再论黔本《文录》之刊刻，《续编》既云“新刊”，则贵州按察司提学道刻本必为旧刊，时间当在嘉靖十四年（1535）之前。然王世隆嘉靖十七年（1538）始任贵州副使，何以能与黔人陈文学、叶梧合作，提前预刻是书？陈、叶二氏之所为，亦径称“重校”而不云“校”？实则王氏之到任副使，贵州按察司提学道刻本《文录》旧版尚存，而王氏似有可能获见其他异本，遂据以补刻，分置于各卷之后，痕迹宛然犹在，均不难辨识。[①]例如，《与王晋叔》三通，虽为阳明旧文，亦必乃王氏私藏，复加上其私撰《祭文》一篇，或如钱德洪所预知，乃“好事者搀拾”[②]，虽文献价值极高，仍为补刻时羼入其中者。其时王杏已离任，陈、叶二氏仍告老乡居，遂聘其就旧版重校，或有个别挖改，为官绅之再次合作。与王杏刻本《续编》一样，补刻重校地点亦必在贵阳。而王氏以副使身份与陈、叶二人合作，就贵州按察司提学道旧版补刻重校，其书以其到任次年或再次年推之，亦当称其为嘉靖十八年或十九年贵阳补刻本。以补刻重校耗费时间相对较少而论，似可即定其为嘉靖十八年贵阳补刻本。

王杏所刻之《续编》，乃是有鉴于“《文录》所未载者，出焉以遗之，俾得见先生垂教之全录”，则中国人民大学图书馆所藏之贵阳本《文录》，其补刻时间固然为嘉靖十七年（1538），然其所据之贵州按察司提学道旧版，刊刻时间必早于《续编》。故凡《文录》未载者，《续编》均悉以补入。则贵州按察司提学道原本之锓版，虽远在西南之边城贵阳，时人每以“衣之裔”即“边裔”喻之，[③]以黄绾刊刻于嘉靖十二年（1533）之《阳明先生存稿》为时间坐标，[④]完全有可能较其更早，或与邹守益嘉靖六年（1527）刻于广德之书同

---

① 刘昊已先揭出此点（刘昊：《关于〈阳明先生文录〉的文献学新考察——就新发现的〈文录〉三卷本及黄绾〈文录〉本而谈》，《中国哲学史》2018年第3期），当一并参阅。

② 钱德洪：《年谱三》，王守仁：《王文成公全书》卷三十四，王晓昕、赵平略点校，第1487页。

③ 杨慎：《〈贵州通志〉序》，谢东山删正，张道编集：嘉靖《贵州通志》，张祥光等点校，第3页；另可参阅张新民：《大一统冲动与地方文化意识的觉醒——明代贵州方志成就探析》，《中国文化研究》2002年第4期。

④ 黄绾：《阳明先生存稿序》称是书乃其“与欧阳崇一、钱洪甫、黄正之，率一二子侄，检粹而编订之，曰《阳明先生存稿》。洪甫携之吴中，与黄勉之重为厘类，曰《文录》、曰《别录》，刻梓以行”（黄绾：《阳明先生存稿序》，《黄绾集》卷十三，张宏敏编校，第227页）。具见黄本初名《存稿》，刊刻于嘉靖十四年（1535）。钱德洪后来据以重新厘类，始题曰《文录》，刊刻于姑苏。

时稍后。[1] 黄绾当时即感叹阳明之书，“仅存者唯《文录》《传习录》《居夷集》而已，其余或散亡，及传写讹错。抚卷泫然，岂胜斯文之慨”[2]。其所提及阳明三书（《文录》《传习录》《居夷集》）居然贵州一一都有刻本，是时阳明文献虽刻而多有凋零，黔中则一刻、二刻、三刻而分别有其藏本，亦文献学史上值得称叹之奇事。故王世隆遂据贵州按察司提学道旧版复校补刻，王杏刻《续编》必得以经眼并有所参考，故其所补者亦绝无一文与之犯复。而补刻虽在后，原刻却在前，《续编》本则居中，如果再加上万历十九年（1591）贵州副史萧良干刊刻之“《阳明文录》一部十四册”[3]，以及前述《居夷集》《阳明先生遗言稿》两书，则阳明之文录前后已有五刻，屡计出书共六部，均可视为同一谱系之文献专书，即使置于各种版本系统之中，都自成一连续性知识谱系，足可反映阳明学地域分布及传播特点。而贵阳作为阳明文献刊刻与流通之重要地点，显然也跃跃然成为一大全国性心学传播之核心区域。

由此可见，贵阳本《续编》的刊刻，从版本渊源流变及其谱系看，实具有承上启下的重要作用。而黔中学者陈文学、叶梧，既勘对《续编》新刊本，又重校《文录》补刻本，就阳明文献传播史而言，实属罕见，厥功甚伟。则斯二人之史迹，亦颇值得关注。

---

① “邹守益刻《文录》于广德州。”时“守益录（阳明）先生文字，请刻，先生自标年月，命德洪类次，且遗书曰：‘所录以年月为次，不复分别体类，盖专以讲学明道为事，不在文辞体制间也。’明日，德洪掇拾所遗请刻，先生曰：‘此便非孔子删述‘六经’手段。三代之教不明，盖因后世学者繁文盛而实意衰，故所学忘其本耳。比如孔子删《诗》，若以其辞，岂止三百篇？惟其一以明道为志，故所取止。此例‘六经’皆然。若以爱惜文辞，便非孔子垂范后世之心矣。’德洪曰：‘先生文字，虽一时应酬不同，亦莫不本于性情；况学者传诵日久，恐后为好事者搀拾，反失今日裁定之意矣。’先生许刻附录一卷，以遗守益，凡四册”（钱德洪：《年谱三》，王守仁：《王文成公全书》卷三十四，王晓昕、赵平略点校，第1487页）。可识邹本必刻于嘉靖六年（1527），是时阳明尚健在，较之贵阳本可能锓版于阳明身后，虽时间极为接近，然前者仍当为最早之《文录》刻本。

② 黄绾：《阳明先生存稿序》，《黄绾集》卷十三，张宏敏编校，第227页。

③ 王耒贤、许一德修纂：万历《贵州通志》卷二十四，黄富源点校，第520页。

五、阳明与黔中弟子的往返互动与情感联系

陈文学两次参与校刻阳明著述，史籍明载其“少事阳明先生”[①]，当为龙冈、文明两书院早期受业诸生，后人以为“黔中学者得其传者，惟陈宗鲁及（汤）伯元。宗鲁得阳明之和，（伯元）先生得阳明之正”[②]。阳明曾有《赠陈宗鲁》诗：“学文须学古，脱俗去陈言。譬若千丈木，勿为藤蔓缠。又如昆仑派，一泻成大川。人言古今异，此语皆虚传。吾苟得其意，今古何异焉？子才良可进，望汝师圣贤。学文乃余事，聊云子所偏。”[③] 该诗或题作《示陈宗鲁》，未见丘养浩嘉靖三年本有载，必先收入黔刊本《居夷集》，始辗转录入《王文成公全书》“续编”，有邵元善“余姚王阳明先生谪官龙场时，（宗鲁）先生师事之，今《居夷集》中‘示陈宗鲁’者是也”[④] 之说可证。则早出之黔本《居夷集》，钱德洪极有可能已获见，并为其所编之《阳明先生文录》所甄采，亦难免不以阳明早年“未定之论”[⑤]为由，时加砍削或删汰，未删者必多为谢廷杰《全书》本所收。然亦可见黔本所载必较他本为多，遂有不见于丘养浩刻本，反见诸《全书》本者。[⑥]

尤宜注意者，陈文学又有《借阳明集》诗：“不拜先生四十年，病居无事检遗编。羲文周孔传千圣，河汉江淮会百川。”[⑦] 陈氏两次参校阳明文集，则经其手校之《续编》新刊本及《文录》重刻本，必常置案头，难有再借之怪事。故其所借者，必为省外流入之本，极有可能即为欧阳南野门人闾东新刊之《阳明先生文录》。是书嘉靖二十九年（1550）刊刻于关中天水，几乎同一时间传入贵州，时距正德四年（1509）岁杪阳明离开黔地，恰好符合诗中所云“四十年”之数。适可见黔省与中原江南，学者间之交流依然十分

① 郭子章：《黔记》卷四十七，赵平略点校，第1004页。

② 莫友芝：《黔诗纪略》卷三，同治十三年遵义唐氏梦研斋金陵刻本，第13页。

③ 王守仁：《赠陈宗鲁》，《王文成公全书》卷二十九，王晓昕、赵平略点校，第1239页。

④ 郭子章：《黔记》卷十五，赵平略点校，第382页。

⑤ 钱德洪：《阳明先生文录序》，《钱德洪语录诗文辑佚》，《徐爱 钱德洪 董沄集》，钱明编校整理，第183页。

⑥ 丘养浩刻本《居夷集》，内有《始得东洞遂改为阳明小洞天》一首，为谢廷杰所编《王文成公全书》本所未收。而黔本《居夷集》之《赠陈宗鲁》，又未见丘本有载。适可见黔本与丘本，两者之间必有异同，均经钱德洪之手有取有舍，而在晚出合编之《全书》本上亦有所反映。

⑦ 郭子章：《黔记》卷四十七，赵平略点校，第1004页。

频繁。

与陈文学一样，叶梧亦阳明早期在黔弟子。盖阳明之学，乃因谪官贵州而成，最突出者即龙场大悟，直契儒家圣贤之境，遂往返龙场、贵阳两地，主讲龙冈与文明书院，“当日坐拥皋比，讲习不辍，黔之闻风来学者，卉衣鴂舌之徒，雍雍济济，周旋门庭”，因而不仅在黔时多与诸生俎豆论道，即离黔后亦时有诗文往返，后人乃以“教何其广，而泽何其深且远”评之。[①] 与赠诗陈文学以励志类似，阳明亦有书寄叶梧守职云：

> 消息久不闻，徐曰仁来，得子苍书，始知掌教新化，得遂迎养之乐，殊慰殊慰！古之为贫而仕者正如此，子苍安得以位卑为小就乎？苟以其平日所学薰陶接引，使一方人士得有所观感，诚可以不愧其职。今之为大官者何限，能免窃禄之讥者几人哉？子苍勉之，毋以世俗之见为怀也。[②]

叶梧正德年间曾任湖南新化教谕，当地志乘称他“纯厚平实”[③]，“立教严肃，诸生惮之”[④]。时徐爱当也逆沅江进入湖南西部，与叶梧谋面并带回其问候师门书信，阳明之回札即撰于徐爱自湖南返归后不久。[⑤] 足证阳明虽认为：“吾所以念诸友者，不在书札之有无。诸友诚相勉于善，则凡昼之所诵，夜之所思，孰非吾书札乎？”[⑥] 实际仍多有书信往返，不仅情常有所驰念牵挂，即言亦多以改过责善相勉，不啻古君子之交。尤其阳明“赴龙场时，随地讲授”[⑦]，而当地士民“悃朴少华，至道尤易”[⑧]，遂培养了大批黔中志道弟子。诚如徐爱《赠临清掌教友人李良臣》诗所说：“吾师谪

---

① 田雯：《黔书》卷下，《黔书·续黔书·黔记·黔语》，罗书勤等点校，第91页。

② 王阳明：《寄叶子苍》，《新刊阳明先生文录续编》卷一，张新民审定，第143—144页。

③ 隆庆《宝庆府志》卷四，明隆庆元年刻本。

④ 《官师志二》，同治《新化县志》卷十五，清同治十一年刻本，第6页。

⑤ 徐爱《横山遗集》收有《衡阳纪梦》《长沙署次韵》《登岳阳楼有怀》《自华容抵武陵春望》《武陵客署感事一首次韵》等诗作（徐爱：《横山遗集》，《徐爱 钱德洪 董沄集》，钱明编校整理，第32、33、35、36页），均可证其在湖南境内有一次长游，并深入到包括新化在内的湘西，与叶梧有过谋面。叶梧既托其带信，则二人必有深交。

⑥ 王阳明：《寄贵阳诸生》，《新刊阳明先生文录续编》卷一，张新民审定，第113页。

⑦ 钱德洪：《年谱一》，王守仁：《王文成公全书》卷三十二，王晓昕、赵平略点校，第1398页。

⑧ 谢东山删正，张道编集：嘉靖《贵州通志》卷三，张祥光等点校，第135页。

贵阳，君始来从学。异域乐群英，空谷振孤铎。”[①]虽针对个人而言，亦可见群体之品性。阳明讲学，摄受力极大，按照钱德洪的说法，“诸生每听讲，出门未尝不踊跃称快，以昧入者以明出，以疑入者以悟出，以忧愤愊忆入者以融释脱落出，呜呼休哉！不图讲学之至于斯也”[②]。其所描述者，虽主要为晚年聚讲之情形，然亦可借以窥知早年传道之信息。王杏于街头巷尾听到蔼蔼越音，也是阳明教人习礼歌诗转移民风的结果。具见师生道义切磋，大得孔门弦歌不辍之乐。后人感慨“士习用变意者，文教将暨遐方，天假先生行以振起之乎”[③]，当是透过实际观察才得出的结论。甚至阳明离开贵阳以及逝世后，其情其义仍长久存活在黔中学子的精神世界之中，表现为他们处世行为的气节风范，转化为“觉民行道”建构秩序的动力资源。刊刻《续编》以广流传，便是他们纪念阳明的最好方式，表面虽仅是少数个别人的行为，实际上乃有知识精英群体的支持。其中汤冔、陈文学、叶梧之贡献尤足称道，他们与后来“闻而私淑”阳明的马廷锡、孙应鳌、李渭一样，都“真有朝闻夕可之意”，完全“可以不愧龙场矣”[④]。

六、边地王学的发展与《续编》的文献学价值

贵阳本《续编》梓行之前，《文录》传世者除贵州按察司提学道刻本外，可数者仅有邹守益所编之嘉靖六年本及黄绾嘉靖十二年本两种。《续编》较诸钱德洪刊刻之《文录》，可谓同时而稍早，以贵州按察司提学道本《文录》与王杏刻本《续编》合观，不能不说在邹本与黄本之外，又多了一个地域性的版本系统，其文献价值之重要，自不必赘言。而王杏与钱德洪，一冷居西南，一闹处江南，虽各不相谋，却同刻《文录》，仍可谓同声相应。与钱氏刻本以“正录”“外集”“别录”分篇，篇下再区分文类，并一一注明年代不同，

① 徐爱：《赠临清掌教友人李良臣》，《横山遗集》，《徐爱 钱德洪 董沄集》，钱明编校整理，第7页。

② 钱德洪：《刻文录叙说》，《钱德洪语录诗文辑佚》，《徐爱 钱德洪 董沄集》，钱明编校整理，第186页。

③ 谢东山删正，张道编集：嘉靖《贵州通志》卷六，张祥光等点校，第275页。

④ 郭子章：《黔记》卷四十五，赵平略点校，第981页。

贵阳本则无有“正”“外”“别”之界划，一概按文体部居类次，不出注年月。或许由于钱氏过于回护师道，担心时人或后世攻讦，同时自居阳明高弟发话地位，拥有师门著述之责任处理权，遂过多重视阳明晚年定论之言，“自滁以后文字，虽片纸只字不敢遗弃”①，而于早年文字特别是所谓“未定之论”，则凭一己主观之见多加删汰，不仅减损了分析阳明一生思想发展变化的线索依据，而且也模糊了心学传播历史必有的地域面相，即使置于知人论世整个学术传统之中，也有其违理碍情不合理之处。幸贵阳本《续编》所载，多有《全书》本所未收者，极有可能即为钱氏有意砍削之文，皆可补充阳明思想发展及地域传播的微妙细节。当有必要将《全书》本未载之篇，依其固有卷次列表如下：

表1 《王文成公全书》失收贵阳刻本《文录续编》诗文篇名表

篇名	卷次类目	篇名	卷次类目
与尚谦尚迁子修书	卷一书类	答汪抑之（又一通）	卷二书类
与薛子修书	卷一书类	答陈文鸣	卷二书类
答懋贞少参	卷一书类	答徐子积	卷二书类
答文鸣提学	卷一书类	书刘生卷	卷二跋类
寄云卿	卷一书类	策问一道	卷二杂著
答汪仁峰	卷一书类	蜀府伴读曹先生墓志铭	
寄贵阳诸生	卷一书类	孺人詹母越氏墓志铭	
寄叶子苍	卷一书类	送人致仕	卷二诗类・五言律诗
奉石谷吴先生书	卷一书类	龙冈谩书	卷三诗类・七言律诗
答王应韶	卷一书类		

由于《王文成公全书》梓行之前，阳明撰述均“各自为书”②，谢氏所编《全书》乃仿《朱子全书》之例，凡所能见之单行本，内容大体已为其涵盖，阳明学之能风行天下，亦与其“附于朱子之学而并传”③密契相关。因而《全书》本既出，单行本遂废，不仅贵

① 钱德洪：《刻文录叙说》，《钱德洪语录诗文辑佚》，《徐爱 钱德洪 董沄集》，钱明编校整理，第187页。

② 永瑢等：《四库全书总目》卷一百七十一，第1498页。

③ 胡泉：《王阳明先生书疏证序》，日本九州大学藏《王阳明先生书疏证》清刊本；又见王守仁：《王阳明全集》卷四十一，吴光等编校，第1803页。

阳本《文录》《续编》少为人所知，即黄（绾）、钱（德洪）所刻之书亦鲜见流传，以致上述未为《全书》本所收之诗文，均长期存而若佚，自明迄清少见人提及，[1] 表面仍托身于欲求传世之书中，实际则沉没隐晦已近五百年。

上表所列历来少为人所知之诗文，提供了大量可以说明阳明思想发展的微妙细节。例如，《答汪仁峰》谈到“朱陆异同之辩，固某平日之所以取谤速尤者，亦尝欲为一书以明陆学之非禅见，朱说之犹有未定者。又恐世之学者，先怀党同伐异之心，将观其言而不入，反激怒焉。乃取朱子晚年悔悟之说，集为小册，名曰《朱子晚年定论》，使具眼者自檡焉，将二家之学，不待辩说而自明也”[2]。即可见阳明因其说多与朱子有异，因遭受巨大诽谤非议，遂急于刊刻《朱子晚年定论》，以争取更多的认同资源。如果取该文与收入《全书》本的《朱子晚年定论》比较，尤其是比对序言中“予既自幸其说之不缪于朱子，又喜朱子之先得我心之同然”等自辩之语，[3] 则《答汪仁峰》无疑多提供一重了解其撰写《朱子晚年定论》的时代氛围与文化心理背景。而《与薛子修书》强调“心之良知，是谓圣人之学，致此良知而已矣。谓良知之外尚有可致之知者，侮圣言者也”[4]，亦可见阳明一生学问的归宿，即为“致良知”之学。“致良知”本质上即为本体实践之学，也是儒家学圣成圣之“正法眼藏”[5]。他在《寄云卿》中之谆谆告诫：“君子之学，惟求自得，不以毁誉为欣戚，不为世俗较是非，不以荣辱乱所守，不以死生二其心。”[6] 显然既得力于龙场悟道后的深邃生命，也反映了良知说最重要者仍在工夫，工夫则以“自得”为标准，不能不有“事上磨炼”[7] 的社会化实践过程，同时也要转化顶天立地的主体人格的自我精神。

---

① 最早介绍黔刻本《续编》之“佚文”者，乃日本学者永富青地，见氏著《上海图书馆藏〈新刊阳明先生文录续编〉について》，《东洋の思想と宗教》第23号。然《续编》原书俱在，称为“佚文”，于义似有未安，不如采用“存而若佚”一词，似更准确。

② 王阳明：《答汪仁峰》，《新刊阳明先生文录续编》卷一，张新民审定，第105—106页。

③ 王守仁：《〈朱子晚年定论〉序》，《王文成公全书》卷三，王晓昕、赵平略点校，第158页。

④ 王阳明：《与薛子修书》，《新刊阳明先生文录续编》卷一，张新民审定，第77页。

⑤ 王守仁：《与邹谦之》，《王文成公全书》卷五，王晓昕、赵平略点校，第217页。

⑥ 王阳明：《寄云卿》，《新刊阳明先生文录续编》卷一，张新民审定，第97页。

⑦ 王守仁：《传习录下》，《王文成公全书》卷三，王晓昕、赵平略点校，第114页。

贵阳《续编》既梓刻于黔地，故凡涉阳明在黔活动，尤其与黔中王门有关事迹，不见于《全书》本者，则多载是书。其中如《孺人詹母越氏墓志铭》，其墓志实物1955年出土于贵阳城西，志石今藏贵州省博物馆，上有徐节篆写盖文："明封孺人詹母越氏墓志铭"一行，志文分题"赐进士出身余姚王守仁撰""赐进士出身通奉大夫都察院右副都御史郡人徐节篆""乡进士奉直大夫云南北胜州知州嘉禾汪汉书"。[①] 而阳明之手书真迹原件，今亦藏于浙江省博物馆。[②] 版刻典籍、出土文物、作者手迹，三者俱在而可互证，诚可谓罕见难逢，不能不称为奇事。墓志涉及之人物，如篆写盖文之徐节，"字时中，其先寿昌人，戍籍贵州卫。……幼习《易》于御史陈鉴，大奇之，遗以《易》义。成化壬辰举进士"，历官云南右参政、右副都御史、山西巡抚，"以廉正忤刘瑾，瑾矫制削秩，罢归。瑾诛，奉诏复职致仕。比老，自拟渊明。生作挽歌行状，以示其门人汪沐，诀别如平时"，著有《蝉噪》等集，当与阳明有过从。[③] 墓主越氏乃詹恩母，恩字荩臣，贵州卫人，先世或可溯至江西玉山。[④] 恩乃"弘治八年举人，弘治十二年进士，任大理寺评事"[⑤]。进士会试与阳明同科，[⑥] 故阳明撰《墓志铭》，遂称其为"年友"。恩之父"评事公好奇，有文事，累立军功，倜傥善游。尝自滇南入蜀，逾湘，历吴、楚、齐、鲁、燕、赵之区，动逾年岁"[⑦]，必在云南时即与汪汉有交谊。恩之祖父英，字秀实，号止庵，为人"豪迈不羁，成化年间领云南乡荐，授河西教谕"[⑧]，"执师道，条约肃然，时用兵麓川，英画策以闻，且劾主司之过，英庙以英有识，俾赞军

---

① 王守仁：《明詹木妻越孺人墓志铭》，贵州省博物馆编：《贵州省墓志选集》，贵州省博物馆1986年本，第30—31页；又见贵阳市志编纂委员会编：《贵阳市志·文物志》，第232页。

② 阳明手迹原件长111.1厘米，宽26.6厘米（计文渊：《吉光片羽弥足珍——新发现王阳明诗文墨迹十种》，钱明、叶树望主编：《王阳明的世界：王阳明故居开放典礼暨学术研讨会论文集》，浙江古籍出版社2008年版，第558页），释文可参束景南：《阳明佚文辑考编年》，上海古籍出版社2012年版，第278—279页。

③ 郭子章：《黔记》卷四十四，赵平略点校，第969—970页。

④ 郭子章：《黔记》卷四十七，赵平略点校，第997—998页。

⑤ 沈庠删正，赵瓒编集：《贵州图经新志》卷三，张祥光点校，第45页。

⑥ "是年春会试，（阳明）举南宫第二人，赐二甲进士出身第七人。"（钱德洪：《年谱一》，王守仁：《王文成公全书》卷三十二，王晓昕、赵平略点校，第1391页）

⑦ 王阳明：《孺人詹母越氏墓志铭》，《新刊阳明先生文录续编》卷二，张新民审定，第268页。

⑧ 沈庠删正，赵瓒编集：《贵州图经新志》卷三，张祥光点校，第43页。

事，英辞不就，士论高之”①。英“卒二十年，大理寺副詹恩，公孙也。请于编修罗玘，表其墓”②。检读罗玘《圭峰集》卷十九“墓表”，《止庵詹先生墓表》果在其中。清贵州巡抚田雯表彰有明一代“以理学、文章、气节著”之黔中士子，詹英之名即赫然列在其中，亦不失为“大雅复作，声闻特达者也”③。继罗玘受詹恩之请为其祖撰墓志之后，越二十年，阳明又为其母越氏作墓表，时詹恩刚卒一年，阳明以“言事谪贵阳”，有感于“不及为荩臣铭，铭其母之墓”，乃成此文，为《续编》所收，而越氏之“高祖为元平章，曾祖镇江路总管”，亦明初始“来居贵阳”者。④阳明尝自谓：“吾居龙场时，夷人言语不通，所可与言者中土亡命之流。……久之，并夷人亦欣欣相向。”⑤初到贵阳时，阳明多“与中土亡命之流”过从，后来才将交往范围扩大至“夷人”文化圈，透过《止庵詹先生墓表》一文，尤其是他与詹氏一家以及徐节等人的往来，也能清晰地感受到。

阳明有《龙冈新构》诗，已载入《王文成公全书》。诗前冠有小序云：“诸夷以予穴居颇阴湿，请构小庐，欣然趋事，不月而成。诸生闻之，亦皆来集，请名龙冈书院，其轩曰‘何陋’。”⑥《续编》则有《全书》失载之《龙冈谩书》诗：“子规昼啼蛮日荒，柴扉寂寂春茫茫。北山之薇应笑汝，汝胡局促淹他方。彩凰葳蕤临紫苍，子亦鼓棹还沧浪。只今已在由求下，颜闵高风安可望。”⑦诗或稍早于龙冈书院建成前，然亦可见其创办书院之前后心境。龙冈书院乃阳明创办之首家心学道场，一时诸生闻而前来听讲者，人数颇多，座下不乏附庸风雅者，然亦培养了一批最早接受并传播心学思想的知识精英。所谓“教化大行于贵州，陈宗鲁等于是出焉”⑧，便是当

① 谢东山删正，张道编集：嘉靖《贵州通志》卷九，张祥光等点校，第436页。
② 郭子章：《黔记》卷四十七，赵平略点校，第998页。
③ 田雯：《黔书》卷下，《黔书·续黔书·黔记·黔语》，罗书勤等点校，第69页。
④ 王阳明：《孺人詹母越氏墓志铭》，《新刊阳明先生文录续编》卷二，张新民审定，第267页。
⑤ 陈荣捷：《传习录拾遗》，《王阳明传习录详注集评》，第399页。《年谱》“正德三年戊辰”条亦称阳明初到贵州时，“与居夷人鴂舌难语，可通语者，皆中土亡命。……居久，夷人亦日来亲狎”（钱德洪：《年谱一》，王守仁：《王文成公全书》卷三十二，王晓昕、赵平略点校，第1395—1396页）。或可相互印证，当一并参阅。
⑥ 王守仁：《龙冈新构》，《王文成公全书》卷十九，王晓昕、赵平略点校，第838页。
⑦ 王阳明：《龙冈谩书》，《新刊阳明先生文录续编》卷三，张新民审定，第418页。
⑧ 周作楫辑，朱德璲刊：《明谪官政绩录第四》，道光《贵阳府志》卷六十，第1148页。

时情景最好的描绘。陈氏《龙冈书院歌》亦有句云:“何陋轩旁石碑卧,何陋轩文壁头破。伤悲壁破石未磨,四十余年昕夕那。”[①]适可见黔中弟子阔别阳明既久,思念之情亦随年岁积久而愈加深长。陈诗撰作时间,当与其重校《文录》同时。而未见于《全书》之阳明《寄贵阳诸生》,也特别提到“诸友书来,间有疑吾久不寄一字者。吾岂遂忘诸友哉,顾吾心方有去留之扰,又部中亦多事,率难遇便,遇便适复不暇,事固有相左者,是以阔焉许时”[②]。则信必当撰于正德十六年(1521)阳明升南京兵部尚书,不赴并“疏乞便道省葬”稍后不久。[③]是时阳明已经历了“(张)忠、(许)泰之变”,虽已走出诽谤构陷危疑困局,但也亲身感受到“仕途如烂泥坑,勿入其中,鲜易复出”[④],即在去留未决困顿忧虑之际,亦未忘出以“为仁由已(己),而由人乎哉?诸友勉之”[⑤]等语,以激励黔中弟子。足证其与黔中弟子书信往返,虽时断时续,然道交感应,情义不间自通,始终长驻各人心间。阳明早期离开黔地,于镇远以书信话别时,曾有言云:“别时不胜凄惘,梦寐中尚在西麓,醒来却在数百里外也。相见未期,努力进修,以俟后会。”[⑥]叶子苍之名,即见于该信手迹中。收入《续编》之《寄叶子苍》,亦必系叶氏校书时,据阳明手书载入者,均可见阳明系念贵州学子之情,终其一生,从未断过。教泽入于人心者甚深,影响播之山川者亦广。至于黔人之怀念阳明,则如陈文学《赠汪识环歌》所云:“慨昔阳明翁,过化此边疆。崒嵂龙场冈,夙愿终当偿。驾言道阻长,吾道歌沧浪。”[⑦]经过数代王门弟子的传承,“黔之士肆,成人有德,小子有造,彬彬然盛矣”[⑧]。《续编》既刊刻于黔地,所载多有《全书》失收之文,提供了大量阳明与贵州学者往返互动的信息,透露出很多黔地王门学者活动的情况,其书自当加倍珍宝。

---

① 谢东山删正,张道编集:嘉靖《贵州通志》卷六,张祥光等点校,第320页。
② 王阳明:《寄贵阳诸生》,《新刊阳明先生文录续编》卷一,张新民审定,第112页。
③ 钱德洪:《年谱二》,王守仁:《王文成公全书》卷三十三,王晓昕、赵平略点校,第1458页。
④ 王守仁:《与黄宗贤》,《王文成公全书》卷四,王晓昕、赵平略点校,第187页。
⑤ 王阳明:《寄贵阳诸生》,《新刊阳明先生文录续编》卷一,张新民审定,第113页。
⑥ 王守仁:《与惟善书》,高野侯编:《古今尺牍墨迹大观》(第2辑),第34页。
⑦ 郭子章:《黔记》卷四十七,赵平略点校,第1004页。
⑧ 田雯:《黔书》卷下,《黔书·续黔书·黔记·黔语》,罗书勤等点校,第91页。

七、开卷展读当求得其意而能传其道

阳明之书究竟应当如何读？钱德洪强调："传言者不贵乎尽其博，而贵乎得其意。得其意，虽一言之约，足以入道；不得其意，而徒示其博，则泛滥失真，匪徒无益，是眩之也。"[①]尽管阳明"为文博大昌达，诗亦秀逸有致，不独事功可称，其文章自足传世"[②]。《续编》之编排亦依文别类，容易引起他人重词章末节，而非身心本源之学的质疑，但实际上王杏也与钱德洪一样，认为如果只汲汲于表面的辞句或文章，不知有更深一层的本真生命的实践性体验，则不仅有违于阳明传道设教的初衷，甚至也不符合黔人传播其学的本怀。因而与钱德洪的看法类似，王杏也特别强调：

> （阳明）先生谪寓兹土，遗惠在人，思其人而不可见，故于文致重也。其勿剪甘棠之义乎？或又谓先生之文，简易精明而波澜起伏，倏忽万状，文士视以为则焉，故若是其汲汲欤，是皆未得贵人之心者也。先生处贵仅期月，位不过一恒品，惠泽布流，宜若有限；而由今所垂，乃有不世之休焉。可以观教矣。先生以道设教，而贵人惟教之由无他也，致其心之知焉而已矣。知吾知也，其心之自有者也。先生诏之，而贵人听之。吾有而吾自致焉尔。故昔日之所面授，此心也，此道也；今日之所垂录，此心也，此道也，能不汲汲于求乎？是求之者非以先生也，非以其文也，求在我者也，其或越是而在外者之是索，面对而心相非者有矣。其肯求之耶，其肯求之于异日耶？彼谓因惠而思，思先生者也。以文为则，又其浅之者耳！岂足以知贵人之心哉？[③]

王杏既私淑阳明，入黔后又多与王门早期弟子汤冔、叶梧、陈文学交往过从，沃闻阳明龙场悟道各种遗事，了解"知行合一"

---

① 钱德洪：《刻文录叙说》，《钱德洪语录诗文辑佚》，《徐爱 钱德洪 董沄集》，钱明编校整理，第188—189页。

② 永瑢等：《四库全书总目》卷一百七十一，第1498页。

③ 王杏：《书〈文录续编〉后》，王阳明：《新刊阳明先生文录续编》，张新民审定，第485—488页。

之说，后又与阳明晚期弟子“南野欧阳德、念庵罗洪先、荆川唐顺之、龙溪王畿讲求阳明致知之学，训迪诸士，多所成立”[①]。今《明儒学案》引有王畿（字龙溪）回答“王鲤湖问：‘慎独之旨，但令善意必行，恶意必阻’”[②]，工夫应该如何的答语，实出自罗洪先《冬游记》，为王杏、罗洪先、王畿三人聚会时之晤谈。[③]相关的讨论以后还以书信的方式继续展开，今存王畿《答王鲤湖》亦保存了不少有趣的讨论内容，[④]均可见他不仅与王门学者多有交往，同时也在身心之学上下过工夫。因而他特别强调龙场悟道后，阳明在黔所“面授”者，无非是人人均有的原初本心，无非是即内在即超越的形上大道，最根本的仍是返归本源真实的自我。《续编》的梓刻传播作为一种“垂教”方法，读其书者也决不可舍此而汲汲他求。

十分明显，王杏所表达者并非个人一己之见，而是黔中学者的集体性共识。类似的看法亦见于他所撰写的《阳明书院记》，从中可知亲炙阳明之黔中学者，嘉靖年间曾有一系列的纪念阳明的活动，最突出者即为建修祭祀专祠与刊刻书籍两件大事。黔人所追尊者固然不能说与阳明无关，更重要的则是行人人可返身而得的天下大道。故特节录其文如下：

> 夫尊其人，在行其道，想象于其外，不若佩教于其身。（阳明）先生之教，诸君所亲承者也。德音凿凿，闻者饫矣；光范丕丕，炙者切矣；精蕴玄玄，领者深矣。诸君何必他求哉？以闻之昔日者倾耳听之，有不以道，则曰非先生法言也，吾何敢言？以见之昔者凝目视之，有不以道，则曰非先生德行也，吾何敢行？以领之昔日者而潜心会之，有不以道，则曰非先生精思也，吾何敢思？言先生之言，而德音以接也；行先生之行，而光范以睹也；思先生之思，而精蕴以传也，其为追崇何尚焉。[⑤]

---

①《人物·王杏传》引《康熙（奉化）志》，光绪《奉化县志》卷二十四，清光绪三十四年刻本。又见《中华丛书·四明方志丛刊》，（台湾）《中华丛书》委员会编，第1254页。

② 黄宗羲：《文恭罗念庵先生洪先》，《明儒学案》卷十八，沈芝盈点校，第410页。

③ 罗洪先：《冬游记》，《罗洪先集》卷三，徐儒宗编校整理，第53—54页。

④ 王畿：《答王鲤湖》，《王畿集》卷十，吴震编校整理，第264页。

⑤ 谢东山删正，张道编集：嘉靖《贵州通志》卷六，张祥光等点校，第321页。

上述文字，钱德洪撰《年谱》俱载之，[①] 李贽续编《年谱》亦踵而节抄之，[②] 均可见“阳明子之学言于天下，由贵始也；夫贵也，殆先生精神所留乎”[③]。故黔中王门之史迹，并非完全不为外界所知。惟黔人质朴，“以气节相高”[④]，不好自我表曝，虽亲承阳明之教，能在“言”“行”“思”等多方面发扬光大阳明之真精神，其行为事迹斑斑可考，仍历来鲜少有人提及，隐晦不彰者颇多。王杏既入黔，而与黔中学者交往，可谓能知黔人之学者，故乃汲汲表彰之。其与黔地学者合作，梓刻《续编》一书，虽只是黔中王门诸多大事之一，实亦王学发展的一段重要历史因缘。读其文非仅可了解黔中王学早期发展情况，亦有裨于《文录》之阅读及其理解。

《续编》原刻本“刀法朴茂，别具古趣”[⑤]，不仅为黔中难得一见之珍本，即使置诸全国范围也堪称佳椠，当然更是阳明文献学研究必读之要籍。该书一方面以影印存真的方式再次刊行，俾读者一睹珍本原貌；另一方面也以点校整理的方式锓版重梓，助学者开卷展读、身心受益，庶几前人代代相续之道统学统不致消歇中辍，贤者能够发扬光大并垂久于将来。兹事体大，乃公诸世人，以广流传，并盼赐教焉。

---

① 钱德洪：《年谱附录一》，王守仁：《王文成公全书》卷三十五，王晓昕、赵平略点校，第1519—1520页。

② 李贽：《年谱后人》，龚晓康、赵永刚主编：《王阳明年谱辑存》（二），赵永刚、钟翌晨点校，第72—73页。

③ 谢东山删正，张道编集：嘉靖《贵州通志》卷六，张祥光等点校，第277页。

④ 谢东山删正，张道编集：嘉靖《贵州通志》卷三，张祥光等点校，第134页。

⑤ 黄裳：《〈新刊阳明先生文录续编〉墨批识语》，王阳明：《新刊阳明先生文录续编》，张新民审定，第1页。

孙应鳌及其传世著述考论

隆庆元年（1567）刻本《孙山甫督学文集》及重印本《孙山甫督学诗集》，原藏于日本静嘉堂，乃明代著名理学家孙应鳌所撰，为国内流入东瀛而历来少为人引用之佳本。两书分之自可各成一编，合之则为一完整个人别集，即《天一阁书目》著录之八卷本《孙山甫督学集》，所收均为孙氏督学关中时所撰诗文，刊版亦在其长期驻节及讲学的正学书院。孙氏不仅“以儒术经世，为贵州开省以来人物冠，即以词章论，亦未有媲于先生者”，甚至置于全国范围内进行观察，他也是值得研究的重要人物。今幸从日本访回两书，重新影印刊行，[①]以为亦学林值庆幸之一大盛事，遂详考其生平事迹及相关传世著述如下。

一、从武职人员到文化世家的转型

孙应鳌（1527—1584），字山甫，号淮海，别号道吾，人称淮海先生，谥文恭，贵州清平卫（今凯里市炉山镇）人，先世籍贯为南直隶如皋（今江苏省如皋市），明初占籍贵州清平卫。较孙氏稍晚的黔籍学者丘禾实尝叙其家世渊源云：

> 先世祖曰华，以从龙功授神策卫千户，籍凤阳之如皋，淮海者，从如皋也。华以永乐中调清平，传其子礼，礼传钦。钦累官万户，有别子曰铎，生翰，翰生重，重生衣，衣乃生先生。自衣以前三世，皆以孝廉起家至郡丞、守令。衣复以先生贵，封中宪大夫，而衣有弟曰裒。又先生举进士，读中秘书，为柱下史。《诗》曰：“相彼雨雪，先集维霰。”若先世皆霰乎？[②]

类似的记载亦见黔中王门学者陈尚象（字心易，号见羲）为孙氏所撰的《墓志铭》：“一世祖华，永乐初以南京神策卫千户调清平，家焉。华生礼，袭千户。礼生钦，累官指挥佥事；次铎。铎而后曰瀚、曰重。咸以文学科第世其家。公父为云南府同知、南明公衣。”[③]孙

---

① 莫友芝：《文恭孙淮海先生应鳌》，《黔诗纪略》卷五，清同治十三年遵义唐氏梦研斋金陵刻本，第5页。

② 丘禾实：《孙文恭先生传》，《循陔园集》卷五，明万历四十一年刻本，第31页。

③ 王耒贤、许一德修纂：万历《贵州通志》卷二十三，黄富源点校，第472页。

华调清平卫之时间，嘉靖《贵州通志》作“洪武十四年（1381）”，并云“（洪武）二十九年（1396）功升副千户，景泰元年（1450）四世孙钦升正千户，景泰国四年（1453）升指挥佥事”[①]，此说虽稍有歧异，仍可见其入黔始祖孙华，乃卫所军屯武职人员，自华至礼凡二世，皆任千户之职，至三世钦，则累官指挥佥事，依然以军功传家。然次子铎及其两子瀚与重，则开始从军功人员向地方士绅精英转化，即所谓“咸以文学科第世其家”[②]。不仅孙应鳌的父亲衣“举乡试《礼记》选首，典教犍为，以道义经术造士，士咸有成”，归隐后更“筑舍之右为学易斋，藏图书；筑舍之西隅为南明精舍……好览究今古，时时以谦厚道训族姓”[③]。其叔父亦“居身有道，孝亲敬长，友爱宗党，可谓处家有礼”，虽“七试场屋，竟弗获售，然以学擅渊源，才优经济，故佐郡滇阳，夷獠向化。典教湖浙，儒生服义。司牧郧西，黎庶归心”。[④]而孙应鳌《述祖德诗》亦有句云：“皇朝开天地，从龙兴义师，功成裂爵土，世禄清平陲。三传奋大祖，业儒崇圣规。褒然举上第，政教扬当时。郡丞入桂林，挂冠不可追。高风动宥府，肃衽赞伟奇。”[⑤]足证其家由军屯移民转化为边地文化世家，主要是从曾祖一代开始的，延至其父孙衣，虽主要“以子应鳌贵”[⑥]，然“讲幄横六经，弦诵环犍为；百里歌神君，尽化哀牢夷”[⑦]，也俨然具备了地方知识精英的身份特征。而孙衣之所以要辞官归隐，也是因为“子山甫君，已登上第，遴翰苑，补给舍，名蒸蒸起，方向用。先生复曰：‘将代吾有行者，不在吾儿鳌乎？’遂焚牒不复出”[⑧]。可证以孙应鳌高中进士为突出标志，不仅意味着人才和功名的双重实际收获，而且象征着家族的文人化成功转型，当然也为家族的地方化立足带来了巨大的

① 王耒贤、许一德修纂：万历《贵州通志》卷十三，黄富源点校，第225页。

② 近年发现的《清平孙文恭公祠族谱》（孙鸣鸿祖等编印，2002年内部印本）载孙应鳌之曾祖翰为成化丁酉（十三年，1477）举人，祖父重为正德庚午（五年，1510）举人，父衣为嘉靖辛卯（十年，1531）举人，虽未必完全可以信据，亦可见其由军职人员向文化世家转化的痕迹，主要途径则为科举入世，足以反映家族文化身份认同和选择。

③ 孙应鳌：《合寿遥祝乞语》，《孙山甫督学文集》卷四，赵广升点校，张新民审订，《黔南丛书》（第七辑），贵州人民出版社2015年版，第279页。

④ 孙应鳌：《祭叔父南原先生文》，《孙山甫督学文集》卷四，赵广升点校，张新民审订，《黔南丛书》（第七辑），第297、296页。

⑤ 孙应鳌：《学孔精舍诗稿》卷一，《孙应鳌全集》（第4册），赵广升编校整理，贵州民族出版社2016年版，第138—139页。

⑥ 王耒贤、许一德修纂：万历《贵州通志》卷十三，黄富源点校，第228页。

⑦ 孙应鳌：《学孔精舍诗稿》卷一，《孙应鳌全集》（第4册），赵广升编校整理，第139页。

⑧ 胡直：《世德楼记》，《衡庐精舍藏稿》卷十二，《胡直集》，张昭炜编校，第245页。

荣耀和声望。丘禾实引《诗》“相彼雨雪，先集维霰”以形容其家族，认为历经几代人的边地生活及发展，至孙应鳌成为一代名臣大儒，遂开始发出夺人眼目的精英人物璀璨光芒，不妨视为移民群体乃至整个西南边陲文化内地化变迁转型的代表性高峰，当是恰如其分的概括性归纳总结。

以军屯移民方式入黔，历经数代人的努力，通过科举转换社会身份，成为诗书礼乐世家，跻身士大夫阶层者，不止孙应鳌一个家族。例如，较孙应鳌稍晚的许一德（字子恒，号吉庵），其先世亦为“泗州人，七世祖得名从高皇帝淮上，有开国功，授冠带总旗。调守贵州，屡世建功，历升指挥佥事，世以武荫著。数传而至公（一德）父，封御史，公始以儒业起”[①]。也就是说，贵阳许氏家族从七世祖得名开始入黔，即所谓“自直隶泗州以武功为贵州卫指挥佥事，子孙世其职，遂著卫籍”[②]，至一德父奇，为嘉靖十年（1531）举人，授云南巨津知县，迁四川顺庆府同知，才开始由军功人员转为地方士大夫。奇下子孙人数颇多，多有科举功名，不能不说是“子孙绳绳，衣冠如云”[③]，许家遂成为地方大家望族。其家族中最突出者即许一德，嘉靖四十年（1561）举乡试第一，隆庆五年（1571）进士，“官御史，立朝多所建白，迁云南副使，乞休归家居十余年，惇厚谦谨，人称长者”[④]。陈尚象与许一德均为江右王门学者邹元标的弟子，万历《贵州通志》即“尚象削籍、一德乞休家居时，巡抚江东之、巡按应朝卿延请撰辑者”[⑤]。邹元标尝为是书撰序，称江东之“奉命镇抚是邦……敦请予门人给谏陈君见羲、乡缙绅宪父许君吉庵大葺《通志》”[⑥]。适可见其家世渊源虽为武职，与孙氏家族一样，经过数代人的习礼读书已彻底转化为地方颇有影响和号召力量的士人家族集团，遂能凭借家族声望与边地封疆大吏合作，积极参与乡邦文献的搜考编纂及文化秩序的建构活动。[⑦]

---

① 郭子章：《陕西道监察御史吉庵许公墓志铭》，按《墓志铭》1996年出土于贵阳东山晒田坝许氏古墓葬。（赵小帆：《试论许氏家族——读许一德墓志铭》，《贵州文史丛刊》2007年第4期）
② 莫友芝：《许副使一德》，《黔诗纪略》卷九，第21页。
③ 郭子章：《黔记》卷四十七，赵平略点校，第1008页。
④ 康熙《贵州通志》卷二十，清康熙十二年刻本。
⑤ 周作楫辑，朱德燧刊：《艺文略第七之一》，道光《贵阳府志》卷五十，第961页。
⑥ 邹元标：《贵州通志序》，王耒贤、许一德修纂：万历《贵州通志》卷一，黄富源点校，第1页。
⑦ 张新民：《西南边地士大夫社会的产生与精英思想的发展——兼论黔中阳明心学地域学形成的历史文化背景》，《国际阳明学研究》2013年第3辑。

陈尚象、许一德虽影响远不如孙应鳌，但均为黔中王门的重要人物，如果说前二人为王阳明的三传弟子，孙应鳌便当为阳明的再传门人。王阳明初至黔省谪居地时，自谓“所可与言者中土亡命之流”[①]。“中土亡命之流”显然即指非黔籍的外来汉人移民，如果考察其迁徙源流，则大体以永乐十一年（1413）为时间坐标，“始置贵州布政使司，分职设官，比于内地诸行省。自是以后，迁流日众，或以官户戍卒，或以军屯负贩，世代占籍，遂为黔产，贤达渐多，彬彬称盛，黔地非复旧观”[②]。至于阳明赴谪的龙场驿，恰为贵州宣慰司所辖。明代贵州布政使司、宣慰使司，当时均“同驻贵阳府城，而贵州卫、贵州前卫其治事之署，亦皆不离府城”[③]。故贵阳府城集中了大量与陈尚象、许一德祖辈类似的军屯移民，当然也有不少商屯、民屯即所谓“中土”流亡者，他们中一部分人已开始有了地方士人的文化身份特征，遂与阳明多有交往接触，部分具有生员资格者更成了他早期的学生。特别是阳明在龙场大悟格物致知之旨后，“贵州提学副使席书聘守仁主讲贵州书院，书身率诸生事守仁，守仁因论知行合一之旨，教化大行于贵州，陈宗鲁等于是出焉”[④]。宗鲁乃陈文学字，贵州前卫人，亦必为军屯武职人员后裔，与其同时师从阳明之汤冔（字伯元），则为“贵州宣慰司人，其先自直隶桃源来籍”[⑤]，加上同为贵州宣慰司人的叶梧（字子苍）[⑥]，均为正德三年（1508）最早负笈向阳明求学的入门弟子，同时也是阳明病逝后最早倡议修建祭祀专祠，“以慰士民（景仰）之怀”[⑦]的地方士人。具见阳明心学思想的传播渠道，最早是通过汉人文化区来逐步展开，后才不断向“夷人”文化圈渗透、扩散。以外来移民文化世家读书子

① 陈荣捷：《传习录拾遗》，《王阳明传习录详注集评》，第399页。

② 李独清：《孙文恭公年谱初稿·自序》，《洁园集》，云南人民出版社2013年版，第427页。

③《陈文学、马廷锡传合论》，民国《修文县志》卷八，修文县地方志办公室点校，第316页。

④ 周作楫辑，朱德璲刊：《明谪宦政绩录第四》，道光《贵阳府志》卷六十，第1148页。按“贵州书院”当作“文明书院”，有明代贵州巡抚郭子章“文成既入文明书院，公（席书）暇则就书院论学”（郭子章：《黔记》卷三十九，赵平略点校，第874页）之说可证。

⑤ 莫友芝：《太守湄伯元先生冔》，《黔诗纪略》卷三，第12页。

⑥ 由于明代贵州布政使司、贵州宣慰使司、贵州卫、贵州前卫均同驻贵阳府城，故历代地方志乘记当地人之里贯，或曰贵州布政司人，或曰宣慰司人，或曰贵州卫人，或曰贵州前卫人，实均可谓贵阳人，而陈文学、汤冔、叶梧三人，亦当为同郡人。（参见《陈文学、马廷锡传合证》，民国《修文县志》卷八，修文县地方志办公室点校，第316页）

⑦ 钱德洪：《年谱附录一》，王守仁：《王文成公全书》卷三十五，王晓昕、赵平略点校，第1519页。

弟为中坚力量，早期代表性人物主要有陈文学、汤冔、叶梧三人。三人“宗鲁得文成之和，兼擅词章，伯元得文成之正，且有吏治”，叶梧与阳明多有书信往返，遂“开黔南学业”。[①]时人认为“贵阳当国家西南之陬，而实今人才朴茂之区也。自是近古之才，庶几彬彬乎盛矣”[②]。以后又不断扩大其影响涵盖范围，蔚蔚然兴起黔中王门一大地域性学派，其“主将者”多为军功汉族移民转为文化世家的后裔，以致孙应鳌已发榜进士并升给事中后，仍有地方志乘称其为“贵州军生”[③]。无怪乎万斯同要称其“奋起荒徼，以学行知名，为黔中人士之冠”[④]。后人则将其与李渭（字湜之，号同野）、马廷锡（字朝宠，号心庵）合称为“理学三先生”，以为“孙文恭崛起于清平，李同野振拔于思南，马内江奋迹于宣慰，人文之盛，几与中华争烈”[⑤]，影响不可谓不大。而明代对西南诸省的开发，其中也包括大量移民的迁入，以及他们的文化转型与社会影响，则不仅堪称“中国国力南移之显征”，亦为“近世中国开新运”[⑥]。认真分析孙应鳌一类人才群体的迅速涌现或崛起，便可清楚看出边地文化影响作用的持续性与重要性。

二、外在政治理想与内在心性工夫的双重奏鸣

孙应鳌之家世渊源，可说由武而文，以致水到渠成缓慢转型，成为边地移民一代成功典范。而其对阳明心学的传承，也是积微成著，从而薪传不断渐成气候，遂跻身王门学者代表性人物行列。

从孙应鳌一生成长经历看，他“九岁能属文，授之书，辄取大义”，以致“尽发家藏书读之，学遂通”。[⑦]年十九即举乡试第一，嘉靖三十二年（1553）中进士，“贵州解元进士自应鳌始”[⑧]。应鳌应乡试

---

① 周作楫辑，朱德璲刊：《明陈汤二马吴传第三》，道光《贵阳府志》卷七十三，第1297页。
② 蒋信：《赠焦雪山督学序》，《蒋道林文粹》卷二，《李道纯集·蒋道林文粹》，刘晓林校点，第45页。
③《人物·孙应鳌》，嘉靖《重修如皋县志》卷八，明嘉靖三十九年刻本，第19页。
④ 万斯同：《孙应鳌传》，《明史》卷三百一十八，北京图书馆藏清钞本，第501页。
⑤ 谢圣纶辑：《兴贤书院记》，《滇黔志略》卷二十一，古永继点校，杨庭硕审定，贵州人民出版社2008年版，第266页。
⑥ 钱穆：《国史大纲》（增订本），商务印书馆1996年版，第740页。
⑦ 丘禾实：《孙文恭先生传》，《循陔园集》卷五，明万历四十一年刻本，第31页。
⑧ 郭子章：《黔记》卷三十，赵平略点校，第693页。

时，贵州提学徐樾（字子直，号波石）一见大奇，叹赏边地竟有如此人才。徐氏“少与夏相才名相亚，得事阳明，继而卒业心斋之门”①，故能“讲明心学，陶镕士类，取夷民子弟而衣冠之，训迪谆谆，假以色笑”②，不仅对应鳌有知遇之恩，即在心学思想上亦必有所启蒙。③

继徐樾之后，孙应鳌又从楚中王门蒋信游，自谓“鳌少亦知学道，见公而其志始坚”④。与徐樾为阳明晚年门人不同，蒋信（字卿实，号道林）则为阳明早年弟子。阳明离开龙场赴庐陵任，过常德、辰州时，曾“与门人冀元亨、蒋信、唐愈贤等讲学于龙兴寺，使静坐密室，悟见心体”⑤。蒋信既“深见（阳明）器重，其后师事甘泉先生，服膺有年，又见印可”⑥。湛甘泉乃陈白沙学问的重要传人，蒋信则不仅承续了阳明一派的嫡传心法，亦深得白沙—甘泉一系的血脉神髓，可说是姚江之学与江门之学的共同承祧者。⑦其在贵州提学任上时，“训迪生儒以默坐澄心，体认天理，一时士习翕然丕变……所奖拔尽名士”，时人赞其“文章节概，为品流第一”⑧。是时孙应鳌虽尚未获见蒋信，然亦必受其所倡学风的影响，所谓“某自髫龄，慕公道德，未及门墙，有怀立雪”⑨云云，即是一可靠自述铁证。以后离黔入仕，多次往返武陵，复得闻蒋氏謦欬，“默悟审几慎独合一求仁之旨”⑩，故其学问之入手处，“于江门、余姚得力独

① 黄宗羲：《布政徐波石先生樾》，《明儒学案》卷三十二，沈芝盈点校，第724页。

② 谢东山删正，张道编集：嘉靖《贵州通志》卷九，张祥光等点校，第488页。

③ 陈矩《重印〈淮海易谈〉跋》称孙应鳌“受知督学贵溪徐樾，为阳明再传弟子”［孙应鳌：《淮海易谈》，张新民、赵广升点校，《黔南丛书》（第七辑），第187页］，黎庶昌《刻孙淮海先生〈督学文集〉序》认为其“传阳明王氏之学于贵溪徐樾波石，即能洞彻良知之弊”（黎庶昌：《拙尊园丛稿》卷二，《黎庶昌全集》，黎铎、龙先绪点校，第59页），当一并参阅。

④ 孙应鳌：《〈道林先生诸集〉序》，《孙山甫督学文集》卷一，赵广升点校，张新民审订，《黔南丛书》（第七辑），第206页。

⑤ 钱德洪：《年谱附录一》，王守仁：《王文成公全书》卷三十五，王晓昕、赵平略点校，第1526页。

⑥ 赵锦元：《蒋道林先生文粹序》，蒋信：《蒋道林文粹》，《李道纯集·蒋道林文粹》，刘晓林校点，第4页。

⑦ “原夫明初诸儒，皆朱子门人之支流余裔，师承有自，矩矱秩然。曹端、胡居仁笃践履，谨绳墨，守儒先之正传，无敢改错。学术之分，则自陈献章、王守仁始。宗献章者，曰江门之学，孤行独诣，其传不远。宗守仁者，曰姚江之学，别立宗旨，显与朱子背驰，门徒遍天下，流传逾百年。”（张廷玉等：《儒林一》，《明史》，第7222页）江门心学主要以陈献章、湛若水为代表，流传不广；姚江心学则由王阳明一手开创，影响遍天下。

⑧ 王耒贤、许一德修纂：万历《贵州通志》卷二，黄富源点校，第34页。

⑨ 孙应鳌：《祭蒋道林先生文》，《孙山甫督学文集》卷四，赵广升点校，张新民审订，《黔南丛书》（第七辑），第294页。

⑩ 王耒贤、许一德修纂：万历《贵州通志》卷十三，黄富源点校，第227页。

深，若其处变应卒，错综文武之间，亦似余姚衣钵”[①]。一生学问取向，均“讲求仁之旨”[②]。胡直（字正甫，号庐山）为孙应鳌的早期文集撰序，便谈到孙应鳌见到蒋信后的思想发展变化情况：

> 孙子生神颖，长学于道林子，视其气，杜机忘言，弗谍一光。至读其诗文，凡数千万言，达于天地庶物，究于帝王，辨于诸家，放于上下、内外巨细，尤严于学术政治，而皆出于几微之所絯。其韵不假揣度而靡不应律，其辞不烦比拟而靡不合轨。予知孙子之无为为之而不能不为，虽千万言无言也，进乎一矣。[③]

胡直曾从学欧阳德，又游于罗洪先之门，与蒋信类似，为江右王门的大将。孙应鳌“两官江西，得缔交庐山子”，两人以后又“数会芷厓兰水之间”，并“同官于蜀”，[④]不仅在官场上是同僚，即在道义上亦为至交，可谓相知甚深且密。胡直在文中联系孙氏一生诗文成就，以为极广博而又甚精微，便特别突出了求学蒋信的关键性作用，当是至交颇为允当妥适之言。孙氏一生学问，主要“以求仁为宗，以尽人合天为求仁之始终，而其致功，扼要在诚意、慎独”[⑤]，实际便是要全身心地投入本然真实的自我，并透过切身性的实践活动遥契形而上的天道，开启人的精神的无限向上超越之机。而溯河穷源，剥蕉至心，均与早年从游蒋信，身心无不获益有关。

正因如此，孙应鳌才特别指出，蒋信“蚤得圣门天地万物一体之宗，其论虽殊，其本为要于知止，知止为严于慎独，慎独为妙于默识，默识为融于勿忘勿助之间，其综之为成此仁于一身”[⑥]。蒋信自己也强调：“廓然大公者，天地万物一体，无所容于我也。物来顺应，则规矩在乎方圆，万变存乎一运焉已耳。”[⑦]故其接引后学，最

---

① 丘禾实：《孙文恭先生传》，《循陔园集》卷五，明万历四十一年刻本，第34页。

② 孙应鳌：《〈正学心法〉序》，《孙山甫督学文集》卷一，赵广升点校，张新民审订，《黔南丛书》（第七辑），第210页。

③ 胡直：《刻督学集序》，《衡庐精舍藏稿》卷八，《胡直集》，张昭炜编校，第163页。

④ 孙应鳌：《〈衡庐诗稿〉后叙》，《孙山甫督学文集》卷一，赵广升点校，张新民审订，《黔南丛书》（第七辑），第212页。

⑤ 莫友芝：《文恭孙淮海先生应鳌》，《黔诗纪略》卷五，第4页。

⑥ 孙应鳌：《正学先生道林蒋公墓志铭》，《孙山甫督学文集》卷四，赵广升点校，张新民审订，《黔南丛书》（第七辑），第287页。

⑦ 蒋信：《寿裘鲁江正郎七十序》，《蒋道林文粹》卷一，《李道纯集·蒋道林文粹》，刘晓林校点，第38页。

重工夫论上的践仁知天，亦即必“知万物一体为圣门宗旨”[①]，而尤重“践履笃实，不事虚谈”[②]。以为“孔氏之教其徒也，一则曰仁，二则曰仁。当时学者之学于孔氏也，一则曰求仁，二则曰求仁。是故立而立人，达而达人者，语其体也”[③]。凡有来问学请教者，他都首先要求本诸人性之本然及人生之应然，依孔门之教不断识仁、求仁，展开先立乎其大的生命实践活动，否则便难有终极性的安身立德，远离或违背了人生的本真实然。

当然，作为姚江学派的重要心学学者，孙应鳌固然以“求仁”两字来统摄其一生学问主旨，但也极为重视心的主体作用及其实践工夫。他认为《大学》自“知止”到“至善”一段，实际“就是明新心之本体，心学工夫全在致知，心之本体，知而已矣”，因此“格物、致知是圣学之安身立命处”，[④]而“良知者，仁体也。得仁之体，则备有众善，不以挠已。不得仁体，则虽有众善，惟物徇美。惟物之徇，是谓丧真，是谓忘生。不以挠已，为止其所，为宇宙主”[⑤]。尤宜注意的是，孙应鳌为胡直的《正学心法》撰序，尚有以下一段文字：

> 《易》曰:“寂然不动，感而遂通天下之故。”寂感，人心也。寂感之间，圣人所谓“一贯”也。虽寂而天下之故未尝不感，虽感而本然之真未尝不寂，故寂感非二，不二则仁。譬洪钟含声，明镜蓄照，不将迎于物，物至应之；适中天则，应已不留，非拟议形迹可逮。……本体在此，工用在此，易简理得，得是尔。岂后世学术或偏内，或偏外，遗事物以求心，将无入空灭？逐吾心于事物，将无陷支离哉！[⑥]

---

① 孙应鳌:《蒋见岳〈初志稿〉序》,《孙山甫督学文集》卷一，赵广升点校，张新民审订，《黔南丛书》（第七辑），第207页。

② 张廷玉等:《蒋信传》,《明史》卷二百八十三，第7268页。

③ 蒋信:《学者须先识仁》,《蒋道林文粹》卷七,《李道纯集·蒋道林文粹》，刘晓林校点，第179页。

④ 孙应鳌:《四书近语》卷一,《孙应鳌全集》（第1册），赵广升编校整理，第160页。按文中之“明新”两字，似即《大学》“明明德”及“新民”之省写。然所谓“新民”，孙氏既引古本《大学》作“亲民”，则颇疑“明新”当改作“明亲”。

⑤ 孙应鳌:《贺姜泉南公寿序》,《孙山甫督学文集》卷三，赵广升点校，张新民审订，《黔南丛书》（第七辑），第245页。

⑥ 孙应鳌:《〈正学心法〉序》,《孙山甫督学文集》卷一，赵广升点校，张新民审订，《黔南丛书》（第七辑），第211页。

上述文字，王阳明晚年弟子王畿（字汝中，号龙溪）尝有节引，以为“此数言，深契（阳明）先师格致之微旨，可谓得其髓矣”①。王阳明早年即认为“圣人之心如明镜，只是一个明，则随感而应，无物不照；未有已往之形尚在，未照之形先具者”②。其晚年则谓：“致知格物之功愈觉精透”，“致知在于格物，正是对境应感实用力处。……全体精神只从一念入微处自照自察，一些著不得防检，一毫容不得放纵。勿助勿忘，触机神应，是乃良知妙用，以顺万物之自然，而我无与焉”。③对于王阳明的“致知格物”说，王畿自然十分稔熟，诚如黄宗羲所说：“先生（王畿）亲承阳明末命，其微言往往而在。象山之后不能无慈湖，文成之后不能无龙溪。以为学术之盛衰因之，慈湖决象山之澜，而先生疏河导源，于文成之学，固多所发明也。”④可见王畿不仅深得阳明之学，同时更多有所阐释发明。而对《大学》的“致知格物”说重新展开创造性的解读，乃是阳明建构其心学体系的重要基础，也是他与朱子的看法产生严重分歧的要害。孙应鳌的立论强调终日乾乾，收摄葆任，故心体虽寂而能照，虽应而恒寂，照乃直观之慧照，应亦直观之慧应，即照即寂，即寂即应，只是廓然无对，朗朗然如明镜，可作出一切必要之价值判断，又全然超越一切价值判断。证以孙氏本人的言说及王畿的评价，比较阳明一系列的理论主张，再反观比对朱子的相关言说，即可知孙氏之说远离朱子而更契合阳明。

以此通观孙应鳌一生，可说他的思想的成熟虽主要在督学关西以后，但早年受到阳明心学人物的影响也不容忽视。时人称他与蒋信见面后，“悟宗旨而归，发愤刊落，功收一原，任重诣极，洞见道体”⑤，当是可以信据之言。而蒋信临终前亦曾命其子如川、如止说：“我化……志我者，孙山甫乎。”⑥更可见二人道义相交，知之可谓深矣。如果说科举中试开启了孙应鳌的外在宦海沉浮之路，为

① 王畿：《与孙淮海》，《王畿集》卷十，吴震编校整理，第239页。

② 王守仁：《传习录上》，《王文成公全书》卷一，王晓昕、赵平略点校，第15页。

③ 王畿：《读先师再报海日翁吉安起兵书序》，《王畿集》卷十三，吴震编校整理，第343页。

④ 黄宗羲：《郎中王龙溪先生畿》，《明儒学案》卷十二，沈芝盈点校，第239页。

⑤ 颜鲸：《〈教秦总录〉后序》，孙应鳌：《教秦总录》，日本内阁文库藏明隆庆二年刻本。

⑥ 孙应鳌：《正学先生道林蒋公墓志铭》，《孙山甫督学文集》卷四，赵广升点校，张新民审订，《黔南丛书》（第七辑），第285页。

他提供了政治活动的舞台或空间，那么与徐樾、蒋信的交往则点燃了他内在心灵探寻之灯，极大地坚定了他的精神发展方向或价值诉求目标。而他后来与王门亲炙弟子王畿、南逢吉等人多有交往，观其《太平兴国宫用王龙溪韵》："咏真元福地，古径已平芜。林隐云光乱，烟销殿影孤。仙源何寂历，灵迹半虚无。闲坐观元化，吾今且丧吾。"[①]是诗任瀚以为"天趣最深"[②]，"吾今且丧吾"一句，亦最见《大学》静虑境界，均可见二人思想境界甚为接近，相互之间必多有认同和影响。外在的政治理想活动和内在的心性涵养工夫，相互交织，成为他人生中长期不断的双重奏鸣曲。

三、思想与实践的交织及互动

以进士解元身份进入国家行政体制的孙应鳌，先是"读书中秘，时馆师徐文贞公以国士目之"[③]，不久即改户科给事中，出补江西佥事，升江西布政使司左参议。以后又迁陕西提学副使、右佥都御史，并两抚郧阳。初莅郧阳，时"岁饥，奏免兆化诸县秋粮"；再抚郧阳，"皆以廉惠得民和"，颇有政声。[④]督学关中时，则"以濂洛之学自任，莅政举大体，不亲细务，教士务实效，不为虚名，当时号称得士"[⑤]。又"日与秦中诸生讲论心学，随所疑问，应辩如向"[⑥]，"一时关中博士弟子事先生如山斗，乃阐明道妙，揭示默识本旨，即世世可师承矣"[⑦]。今存孙应鳌《谕陕西官师诸生檄文》，内分崇制、订学、论心、立志、破迷、修行、规让、饬礼、励勤、戒速、博理、讲治、进业、惇友、养蒙、严范十六条，及其在陕西提学任上，根据地方实际，"与诸有司教职暨诸生约，分别体要"，希冀"在诸生是为教学相长，在各官是为法纪相成"，遂着手制定并上报朝廷的重要撰述。其中"立志"强调"志于圣人之道，不能为圣人之徒者，

---

① 孙应鳌：《学孔精舍诗稿》卷三，《孙应鳌全集》（第4册），赵广升编校整理，第179页。
② 任瀚：《太平兴国宫用王龙溪韵》题下评语，孙应鳌：《孙山甫督学诗集》卷六，日本静嘉堂文库藏明隆庆元年刻本，第397页。
③ 丘禾实：《孙文恭先生传》，《循陔园集》卷五，明万历四十一年刻本，第32页。
④ 万斯同：《孙应鳌传》，《明史》卷三百一十八，北京图书馆藏清钞本，第500页。
⑤ 雍正《陕西通志》卷五十二，文渊阁《四库全书》本，第40页。
⑥ 任瀚：《题〈教秦绪言〉小引》，孙应鳌：《孙应鳌全集》（第4册），赵广升编校整理，第364页。
⑦ 温纯：《归来漫兴序》，《温恭毅集》卷七，《四库全书》本，第12页。

吾不信也。耳顺从心，境域至矣，必始于志学；据德依仁，功夫精矣，必原于志道”[①]。具见其所要求诸生者，乃是与终极目标相关之“立志”。“立志”代表人生远大理想自觉的建立，生命价值目标主动实现的开始，不仅与孔子自述“十五志于学”（《论语·为政》）之精神路向契合，同时也与阳明“立志而圣则圣矣，立志而贤则贤矣”[②]之立论一致：

> 于戏！圣人之道诚大矣，其意诚精矣。曷言大？极天地万物同体之量，故曰大。曷言精？极人心道心危微之辨，故曰精……夫学圣人之道，以天地万物同体为量，则家国天下固修齐治平于我者也。乃至于害于凶于祸而不顾，无乃非其类也乎……夫一志圣道，必能恬于世情，能淡于世味，然后可以有道，是以亹亹为诸生指迷云。[③]

毫无疑问，孙应鳌是以专司一方学政的朝廷令官的身份，发布晓谕其下属各级行政儒学教官及诸生的檄文的。尽管他明显拥有权力与知识的双重地位与身份，但与谪官贵州龙场的王阳明类似，仍突出表现了儒家人文教化的风格特征，即所谓“禔身秉道，绳墨崭然，真足以为诸生之师”[④]，乃是以个人学术与政治行为实践的方式，将已经分裂的道学与政术重新整合成一体。[⑤]是时张居正的新政改革活动尽管尚未开始，但其后来整顿天下府、州、县学，亦强调“养士之本，在于学校，贞教端范，在于督学之臣”[⑥]。如果稍微比较一下前后两人的做法，则孙氏已凭借以身示范的具体行为方式，率先开启了地方学政改革的实践活动。他既督导学校重视德化以端正地方士风，当然就必须尽可能地凸显人的主体精神。而在思想及实践交织互动变化发

① 孙应鳌：《谕陕西官师诸生檄文》，原碑今存于西安碑林；又见孙应鳌：《孙应鳌全集》（第4册），赵广升编校整理，第287、289页。

② 王守仁：《教条示龙场诸生》，《王文成公全书》卷二十六，王晓昕、赵平略点校，第1120页。

③ 孙应鳌：《谕陕西官师诸生檄文·破迷》，《孙应鳌全集》（第4册），赵广升编校整理，第289—290页。

④ 王宗沐：《赠淮海孙公序》，《敬所王先生文集》卷五，明万历元年福建刘良弼刻本，第11页。

⑤ 张载指出：“朝廷以道学政术为二事，此正自古之可忧者。”（张载：《答范巽之书》，《张载集》，章锡琛点校，第349页）如果说宋代已出现了道学、政术分裂为二的现象，那么明代显然加剧了分裂的程度，但并不排斥个别坚持价值理想的知识精英，仍通过自己的行为实践使其获得了整合。

⑥ 张居正：《请申旧章饬学政以振兴人才疏》，《张文忠公全集》，商务印书馆1935年版，第57页。

展的线索上，又与王阳明有着一脉相承的渊源流变逻辑关系。

因此，孙应鳌在关中提学任上，又特别告诫在学诸生，要“大心以体天下之物，诚心以纳天下之善”[①]。与阳明极为重视“补小学收放心一段工夫”[②]类似，孙氏在鼓励学生挺立主体人格自我的同时，也极为关注工夫论意义上的心性锻炼实践。他认为“放心既收，则未发气象自见，随感而应之体，浑沦无物之实，莫非自然妙用，其求静恶动之心，执动泥静之心，至此俱知其非真矣”，其最重要者，仍是“妙于慎独，极诸默识，达于悦乐，合诸内外之旨”，不仅要证入形上本体，开出内外一体的生命存在境域，同时更要转化为社会性的生命实践行为，汇积为政治人伦秩序建构的动力资源，做到“道义浑融，酬酢罔间。是以行于身家，则能以礼让化家；行于国，则能以礼让化国；行于天下，则能以礼让化天下”。[③]也可说，在个人便当“立志以圣贤为归”，在社会则应“学道以伦理为准”。[④]无论是心灵的内在言说还是以其为表征的主体精神的外在弘扬，都一头连着个人道德与人格的完善，一头连着家国天下秩序的建构，个人的美德与社会群体的共同善，二者必须浃然打成一片，从而如实开显出人的存在应有的“内外合一”完整大全之道。

王阳明曾赞叹“关中自古多豪杰，其忠信沉毅之质，明达英伟之器，四方之士，吾见亦多矣，未有如关中之盛者也”，但也惋惜“自横渠之后，此学不讲，或亦与四方无异矣”，因而希望南大吉（子元善，号瑞泉）、南逢吉（字符贞，号姜泉）兄弟二人，返回渭南家乡后，能“进其文艺于道德之归，变其气节为圣贤之学”，使当地学风重新振发兴起。[⑤]南氏兄弟二人均为阳明门下高足，如作为兄长的南大吉，其治学就“以致良知为宗旨，以慎独改过为致知工夫，饬躬励行，惇伦叙理”[⑥]。而其弟南逢吉则早在越州时，便从兄

---

① 孙应鳌：《谕陕西官师诸生檄文 · 规让》，《孙应鳌全集》（第4册），赵广升编校整理，第291页。

② 王守仁：《与辰中诸生》，《王文成公全书》卷四，王晓昕、赵平略点校，第176页。

③ 孙应鳌：《谕陕西官师诸生檄文》之《论心》《订学》《规让》条，《孙应鳌全集》（第4册），赵广升编校整理，第289、288、291页。

④ 孙应鳌：《孙文恭公遗书 · 幽心瑶草》，沈乃文主编：《明别集丛刊　第三辑》（第42册），黄山书社2015年版，第458页。

⑤ 王守仁：《答南元善》，《王文成公全书》卷六，王晓昕、赵平略点校，第256页。

⑥ 冯从吾：《瑞泉南先生》，《关学编（附续编）》卷四，陈俊民、徐兴海点校，中华书局1987年版，第52页。

师事阳明，"早闻阳明良知之训，服行至老不为怠"[①]。故兄弟二人曾合力创办湭西书院，聚集四方士人讲学，不仅推动了"渭上人才科目"[②]的兴盛发展，而且也为关学注入了令人耳目一新的心学思想资源。孙应鳌曾与南逢吉交，一见而语相合，又"与（逢吉）公论学，公为极阐其微……闻所未闻"[③]，同时也踵接南氏兄弟二人之遗业，"日与秦中诸生讲论心学，随所疑问，应辩如向"[④]。其中也包括工夫论上的"默识本旨，即世世可师承"[⑤]，亦即他与蒋信共同主张的"慎独"工夫——"慎独为妙于默识，默识为融于勿忘勿助之间，其综之为成此仁于一身"[⑥]。如曾被孙氏视为"国士"的温纯，便说"自从吾师淮海先生游也，习太师家学风度，不啻身坐春风中"[⑦]。阳明高足王畿亦有函称："世传当局者有不喜讲学之说，愚窃以为不然，讲以身心与讲以口耳，先正常有辨矣。"[⑧]身心之学必兼体用，当为正学，口耳之学不过玩弄伎俩，多为异端。适可见与阳明的讲学类似，孙氏的讲学也为人人受益的身心之学，绝非单调刻板的官僚套话，更非贩弄口舌的空洞无聊之论。

由此可见，孙应鳌继南氏兄弟之后，再次扩大了心学在关中的传播范围，加上其作为提学特殊的行政身份，故教化所及，造就颇众，影响甚大，贡献殊多，显然有力地推动了关学的心学化发展。以后尚有许孚远（字孟中，号敬庵）、冯从吾（字仲好，号少墟）等相继讲学关中，不仅强调心的主宰作用的重要性，关心义理精神的发扬，同时也突出心上用功的必要性与重要性，注意实行学风的弘传和发扬，既强化了关学一贯固有之长处，又加快了其心学化发展的进程，最终则以关学心学化的理论突破方式，实现了关学发展的历史性复兴。[⑨]而孙氏承上启下所发挥之历史作用，即就关学的源流

---

① 孙应鳌：《贺姜泉南公寿序》，《孙山甫督学文集》卷三，赵广升点校，张新民审订，《黔南丛书》（第七辑），第245页。

② 天启《渭南县志》卷二，明天启元年刻本，第10页。

③ 孙应鳌：《贺姜泉南公寿序》，《孙山甫督学文集》卷三，赵广升点校，张新民审订，《黔南丛书》（第七辑），第244页。

④ 任瀚：《题〈教秦绪言〉小引》，孙应鳌：《孙应鳌全集》（第4册），赵广升编校整理，第364页。

⑤ 温纯：《归来漫兴序》，《温恭毅集》卷七，第12页。

⑥ 孙应鳌：《正学先生道林蒋公墓志铭》，《孙山甫督学文集》卷四，赵广升点校，张新民审订，《黔南丛书》（第七辑），第287页。

⑦ 温纯：《与孙南翁先生》，《温恭毅集》卷二十八，第5页。

⑧ 王畿：《与孙淮海》，《王畿集》卷十，吴震编校整理，第239页。

⑨ 刘宗镐：《论关学的心学化及其价值》，《人文杂志》2018年第12期。

变迁而言，其功亦十分突出，其地位绝不当低估。

四、学政改革与讲学实践活动

孙应鳌一生经历，主要集中在嘉靖、隆庆、万历三朝，继督学关中之后，又曾升吏部右侍郎，寻改礼部，充讲官经筵，掌国子监祭酒事。曾有《讲筵恭述四首》，其第二首云："衮衣缥缈五云间，侍从威仪玉笋班。讲罢典谟因讽劝，即看喜气满天颜。"①可见其进讲必不止一次，且多有讽劝，同时又配合张居正改革，整顿学政，事亦多有可述者。

在孙应鳌看来，"国家兴治以人，造人以师，师得则得人，人得则得治，古今一揆，未有能易"②。因此，他认为整顿学政，必从重建师道入手。然纵观中国历史，明代乃是传统中国政治的恶化期，王阳明便根据自己的官场惨痛经历，特别指出"仕途如烂泥坑"，劝人"勿入其中，鲜易复出"。③ 甚至身居内阁首辅要职的张居正也认为："人心陷溺已久，宿垢未能尽除，若不特行戒谕，明示以正大光明之路，则众心无所适从，化理何由而致？"④尽管官场学政一职，最见儒家人文精神，同样也有陋习流弊，孙应鳌便曾针对"政以贿成，官由宠败者，往往形于奏牍"的负面现象，着眼于"法禁于已著而教化于未形，忽未形之化而崇已著之禁"，认为"植木不于其根，浚水不自其源，终非所以培养人才、曲成士类"，都是缺乏长远考量的政治举措。所以，除必须重视重振师道外，也应"裒集英才，以弘教育"。而究其根本原因，则为"兴化治理，本之贤才，成贤育才"，最要莫过于素养，亦即"不素养士而求得贤，譬犹不琢玉而求文彩"⑤。实际仍是要通过养士或造士的方法，能够以开明的方式多蓄备国家人才，甚至社会上的名儒耆俊，也应尽量网罗擢用，从而凝聚更多的学术文化资源，发挥其引领政治的正面作用。遂据此革

① 孙应鳌：《学孔精舍诗稿》卷六，《孙应鳌全集》（第4册），赵广升编校整理，第284页。

② 孙应鳌：《国子监祭酒司业题名记》，文庆、李宗昉等纂修：《钦定国子监志》卷六十三，郭亚南等点校，北京古籍出版社2000年版，第1134页。

③ 王守仁：《与黄宗贤》，《王文成公全书》卷四，王晓昕、赵平略点校，第187页。

④ 张居正：《请戒谕群臣疏》，《张文忠公全集》，第19页。

⑤ 孙应鳌：《恳乞圣明裒集英才以弘教育事疏》，王材、郭鎜纂：《皇明太学志》卷九，嘉靖三十八年国子监刻，隆庆万历递修本，第41—42页。

除旧制弊端，整饬国子监旧制，即所谓“讨求旧章，严饬功令，务在必行”[①]。尤其提学乃朝廷命官，更不能不“在内树风教，而后在外振纪纲”[②]，最终则“请禁社生黜生及民间庸子弟入监，（上）从之”[③]，从而强化了太学培养人才的功能，改变了学问虚假空疏的时代通病。当然，明代自“万历以上，法令繁而辅之以教化，故其治犹为小康。万历以后，法令存而教化亡，于是机变日增而材能日减”[④]。以此观察孙应鳌为改革学政所做出的种种努力，尽管成效或功劳不小，但从长时段来看，仍只能算是朝廷教化由盛入衰闪出的临时一线亮光，乃王朝自救机制短暂的生机复活。

稍需注意的是，孙应鳌所主持的学政改革，乃是张居正新政中极为重要的一环。是时张居正恰好强调“养士之本，在于学校；贞教端范，在于督学之臣”，开始着手整顿和改革学校制度，要在“使人皆知敦本尚实，而不敢萌侥幸之心，则振兴人才之一大机也”。[⑤]可见孙应鳌的所作所为，必与张居正推行的新政有关。考孙氏尝有《太岳先生为予谈衡山之胜，因示登游诸作》诗：“见说高峰迥不群，游仙特礼祝融君。远从千里浮湘浦，独立孤峰辨禹文。紫盖璚云时缥缈，朱陵瑶草正氤氲。诗篇一一思玄兴，何得相随坐日曛？”[⑥]按太岳乃张居正号，读诗可知其曾与孙应鳌谈及衡山形胜，孙遂拣出其登游衡山多篇旧作回赠，并为兹事专门题诗一首，具见二人必多有私交。而张居正之推行新政，亦有函致孙应鳌：“比者冒昧，妄有论建，辱奖誉过情，深以为愧。”显然孙应鳌先有函札致张居正，表示对新政的支持，张居正才引其为“道谊知己”，认为“人心玩愒已久，溺于故常，蔽于私意，虽心知其当然，而终不能踊跃以趋赴”，因而特别表示，“大厦之成，非一木之干，仆既已唱之矣，尚赖一时贤士同心和之，庶克有济”。[⑦]由于新政受到多方面的阻力，张居正

---

① 丘禾实：《孙文恭先生传》，《循陔园集》卷五，明万历四十一年刻本，第34页。
② 莫友芝：《文恭孙淮海先生应鳌》，《黔诗纪略》卷五，第3页。
③ 谈迁：《国榷》卷六十九，张宗祥点校，中华书局1958年版，第4288页。
④ 顾炎武著，黄汝成集释：《人才》，《日知录集释》卷九，岳麓书社1994年版，第313页。
⑤ 张居正：《请申旧章饬学政以振兴人才疏》，《张文忠公全集》，第57—58页。
⑥ 孙应鳌：《太岳先生为予谈衡山之胜，因示登游诸作》，《学孔精舍诗稿》卷四，《孙应鳌全集》（第4册），赵广升编校整理，第209页。
⑦ 张居正：《与中丞孙淮海》，《张太岳集》卷二十一，上海古籍出版社1984年版，第245页。

才主动争取孙应鳌一类要臣的支持。孙氏革除学政旧弊的种种举措，实际也是对万历新政的积极配合与参与。

孙应鳌既在官场有很高声望，学问亦多为人所赞许，以致“海内群以名臣大儒推之”①，如郭子章便认为其“尊贤贵义，执事坚固”，尤其“发明圣学，具载诸书，立朝大节，他日国史当有大书之者”②。然名高谤亦随之，故其曾两次要求辞官。先是隆庆三年（1569）“有蜚语，遭言者诬陷，遽乞骸骨以去”③。孙氏亦曾自谓：“隆庆己巳（三年），余移疾得归田里，卜筑城西别墅为草堂”④；同时又建学孔书院于清平伟拔山麓，并有诗咏怀云：“末路谢世羁，托心栖混蒙；我游惭方内，彼是得环中。卓尔三丘地，萧然一亩宫；从兹逐高蹈，清兴复何穷。”⑤颇有从此归隐之意，加上可能不满张居正“夺情”的做法，故复官后又于万历四年（1576）再次辞官告归，以后“台省抚按交章荐举”⑥，朝廷虽屡以国子监祭酒、南京工部尚书等故秩起用，“若虚以待之者”⑦，均屡疏坚辞，卒年当在万历十二年甲申（1584）十二月，⑧享年不过五十八岁。

告病归里的孙应鳌，自谓“誉髦多士，时时来从予游，奉亲之暇，日与讲道谈艺”⑨。同时又建学孔书院，诚如清人王槱所说：“得孔孟所以教人之指，当时讲明正学。”⑩并培养了不少乡邦学人。胡直尝为其学孔书院撰记云：

> 始予友淮海孙公解大中丞归，而远近问学者履盈户，公乃选伟拔山之麓，得其胜者止焉，遂辟为书院，以居学徒。中为堂曰某堂，斋曰某斋，轩曰某轩，亭曰某亭，后为寝室，旁两楹为学舍，

---

① 莫友芝：《文恭孙淮海先生应鳌》，《黔诗纪略》卷五，第4页。

② 郭子章：《黔记》卷十七，赵平略点校，第437页。

③ 莫友芝：《文恭孙淮海先生应鳌》，《黔诗纪略》卷五，第2页。

④ 孙应鳌：《瑞竹词十二首·小序》，《学孔精舍诗稿》卷六，《孙应鳌全集》（第4册），赵广升编校整理，第274页。

⑤ 孙应鳌：《平旦草堂咏怀》，《学孔精舍诗稿》卷二，《孙应鳌全集》（第4册），赵广升编校整理，第193页。

⑥ 王耒贤、许一德修纂：万历《贵州通志》卷十三，黄富源点校，第227页。

⑦ 丘禾实：《孙文恭先生传》，《循陔园集》卷五，明万历四十一年刻本，第34页。

⑧ 李独清：《孙文恭公年谱初稿》卷三，《洁园集》，第533—536页。

⑨ 孙应鳌：《瑞竹词十二首·小序》，《学孔精舍诗稿》卷六，《孙应鳌全集》（第4册），赵广升编校整理，第274页。

⑩ 王槱：《〈四书近语〉序》，孙应鳌：《孙应鳌全集》（第1册），赵广升编校整理，第156页。

凡若干间。公自以平昔所学，舍孔子无繇也，因名曰学孔书院。[①]

胡氏本人为政与罗汝芳、邹善同司，余暇三人均热衷讲学，[②]又与孙应鳌志同道合，二人都愿以孔子求仁之学相终身。[③] 证以孙应鳌“余既以病废家居，得日与吾党二三子讲明孔门之学，随所论析”之言，[④] 以及万历《黔记》所载马廷锡“与孙淮海诸公聚讲越山”[⑤]等语，可见胡氏所说当完全可信。具见他致仕归里后，不仅以私家之力创办书院，同时更多聚徒讲学。即使首次致仕后再抚郧阳，也有信函寄返家乡，告诫青年学子“此身与天下国家共为一物者也，不知立其身，以为天下国家之本，失此身矣。此心与天地万物合为一体者也，不知充其心，以尽天地万物之大，失此心矣”，因而必须在“立志”与“学道”两方面同时痛下工夫，前者必须“以圣贤为归”，后者则应“以伦理为准”，全然一派苦口婆心。[⑥]吴国伦《怀孙祭酒山甫》诗有句云：“逍遥不赴征，匪学商山皓。”[⑦]亦可谓真能知其心志者。

追溯黔地讲学之风的盛行，当主要始自阳明。其在龙冈书院之讲学，后人描绘当时情景，以为“坐拥皋比，讲习不辍，黔之闻风来学者，卉衣鴂舌之徒，雍雍济济，周旋门庭”[⑧]，当非完全虚构夸大之辞。继阳明之后，传良知之学者，前有陈文学、汤冔、叶梧称“前三先生”，后有孙应鳌、马廷锡、李渭为“后三先生”。孙氏既私淑阳明，即在阳明之学遭禁黜之际，亦有《梦阳明先生述怀》诗云：“平居学道心，晚路孰期许；年往惭无闻，归来宅幽渚。先觉遗良模，神交倏相与；缠绵心曲事，恳款梦中语。精爽偕寤言，意气同居处；徒增觉后悲，拊循转凄楚。拥衾结长思，望斗怀遐举；遗

---

① 胡直：《学孔书院记》，《衡庐精舍藏稿》卷十二，《胡直集》，张昭炜编校，第257页。

② 参见张昭炜：《编校说明》，《胡直集》，张绍炜编校，第2页。

③ 孙应鳌曾提到：“楚侗耿子语鳌曰：‘子今为仁，庐山子其依也。’故鳌愿与胡子以此学相终身，且效于同志云。”[孙应鳌：《正学心法序》，《孙山甫督学文集》卷一，赵广升点校，张新民审订，《黔南丛书》（第七辑），第211页] 文中所本即此。

④ 孙应鳌：《〈四书近语〉序》，《孙应鳌全集》（第1册），赵广升编校整理，第155页。

⑤ 郭子章：《黔记》卷四十五，赵平略点校，第980页。

⑥ 孙应鳌：《孙文恭公遗书 · 幽心瑶草》，沈乃文主编：《明别集丛刊　第三辑》（第42册），第458页。按《幽心瑶草》又题作《寄学孔书院诸会友琐言》，乃孙氏首次致仕复官写给清平学孔书院诸弟子的励志进学寄语。

⑦ 吴国伦：《怀孙祭酒山甫》，《甔甀洞稿》卷六，明万历刻本，第9页。

⑧ 田雯：《黔书》卷下，《黔书 · 续黔书 · 黔记 · 黔语》，罗书勤点校，第91页。

我大还诀，誓以铭肱膂。”[①]则讲学固然是希望其一生学问能有传人，但也未尝不是阳明讲学精神的再发扬。清人莫友芝尝有诗称：“孙先学孔开精室，手辟山荒衍儒术。”[②]即可见孙氏对边地儒学传播的贡献。

当然，孙应鳌在黔地的讲学活动，从更大的空间范围看，亦并非一时偶然之个别现象，不仅其所在的黔中，如邹元标所说，有“孙淮海、李同野、马心庵皆致力斯学”，即“宇内讲明正学”者，也如胡直所言，“楚有黄安耿公，蜀有内江赵公，黔有清平孙公，吾豫章有南城罗公，皆贤人也”。[③]具见黔省与其他各地的讲学活动，乃是互通声气并有所呼应的。抗倭名将俞大猷（字志辅，号虚江）致函孙应鳌，称他为“名公振世道望，昭代真儒，天下有志之士，莫不愿立门墙，听一日之教，为终身之宗。猷抱此志盖亦有年，为向无介绍，未遂夙怀”[④]，以致生起私淑之意，即可见孙氏的影响绝非限于一时一地。然“是时士大夫竞讲学，张居正特恶之，尽改各省书院为公廨，凡先后毁应天等府书院六十四处”[⑤]。前引王畿之函中，王畿亦特别提醒孙应鳌，“世传当局者有不喜讲学之说”，具见孙应鳌虽支持张居正之新政，但也绝非一味趋同迎合，王畿称他“信道力学”，即使“楚侗兄亦时时传诵高谊”，亦绝非凭空即兴之虚言。[⑥]

按王畿提到的“楚侗”，乃耿定向号，世人多称耿氏为天台先生。耿氏一生学问，主要得力于阳明。黄宗羲撰《明儒学案》，便将其列入《泰州学案》。[⑦]焦竑称他督南畿学政，“在事七阅月，所举如太宰王公本固、宗伯孙公应鳌、中丞孟公养性、方伯赵公希夔，皆藩臬中闻人”[⑧]。可识他不仅与孙氏相知甚深，而且更举荐过孙氏。其“学归宿在王阳明”[⑨]，故其文集遂以阳明为世家，而以薛瑄、白沙

① 孙应鳌：《梦阳明先生述怀》，《学孔精舍诗稿》卷一，《孙应鳌全集》（第4册），赵广升编校整理，第141页。

② 莫友芝：《书孙淮海先生楷书〈谕陕西官师诸生檄〉石本后》，《郘亭遗诗》卷四，《莫友芝诗文集》，张剑等编辑校点，人民文学出版社2009年版，第350页。

③ 郭子章：《黔记》卷十七，赵平略点校，第437页。

④ 俞大猷：《正气堂集·与孙淮海书》，转引自陈桂炳：《俞大猷与闽学》，陈继川、俞建辉主编：《俞大猷研究论文集》，厦门大学出版社2016年版，第312页。

⑤ 夏燮：《明通鉴》卷六十七，沈仲九标点，第2376页。

⑥ 王畿：《与孙淮海》，《王畿集》卷十，吴震编校整理，第239页。

⑦ 黄宗羲：《恭简耿天台先生定向》，《明儒学案》卷三十五，沈芝盈点校，第815—816页。

⑧ 焦竑：《天台耿先生行状》，《焦氏澹园集》卷三十三，明万历三十四年刻本，第18页。

⑨ 永瑢等：《四库全书总目》卷一百七十八，第1601页。

为列传。[①] 时有人惮于张居正的禁令，“书来相勉慎勿讲学，盖惧时忌云”，耿定向之回答则云：“学或讲之口耳，或讲之身心事实”，而自己所讲并商之他人者，“原是以不容已之真机为宗”，因而“一息无此，一息不能生活；一方无此，一方不能生活；一世无此，一世不能生活。方今身肩其任，益觉痛切，如之何能容已也”。[②] 耿氏乃眼光极高之人，他之所以屡屡称道孙氏，显然也与后者不惮高压坚持讲学有关。而孙应鳌亦颇认同耿氏的讲学及门下人才，尝函致他称“年来缪叨师职，愧浮声虚影，不能有所自立，故每于门下卓卓以圣贤自表树者倾心焉”，他认为：“学绝道丧之余，颛蒙者锢蔽而不知，离叛者轻侮而不信。其有一二知从事者，又徒饰荣名，不求实际，发愤之念方起，惰慢之气已生；则世道之不唐虞，人才之不皋夔，何憾已！某诚愿门下永肩是任，则斯文幸甚！”[③] 可证他们都目睹政治生态的窳陋，社会风气的败坏，希望通过讲学以培养人才，重振社会风气。他们都以讲明自身深切本悟并有所受益的身心之学的方式，明确表示了对张居正强行毁书院、禁讲学行为的正面抗议。[④] 尽管有人批评他“每自以为孔子”，有“好善”而不“明理”之过，[⑤] 但客观如实地评价，仍可说他“学术纯正，识见高明”。譬如任瀚便以“近世豪杰”[⑥] 称他。适可见他有独立特行的人格，或褒或贬的评论，均针对他的行事方式而发，而与他的行动风范有关。

孙应鳌早年受徐樾影响，“即传其所受阳明、心斋之学，终日抠趋”，同时又与乡人“李同野、马心庵、蒋见岳同励圣轨”。[⑦] 其中尤以孙、李、马“三先生躬行实践，体道入微，卓然为后学典型，

---

① 耿定向：《薛文清公传》《白沙陈先生传》《新建侯文成王先生世家》，《耿定向集》卷十三，傅秋涛点校，第509—542页。

② 耿定向：《与吴伯恒》，《耿定向集》卷六，傅秋涛点校，第220页。

③ 孙应鳌：《答楚侗公书》，《孙山甫督学文集》卷四，赵广升点校，张新民审订，《黔南丛书》（第七辑），第278页。

④ 反对张居正毁书院、禁讲学最激烈的是何心隐，曾明确表示：“学则学矣，奚必讲耶？必学必讲也，必有原以有事于讲，必不容不学不讲也。……不有所讲，则不有所诲，而不有所传矣。而容不有讲耶？有言必有讲，以诲以传于讲也。是故学也者，学乎其所讲也，不有讲而奚有学耶？”（何心隐：《原学原讲》，《何心隐集》卷一，容肇祖整理，中华书局1960年版，第1页）孙应鳌虽未见公开反对的言辞，但他坚持创办书院并聚徒讲学，乃可视为无声的抗议，耿定向颂其“高谊”，必与此有关。

⑤ 骆问礼：《讲学好善》，《万一楼集》卷四十八，清嘉庆年间活字本，第12页。

⑥ 王耒贤、许一德修纂：万历《贵州通志》卷十三，黄富源点校，第227页。

⑦ 莫友芝：《文恭孙淮海先生应鳌》，《黔诗纪略》卷五，第3页。

非但振拔超群，为全黔一时山斗也”[①]。晚年家居，时江右王门学者邹元标（字尔瞻，号南皋）因反对张居正“夺情”，谪戍黔省都匀，前后长达六年，时人评其所作所为，以为诚真“能以道事君而身任天下之重者”[②]，二人过从交往亦甚密。邹氏离开都匀后，不免回忆说：“一别兹土，荏苒几廿年，忆承名儒如少宗伯淮海孙公、参知同野李公及诸士陈君等，以圣贤之学相切劘……五溪云山，用想为劳，抚兹志，悠悠我思矣。”[③]即可见其相互之间以道义切磋，有共同的志向与抱负，同省外其他同道呼应往来，已形成一黔中王门学者群体。尤其“通籍后”孙氏游历更广，乃“遍交罗念庵、胡庐山、邹颖泉、罗近溪、赵大洲、耿在伦楚侗诸巨公，往复切劘，温故知新，浩然自得”[④]。尝自谓：“宇宙至广大，士生其间，即异代不必论，幸而偕其时，有豪杰称卓卓以圣贤自表树者，虽不能接颜色，得昕夕侍下风相周旋，鄙心诚向往之，斯古人所谓‘声者无翼而飞，情者不根而固’。”[⑤]可证其一生成就固然离不开个人的发奋惕励，但也得力于师门朋友的互勉共警。诚如郑珍诗所赞，“孙公学孔开南荒，邃诣同时几人匹”[⑥]，不仅在贵州儒林人物中，一生均“以儒术经世，为贵州开省以来人物冠，即以词章论，亦未有媲于先生者也”[⑦]。甚至置于全国心学人物观察，也“有声于四方”[⑧]，“得孔孟所以教人之旨，当时讲明正学，与豫章南城罗公近溪，蜀内江赵公大洲，楚黄安耿公楚侗，号称理学”[⑨]。以致“蜀故有大儒祠，祀宋明诸儒宦于蜀，产于置右”，万历年间复“增祀赵大洲、胡庐山与鳌，称三先生”。[⑩]延至清道光年间，贺长龄巡抚贵州，“以文学

---

① 谢圣纶辑：《孙应鳌传》，《滇黔志略》卷二十二，古永继点校，杨庭硕审定，第281页。

② 赵吉士：《续表忠记》，齐鲁书社1997年版，第560页。

③ 邹元标：《贵州通志序》，王耒贤、许一德修纂：万历《贵州通志》卷一，黄富源点校，第1页。按文中之陈君即撰《南京工部尚书孙应鳌墓志铭》之陈尚象，乃邹元标黔中入门弟子。

④ 莫友芝：《文恭孙淮海先生应鳌》，《黔诗纪略》卷五，第3—4页。

⑤ 孙应鳌：《答楚侗公书》，《孙山甫督学文集》卷四，赵广升点校，张新民审订，《黔南丛书》（第七辑），第277页。

⑥ 郑珍：《巢经巢诗钞后集》卷三，《郑珍全集》（第6册），黄万机等点校，第287页。

⑦ 莫友芝：《文恭孙淮海先生应鳌》，《黔诗纪略》卷五，第5页。

⑧ 王耒贤、许一德修纂：万历《贵州通志》卷十九，黄富源点校，第354页。

⑨ 王樵：《〈四书近语〉序》，孙应鳌：《孙应鳌全集》（第1册），赵广升编校整理，第156页。

⑩ 王耒贤、许一德修纂：万历《贵州通志》卷十三，黄富源点校，第227页。

经术为一世倡”[①]，遂为《清平县志》撰序，仍以为要“志文恭公之所志，学文恭公之所学，则斯志之修为不虚，吾道且重有赖矣，庸仅一邑一省之幸而已乎？”[②]可证长期以来“海内群以名臣大儒推之”[③]，影响自明迄清长期持续而未断。

五、《淮海易谈》与《左粹类纂》

孙应鳌一生著述宏富，今传世者有《淮海易谈》《左粹类纂》《四书近语》《教秦语录》《律吕分解》《庄义要删》等，可谓“发明圣学，具载诸书”[④]，非仅为黔人历代述作不可或缺之要籍，亦吾国学术史值得一提之专书。

儒家“六经”，即《易》《书》《诗》《礼》《乐》《春秋》，在孙应鳌看来，均各有其大义，如“《易》道阴阳,《书》道政事,《诗》道性情,《春秋》道名分,《礼》《乐》道和序”[⑤]，揭示了人生发展及社会秩序建构应有的路径，乃是一切价值存在的渊薮。因而“戴籍虽多，要以六艺为本”[⑥]。学者如欲治经，则不能不通其义。“六经”之中，孙氏最擅长者为《易》，所著《淮海易谈》一书，凡四卷,《千顷堂书目》《明史・艺文志》《续文献通考》《授经图义例》《经义考》均有著录，除隆庆二年（1568）刻本外，[⑦]又收入《四库存目丛书》《黔南丛书》及《丛书集成续编》。诸家著录时多作“易谭”，偶亦作“易经”，皆应依隆庆原刻本作“易谈”。

孙氏是书，开宗明义即云：“《易》者，何也？以著天地万物之理也。天地万物之理妙于人心，故《易》著天地万物之理以明心也。古之圣人生而明诸心矣，欲人人皆明诸心不可得，于是著《易》之

---

① 凌惕安：《咸同贵州军事史》，贵州省文史研究馆编：《续黔南丛书》（第二辑），张祥光、郎启飞点校，贵州人民出版社2012年版，第545页。

② 贺长龄：《〈清平县志〉序》,《耐庵文存》卷二,《贺长龄集・贺熙龄集》，雷树德校点，岳麓书社2010年版，第487页。

③ 莫友芝：《文恭孙淮海先生应鳌》,《黔诗纪略》卷五，第4页。

④ 郭子章：《黔记》卷十七，赵平略点校，第437页。

⑤ 孙应鳌：《庄义要删序》,《四库未收书辑刊》（第三辑第27册），北京出版社2000年版，第271页。

⑥ 孙应鳌:《谕陕西官师诸生檄文・博理》,《孙应鳌全集》(第4册)，赵广升编校整理，第293页。

⑦ 隆庆二年本北京图书馆、南京图书馆、江苏如皋市图书馆均有庋藏，曾入选第二批国家珍贵古籍名录。(《江苏文化年鉴》编纂委员会编:《江苏文化年鉴（2010）》，广陵书社2011年版，第353页）

书曰经。”[①] 实际即立足于心学立物以解《易》，以为心之理与《易》之理表面一内一外，但却全然相通相融而一体通贯，故发明《易》之理即是发明人心之理，发明人心之理亦为发明《易》之理，天地万物之理必透过人心之妙用才能客观如实地开显。四库馆臣称：

> 是书谓天地万物，在在皆有《易》理，在乎人心之能明，故其说虽以离数谈理为非，又以程子不取卦变为未合，而实则借《易》以讲学，纵横曼衍，于《易》义若离若合，务主于自畅其说而止，非若诸儒之传，惟主于释经者也。自《说卦》“乾坤六子”以下，即置而不言，盖以八卦取象之类，无可假借发挥耳。其宗旨可知矣。[②]

语气略有微词，评价虽未必就高，但也点出了其以心说《易》，离心即无从彰显《易》理，而践履《易》道精神，必发扬人之主体实践能力，皆能自畅其说，仍有突出特点。

事实上，早在孙应鳌之前，王阳明已强调：“《易》也者，志吾心之阴阳消息者也……所以尊《易》也，求之吾心之纪纲政事而时施焉。”[③] 阳明一生都“以倡明圣学为事”[④]，即使解《易》也绝无例外。故蒋信便接着阳明之思想理路，继续强调“求《易》之要，作圣之本。千圣千贤，体用内外合一之旨也”[⑤]。孙氏既以心学方法解《易》，要在转化为人生社会实践活动，实现以人合天之价值理想，也可说是阳明、蒋信理路脉络的再发展和再深化。例如，阳明讲“‘先天而天弗违’，天即良知也；‘后天而奉天时’，良知即天也”[⑥]，又说“良知只是一个天理自然明觉发见处，只是一个真诚恻怛，便是他本体”[⑦]。孙应鳌据此进一步发挥，认为阳明所说的良知之“知”，“即是《易》理，《易》理极真实，极光明，随他发见流行处，当下具足，更无去来，不消假借；其发见流行处，轻重、大

① 孙应鳌：《淮海易谈题辞》，《淮海易谈》，张新民、赵广升点校，《黔南丛书》（第七辑），第1页。
② 永瑢等：《四库全书总目》卷七，第56页。
③ 王守仁：《稽山书院尊经阁记》，《王文成公全书》卷四，王晓昕、赵平略点校，第309页。
④ 钱德洪：《年谱一》，王守仁：《王文成公全书》卷三十二，王晓昕、赵平略点校，第1394页。
⑤ 蒋信：《白兆山房说》，《蒋道林文粹》卷四，《李道纯集·蒋道林文粹》，刘晓林校点，第116页。
⑥ 王守仁：《传习录》，《王文成公全书》卷三，王晓昕、赵平略点校，第137页。
⑦ 王守仁：《传习录》，《王文成公全书》卷二，王晓昕、赵平略点校，第104页。

小、厚薄、张弛，毫厘爽失不得，增减不得，物即是我，我即是天地。闻者闻此而已，见者见此而已，故闻见即知，非有闻有见而后知也；知即闻见，非待闻待见而后有知也。此知人人所同，但争一先后，是以立教者以先知觉后知”[①]。与此同时，他也强调“于圣学有能讲而行者，不以自止，必究其致，必极其力”[②]。均可见他的易学具有极浓厚的心学色彩，但又无不以儒家圣学为正道归途。

明代以心解《易》之书颇多，见诸《明史·艺文志》《四库全书总目》著录者，有王畿的《大象义述》、季本的《易学四同》、苏濬的《周易冥冥篇》、郑圭的《易臆》、高攀龙的《周易简说》等。其中方以智尤善治《易》，同样强调以《易》理兼治身心，身心皆可与道合一，因而“以心治身，即以身治心，为身累而言舍身，即所以重其载道表化之身也”[③]。易言之，即生命存在之理与精神实践之理完全可以统一。孙应鳌以心为中心枢管，也认为天地万物之理、生命存在之理与道德实践之理，三者均可统合于人之一心，其说在明代心学学者中亦颇有代表性。具体而言，即“性命之理”“性理之命”“命理之性”，三者名有不同，实则一体。“性命之理”作为形上来源，“即天地人之道，天之道阴与阳，地之道柔与刚，人之道仁与义”，主体的人既“禀阴阳之气，具刚柔之质，妙仁义之性”，则“仁义立于我，则阴阳合德，刚柔有体”，所以“见用天地之道惟人与能”，亦即“得仁义之贞为正，合仁义之时为中”。[④]其说显然也极大地突出了人的主体性和能动性，强化了道德实践的正当性与必要性。论《易》理而重人事，意在经世利人，遂多“透髓之见”[⑤]，或可称其为经世《易》学，甚“得孔子心传”[⑥]，似无愧“尤致精于《易》理”[⑦]之美誉。

《左粹类纂》十二卷，凡八册，分制命、谏诤、诫谕、辩说、议

① 孙应鳌：《杂谈》，《淮海易谈》卷四，张新民、赵广升点校，《黔南丛书》（第七辑），第179—180页。
② 孙应鳌：《让溪书院记》，《孙山甫督学文集》卷三，赵广升点校，张新民审订，《黔南丛书》（第七辑），第257页。
③ 方以智：《易余正身》，黄得宽、诸伟奇主编：《方以智全书》（第1册），黄山书社2019年版，第26页。
④ 孙应鳌：《说卦》，《淮海易谈》卷四，张新民、赵广升点校，《黔南丛书》（第七辑），第165—166页。
⑤ 李颙：《读书次第·易经本义》，《二曲集》卷八，陈俊民点校，中华书局1996年版，第60页。
⑥ 陈矩：《重印〈淮海易谈〉跋》，孙应鳌：《淮海易谈》，张新民、赵广升点校，《黔南丛书》（第七辑），第187页。
⑦ 黎庶昌：《拙尊园丛稿》卷二，《黎庶昌全集》第一册，黎铎、龙先绪点校，第59页。

论、赋诗、盟载、谣诵、隐语、谋略、政事、荐举、节义、辞让、逆料、梦卜十六门，今尚有嘉靖年间锡山安国弘仁堂刊本，北京图书馆、南开大学图书馆均有收藏。原书题作“吴郡施仁编集，如皋孙应鳌批点”，《南开大学图书馆馆藏古籍善本书目》著录为“（明）施仁编”，未具孙氏之名。万历年间重刻，分装八册，今藏美国国会图书馆。王重民《中国善本书提要》著录云：“《左粹类纂》十二卷，八册（《四库总目》卷一百三十七）。”并云：“明万历间重刻本［十行二十一字（19×14.2）］。原题‘吴会施仁编集，维扬孙应鳌批点，河东任养心校阅’。”[①]按“维扬”乃古扬州之代称，孙应鳌祖籍如皋即其下辖之地，称大名亦可涵盖小名，王氏之说与原刻本并无矛盾。考《四库全书总目》卷一百三十七“子部类书存目”载“《左粹类纂》十二卷，明施仁撰，仁字宏济，长洲人，嘉靖戊子举人”[②]，所据乃浙江吴玉墀家藏本，或可据嘉靖本或万历本补入“孙应鳌批点”等字样。而莫友芝称其“访求数十年”，所得之书除“《易谭》四卷、《四书近语》七卷”外，尚别有“《左粹题评》十二卷”。[③]黎庶昌为孙之《督学集》撰序，亦两次提及《左粹题评》，而无一言涉及《左粹类纂》。民国《贵州通志·艺文志》亦据以著录，并将其置入《春秋》类。均可见称名虽异，实即一书。盖孙应鳌仅为是书评点人而非编集者，今嘉靖刻本前所冠之孙应鳌序，又收入其自著之《督学文集》，即径题作“左粹题评序”，为莫、黎两氏所本，不过突出其所作为，主要为题下评点而已。[④]

孙应鳌评点之《左粹类纂》嘉靖年间刻本，除孙氏嘉靖四十二年（1563）序外，尚有黄省曾嘉靖八年（1529）序云：“予友施宏济氏，博古敦行，潜心下帷，以《春秋》举。乃析别二《传》之文，自《制命》至于《梦卜》，定为十有五目，以辖萃其言，凡若十卷，命曰《类纂》。于古隐而难通者，务酌诸家而曲畅其义，使学者不劳披观，可以因类而求，沿文以讨。若八音殊奏，听之者易入而领也，其心可谓勤矣。”[⑤]而万历重刻本亦有蒋希孔后序云：“国朝往哲好《左氏》者，则称东吴施公，其所辑有《类纂》一书，盖类二传而辖

① 王重民：《中国善本书提要》，上海古籍出版社1983年版，第374页。
② 永瑢等：《四库全书总目》卷一百三十七，第1167页。
③ 莫友芝：《文恭孙淮海先生应鳌》，《黔诗纪略》卷五，第5页。
④ 刘汉忠：《孙应鳌生平、著述的再考察》，《贵州文史丛刊》1994年第5期。
⑤ 黄省曾：《〈左粹类纂〉序》，孙应鳌：《孙应鳌全集》（第2册），赵广升编校整理，第52页。

萃之。自《制命》讫《梦卜》，定为十五则，则系以文，文系以目。广陵孙公又读而加评焉，艳传寓内旧矣。万历壬午，侍御任公来按两淮，暇则取两家所纂评者校阅之。既卒业，请剞劂以传，公慨然属孔董其役。”可见前后两次刊印，当时流传不可谓不广。故万历重刻时，除时任扬州知府蒋希孔之后序外，又新增姚士观、任养心撰于万历十一年（1583）之两序。[①]

孙应鳌称“左氏内外二传，世未有不称美者，岂非以羽翼圣经邪！故论世则事核，综变则术该，辩理则意密，程艺则旨深，信枢管文字，莫能相为竞高矣”，故其“为诸生时，亦妄有采录，既仕，见施氏所纂而罢”，与黄省曾、蒋希孔类似，他也认为“称美（左氏）而能举其辞者鲜矣，能析其义尤鲜。……独吴郡施宏济《摘粹类纂》可为诸家决正”，显然也精左氏之学，评价施氏不可谓不高。[②]唯四库馆臣认为：“兹编以《左传》所纪之事，分十五门编载，变解经之书为类事之书，去《春秋》之义远矣。”[③]似亦颇有道理。至于所谓“十五门”云云，仍沿袭前引黄省曾、蒋希孔序“十有五目”或“十五则”之说，实则复核原书，当作十六门。今按《左传》固然以文辞之美见长，然更要者乃在以事解经，“传孔子教，故能成不刊之书，著将来之法”[④]，“文词高妙精理”[⑤]，反为第二义。然无论施氏之文或孙氏之评，未必就毫无发明，实有补于世教，乃是继吕祖谦《左氏博议》之后，又一解读《左传》或《春秋》之要籍，足可反映心学学者治经之成就。

《左粹类纂》之编纂方法，“年经事纬，体也；类分，则以辞矣”[⑥]。孙应鳌则“即施氏所纂，为加批评，以明己意，庶几参会作者之辞义焉”[⑦]。凡其所施之批点，均以眉批方式，置于原文上方天头处，题评固然当为大宗，随事发论者亦不在少数。明人一向好评点，读是书亦可知之。然其既可与正文比照对读，亦当视为对话式体裁写作，另多一种理解或诠释视角。如《制命》开篇即云“襄王赐齐

---

① 王重民：《中国善本书提要》，第374页。
② 孙应鳌：《〈左粹题评〉序》，《孙山甫督学文集》卷一，赵广升点校，张新民审订，《黔南丛书》（第七辑），第201页。
③ 永瑢等：《四库全书总目》卷一百三十七，第1167页。
④ 刘知幾：《史通》卷十四，《史通笺注》，张振珮笺注，贵州人民出版社1985年版，第524页。
⑤ 黄省曾：《〈左粹类纂〉序》，孙应鳌：《孙应鳌全集》（第2册），赵广升编校整理，第51页。
⑥ 施仁：《左粹类纂·凡例》，孙应鳌：《孙应鳌全集》（第2册），赵广升编校整理，第52页。
⑦ 孙应鳌：《〈左粹题评〉序》，《孙山甫督学文集》卷一，赵广升点校，张新民审订，《黔南丛书》（第七辑），第201页。

桓腓”，孙氏评曰：“天子优臣，诸侯谨礼，使者从容，将命，俱可见之。”次又涉及“襄王飨管仲上卿”事，孙氏则评曰：“仲以有国，高，受下卿之飨，上不抗君，中不倍位，下不逾礼。”[①]均可见《左传》叙事意义含蕴深远，孙氏将其见解及时著之于篇，不仅有助于畅通文辞，更大俾于点明意义。而文理既畅，神理亦浃，欲研究明代心学学者之《春秋》左氏学成就，是书及孙氏之评点均当特别加以重视。

孙氏批点之《左粹类纂》，黔中历来鲜少流传，至清末莫友芝始多方访求而得之。光绪六年（1880）莫祥芝据其兄友芝所收者，合刻《孙文恭公遗书》八种，唯是书以其“卷帙繁重”而未刊。[②]题评随文附于施氏之书上，并非严格意义上之个人独立著作，故《明史·艺文志》、朱彝尊《经义考》著录时，均仅题作施仁或施氏仁《左粹类纂》，《孙文恭公遗书》之未收是书，当亦有此一重原因。而莫友芝所获原本，延至民国年间，即已不知去向。时“冯雄翰飞曾致函曹经沅，谓得万历刊本《左粹题评》十二卷，贵州文献征辑馆立即槭请录副，未得复”[③]。万历本迄今仍仅见异域有藏，殊令人叹为憾事。近则有青年学者赵广升以国家图书馆所藏嘉靖本为底本，同时参校扬州市图书馆藏嘉靖影印本，重新标点整理一过，刊入新版《孙应鳌全集》第二册，亦稍补前人遗憾，有功于学术。

六、《四书近语》与《律吕分解发明》

《四书近语》六卷，分别阐发《大学》《中庸》《论语》《孟子》义旨，最后成书当在孙氏晚年“以病废家居”时，可说一生心力均萃于孔、曾、思、孟之书，而笃实、躬行、淑世之志亦蕴藏于书中。与朱子《四书章句集注》相较，孙氏之解读均“融贯大意，非徒以训诂字句为工，或详朱《注》所略，或略朱《注》所详，或汇数章联为一说，或综全部括为一义。根据六经，贯串性理，引经说书，真得程子体用一源、显微无间之说。盖言近而指远，学者欲求近道，舍此何由”[④]，与《淮海易谈》一样，是书亦为最能代表孙氏思想成就之重要撰述。

---

① 孙应鳌：《制命》，《左粹题评》卷一，《孙应鳌全集》（第2册），赵广升编校整理，第55页。
② 莫祥芝：《孙文恭公遗书叙录》，《孙文恭公遗书》，清光绪六年莫祥芝刻本。
③ 李独清：《孙文恭公年谱初稿》卷二，《洁园集》，第487页。
④ 戴嗣方：《重刻〈四书近语〉序》，孙应鳌：《孙应鳌全集》（第1册），赵广升编校整理，第158页。

孙应鳌解读“四书”之核心宗旨，大要仍在返本孔孟，折中陆王与程朱，而不失其心学基本立场。尽管甘泉学传人唐伯元说他“读孙淮海讲章，亦既明乎其解，视诸家较备矣。乃其紧要归明心体，是本其所本，而非《大学》之本也，是解一人而学又一人也”[①]，但实际其心学立场并非专守一人一家，而是于王（阳明）、湛（甘泉）两派思想资源都有所吸收或整合，解读多有个人之发明，而尤以《大学》一篇之训释最突出。然亦有个人身体力行一贯之宗旨，概括言之，即所谓“求仁”。例如释解《大学》义旨，开篇即引明道先生之说：“学者须先识仁，识得此体，以诚敬存之”[②]，孙氏认为“此三言者，《大学》之要领也。格得此身与天下国家共是一物，而致其知，无有一毫疑惑障蔽，这便是识仁体”[③]。具见他对《大学》的解读，实有意将其纳入孔子的仁学体系，明显表现出整合陆王与程朱的取向，更加突出了仁学本体实践学的特征，可谓“为切问近思之学，窥知行合一之原，其于四子书融会贯通，详说反约……务得圣贤大旨所存，不拘拘一章一句训诂”[④]。与天台耿定向之学“以识仁为宗”[⑤]一样，孙应鳌一生肆力于学，时人也以“识仁为宗”[⑥]概括其学。以此为前提，稍加发挥，也可说是“以求仁为体，以谨独为功，以合一为几”[⑦]，均最能见其体认实践之学，得力于先秦早期儒家不少。诚如孙氏所说：“圣门之学，全在求仁。夫子称颜渊其心不违仁，提出个‘心’字与‘仁’字相粘，可见即心是仁，即仁是心，心外无仁，仁外无心。”[⑧]足证他以“心”释“仁”，不仅丰富了“仁”的思想内涵，突出了人的主体性，同时也强化了工夫论，深化了“体”（本体）“用”（实践）

---

① 黄宗羲：《文选唐曙台先生伯元》，《明儒学案》卷四十二，沈芝盈点校，第1018页。

② 按程颢之说原作：“学者须先识仁……识得此理，以诚敬存之而已。”（程颢、程颐：《元丰己吕与叔东见二先生语》，《河南程氏遗书》卷二上，《二程集》，王孝鱼点校，第16页）孙氏易“理”为“体”，虽一字之改，意义变动亦大。盖“理”多与“事”连用，以理事圆融为根本，“体”则多与“用”并置，以体用一源为究竟。据此可知孙氏既引用程氏之说，又改造了程氏之说，类似例证尚多，不遑一一条举。

③ 孙应鳌：《四书近语》卷一，《孙应鳌全集》（第1册），赵广升编校整理，第159页。

④ 戴嗣方：《重刻〈四书近语〉序》，孙应鳌：《孙应鳌全集》（第1册），赵广升编校整理，第157页。

⑤ 刘元卿：《河南宪佥聚所邹君行状》，《诗文集》卷八，《刘元卿集》，彭树欣编校，上海古籍出版社2014年版，第286页。

⑥ 邹德涵：《上孙淮海公》，《邹聚所先生文集》卷四，南京图书馆藏明万历年间邹衮、邹袞刻本，第18页。

⑦ 刘伯燮：《学孔精舍汇编序》，《鹤鸣集》卷十九，明万历十四年郑懋洵刻本，第16页。

⑧ 孙应鳌：《四书近语》卷四，《孙应鳌全集》（第1册），赵广升编校整理，第207页。

之间的内在脉络关联。据此可以心为中心枢管，上通本体界，下开现象界，展示儒者成教或成德的人生发展方向，实现心体本来应有的全体大用，再外化为与“内圣”相关的人间现实“外王”事业。

因此，孙应鳌的仁学本体实践学，特别重视“心”的统摄主宰作用，强调“心存则仁存，心亡则仁亡。……颜子视听，必以其礼，言动必以其礼。盖择乎中庸，得一善则拳拳服膺弗失，故虽三月之久，犹不违仁也”[①]。“仁”在天地即是生生之德，是“天地万物之真机昭然不息”；在人则为“成己成物，位育参赞”。[②]所以，仁学本质上即是天地万物一体之学，天地万物不仅不与人疏离隔阂，反而与人相生相成，显然也可将其说成是透过本体实践的方法成就圣贤人格之学，是贯通人己万物而无处不在的存在论大全之学。

孙应鳌“求仁”之说，主要见诸《四书近语》，但在《淮海易谈》及其文集中也时有讨论，可谓前后一贯，自成系统，大端本于孔孟，又调和陆王与程朱，[③]多有个人补充发挥之心得，无拘墟之见，多乐道之趣。清初学人戴嗣方总结孙氏一生学问及义趣宗旨，认为其“为切问近思之学，窥知行合一之原，其于四子书融会贯通，详说反约……《论语》开章言学，未言所学何事。先生提‘仁’字贯之，曰‘学者学此而已’。今试取《论语》二十章反复玩味，何一非圣人教人求仁之事。论《大学》，则以‘格致’为圣学之安身立命；论《中庸》，则以‘慎独’为尽性之始终条理。而谓孟子一生之学为性学，故可以正人心、息邪说、回治道、端学术，尤为深切著明。虽其标新立异不无一二，间与《章句》互异，然意在发明，实非抵牾。既有以得夫圣贤教人之旨归，则有裨于世道人心不少，其于考亭《集注》之苦心，亦未必不同条而共贯也”[④]。戴氏显然是以程朱之说为立论出发点的，未免有意忽视了其心学思想立场。[⑤]但也

① 孙应鳌：《四书近语》卷四，《孙应鳌全集》（第1册），赵广升编校整理，第207页。

② 孙应鳌：《答楚侗公书》，《孙山甫督学文集》卷四，赵广升点校，张新民审订，《黔南丛书》（第七辑），第278页。

③ 王櫄《〈四书近语〉序》称孙应鳌“得孔孟所以教人之指……每发一论，亲切著明，与朱《注》相表里”［孙应鳌：《孙应鳌全集》（第1册），赵广升编校整理，第156页］，当一并参阅。

④ 戴嗣方：《重刻〈四书近语〉序》，孙应鳌：《孙应鳌全集》（第1册），赵广升编校整理，第157页。

⑤ 陆陇其《四书讲义困勉录》卷九《雍也》引孙淮海之言云：“不曰道而曰夫子之道，既曰说夫子之道而又诿于力不足，是在圣人身上寻求，而非自己心上寻求，徒说以口耳，而非说之以心者，宜乎自谓力不足也。”同书卷十《述而》又引孙淮海之言云：“教人之法，最忌说尽，依我作解，障彼悟门。”均可见孙氏不仅在思想言说上有突出的心学立场特征，即在施教方法上也有明显的阳明学派风格。

可见其针对王门后学日见空疏或虚无的弊病，力图透过程朱来匡正陆王流弊的时代努力，乃是细读《四书近语》才得出的结论，立论仍显得全面和公允。[①]

《四书近语》的具体刊刻时间，考黄虞稷《千顷堂书目》已有著录，万历《贵州通志·艺文志》亦明载其书乃“一部四册”[②]，郭子章万历《黔记》亦有著录并引其《自序》云：“以天合天，得之自我，用力少，见功多，终身由之而不舍，是圣人诚死，犹有不死者存。所谓不可传者，岂真不传邪？二三子宁尽无悬解余言于笑谈领略者乎？”[③]可证刻本万历年间黔地即有流传，为郭子章等人所经眼，成书时间当在孙氏首次辞官乡居讲学时，刊刻则应在其晚年再次致仕终老乡邦期间，即所谓“当时讲学清平，已梓行世”[④]。再考俞大猷《与孙淮海书》：“病中伏读《四书近语》，仰知名公盛德则实心实行大业，而善教善政。每一开卷，真若与古圣贤相对语，精神交契，意气交孚，一字一言，咸得圣贤精深之旨，循之即可以入道。愚朦如猷，虽未横经亲受，亦窃谓私淑而少有得矣。”[⑤]足证刊本流传既广，读之者亦多，影响不可谓不大。唯《四库全书总目》著录《淮海易谈》而遗漏是书，后人以为“明人讲章，大都宗朱，然拘迂空泛，鲜能自抒心得。应鳌是书，泛论大义，不为章解句释，与朱《注》互有详略，不肯苟同，亦不染讲章习套，似在其所著《易谈》之上。《四库》著录《淮海易谈》而不及是书，殆未之见欤”[⑥]。

但是，如果进一步考察，则可知是时孙氏之书多遭禁毁，四库

① 明人骆问礼曾以孙应鳌之《雍谕》一书为例，称“《雍谕》谓《论语》中孔子自言，则曰‘从心所欲，不逾矩’；称颜子，则曰‘其心三月不违仁’。必到孔子地位，心才不逾矩；到颜子地位，心才不违仁，其难如此！”（骆问礼：《雍谕》，《万一楼集》卷四十八，清嘉庆年间活字本，第9—10页）并据此批评“近世讲学者于圣贤操存涵养工夫全不理会，乃说的都是生知安行的话，真似他已不逾矩不违仁者。吾谁欺？欺天乎？此一段极中今时学者之弊，极为阳明先生良知之切剂，但其别说，毕竟归阳明先生法门”（骆问礼：《雍谕》，《万一楼集》卷四十八，清嘉庆年间活字本，第10页）。其说极中肯，可证孙氏学风之稳健笃实，以及调和程朱与陆王，而又归宗阳明，力矫王门后学弊病之努力。此说较戴嗣方为早，二者正可互参。

② 王耒贤、许一德修纂：万历《贵州通志》卷二十四，黄富源点校，第519页。

③ 郭子章：《黔记》卷十四，赵平略点校，第355页。

④ 王槚：《〈四书近语〉序》，孙应鳌：《孙应鳌全集》（第1册），赵广升编校整理，第156页。

⑤ 俞大猷：《正气堂集·与孙淮海书》，转引自陈桂炳：《俞大猷与闽学》，陈继川、俞建辉主编：《俞大猷研究论文集》，第312页。

⑥ 中国科学院图书馆整理：《续修四库全书总目提要（经部）》，中华书局1993年版，第939页。

馆臣于宋明理学更时怀偏见，[1] 故有意遗去不载之可能，似不能完全排除。而自明入清，战祸频仍，兵燹连年，黔省文献一时散佚零落，即在《近语》一书亦难幸免。如黄平王橒即谓“癸巳（康熙五十二年，1713）读礼，搜得（是书）于敝笥，中缺《论语下》及《孟子》，会施秉顾孝廉其宗、同里赵守戎起龙，乃集成全璧。……因与诸及门亟加校雠，复绣之梓”[2]，即康熙五十三年（1714）重刻本，亦见《续修四库全书总目提要》著录。朱彝尊《经义考》录为“七卷”，并引李延昰云：“孙氏《近语》，自为之序，又有李蓑、杨一魁序二篇。”[3] 然今存王橒重刻本除孙氏自序外，李、杨二人之序均已不见，同时又新补入王橒、戴嗣方两人序三篇，则重刻本与原本不仅篇卷分合已有不同，即部分内容亦略有差异。以后莫祥芝辑《孙文恭公遗书》，所据即王橒重刻本。至于影印收入《续修四库全书》者，所据又为晚出之莫氏《遗书》本。[4]

孙应鳌认为“诸生以经世为志，其学以能用世为本”，因而强调凡食货所资，选举所关，职官所统，礼乐所摄，兵刑所理，州郡所列，边防所系，均应“一一观诸要难而辨白黑于掌上，治天下之大器举在此”。其中礼乐所摄一项，“若郊庙、祀享、朝聘、宴会、律吕、器数”等，诸生“异日黻冕后，先使化理有资焉”。[5]正是有鉴于此，遂撰《律吕分解发明》四卷。而郭子章《黔记》及戴嗣方《重刻〈四书近语〉序》言及是书，俱作《律吕分解》，未载具体卷数。[6]《千顷堂书目》《明史·艺文志》则作“《律吕分解发明》四卷”。四库馆臣称：“《律吕分解》二卷，《发明》二卷。”[7]《四库采进书目》所载亦同，注曰“四本”[8]，可证分装四册。冒广生谓

① 张新民：《明代大儒孙应鳌及其著述考论——〈淮海易谈〉〈督学文集〉点校合刊序》，《贵州大学学报（社会科学版）》2013年第2期；张新民：《论〈四库全书总目〉的学术批评方法》，《中华典籍与学术文化》，广西师范大学出版社1998年版，第273—274页。
② 王橒：《〈四书近语〉序》，孙应鳌：《孙应鳌全集》（第1册），赵广升编校整理，第156页。
③ 朱彝尊：《经义考》卷二百五十七，林庆彰等主编：《经义考新校》（第9册），上海古籍出版社2010年版，第4601页。
④ 顾廷龙主编：《续修四库全书》（第160册），上海古籍出版社1996年版，第579—670页。
⑤ 孙应鳌：《谕陕西官师诸生檄文·讲治》，《孙应鳌全集》（第4册），赵广升编校整理，第294页。
⑥ 郭子章：《黔记》卷四十五，赵平略点校，第979页；戴嗣方：《重刻〈四书近语〉序》，孙应鳌：《孙应鳌全集》（第1册），赵广升编校整理，第158页。
⑦ 永瑢等：《四库全书总目》卷三十九，第333页。
⑧《四库采进书目·两江第二次书目》，吴慰祖校订，商务印书馆1960年版，第49页。

“文恭亦著有《律吕分解》《律吕发明》二书”[①]，竟误分一书为二书。翁方纲《四库提要稿》仍合载为四卷，并云与《明史·艺文志》所著录者“卷数相合”，而“前二卷曰《律吕分解》，后二卷曰《律吕发明》。其分解者，自黄钟十二律以暨五声、八十四声、六十调等，分条引前人之说，又自为按语于下，凡十三篇。其‘发明’者，自‘推本’以至‘考证’，皆引古经训以发其义，凡九篇”[②]。《四库存目标注》亦有“《律吕分解》二卷、《律吕发明》二卷”，版本除《四库总目》之“浙江巡抚采进本”外，又引《浙江采集遗书总录》：“《律吕分解发明》四卷，刊本。”[③] 均可见是书乃四卷本，《分解》与《发明》各自为篇，分装一函四册，刊本清初仍有流传。

《律吕分解发明》一书，涉及十二律各律等诸多问题，或可溯至《国语》，《左传·昭公二十五年》也提到“为九歌、八风、七声、六律，以奉五声”。孙氏承续前人余绪，多有个人发挥，上引翁方纲之说，评价相对公允客观。唯四库馆臣持论极为苛严，其说以为：

> 是书考辨律吕，多出臆断，如旋宫之法，以十二律相生为次，每调用五声二变，止得七声，如通计一均五调所用之七律，则三十五声只得十一律。今以黄钟一均言之，自黄钟而上，用夷则、夹钟、无射、仲吕四律；自黄钟而下，用林钟、太簇、南吕、姑洗、应钟、蕤宾六律，并黄钟为十一律，其不用大吕者，以旋宫之法所不及也。应鳌不解其义，乃云大吕助黄钟宣气，后妃之象，地道无成，而代有终，故虚而不用，穿凿殊甚。其算汉斛铭文之径，尤为疏舛。嘉量方尺图，其外方斜即圆径也。方求斜术，以方尺自乘倍之，开方得斜，即以之为圆径，用祖氏密率得圆周，乃不易之法。今应鳌以径一围三最疏之率起算，命斜径为一尺四寸有奇，周四尺二寸，是以开方乘除所得之数，无一不谬，与祖氏所有径一一四周三五五密率相去殊远，乃自云依祖氏布算何也？况即以径一围三论之，则斜径一

① 冒广生：《柏斋先生乐府序》，《冒鹤亭词曲论文集》，冒怀辛整理，上海古籍出版社1992年版，第500页。
② 翁方纲：《律吕分解发明四卷》，《翁方纲纂四库提要稿》，吴格整理，上海科学技术文献出版社2005年版，第110页。
③ 杜泽逊：《四库存目标注·经部一》，上海古籍出版社2007年版，第400页。

尺四寸有奇者，周亦不止于四尺二寸。总之，根柢不明，故无往而不抵牾也。[①]

然是书辨律吕，明雅乐，既入于经部存目类，必与一般论艺之书不同，要在以度法绳准十二律，亦自有其可观处。

七、《庄义要删》及以儒摄道

孙应鳌的子学研究成就，主要见于《庄义要删》一书。是书篇前有孙氏《自序》云：

昔陈景元踞郭象、成玄英、文如海各注、疏、正义作《庄子解义》，褚伯秀踞郭象、吕惠卿、林疑独、陈详道、王雱、刘槩、吴俦、赵以夫、林希逸、李士表、王旦、范无隐各注、论、发题、讲语，作《庄子义海纂微》，而景元《解义》亦入其中。余随仕辄置笥箧，时镜览。乃万历乙亥（三年，1575）晤少方王公于京邸，少方嗜《庄》笃，每惜注《庄》不多见。余出《义海》，少方缮写之。少方即挈往南都使院以别。无何，余赐告归，乃云南按台刘九泽氏属《庄义要删》余校，则少方至南，以《义海》付周潮阳氏、方新安氏、方莆田氏正音句，剔补诸家芜杂断落。乃周潮阳诸氏益以苏子瞻《广成解》、少傅蒲州凤磐张公《补注》及靖江朱得之《通义》，少方更益以少师荆州太岳张公《批评》，总名为《要删》。[②]

又云南监察御史刘维（九泽）《序》称：

其书始为太史淮海孙先生藏校，间出以语今吏部贰卿少方王公。公任操江时，携入留都，以示二三博雅君子校正之，颇有附益。将发刻，以佥院诏入，事中寝。无何，太史同麓余先生还朝，见其书，谓犹有要义之当删者，慨然以为巳（己）任，

① 永瑢等：《四库全书总目》卷三十九，第333页。
② 孙应鳌：《庄义要删序》，《四库未收书辑刊》（第三辑第27册），第270页。

> 校讫二篇，而纂修务殷，未遑就绪。王公恐是书久不就刻，或致散逸，函其书以示维。维具辞谋于淮海先生……先生曰："二篇增损檃括，极其精要，有功于《庄子》大矣。而所裁弗完，未可遽刻，盍先刻原删？俾读《庄》者有所考据，以通全文。俟他日新裁者脱稿，重加镌梓，自可以并行不悖也。"维受命，请先生校序。[①]

据以上所说可知，原书乃孙应鳌藏校本，后又由王篆（少方）缮写并复校，参与校核删补者尚有周光镐（潮阳）、方扬（新安）、方沆（莆田）等，刘维后期亦与其事，均按专长各有所任。刊刻前孙氏又通校一过，多有订正或纠改，并撰写补入序言及凡例，最后由云南布政司左布政使陶幼学等捐俸梓行。故是书开卷下方，均分三行题："礼部右侍郎、掌国子监祭酒事清平孙应鳌编校，吏部右侍郎夷陵王篆校录，巡按云南监察御史江陵刘维校正。"篇前尚冠有校刊姓氏名录，凡参与其事者均一一具名，核之即今传万历八年（1580）陶幼学等刻本，或又据其剞劂地称万历庚辰滇中刊本。考焦竑《庄子翼》已引及是书，《千顷堂书目》《明史·艺文志》均有著录，则该刊本当时流传较广，入清后则多遭毁损，以致莫友芝虽见之吴中，后欲录副而终不可得。[②]今原本又由《四库未收书辑刊》影印梓行，遂化身千百而为常见易读之书了。

《庄义要删》凡十卷，主要取褚伯秀《庄子义海纂微》，参以其他诸家注《庄》之书，删其繁而存其要，遂自成一家之书。其前后数次校录，间附以己意，即所谓"正句读，剔诸家芜谬，补二氏之断落……间或缀数语于褚氏之后"[③]。《义海纂微》引书既多，仅孙氏所举者已有十余家，补录者如《庄子解义》，引书亦较为可观。新增者则有苏轼《广成解》、张居正《少师张先生批评庄子义》、张四维《庄子鬳斋口义补注》、朱得之《庄子通义》等。书前列有"删摭采书目"，虽不免有矜奇炫博之嫌，然参与者既多，引书亦不少，仍有其可观处。

① 张维：《刻庄义要删序》，《四库未收书辑刊》（第三辑第27册），第273—274页。
② 详见莫友芝：《文恭孙淮海先生应鳌》，《黔诗纪略》卷五，第5页。
③ 周光镐：《庄义要删摭采书目》，《四库未收书辑刊》（第三辑第27册），第282—283页。

孙氏认为《庄子》一书："真趣洋溢，世所不能无，则曰充实不可以已；论其达于初始之朴，则曰于本也弘大而辟，深闳而肆，调适而上遂；论其应化解物，则曰理不竭，来不蜕；论其胸次实得，非谈话可罄，则曰芒乎昧乎未之尽者。"[①]因此，林希逸以儒家立场解《庄子》，便认为"其书虽为不经，实天下所不可无者"，尤其"大纲领、大宗旨，未尝于圣人异……可独行天地之间，初无得罪于圣门者"[②]。与林希逸类似，孙应鳌也强调儒家"六经"之外，"自有此一家奇特惊世瑰玮不常之撰，以震耀人耳目心志，非与'六经'乖反，抑且成济'六经'……故泥'六经'以读《庄》，则《庄》无稽；执'六经'以读《庄》，则《庄》无用；外'六经'以读《庄》，则《庄》无据；融'六经'以读《庄》，则《庄》无忤。心有识有主，知其所异于圣人如何，所同于圣人如何，所同而异、异而同如何，斯其实睹矣"[③]。具见他是以儒融道，摄道归儒，不仅对庄子思想进行儒家化的有效改造，同时更积极扩大儒家思想言说的空间。类似的工作并非仅限于一时一地一人，早在北宋吕惠卿撰《庄子义》，便认为"其书之纲领，尤见于内篇"，而"周之言内圣外王之道，深根固蒂之理，无不备矣"。[④]他实际已将出于《庄子·天下》篇的"内圣外王"一词，主动纳入儒家思想义理言说脉络，转化为儒家以"内外合一"之道为出发点，坚守人间文化理想事业的概括性自我表达。而荀子所谓"圣也者，尽伦者也；王也者，尽制者也；两尽者，足以为天下极矣，故学者以圣王为师"（《荀子·解蔽》），显然也完全可以用"内圣外王"词来加以概括。《礼记·大学》的三纲领、八条目，则揭示了"内圣"与"外王"一体两面打通的可能，提供理论架构及步步实践以达成功的具体方法。宋明理学家之主动改造庄子思想，当然也有其内部的思想资源以作触媒。

较孙应鳌稍晚的焦竑（字弱侯，号澹园），乃泰州学派重要人物，早在其为诸生时，便"从督学御史耿定向学，复质疑于罗汝芳"，后"定向遴十四郡名士读书崇正书院，以竑为之长。及定向里

① 孙应鳌：《庄义要删序》，《四库未收书辑刊》（第三辑第27册），第271页。
② 林希逸：《庄子口义发题》，《南华真经口义》，陈红映校点，云南人民出版社2002年版，第1—2页。
③ 孙应鳌：《庄义要删序》，《四库未收书辑刊》（第三辑第27册），第271页。
④ 吕惠卿：《进庄子义表》，汤君集校：《庄子义集校》，中华书局2009年版，第2页。

居，复往从之”。[①] 而定向与孙应鳌交往亦甚密，观孙氏文中有《答楚侗公书》即可知之。焦竑既从定向游，必侧闻孙氏其人其事。而孙氏有《庄义要删》，焦竑亦有《庄子翼》，二人均主动调和儒道两家，当非一时之偶然。焦竑尝感慨：“世之学者，顾諳諳然沸不少置，岂以孔、孟之言详于有，而老、庄详于无，疑其有不同者欤？嗟乎！孔、孟非不言无也，无即寓于有。而孔、孟也者，姑因世之所明者引之，所谓‘下学而上达’者也。彼老、庄生其时，见夫为孔、孟之学者局于有，而达焉者之寡也，以为必通乎无，而后可以用有。于焉取其所略者而详之，以庶几乎助孔孟之所不及。”[②]

与焦竑的看法类似，孙应鳌亦强调“下学上达”的重要，但却主张以儒家的中庸之道来加以折中，即只知“上达”不知“下学”，便有可能成为释老虚无之说；而只知“下学”不知“上达”，又难免不会沦为世俗功利之学。儒家的中道智慧则必须上下两头打通，二者本来可以相辅相成上下一气贯通。诚如他自己所说：“《中庸》首言‘天命之性’，终言‘上天之载’，始终以天，则中庸之道，不过尽人合天而已。慎独者，尽人合天者也。高乎此者，是佛老之空寂；卑乎此者，是世俗之功利。以外乎天也，不中也，不庸也。”[③] 之所以要力倡中庸（中道），乃是因为“察其两端，由中道行，中备四时，随其环应”[④]，既不丧失自我，也能应变无穷。而言天始终不离人，言人也始终不离天，两者和合为一，决不可只偏朝一端。如试以其与焦竑比较，则可说焦竑是以庄融儒，力图透过庄来弥补儒的不足；孙氏则是以儒摄庄，希望通过儒来改造庄，亦即“吾儒能兼二氏，二氏不能兼吾儒，此非身体不能知，尤不能以楮笔尽”[⑤]。如果说焦竑稍显锐进或偏激，则孙氏似更稳健或允当。

与孙应鳌同时之王宗沐，字新甫，号敬所，又自号撄宁子。所谓撄宁，乃本于庄子“其为物，无不将也，无不迎也，无不毁也，无不成也，其名为撄宁。撄宁也者，撄而后成者也”（《庄子·大宗

① 张廷玉等：《焦竑传》，《明史》卷二百八十八，第7392页。
② 焦竑：《庄子翼叙》，明万历十六年长庚馆刊本；参阅郎擎霄：《庄子学案》，上海书店出版社1992年版，第346页。
③ 孙应鳌：《四书近语》卷二，《孙应鳌全集》（第1册），赵广升编校整理，第178页。
④ 方以智：《读书类略提语》，《通雅》卷首之二，黄得宽、诸伟奇主编：《方以智全书》（第4册），第39页。
⑤ 胡直：《与孙淮海书》，《太虚轩稿》，《胡直集》，张昭炜编校，第859—860页。

师》)，故人又多称其为撄宁先生。孙应鳌与王宗沐交谊甚深，应鳌称宗沐“每相期过，未尝不赋诗投壶，竭情欢伯，然后别”[①]。宗沐则赞叹应鳌“经术博诣，尤有师承”[②]。故应鳌有《庄义要删》，宗沐也有《南华经别编》，前者多以己意出为批语，后者也直抒见解随处点注，不仅立场相同，体例亦颇接近。宗沐尝“师事欧阳南野，少从二氏而入，已知‘所谓良知者，在天为不已之命，在人为不息之体，即孔氏之仁也，学以求其不息而已’”[③]。可见他在工夫论或本体论上颇受益于庄子，而在主体论或实践论上又完全归宗儒家，重视参赞化育的存在论意义，以为生命即是创进不已的完整过程。孙应鳌亦主张“天之生物，若有一刻之停，则造化便息。心之理，若有一刻之闲，则道义便泯”[④]。并多引宋儒之言，如程颢（伯淳）当有言“庄生形容，道体最佳”，朱熹（元晦）也说：“天运地处，日月争所，意有机缄，运转不得自止。见到此，方说到此。”孙氏据此以为“诸大儒精思密考，酝藉于《庄》，所涵泳实多已”，而“《要删》各注释皆与诸大儒语合”。[⑤] 可见他既重视透过工夫证入道体，强调以人合天必然涵化出无穷的生命创造活力，同时也对庄子天然一派真机的哲学思想加以儒家化的改造，以求更好地充实儒家仁道即是生道的义理脉络旨趣及内涵。孙、王两人均同为心学阵营中的主将，又都同治庄子之书，并有意以儒释道或摄道归儒，显然也反映了明代三教融合的整体历史发展趋势。

孙应鳌以儒学改造《庄》学，帮助儒学的发展，其本身也在多方面地吸取或整合各种思想文化资源，不断地丰富自己的理论形态及实践品格。隋儒王通曾感慨：“通其变，天下无弊法；执其方，天下无善教，故曰：存乎其人。……安得圆机之士，与之共言九流哉？安得皇极之主，与之共叙九畴哉。”[⑥] 孙氏通过以儒释道或摄道归儒的方法来推动儒学的发展，可说树立了以儒家为本位的“共言九流”或“共叙九畴”的典

---

① 孙应鳌：《菊记》，《孙山甫督学文集》卷三，赵广升点校，张新民审订，《黔南丛书》（第七辑），第257页。

② 王宗沐：《赠淮海孙公序》，《敬所王先生文集》卷五，明万历元年福建刘良弼刻本，第11页。

③ 黄宗羲：《侍郎王敬所先生宗沐》，《明儒学案》卷十五，沈芝盈点校，第314页。

④ 孙应鳌：《孙文恭公遗书·幽心瑶草》，沈乃文主编：《明别集丛刊　第三辑》（第42册），第458页。

⑤ 孙应鳌：《庄义要删序》，《四库未收书辑刊》（第三辑第27册），第272页。

⑥ 王通：《周公篇》，《文中子中说译注》卷四，郑春颖译注，黑龙江人民出版社2003年版，第69页。

范，固然不能称其为“皇极之主”，但却不失为“圆机之士”。

尤宜注意者，孙氏尽管以儒释道或摄道归儒，亦即对道家进行了儒学化的改造，明显表现出儒家文化立场及其价值取向，但也主张“持《庄》所自言，解《庄》藏《庄》之精微”，反对“多以己意附会缘饰，遂上下出入其议论”。要在“后之人自信自证，契《庄》宗，晤《庄》辞，循《庄》著述功绪，获《庄》初始之朴，以应化解物，爰成济‘六经’之用”。[①]后来的方以智撰《药地炮庄》，也强调“圣学、宗教，各各会通，且得平心，面面可入”，尤其《庄子》一书中，多有“正论奇论，反语隐语，两末两造，兼通而中道自显矣”。[②]如同孙应鳌之注《庄》是要济“六经”之用，方氏同样认为“读圣作当虚心以从经，览百氏当化书以从我”[③]，仍以儒家思想统摄道家哲理，兼会通禅宗智慧，最终则活化其用为根本目的诉求。方氏无论自觉或不自觉，显然也在沿着孙应鳌等人的路子继续向前开拓，但后出者必能加密转精入细，其气象格局似较前人显得更加壮阔宏大。

八、一生诗文的汇刻与流传

前面屡次引及的《谕陕西官师诸生檄文》，乃孙应鳌的重要论学撰述，篇前有小引云：“今莅任伊始，与诸有司教职暨诸生约，分别体要，庶濯磨披抉，免诸紊杂，端绪有稽。由之上下督劝，诚孚罔弗，楙有嘉绪。在诸生是为教学相长，在各官是为法纪相成。”[④]可证乃其提学关西时，以朝廷官员身份刊布的教育科条。其性质相类者尚有《幽心瑶草》，郑珍以为“一篇《瑶草》寄幽心”[⑤]，乃与黔中学子讲学论道殷殷寄语，尤其要求他们“独立不惧，真是在我，天下非之而不顾者也。遁世无闷，真得在我，世不见知而不悔者也”[⑥]。显然是以师长立场劝勉家乡学子，希望其能涵养独立人格，形成豪杰精神。尽管《檄文》与《瑶草》均同出一人之手，然一威

① 孙应鳌：《〈庄义要删〉序》，《四库未收书辑刊》（第三辑第27册），第270—272页。
② 方以智：《炮庄发凡》，黄得宽、诸伟奇主编：《方以智全书》（第2册），第12页。
③ 方以智：《读书类略提语》，《通雅》卷首之二，黄得宽、诸伟奇主编：《方以智全书》（第4册），第39页。
④ 孙应鳌：《谕陕西官师诸生檄文》，《孙应鳌全集》（第4册），赵广升编校整理，第287页。
⑤ 郑珍：《巢经巢诗钞后集》卷三，《郑珍全集》（第6册），黄万机等点校，第287页。
⑥ 孙应鳌：《孙文恭公遗书·幽心瑶草》，沈乃文主编：《明别集丛刊　第三辑》（第42册），第459页。

严肃警，一温润亲切，虽文字风格有异，仍反映了他的伦理教化思想，值得认真参互比观。而最能同时反映他的性情世界与思想世界，不妨反复品读玩味的，则为他的两部诗文著作——《孙山甫督学诗集》与《孙山甫督学文集》。

孙应鳌一生诗作甚多，文亦不少，即在其生前，便已有人称其“诗文几百卷，学者罕能睹其全书”[①]。清初汪之珩辑《东皋诗存》，收其诗九十三首[②]，数量明显偏少。以后《黔诗纪略》广载黔人诗作，分四卷收入其各体诗四百五十八首，乃明代诗家入选最多者，仍不到其诗作总量之一半。陈田《明诗纪事》着眼于全国，亦选入其诗十二首。考孙氏一生，均以求仁践仁为事，故诗作虽多，皆余力为之，绝少引为成就。温纯乃孙氏门下最有影响的关中弟子，曾总结师门诗歌创作心路历程，以为“吾师淮海先生故喜为诗已，在蜀登峨眉，陟汶岭，眺锦江玉垒，尽发为诗，何减工部《夔府》以后诸什？然先生深于性命者，自谓诗之一道，雕情绘物，故禁不为已。自郧中归，又为之。不必为，不必不为，先生深于诗可知已”[③]。足证孙氏以心性涵养及工夫实践为前提，在为与不为高度自觉之下，一任性灵自然发抒，也创作了不少诗歌作品。《孙山甫督学诗集》即其提学关中时之诗作结集，更早则已有《衡庐游稿》传世，以后“笃心道德性命之学弥切，故自入蜀后为诗益寡”[④]。证以孙氏“余素亦喜为诗，年来自愧未有万分之一得处于道，乃渐次离去不为”[⑤]云云，可知其的确是自觉作诗者，往往容易过度“雕情绘物”，遂一度禁罢停作。为此曾专作《禁语》一篇，强调“不知道，不可以为诗；不知学，不可言诗；斯孔门诗教也”，并明确规定自己，“自今以往，于诗当一字不谈，一字不作”。[⑥]延至归里再返郧阳之任，或许是复性的工夫已渐入佳境，深邃的人生体验亦有必要显发为创作文辞，才以第一义的无为法来率性为之，故虽千万言而终归于无

① 刘伯燮：《孙先生格言序》，《鹤鸣集》卷十八，明万历十四年郑懋洵刻本，第21页。

②《东皋诗存》凡四十八卷又《诗余》四卷，今尚有清乾隆三十一年文园刻本。

③ 温纯：《归来漫兴序》，《温恭毅集》卷七，第11页。

④ 吴懋：《督学诗集序》，孙应鳌：《孙山甫督学诗集》日本静嘉堂文库藏明隆庆元年刻本，第296页。

⑤ 孙应鳌：《〈衡庐诗稿〉后叙》，《孙山甫督学文集》卷一，赵广升点校，张新民审订，《黔南丛书》（第七辑），第212页。

⑥ 孙应鳌：《禁语》，《孙山甫督学文集》卷四，赵广升点校，张新民审订，《黔南丛书》（第七辑），第280—281页。

言，境界则始终均与形上道体契合。进一步追究原因，则诗教不仅有裨于作育人才，更重要的是还能转移习俗风气，当也是他恢复原有创作热情的一大重要原因。是时孙氏“精力尚健，才识过之”[①]，加上见道日深，故诗作亦极为可观，不妨视为心性涵养实践工夫之产物，是即情为道而道亦可以成诗的必然结果。

十分明显，人性固有之理世界当然需要开发，但与之相关的情世界亦不能任其枯竭。盖“道始于情，情生于性”[②]，情也可弥漫天地，点化客观世界与主观人生。孙应鳌便认为：“志之指微矣，是性情之枢管也。有其志然后可言诗，志端则性情得矣，性情得则声音谐矣。皆自然所疏属，不可强也。”[③]“理教”固然重要，“情教”似也不可轻忽。他既以“道”为诗的本体论依据，同时也重视“学”的实践论意义，其所欲表现者显非风花雪月式的“一时之性情”，而只能是与天地合德的“万古之性情”[④]。《归来漫兴》一书，即主动罢停后不久，又以新境复笔之作，乃继《督学诗集》之后，其诗歌作品的又一次重要结集。

今按《孙山甫督学诗集》凡四卷，胡直称“孙子督学关西，门人尝刻其诗，曰《督学集》”[⑤]，所指即是书。是书所收，均为其在陕西提学任上的诗作，书前冠有任瀚、吴懋、乔因羽诸序。其中之任瀚（少海），乃嘉靖八才子之一，而一生为学，凡“百家二氏之书，罔不搜讨”，又曾“反求‘六经’，阐明圣学”，可谓诗文俱佳。[⑥]考其《序》中有言：“甲子春，（淮海）移镇剑南，始按部访予江门钓台。予逃空谷久，见君娴雅缊藉，栩栩若平生欢。明日从事来，赍所得南游以后诸体诗五百余篇相印可。”[⑦]按甲子当嘉靖四十三年（1564），时《督学诗集》已谋锓版，孙氏乃赍稿往访任瀚，二人遂有文字交谊。任瀚眼光极高，读其诗赞叹不已，故除撰序外，复多加圈点论

① 胡直：《答淮海书》，《太虚轩稿》，《胡直集》，张昭炜编校，第859页。

②《郭店楚简·性自命出》，参见李零：《郭店楚简校读记》（增订本），北京大学出版社2002年版，第105页。

③ 孙应鳌：《重刻〈海叟集〉序》，《孙山甫督学文集》卷一，赵广升点校，张新民审订，《黔南丛书》（第七辑），第199页。

④ 黄宗羲：《文约·马雪航诗序》，沈善洪主编：《黄宗羲全集》（第10册），浙江古籍出版社1993年版，第91页。

⑤ 胡直：《刻督学集序》，《衡庐精舍藏稿》卷八，《胡直集》，张昭炜编校，第163页。

⑥ 张廷玉等：《任瀚传》，《明史》卷二百八十七，第7371页。

⑦ 任瀚：《刻孙山甫督学诗集序》，孙应鳌：《孙山甫督学诗集》，日本静嘉堂文库藏明隆庆元年刻本，第291页。

评。今不仅孙氏《诗集》随处可见任氏评点，即《文集》亦多附载其评语，文字则散见全书留白各处，读之可识深得孙氏性情真机，诗趣文心皆因此而彰显发明，最当与孙氏诗文逐条比照互观。至于剞劂印版时间，考乔因羽嘉靖乙丑（四十四年，1565）冬十二月序“关中士日思见先生，乃遂自刻先生集。刻成，以藏之正学书院，令关中士读此集者，因以识先生之遗教”[①]云云，则至迟嘉靖四十四年年底已刊刻毕，版即庋藏孙氏曾驻节和经营过的正学书院，以后虽有挖改及重印，不过仅变动个别文字而已。

晚年返黔乡居的孙应鳌，诗歌创作作品亦颇丰富。读其《瑞竹词十二首》之第八首：“陋巷归来只一瓢，此君相对日逍遥。悠然如坐虞廷上，双凤和鸣叶大韶。”[②]即可知其晚年乡居闲适心境。而历年诗集亦由清平门人汇刻为《学孔精舍诗稿》六卷，合以文集则称《学孔精舍汇稿》。后者《明史·艺文志》《千顷堂书目》均著录为“十六卷”，并云“一作《学孔堂稿》”，万历《贵州通志·艺文志》则著录为“一部八册”[③]。《传是楼书目》所载亦“十六卷”，分装“八本”[④]，可证万历《贵州通志》著录者亦必为十六卷本。据刘伯燮序“吾今见孙先生全集”云云，可证《汇稿》乃诗文之合编本，即诗与文合编共八册十六卷，《明史·艺文志》、《千顷堂书目》、万历《贵州通志》、《传是楼书目》所载及刘氏所经眼者，一概为足本。故不仅其历年所撰诗集，均得以汇编合刻为《诗稿》，即晚年乡居未收之诗作，亦一并补录汇入，篇目则当为孙氏所自定。而《汇稿》诗与文均收入其中，乃是当时最全的足本。而“集时时传域中，类弗全”[⑤]的现象，从此遂有了明显的改变。

《学孔精舍汇稿》见于黔省史籍者，尚有郭子章《黔记·艺文志》。郭书除著录《学孔精舍汇稿》外，又载有《学孔精舍论学汇编》《学孔精舍续稿》《孙淮海遗稿》三书。[⑥]其中《论学汇编》，《明

① 乔因羽：《督学诗集序》，孙应鳌：《孙山甫督学集》，日本静嘉堂文库藏明隆庆元年刻本，第299页。
② 孙应鳌：《瑞竹词十二首》，《学孔精舍诗稿》卷六，《孙应鳌全集》（第4册），赵广升编校整理，第274页。
③ 王耒贤、许一德修纂：万历《贵州通志》卷二十四，黄富源点校，第519页。
④ 徐乾学：《传是楼书目》，清道光八年味经书屋钞本，第19页。
⑤ 以上均见刘伯燮：《学孔精舍汇稿序》，《鹤鸣集》卷十九，明万历十四年郑懋洵刻本；又见王耒贤、许一德修纂：万历《贵州通志》卷二十三，黄富源点校，第451页。引文中之“见”字，万历《贵州通志》作“睹”。
⑥ 郭子章：《黔记》卷十五，赵平略点校，第377页。

史·艺文志》《千顷堂书目》俱作“八卷”入录，可证其论学之书，如《谕陕西官师诸生檄文》《幽心瑶草》等，即在孙氏晚年，似亦有了合刻本。至于《汇编》一书，万历《贵州通志·艺文志》著录为“一部四册”[①]，为“汇编先生在秦、在郧、在雝及友朋相切琢语，时为门下士各编摩之以传，至是汇而为一也，故题曰《学孔精舍汇编》”[②]。盖《汇稿》梓行后，又续有新作，则收入《续稿》，当刊于孙氏逝世前。《遗稿》万历《贵州通志·艺文志》著录为“一部三册”[③]，乃孙应鳌病逝后不久，毛在巡按贵州，“檄清平令搜公遗稿，得若干卷，稍为铨次刻”[④]。则孙氏之书，无论生前身后，黔人感其德泽，多已锓版合刻。然除《学孔精舍诗稿》一书，经艾茂从《汇稿》录出，遂收入《孙文恭公遗书》，从此得以长期保存外，其余俱已散佚，思之每令人惘然兴叹。孙氏书院既大书“学孔”两字，合刻之书复以“学孔”冠名，亦可见其中年以后，思想取向逐渐归本于孔子仁学，学孔之目的即“求仁”，无论诗文都以此为宗旨。调和陆王与程朱的倾向，愈到晚年表现就愈突出。[⑤]

清平孙氏门人合刻《学孔精舍汇稿》之前，《督学诗集》与《督学文集》已先独自刊行，故无论单刻或合刻，孙氏诗文均流传较广。然入清以后反多散佚，则与清廷修纂《四库全书》，多抽毁或禁毁其书有关。考《抽毁书目》即赫然列有“《学孔精舍汇稿》三本”，并明云“书内《世史正纲序》《谷音序》《张浚论》诸篇，语多偏驳，应请抽毁”。[⑥]按《世史正纲序》《谷音序》两文，均载于隆庆本《督学文集》之中，唯《张浚论》一篇，未见收入，必撰成于《督学文集》梓行之后，合刻《学孔精舍汇稿》时始补入。据刘伯燮《学孔精舍汇稿》序：“集首奏疏、经筵讲义，次序、传、碑、铭诸文，次古风、绝、律诸诗。”[⑦]则《汇稿》必文集在先，诗集在后，而馆臣抽毁者，当为文集部分。故《四库存目》者录“两江总督采进本”

---

① 王耒贤、许一德修纂：万历《贵州通志》卷二十四，黄富源点校，第519页。
② 刘伯燮：《学孔精舍汇编序》，《鹤鸣集》卷十九，明万历十四年郑懋洵刻本，第14页。
③ 王耒贤、许一德修纂：万历《贵州通志》卷二十四，黄富源点校，第519页。
④ 郭子章：《黔记》卷十五，赵平略点校，第377页。
⑤ 刘伯燮曾总结孙应鳌一生思想变化，称：“先生自少颖悟绝伦，博极群书，时已志于道。长游四方，得定性求仁之学于宋大儒程纯公，中归本于学孔，故是稿（《学孔精舍汇稿》）标以‘学孔’云。”（郭子章：《黔记》卷十五，赵平略点校，第377页）文中所言本此。
⑥ 英廉等编：《全毁抽毁书目·抽毁书目》，商务印书馆1937年版，第23页。
⑦ 王耒贤、许一德修纂：万历《贵州通志》卷二十三，黄富源点校，第451页。

十二卷，以为较诸“《明史·艺文志》载应鳌《汇稿》十六卷，此本十二卷”；以刘伯燮所撰序文参照，则“第十二卷止于五言律诗，而绝句、七言律诗皆阙，知非足本”。[①] 然残阙非足本的真正原因，则因为文集部分四卷，多已遭清廷抽毁，遂移置于《四库存目丛书》。所剩十二卷残本，亦见《续文献通考·经籍考》《八千卷楼书目》著录。据《八千卷楼书目》“全集，刊诗六卷，文一卷，附录一卷本”云云，则文至少已毁去三卷，诗抽出者亦当不少，可见毁损劣迹斑斑俱在，乃是人为有意破坏残存之本。

九、《孙山甫督学文集》与《孙山甫督学诗集》

《学孔精舍汇稿》既遭清廷抽毁，则《督学文集》与《督学诗集》亦必在禁毁之列。两书原刻本虽流传极少，幸天壤之广大，仍偶有完整保留。其原刻本《督学诗集》，据王重民《中国善本书提要》，最初庋藏于北平图书馆，凡四卷，分装二册。[②] 抗战期间为免兵祸毁损，曾作为善本临时装箱辗转运存于美国国会图书馆，后又平安返回祖国，最终珍藏于台北故宫博物院文献处。[③] 今除台北藏本外，日本静嘉堂文库、京都大学人文科学研究所亦有收藏。原刻本《督学文集》国内早已亡佚，今亦藏于日本静嘉堂文库与京都大学人文科学研究所。两书能免于清廷禁毁严令而幸存，亦天不丧斯文之明证？

《督学诗集》原由门人初刻于关中正学书院，王重民《中国善本书提要》著录为“明嘉靖间刻本”。据卷前吴懋、乔因羽序，当刊刻于嘉靖四十四年（1565）[④]。而《诗集》既已刊刻蒇事，《文集》之梓行必亦提上议事日程。胡直《刻督学集序》即明云：

> 孙子督学关西，门人尝刻其诗，曰《督学集》。今台山邵子刻藏保宁者增文类，复仍其名。岂不以孙子寤道得一，自居关

---

① 永瑢等：《四库全书总目》卷一百七十八，第1600页。

② 参见王重民：《中国善本书提要》，第632页。

③ 参见赵广升、朱崇先：《〈孙山甫督学集〉版本考述》，《文献》2016年第1期。

④《督学诗集》吴懋序撰于“嘉靖甲子”，乔因羽序则作于“嘉靖乙丑”。按“甲子”当嘉靖四十三年（1564），“乙丑”则为嘉靖四十四年（1565），具见是书之刊刻当谋始于嘉靖四十三年，必延至次年乃蒇事，而刻本年代亦必以嘉靖四十四年为准。

中浸盛也夫？孙子名满天下，而莫逆莫予若，序而传之，以明孙子之学，非予谁耶？[①]

比对日本静嘉堂文库所藏原刻本《孙山甫督学文集》，上引序言文字一一赫然俱在，唯稍有不同者，引文中“增文类”三字，原刻本作“皆文类”。又原刻本文末有“嘉靖丙寅孟冬十月之吉，友弟庐陵胡直书”凡十七字，《衡庐精舍藏稿》本省去未录。按丙寅当嘉靖四十五年（1566），胡直撰序时已在是年“孟冬十月”，则书之剞劂必至次年始能毕役。汇刻其文并藏之保宁者，乃贵州普安州人邵元善。按邵元善，字台山，嘉靖二十二年（1543）举人，工吟咏，善词赋，曾任四川按察佥事，著有《贤奕稿》。阳明黔中亲炙弟子陈文学撰《陈耀州诗集》二卷，元善尝为之序。孙应鳌曾读其《碧云洞赋》[②]，遂有兴怀诗，末有句云：“何日褰裳去，同君策杖行。钩玄纡雅况，发兴出高评。独往探牛斗，相知洽弟兄。”[③]元善兄元吉隐居不仕，应鳌为其撰《邵隐君传》。[④] 均可见相互交谊之厚。由邵元善负责刊刻孙氏之《文集》，当亦出自后者的委托。

由此可见，孙氏之《督学诗集》刊刻在先，《文集》刊刻在后，今日本静嘉堂文库所藏孙氏《文集》，必乃隆庆元年刻本无疑。而《诗集》既已独立梓行，邵元善接踵其事，汇刻其《文集》，欲合两书为一编，遂将《诗集》旧版原一至六卷，按卷次逐条挖改为五至八卷，以衔接《文集》一至四卷。《诗集》早刻收诗凡418首，《文集》后刻增文87篇。而胡直序原文“皆文类”之“皆”字，亦据此改为“增文类”之“增”字，虽一字之变动，关系两书亦大。足证文与诗虽各自分册，然仍前后紧接相续。而《诗集》虽先后两印，同出一刻，挖改与未挖改，仍略有区别。至于挖改重印时间，亦当与《文集》之刊刻时间相同。二者必在隆庆元年（1567）无疑。《诗集》后

① 胡直：《刻督学集序》，《衡庐精舍藏稿》卷八，《胡直集》，张昭炜编校，第163页。按，此标点本乃以北京大学图书馆藏明万历乙未（1595）增刻本为底本，以《四库全书》本及清光绪二十九年齐思书塾刻本为参校本整理而成。

② 按碧云洞在普安州南三里，外狭内旷，悬崖怪石，不可名状。郭子章撰《佥事邵元善传》，附其赋于传后。（参见郭子章：《黔记》卷四十八，赵平略点校，第1013—1015页）

③ 孙应鳌：《邵台山寄碧云洞赋到辄兴远怀》，《学孔精舍诗稿》卷三，《孙应鳌全集》（第4册），赵广升编校整理，第198页。

④ 孙应鳌：《邵隐君传》，《孙山甫督学文集》卷三，赵广升点校，张新民审订，《黔南丛书》（第七辑），第249—250页。

所附隆庆元年御史慈溪颜鲸《赠孙淮海拜大中丞节制三藩序》，显然即重印时补版新增。是时《文集》尚未惨遭抽毁，故《万卷堂书目》著录"《山甫集》八卷，孙应鳌"，即此《文集》与《诗集》合编汇刻之八卷足本。《天一阁书目》载"《孙山甫督学集》八卷，刊本，前四卷缺"。则前四卷《文集》显然已遭清廷抽毁，所传者不过后四卷《诗集》而已。

孙氏之书入清后即遭清廷忌禁，故晦隐散佚的情况亦十分严重。即如莫友芝在江南广搜文献，多方留心乡人撰述，虽访得孙氏遗书甚多，皆经莫祥芝汇刻为《孙文恭公遗书》二十卷，惜终未能获见其《文集》，故只能以附录方式"补辑杂文"，不过寥寥四篇而已。近人王重民《中国善本书提要》广载各地善本，亦仅著录《诗集》而不及《文集》，提要云"原题：'如皋孙应鳌著，南充任翰批评。'是集始卷五，终卷八，凡四卷，正与乔因羽序所记卷数相合"。可见前四卷《文集》根本未能经眼，所载仅为挖改重印之后四卷《诗集》，自然不明诗与文之前后关系，遂不无困惑地说："此本为因羽刻于关中正学书院者，所刻当仅有此数；然其何以自卷五开始，则必因接续前一诗集编卷数者……此《督学诗集》四卷，后来当亦编入《（学孔精言舍）汇稿》中，余尚未见《汇稿》也。"[①]今则完全可以断言，其所接续者绝非前一诗集之篇卷，而为孙氏本人《文集》之卷次。后来《诗集》虽编入了《汇稿》，《文集》则惨遭抽毁。王氏见其《诗集》而未见《文集》，考清代书目所载亦均为后四卷《诗集》，前四卷《文集》则极少有人提及，当必与《文集》抽毁后原刻已罕为人知有关。

《学孔精言舍汇稿》惨遭抽毁，必然殃及《督学文集》，后人欲究孙氏或黔中王门之学，而一窥其著述之全貌，均难免不惘然兴叹。迨光绪年间黎庶昌出使日本，偶于友人中村正直家访得原本，遂据以重刻于川东巡署，是书始由东瀛回归故土。以后无论民国年间南洋官署增补《孙文恭公遗书》本，抑或贵州文献征辑馆续编《黔南丛书》本，乃至晚近新出的《丛书集成续编》影印《黔南丛书》本，虽一印再印或三印，大陆所流传者均为重印本，尽管依然不能一睹原本旧貌，乡人仍一概视其为拱璧，以为旧籍重光大有功于学术。

---

① 王重民：《中国善本书提要》，第632页。

而清廷斥为“语多偏驳”之《世史正纲序》与《谷音序》两文，则赫然遭毁而仍俱在。唯《张浚论》一篇未见，似原载于孙氏之《续编》，收入《汇稿》乃遭抽削者。[①] 以此揆而推之，则《续编》遭毁之文必多，欲求其完帙，似已极为困难。

与《续编》本所收之文多已散佚明显不同，初编《文集》幸尚为完帙足本。即检读今人易得之黎庶昌重印之本，或比对日本静嘉堂文库所藏原刻本，可知清廷抽毁之《谷音序》一文，不仅讥刺宋臣之降志辱身投元，即在名臣大儒亦绳之极严，同时更痛斥“胡虏入居帝王位，思以脱溷浊而濯清泠”[②]，以致任瀚两次以“痛切”评之[③]。《世史正纲序》更严申“统正然后不入夷狄，不陷禽兽。不入夷狄，不陷禽兽，然后可为中国主。可为中国主，然后所践曰天位”[④]。所论全在发抉《春秋》“大居正”义旨，[⑤]以彰明人心，严判正闰，区分华夷，辨别王霸，认为王者“未尝不以兵刑立威”，霸者也时“以仁恩树德”，但“王者之心公而诚，仁恩兵刑之用各适其宜；伯者之心私而伪，仁恩兵刑之用则济其欲”[⑥]。尽管在明人如任瀚看来，孙氏“此等文字，世间不可多见”[⑦]，扬之不可谓不高，但以清廷立场视之，则甚戮其眼目，犯了心理设防大忌，直当痛斥为异类。故虽早已异代隔世，仍目为异己敌仇，不能不禁而摈之，致使其人其学长期沉晦不彰。而旧籍回归故国重印，黎氏之功可谓大矣。惜后出者多转辗翻印，非特错讹颇多，更删去任瀚之圈点批评，已失原貌之真。重新依据原刻影印，仍长期为学界所期盼。

日本静嘉堂文库所藏之《孙山甫督学文集》，即今据以影印之

① 参见张新民：《明代大儒孙应鳌及其著述考论——〈淮海易谈〉〈督学文集〉点校合刊序》，《贵州大学学报（社会科学版）》2013年第2期。

② 孙应鳌：《〈谷音〉序》，《孙山甫督学文集》卷一，赵广升点校，张新民审订，《黔南丛书》（第七辑），第204页。

③ 任瀚：《谷音序》天头评语，孙应鳌：《孙山甫督学文集》卷一，日本静嘉堂文库藏明隆庆元年刻本，第45页。

④ 孙应鳌：《〈世史正纲〉序》，《孙山甫督学文集》卷一，赵广升点校，张新民审订，《黔南丛书》（第七辑），第194页。

⑤《春秋公羊传·隐公三年》：“故君子大居正。宋之祸，宣公为之也。”即强调一切政治行为都必须守正，无论屈伸顺逆都无例外。

⑥ 孙应鳌：《王霸辩》，《孙山甫督学文集》卷四，赵广升点校，张新民审订，《黔南丛书》（第七辑），第275页。

⑦ 任瀚：《〈世史正纲〉叙》题评，孙应鳌：《孙山甫督学文集》卷一，日本静嘉堂文库藏明隆庆元年刻本，第17页。

隆庆元年原刻初印本，全书依序为卷一至卷四，分装四册，卷首胡直《刻孙山甫督学文集序》，以及每卷开卷首行之下端，均钤有“静嘉堂藏书”长条印一方，次行及第三行分别题有“如皋孙应鳌著”“南充任瀚批评”字样。正文半叶十行，行二十字。《孙山甫督学诗集》则为隆庆元年挖改重印本，全书依序为卷五至卷八，亦分装四册，书前有任瀚、吴懋、乔因羽三序，书后则附任瀚《淮海操有叙》《送淮海孙公升观察使序》及颜鲸《赠淮海先生拜大中丞节制三藩序》。任瀚《刻孙山甫督学诗集序》，以及卷七、卷八开卷处，加上正文“六言古”之下端，亦钤有“静嘉堂藏书”长形印，每卷开卷首行题“孙山甫督学诗集”，次行及第三行亦分别题有“如皋孙应鳌著”“南充任瀚批评”字样。正文亦每半叶十行，行二十字。两书均有南充任瀚之圈点评语，稍有不同者，《文集》之评点题下及天头空白均有，《文集》则一概置于各诗之题下，不妨视为一种明代常见之对话式文体。

综上可知，《文集》与《诗集》，分之固然为两书，合之则为一集，即所谓《孙山甫督学集》，观卷一至卷八每卷末均有“《督学集》×卷终”字样可知。按日本《静嘉堂文库汉籍分类目录》著录：“《孙山甫督学文集》四卷，明孙应鳌撰，任翰评，明嘉靖刊，林家旧藏。与《文集》版式撰人相同而共藏一处者，尚有《（孙山甫督学）诗集》四卷。”[①] 又严绍璗《日藏汉籍善本书录》亦载有《孙山甫督学文集》四卷，并云：“明嘉靖年间刊本，静嘉堂文库藏本。按静嘉堂文库藏此同一刊本两部。一部原系江户时代林氏大学头家旧藏，后归中村敬宇，共四册。一部共八册。”[②] 以上“嘉靖刊”或“嘉靖年间刊本”之说虽未准，“一部共八册”亦应为《文集》《诗集》“八卷”合计之数，不能仅著录《文集》而遗漏《诗集》，然仍可见其书正为国内流入东瀛之原刻足本。黎庶昌曾获见于中村正直家中，后又辗转入藏静嘉堂。唯原刻本《诗集》四卷，黎氏当从未经眼。今能据两书足本重新影印，岂非学林一大快事乎？

孙应鳌固然为明代思想界重要人物，读其《淮海易谈》与《四

---

① 静嘉堂文库编：《静嘉堂文库汉籍分类目录》，昭和五年（1930），第732页。

② 严绍璗：《日藏汉籍善本书录》，中华书局2007年版，第1700页。以上两条材料，参见赵广升、朱崇先《〈孙山甫督学集〉版本考述》（《文献》2016年第1期）均已引及。

语近语》即可知之，郭子章撰《黔记》即将其入于理学人物传。然孙氏同时也是明代文坛卓有成就之大家，读其《文集》《诗集》亦可知之，当时“廷论”便“以先生文行宜为学者宗师”[①]。尽管其“余事为诗，当弇洲、于鳞、明卿诸子雄长坛坫时，使其拔帜并驰，正不知谁执牛耳，而先生不屑也”[②]。但其与诗坛“后七子”如谢榛、王世贞、吴国伦等多有诗歌唱答，相互之间都留下了大量诗歌作品，一生文学成就仍不可轻易低估。任瀚当时就认为“其诗蔚然有江左风流，其隽永闳邃，自鲍、谢诸人不能过也”[③]。后来的莫友芝也指出其“五言乐府，沉雄森秀，直逼魏晋，而无何、李、王、李太似之嫌。七言及近体，舒和苍润，品亦在初盛唐间”[④]。自明以迄晚清，众口一词，都极力赞叹，评价甚高。

孙氏曾撰《古文关键》序，强调文章之要，在“与神合，不必言闲习”，倘以“终身如一日之心求之，则至精之微”[⑤]。时人以为“观此一序，则淮海之精妙于文见矣”[⑥]。其“文在诗右”[⑦]，举其要者如《题孔子小景》《植柏记》《菊记》等，“皆莫（友芝）氏昆季所未睹，时一讽诵，益忻慕无穷”[⑧]。如同其经部撰述及其他论学专文一样，诗作何尝不是其精神之所凝会？当为实存主体心性境域之如实投射，乃是立体显用、执一御万，亦即“至一者之无为为之而不能不为”[⑨]的必然成果。故曰：“岂非天实俾之以西南哉？河东而北，龙山而东，粤东而南，自今曰黔南以西孙先生焉，吾道大明日中天矣。”[⑩]《孙山甫督学文集》与《孙山甫督学诗集》原本，长

① 吴懋：《督学诗集序》，孙应鳌：《孙山甫督学诗集》，日本静嘉堂文库藏明隆庆元年刻本，第295页。

② 莫友芝：《文恭孙淮海先生应鳌》，《黔诗纪略》卷五，第5页。

③ 任瀚：《刻孙山甫督学诗集序》，孙应鳌：《孙山甫督学诗集》，日本静嘉堂文库藏明隆庆元年刻本，第291—292页。

④ 莫友芝：《文恭孙淮海先生应鳌》，《黔诗纪略》卷五，第5页。

⑤ 孙应鳌：《〈古文关键〉序》，《孙山甫督学文集》卷一，赵广升点校，张新民审订，《黔南丛书》（第七辑），第193、194页。

⑥ 任瀚：《〈古文关键〉叙》题评，孙应鳌：《孙山甫督学文集》卷一，日本静嘉堂文库藏明隆庆元年刻本，第15页。

⑦ 莫友芝：《宋元旧本书经眼录附录》卷一，邱丽玟点校，上海古籍出版社2009年版，第109页。

⑧ 宗孝忱：《长安碑林孙文恭公遗刻记》，转引自刘汉忠：《关于明史无孙应鳌传及有关考证》，《贵州文史丛刊》1994年第2期。

⑨ 胡直：《刻督学集序》，《衡庐精舍藏稿》卷八，《胡直集》，张昭炜编校，第162页。

⑩ 刘伯燮：《学孔精舍汇编序》，《鹤鸣集》卷十九，明万历十四年郑懋洵刻本，第8页。

期藏于日本静嘉堂，国人鲜有能一睹其原貌者。今幸得以影印方式重新刊行，俾能广泛流传而又不失原书之真，则多赖日本群马大学石田肇教授鼎力襄助。余与石田肇先生交已近四十年，面晤少而通信多，然词组会心，相知颇深，尤其治学取径多有一致，得失利弊概能坦率直言。犹忆二十世纪末，余受弘福寺住持慧海上人委托，搜考历代黔僧典籍，编纂《黔灵丛书》，一时资料匮乏，茫然无从措手。石田先生闻讯后，尽其能力所及，凡其能查寻觅见者，均源源滚滚，不断惠赠，《丛书》遂得以顺利大规模结集出版，并深得学术界广泛好评。石田先生又专程赴黔，余二人相聚于灵山妙水之间，品茗弹琴，论道谈艺，并同去遵义沙滩，询问掌故旧闻，同谒黎庶昌墓，相得甚欢。今又隔二十年，知余与淮海先生有文字因缘，先整理其《淮海易谈》，又遍搜其明刻原本，苦于不能得，遂远道寄赠，令我兴奋不已，以为知己难得。感佩之余，无从答谢，乃亟谋剞劂，而得孔学堂书局资助，遂使其化身千万，非特充实黔中王门研究珍籍，嘉惠后学，亦见证两国民间合作友谊，树立典范。复详考孙氏一生学思历程及其撰述成就，庶几读是书能知其人其学焉。

黔中王门大儒李渭学行述要
——《李渭集》序

一、龙冈讲学与黔中王门的崛起

王阳明因得罪朝廷宦官，贬谪为贵州龙场驿丞，遂置身于帝国政治中心之边缘，感受与内地差异很大的边地民风礼俗；同时也不断追问人生与天地万物的终极存在意义，寻找成德成圣的内在本体论实践依据，而在动心忍性的功夫上大受裨益，于是便发生了惊天动地的“龙场悟道”思想性事件，即所谓大悟“格物致知”之旨，以为“圣人之道吾性自足”[①]，并开始传播其“知行合一”学说。以后虽奇迹般地建立了“三不朽”勋业，一生精神随着自身思想的成熟和完善不断得以透显，但“龙场悟道”作为心学理论产生的早期历史性标志，仍是儒家津津乐道的人生正道实践典范。

“龙场悟道”之后的王阳明，即在艰难困苦的环境中，也开始了他的心学理论的讲授和传播，而四方闻风裹粮从游者，数量规模亦极为可观。如果说早期的陈白沙在帝国的边缘地区岭南讲学，其思想依然能够透过社会文化风气的变化由南向北地传播，从而标志着明代心学思想的初步发端，那么王阳明则在帝国边缘的贵州传道，其思想亦随着自身行踪的变化迅速向大江南北扩散，最终象征着明代心学思想的彻底壮大。诚如王阳明所说：“投荒万里入炎州，却喜官卑得自由。心在夷居何有陋？身虽吏隐未忘忧。”[②]距离政治中心较远的边缘地区，反而能呼吸到清新自由的空气，不仅有利于从边缘观察或反思权力中心官学的问题，形成自己突破性的思想体系，更重要的是还能凭借帝国权力管辖的缝隙，迅速将自己的思想向周边地区扩散。贵州阳明心学学派的横空崛起，显然当与此整体历史背景密切相关。

王阳明既在龙冈和文明书院讲学，则黔中亲炙弟子必然数量不少。较突出者即有陈文学、汤伯元、叶子苍等，均为黔中王学的首批开创者。再传则有孙应鳌（字山甫）、李渭（字湜之）、马廷锡（字朝宠）三人，郭子章搜考黔中王门事迹，均列入理学人物传中，当为黔中王门的中坚。盖三人均“闻而私淑”阳明，一生都以

① 钱德洪：《年谱一》，王守仁：《王阳明全集》卷三十三，吴光等编校，第1228页。
② 王守仁：《龙冈漫兴五首》，《王阳明全集》卷十九，吴光等编校，第702页。

求道、守道、行道为职志，“真有朝闻夕可之意”，“可以不愧龙场矣”。[①]故清人犹法贤称：“论者谓尹珍北学于许慎、应奉，归以经学授梓里，汉末至今，杳难稽已。愚谓贵州之学，实开自阳明。当其时，接踵而起者，思南有李同野，贵阳马内江，清平孙淮海，皆卓卓可纪，贵州虽僻陋，应发‘彼有人焉’之叹。”[②]具见黔学之渊源流变，虽可溯至东汉之尹珍或更早的盛览、舍人[③]，但真正发出电闪雷鸣般历史性影响，追随者前后相续不断，乃至能形成颇有声势号召力量的学术群体的，仍当首推王阳明及在其影响下迅速崛起的黔中王门学派。

二、“志孔孟所志”与“学孔孟所学”

李渭（1513—1588），字湜之，号同野，思南府水德司（今思南）人，嘉靖十三年（1534）举于乡，曾官云南省左参政，乃黔中王门第二代传人。前人以为“贵筑之学倡自龙场，思南之学倡自先生；自先生出，而黔人士始矍然惵然知俗学之为非矣”[④]，虽难免太过溢美，仍可见其学术地位之重要。李渭一生，“笃信好学，得之天性，以求‘仁’为宗，以‘毋意’为的，居家孝友，以四礼训俗”[⑤]。其学虽颇得阳明衣钵，但又直承孔孟，发扬儒家一贯提倡之仁学，以救王门后学的流弊。他十五岁因病居小楼，其父先后以“毋不敬”“思无邪”励而饬之。他照此办法久久积累功夫，果然大有所获。惟于“静默中恍若有得者，及与客笑谈，前境随失，因自疑曰：‘有得有失非本心也。’”[⑥]具见他尽管将动静打成了两橛，功夫显然未臻究竟，但依然可说他之具有“近道之资，载道之器，而体道之基者，寔由于天植”[⑦]。据此不难推断：他的父亲可能亦为

① 郭子章：万历《黔记》卷四十五，明万历三十三年刻本。

② 犹法贤：《黔史》，贵州人民出版社2013年版，第43页。

③ 参见张新民：《舍人、盛览与西汉时期的儒学南渐》，《孔子研究》2017年第5期；又见景海峰主编：《儒学的当代理论与实践》，人民出版社2017年版，第467—480页。

④ 郭子章：万历《黔记》卷十二，明万历三十三年刻本。

⑤ 王耒贤、许一德修纂：万历《贵州通志》卷十六，黄富源点校，第304页。文中“宗”字，原讹为“家”。

⑥ 焦竑：《参知李公传》，《焦氏澹园续集》卷十，明万历三十四年黄云蛟刊本。

⑦ 耿定向：《祭李同野》，《耿定向集》卷二十，傅秋涛点校，第748页。

受到心学思想影响的知识精英。他本人则在家学的浸淫下，加上自己的天分早慧与勤学好问，遂愈致于“专求本心，未与人接，自问曰：‘如何是本心？’既与人接，又自问曰：‘本心是何如？’”[①]可见他很早就注意到心性涵养的重要，并开始有了一定的功夫积累。故从此以后，他便颇为关注心性证悟方法的自我调整，恰好蒋信（字卿实）提学贵州，他便带着所谓“楼上楼下光景”的问题前往请教，而终于一扫过去的蓄闷积疑而大获证悟。

李渭往谒蒋信而大获证悟，作为儒家心性学对话的生动范例，历代史志文集载其事者颇多，而以明代贵州巡抚郭子章《黔记》所述最为详明：

> 嘉靖甲午（十三年）举于乡，萧然布素，计偕以一仆自随，读《孟子》“伊尹耕莘章”，则曰：“尧舜君民事业，自一介不取始，交际岂可不谨。”癸卯（二十二年），蒋公信视学贵州，公（李渭）谒之，因陈楼上楼下光景。蒋公曰：“楼上是假，楼下与朋友谈笑却真。”至“一介不妄取”，蒋公曰：“此犹然楼上意思在，硁硁然小人哉！”公愧甚，以为学十四五年，只成得一个硁硁小人，不觉面赤背汗淋淋也。[②]

所谓“楼上是假，楼下与朋友谈笑却真”，说明“静默”证悟的功夫，最终仍要回到生活世界中来如实践履；执着于静中一时显现的光景，不能将其与生活世界融为一体，当然可以用一“假”字来破其迷执。因此，“谓以静为学则不可，谓静非学亦不可。静中有见，则是静而无静也；动中有见，则是动而无动也”[③]。必须做到动静一如，体用不二，本末一贯，既彻入心源本体，又时时妙应无穷，不在知见上妄作分别。社会生活的任何一个环节，都是心性实践的重要场域。无论任何时候都不丢失自身的绝对主体性，才算真正实现了生命的创造性潜能和价值。至于“一介不妄取”，无论是心性功夫上的不在外物上起念，抑或生活实践上的严格自律，如果不是源自

---

① 谢圣纶辑：《李渭传》，《滇黔志略》卷二十二，古永继点校，杨庭硕审定，第279页。
② 郭子章：万历《黔记》卷十二，明万历三十三年刻本；又见过庭训：《李渭传》，《本朝分省人物考》卷一百一十五。
③ 湛若水：《新泉问辩续录》，《泉翁大全集》卷十二，明万历二十一年补刻本。

心性的自然行为，而是徒具形式的空头言辞，则“硁硁然小人”的指责，显然并非太过苛严。而一句“不觉面赤，背汗淋淋”，正是心智电光石火般触动感悟，整个生命存在发生重大变化的身体现象学描述。他后来表现出来的生命气象：“冲夷和粹，穆如条风，乐易温良，盎然冬日。”① 显然正是本体实践功夫从不间断，透过长期涵养才表现出来的不期然而然的人格存在状态。

李渭既从蒋信游，蒋信则前往龙场向王阳明问学，乃楚中王门的重要代表性人物，同时阳明又以心学的方法接引过他。则他之私淑阳明，必与蒋信有关。唯蒋信后来又“从（湛）若水游最久，学得之湛氏为多”②。李渭亦有可能拜谒过湛若水，并“汲汲皇皇，求友四方，周咨就正，蹑履裹粮，辨弗明而弗措，达忽启于成章”③。所交者如耿定理、耿定向、罗近溪、邹元标、徐阶等，均为心学运动中的重要人物，受益可谓既多且深，境界亦随之不断升进，不能不说是“如登九级浮屠，随步而异，所谓未见其止者，非欤”④。尤其湛若水之学主“随处体认天理”，阳明之学则主“致良知”，二人思想固然十分接近，但在实践功夫上仍有微细差别。李渭于两家学问脉络及宗旨，均无不多方寻绎透解，反复躬行体证，遂能折衷双方之所长，而自成其一家之言。至于一生论学，“或昭揭宗旨，或开示造诣，或破千古之疑，或救一时之弊”⑤，启迪来学者既多，影响地方社会亦大，不失为黔中王学的中坚主将。

李渭一生学问，特别强调“志孔孟所志，学孔孟所学，则亦孔孟矣”⑥。可见他尽管始终不脱离时代，但又直接返本先秦孔孟，遂能沿其波而溯其源，准确定位自己的人生发展走向。耿定向说他“学主同仁，归乎无意，转见为知，如种在地，功深于己百己千，悟彻夫不学不虑……卓乎有见，可谓具眼”，又说他“沂孔门之真谛，恢越中之遗绪”。⑦均可见他既是王门后学承上启下的重要传人，也是孔孟道统绵延不断的自觉发扬者。

---

① 耿定向：《祭李同野》，《耿定向集》卷二十，傅秋涛点校，第748页。
② 张廷玉等：《蒋信传》，《明史》卷二百八十三，第7268页。
③ 耿定向：《祭李同野》，《耿定向集》卷二十，傅秋涛点校，第748页。
④ 焦竑：《参知李公传》，《焦氏澹园续集》卷十，明万历三十四年黄云蛟刊本。
⑤ 郭子章：万历《黔记》卷十四，明万历三十三年刻本。
⑥ 李渭：《婺川县迁学记》，《思南府续志》卷九，清道光二十一年刻本。
⑦ 耿定向：《祭李同野》，《耿定向集》卷二十，傅秋涛点校，第748页。

三、"仁本"实践学与"毋意"功夫论

从儒家视域出发，人人同具"仁体"，人人可成孔孟。因此，李渭一生学问宗旨及其归趋，诚如耿定向所说，即"学主同仁"。从根本上讲，孔之学本质上即是"仁学"，孔子之心本质上即是"四方千古之心"[①]。而"仁也者，天下同然之心；仁人者，先得天下同然之心，而与天下为体者也"[②]。"学孔"其实就是"学仁"，必须经由自觉的反省，彻底升华为生命的美德，最大化地转化为本真自我的生活实践行为，即孔子所昭示的"居处恭，执事敬，与人忠"（《论语·子路》），程颐所强调的"学者须先识仁。仁者浑然与物同体。义、礼、知、信，皆仁也"[③]。李渭则进一步加以发挥，以为"躬庸德之行，笃信底理，彬彬然近仁"[④]。可见他不仅直接上承孔孟，而且也深受宋儒的影响，思想资源的吸收尽管是多方面的，但仍自有其前后一贯的脉络，以"仁"为本体，积极开展生活世界的实践活动，乃是儒家特有的一种本体实践智慧。在具体的功夫或方法论上，李渭则尤为强调"毋意"的重要，亦即耿定向曾提到的"归乎毋意"。所谓"毋意"云云，亦可溯至孔子，即所谓"子绝四：毋意，毋必，毋固，毋我"（《论语·子罕》）。孟子也认为"人之所不学而能者，其良能也；所不虑而知者，其良知也"（《孟子·尽心上》）。"仁"作为道德实践的源头活水，既然内含了"义礼知信"等德目，因而从方法论立场出发，程子才认为功夫只在"识得此理，以诚敬存之，不须防检，不须穷索"[⑤]。李渭之学既"以毋意为宗"[⑥]，显然即与"孔子毋意，孟子不学不虑，程子不着纤毫人力，皆非从安排得来"[⑦]，前前后后实一脉相承。时人称他"明孔子之宗，如揭日月然"[⑧]，显然即是立足于他的功夫实践方法而发论的。

---

① 李渭：《修思南学府碑记》，《思南府续志》卷十，清道光二十一年刻本。

② 蒋信：《仁人无敌于天下》，《蒋道林文粹》卷七，《李道纯集·蒋道林文粹》，刘晓林校点，第174页。

③ 程颢、程颐：《元丰己未吕与叔东见二先生语》，《河南程氏遗书》卷二上，《二程集》，王孝鱼点校，第16页。

④ 李渭：《修思南学府碑记》，《思南府续志》卷十，清道光二十一年刻本。

⑤ 程颢、程颐：《元丰己未吕与叔东见二先生语》，《河南程氏遗书》卷二上，《二程集》，王孝鱼点校，第16—17页。

⑥ 邹元标：《李同野先生〈先行录〉序》，《愿学集》卷四，文渊阁《四库全书》本。

⑦ 焦竑：《参知李公传》，《焦氏澹园续集》卷十，明万历三十四年黄云蛟刊本。

⑧ 郭子章：万历《黔记》卷四十，明万历三十六年刻本。

尤宜注意者，李渭所说的“毋意”，尚与先秦另一经典——《周易·无妄》——相通契合。盖“无妄”即无妄念，无妄念即意味着意识的纯粹和敞亮，意识的纯粹和敞亮则意味着本体世界的开显与流行。也可说“《中庸》言至诚，孟子言大人不失赤子心，皆无妄之义。而不可以知觉运动之心，为先天无妄之性耳。无妄者诚实而无虚妄，动于理则天，动于人则欲。卦上乾为天性，下震得乾初爻，动合天理”①。而李渭的“毋意”之说，正是要排除任何人为的干挠，一任本心真性的自然发露，只是循理而决不从欲，只是实心行实事，而无一不合天道或天理。因此，“知毋意脉路，即日夜千思万索，亦是毋意。知无纤毫人力脉路，即人一己百，人十己千，如此用力，实无纤毫人力。学是学此不学，虑是虑此不虑，知得不学不虑脉路，任人只管学，只管虑，都是不学不虑”②。

由此可见，“毋意”说从根本上讲，也是一种“存天理，灭人欲”的方法。因而李渭论“天理人欲”，每有语云：“浮云人间作雨，天上常清常明；狂风江中作浪，流水不增不减。知得常清常明，不增不减，方是学问。”所谓“浮云”“狂风”云云，均不过是人欲及其盲动作祟的隐喻；而“天上”“流水”云云，则是“天理”及其流行发用的象征。“人欲”及其人为盲动的世界，固然有如“浮云人间作雨”，“狂风江中作浪”；但“天理”及其自然流行的世界，则总是“常清常明”，“不增不减”。所以，“毋意”的功夫即是“复天理”的功夫，而“复天理”的功夫则不能不回归存在的本真状态。一任天理流行发用而无碍，即所谓“以明日青山绿树为天理，只是频复”③。虽在世俗的世界，亦可获得真正的超越。

以“毋意”的功夫践行方法，确保生命的意向性活动的依体起用，亦即意识一旦落与对象发生关联，则必然能够“循理”而非“从欲”，乃是一种自觉的主体的目的性行为，而不是自欺欺人的异化性谋略，也决非专在私利上盘算的功利性行为，其本身即为良知的发用流行，是生命本真状态的自我证知，是高度主体化的道德实践行动。

---

① 马振彪遗著，张善文整理：《无妄卦第二十五》，《周易学说》卷三，花城出版社2002年版，第254页。标点略有改动。

② 郭子章：万历《黔记》卷四十五，明万历三十三年刻本。

③ 郭子章：万历《黔记》卷四十五，明万历三十三年刻本；另可参见焦竑：《参知李公传》，《焦氏澹园续集》卷十，明万历三十四年黄云蛟刊本。

王阳明早已说得十分清楚："心之本体，即天理也；天理之昭明灵觉，所谓良知也。"[①]可见良知既是一种本体之知，也是天理落于人心的开显处，不仅体现了纯粹的理性精神，更是道德实践的活泼源泉。

但是，以良知为普遍意义上的无人不具的本体之知，如果不痛下尽"心"知"性"以知"天"的心性体验功夫，遗忘了良知本身亦有形上超越与"道"一体的一面，也容易将生理或心理的感性知觉之知，动辄就率意浮泛地称之为良知，不仅偏离了本体的至公至正，而也丧失了行为的正当与合理。正因为如此，湛甘泉才特别针对王门后学的某些弊端，有所批评地说："知觉乃人心之灵明处，而便以此为性则不可。如牛马皆有知觉，人之为恶，至如盗贼，皆有知觉，方能巧计以劫人杀人，岂可便以知觉为天理？当彼时亦似清明不昧，清明在躬，而实非似清明不昧，清明在躬。"[②]李渭也明确指出："加诚敬于仁体，因防检废兢业，认知识为良知，以致知为剩事者，滥滥皆是。"[③]因而极为痛恨将良知当成浮泛知识或光影玩弄的现象。他之所以提出"毋意"说，正是要确保严格意义上的"清明不昧，清明在躬"，亦即必须将本体的昭明灵觉之知转化为高度自觉的主体意识，才谈到上是"大享以正，天之命也"（《周易·无妄卦》）。从而"其动也直，窀无私曲，合于天理之公"。即使"非正命市不我佑，则亦安之而已"[④]。可见"谓知之正当处为清明不昧，为天理则可，谓知为清明不昧，为天理则不可。差之毫厘，谬以千里"[⑤]。李渭"亹亹斐斐，破本末之二见，谓动静非两途，说择种，说保任，说立民命，说求友亲人知见，则以为不同修悟则见谓无二"，强调"以无不知爱，无不知敬，为天地灵窍"[⑥]。而思虑之所以起灭不宁，本质上仍是"心体之未透也，吾人日用思虑虽有万端，而心神止是一个"[⑦]。易言之，"吾人通天地、民物、死生，皆是物本体，原无间断。学者不可在起灭上做工夫。任他千功万行，终做

---

① 王守仁：《答舒国用》，《王阳明全集》卷五，吴光等编校，第190页。
② 湛若水：《新泉问辩续录》，《泉翁大全集》卷七十二，明万历二十一年补刻本。
③ 郭子章：万历《黔记》卷四十，明万历三十三年刻本。
④ 陈法：《上经下》，《易笺》卷二，《黔南丛书》（第一辑），顾久点校，贵州人民出版社2010年，第152页。
⑤ 湛若水：《新泉问辩续录》，《泉翁大全集》卷七十二，明万历二十一年补刻本。
⑥ 郭子章：万历《黔记》卷四十，明万历三十三年刻本。
⑦ 黄宗羲：《参政罗近溪先生汝芳》，《明儒学案》卷三十四，沈芝盈点校，第771页。

不成。如树无根，纵日栽培灌溉，终成枯槁”[①]。而不在起灭上做功夫，即意味着不能“遇万念以滞，思虑则满腔浑是起灭，其功似属烦苦”。反之，如“就一心以宰运化，则举动更无分别，又何起灭之可言哉!《易》曰：‘天下何思何虑？殊途而同归，一致而百虑。’夫虑以百言，此心非无思虑也，惟一致以统之，则返殊而为同，化感而为寂，浑是妙心，更无他物，欲求纤毫之思虑，亦了不可得”[②]。具见不在起灭上做功夫，当也是“毋意”方法的再具体化，必须以能够神感的妙明本心来统摄思虑，则思虑亦必能即感即寂，即寂即感，无一不是本心昭明不昧高度主体化的自觉行为。

当然，就良知与见闻的关系，王阳明也早已有言：“良知不由见闻而有，而见闻莫非良知之用，故良知不滞于见闻，而亦不离于见闻。孔子云：‘吾有知乎哉？无知也。’良知之外，别无知矣。”[③]李渭既反对“认知识为良知”，并非就意味着否定知识的重要，而只是适当分疏本体之知与知识之知，更加突出道德实践的优先性。也就是说，他对混淆“德性之知”与“闻见之知”的做法，也始终保持高度的警惕，因而特别告诫学人：不要错将“识心”视为“道心”，误将“闻见之知”当成“德性之知”，遗忘了体用一源的本体实践学功夫。真正的本体实践之学是彻上彻下打通的，也是内与外契合一致的，更是不能人为妄意切断或间隔的。功夫论在他的心性学说中始终占有重要的地位。

四、“先行”论的展开与落实

正因为功夫论在心性学说中的地位极为重要，所以李渭又特别强调“力行”的本体实践要义，乃至有以“行”来涵摄“知”的“先行”说的揭出。如果追溯“力行”说的早期经典源头，则《论语》载孔子早有君子当“先行其言而后从之”之说，孔安国注：“疾小人多言而行之不周。”[④]《尚书·说命中》，也有“非知之艰，行之惟艰”之说，主要说明道德实践的艰难和重要。李渭发扬儒家一

① 郭子章：万历《黔记》卷四十五，明万历三十三年刻本。
② 黄宗羲：《参政罗近溪先生汝芳》，《明儒学案》卷三十四，沈芝盈点校，第771—772页。
③ 王守仁：《传习录中》，《王阳明全集》卷二，吴光等编校，第71页。
④ 皇侃：《为政》，《论语义疏》卷一，高尚榘校点，中华书局2013年版，第34页。

贯重视“实行”的传统，也强调“学岂在诶诶为哉？躬行足矣”，认为孔子所言乃“告子贡问君子意也，子贡堕在闻识，故药其病而告之”[①]。而君子行必副言，即孔子所谓“一以贯之”之道。

王阳明“龙场悟道”后，发明“知行合一”之旨，已明白指出：“知之真切笃实处即是行，行之明觉精察处即是知”[②]；“只说一个知，已自有行在；只说一个行，已自有知在”[③]而良知即体即用，即用即体，本身便能在“知”中见“行”，在“行”中见“知”，从而以知行不二的生命行动方式，将“真切笃实”与“明觉精察”整合为一体。李渭以阳明所论为出发点，则有所发挥地说：“知行一体识得，语知而行在其中，语行而知在其中，语先而后在其中。”[④]可见如同说“知”已内涵了“行”一样，说“行”也内涵了“知”。所谓“先行”只是强调“行”的优先性或优位性。与阳明一贯主张的“真知即所以为行，不行不足谓之知”[⑤]类似，他所说的“先”不仅不排斥“后”，反而包容或内涵了“后”。正是有鉴于此，他又特别举例说明：“学贵修行，若不知德，与不修等。如入暗室，有目不见，以手扶壁，有足不前。”[⑥]自称“某为此学，拼生拼死不休”[⑦]。足证他只是以“行”摄“知”，而不是以“行”消“知”。他始终强调“行”较诸“知”更具有第一义的地位，乃是一种道德性本体实践意义上的“力行”哲学。

“先行”思想极大地凸显了本体实践学的重要，亦即在“见道”或“证道”（获得超越的智慧），有了形而上的眼光之后，仍要回归现实生活，参与社会秩序的建构工作，实现生命的创造性价值。但“繄世学人，聪明特达者立谈觌体矣，耽虚见而鲜实际；恂谨好修者履绳践轨矣，多自封而鲜灵识”[⑧]。因此，李渭一方面强调“毋意”证道方法的必要，明显具有形上超越的深邃体验精神，不能不说是独具“灵识”；另一方面也突出了“力行”实践功夫的重要，怀抱强

① 邹元标：《李同野先生〈先行录〉序》，《愿学集》卷四，文渊阁《四库全书》本。
② 王守仁：《传习录中》，《王阳明全集》卷二，吴光等编校，第42页。
③ 王守仁：《传习录上》，《王阳明全集》卷一，吴光等编校，第4页。
④ 邹元标：《李同野先生〈先行录〉序》，《愿学集》卷四，文渊阁《四库全书》本。
⑤ 王守仁：《传习录中》，《王阳明全集》卷二，吴光等编校，第42页。
⑥ 邹元标：《李同野先生〈先行录〉序》，《愿学集》卷四，文渊阁《四库全书》本。
⑦ 郭子章：万历《黔记》卷四十五，明万历三十三年刻本。
⑧ 耿定向：《祭李同野》，《耿定向集》卷二十，傅秋涛点校，第748页。

烈的家国天下情怀，不能不说是极为“实际”，诚可谓恪守中道，不堕一边。

正是立足于本体实践学，强调个人修德“力行”功夫的重要，才愈加凸显出他的“为政迥与俗吏不同”①。他认为“财者民之命也，居不求安，食不求饱，乃能为民立命。宫室之美，妻妾之奉，所识穷乏，得我三者，失吾本心，欲以立民命，何异戴盆望天”②。表现出强烈的民生关怀，乃是儒家“为天地立心，为生民立命”一贯精神的发扬。而在奉行国家政令施政治民的同时，他也特别注意推行儒家教化工作，即不仅重视外在的社会秩序建构，而且也关注内在的心灵秩序安顿，尝“集诸寮属谕之曰：‘夫子告康子不欲二字，千古弭盗张本，傥多欲，则身为沟壑，竭民膏脂不足以填之，百姓安得不盗？弭山中盗易，弭心中盗难。敢忘自责？’闻者悚息”③。与王阳明的“破山中贼易，破心中贼难”④一样，他们都认为只有透过充满人道关怀的民生治理，亦即在社会秩序与心灵秩序两个方面同时双管齐下，使社会和人心都趋于和睦与安宁，才能真正开出人类社会的万世太平。而与天道相通的良知，当然也要通过自身的发用流行来实现社会的公平与正义，因而也必须加倍突出人的实践行为的重要，不容许任何场域的价值真空，不能不建构整套的礼乐文明制度体系，从而实现人与社会共同的“至善”目的论诉求。故李渭一生，凡“宦辙所至，恩施斯溥，强教如父，悦安如母；兴利除患，莫可具数，民没世而不忘，各尸祝于尊俎。所谓弘道之量，达道之才，见之莅民敷政之间者，其可睹矣”⑤。这正是以“行”为先思想落实于政治实践领域，在个人修身与社会活动两方面都做到“知行合一”的必然结果。

为政处理公务之余，他又始终不忘讲学。尤其晚年致仕返归乡，更长期讲学不辍，思南斗坤、中和、为仁等多家书院，都留下过他为讲学活动奔走的足迹。其声名影响及讲学规模之大，以致“远近

① 徐阶：《复李同野太守》，《世经堂集》卷二十四，明万历间徐氏刻本。
② 王耒贤、许一德修纂：万历《贵州通志》卷二十一，黄富源点校，第399页。
③ 郭子章：万历《黔记》卷四十五，明万历三十三年刻本。
④ 王守仁：《与杨仕德薛尚谦》，《王阳明全集》卷四，吴光等编校，第168页。
⑤ 耿定向：《祭李同野》，《耿定向集》卷二十，傅秋涛点校，第748页。

问学者以千计”[1]，不仅培养了大量地方社会人才，而且也淳化了民间习俗风规。后人评价之高，认为“以荒裔崛起讲学，虽传灯文成，实开黔中，前此所未有，是忠义、文章、经济、理学，程番诸郡莫有思南若者”[2]。如果立足于知人论世的立场，着眼于更大的区域范围，借用时人耿定向的表述，更可说“西南之徼，居然邹鲁之滨，所谓弘道之量，达道之才，又于恺悌作人之间见之”[3]。不仅见证了自己的心性体悟境界，也践履了一生的价值理想。

五、生前著述及其篇卷分合存佚

李渭一生撰作，见于史志文献著录者，主要有《毋意篇》《先行录答问》《家乘》诸书，“门人为辑《年谱》五卷、《大儒治行》三卷，行于世”[4]。其中之《毋意篇》，郭子章《黔记》以为乃“合《大学》《中庸》《易问》为一卷，《简寄》二卷，《杂著》一卷，诗一卷，文二卷”[5]。与过庭训《本朝分省人物考》卷一百一十五《李渭传》所载相合。惟朱彝尊《经义考》卷一百六十二“《礼记》类”仅著录“李氏渭《学庸答问》一卷，佚”，似即《毋意篇》之“《大学》《中庸》《易问》”三篇，从中抽出单独流行者。可见其书曾割裂散出，至迟清初即已亡佚。

《先行录》一书，郭子章《黔记》卷十五《艺文志》称：“《先行录》十卷，思南李渭撰，邹铨部元标序”；同书卷四十五《参政李渭》作“《先行问答录》三卷”，书名卷帙相互歧出，颇有失审慎。考万历《贵州通志》卷二十四《艺文志》载“《先行录》，一部十册，隆庆间郡人李渭著”；同书卷十六《思南府》下之《李渭传》云：“著《先行录》十卷、《续集》四卷。”《千顷堂书目》《明史・艺文志》均著录“《先行录》十卷”，则无论书名或卷帙，似均当以此为准。唯所谓《续录》，《黔记・艺文志》作“《先行续录》四卷”，并明言“思南李廷言撰，同野叔子也”，万历《贵州通志》所谓“《续集》”，

---

① 王耒贤、许一德修纂：万历《贵州通志》卷十六，黄富源点校，第304页。
② 《艺文门・摭遗》，《思南府续志》卷十二，清道光二十一年刻本。
③ 耿定向：《祭李同野》，《耿定向集》卷二十，傅秋涛点校，第749页。
④ 王耒贤、许一德修纂：万历《贵州通志》卷十六，黄富源点校，第304页。
⑤ 郭子章：万历《黔记》卷四十五，明万历三十三年刻本。

当即郭子章所云“《续录》”，前者误子作为父撰，显然失之不考。

与《毋意篇》一样，《先行录》亦早已亡佚。唯邹元标（字尔瞻）之序，今尚见存于其所撰之《愿学集》。略云：“同野先生以《先行录》命予弁卷端，余叹曰：韪哉，先生之心乎。古之学者，学之为君臣焉，学之为父子焉，学之为夫妇昆弟朋友焉，言理便是实理，言事便是实事。”[①] 郭子章亦称：“予师胡庐山先生云：黔中之学，李湜之为彻。予友邹尔瞻谪都匀时，犹及交先生……尔瞻为序其《先行录》。”[②] 则其书必有可观，惜已无从寻觅。

李渭“又著家乘十二卷，藏于家”[③]。过庭训《本朝分省人物考》卷一百一十五《李渭传》，《国朝献征录》卷一百〇二《参知李公渭传》亦有所提及，说必可信，惜未刊行，今已不传。

《大儒治行》三卷，萧重望《李先生祠记》作“《大儒治规》”，并称：“《先行录》，天德之樵也；《大儒治规》，王道之要也。”[④] 其书亦佚，惟自序尚见存于郭子章《黔记·艺文志》，称：“楚侗先生梓濂溪、明道二大儒治行，凡友朋之郡邑，各一帙赠焉。庐山先生益以象山、晦庵，题曰《四儒治规》。渭回翔郡邑，盖有廿载，绎二书，反所得否，否亦不敢自猬葺，恐为四儒羞也。暇掇孔子为治，载在《鲁论》《大学》者，弁二书卷端，四儒布施，固孔氏家法矣。为治者宜以此书置之座右可也。”则是书必为李渭据前人之作补撰，前引万历《贵州通志》，以为乃其门人所辑，显然失之未考。据此可知李氏虽心仪阳明，然决不排斥程朱，而又能上溯孔孟，诚真善于折衷者。

与《大儒治规》并非出自门人之手不同，《同野先生年谱》则明显为门人所辑。是书凡八卷，乃思唐罗国贤所撰，书虽不传，但国贤与萧重望所撰之序，仍见存于郭子章《黔记·艺文志》，兹暂不具录。尚可补述者，门人安岱、李宗尧，在其身后编有《同野先生祠编》三卷，渭之仲子廷鼎撰有《明教录》，均早已亡佚，故暂不赘述。

余曩昔撰《贵州地方志考稿》，遍读黔省志乘，即关注李渭其人

---

① 邹元标：《李同野先生〈先行录〉序》，《愿学集》卷四，文渊阁《四库全书》本。
② 郭子章：万历《黔记》卷四十五，明万历三十三年刻本。
③ 郭子章：万历《黔记》卷四十五，明万历三十三年刻本。
④ 郭子章：万历《黔记》卷十二，明万历三十三年刻本。

其事。每叹息其崛起于边地，卓然而立，超然而清，笃然而实，毅然而行，学尚简易，首重功夫，足以昭示人心，启迪后学。清人谢圣纶所谓“躬行实践，体道入微”[①]云云，衡以其一生史迹，信不诬也。何以其所撰之书，一概未传，学脉悬隔，岂不悲乎？

李渭既为黔中大儒，与孙应鳌、马廷锡合称“理学三先生”，则其文字之遗存，虽片言只语，凡能爬疏寻绎者，均无不珍宝。尝托人远赴思南，访文问献，转辗反复，亦一无所获。今幸得闫君平凡，多年治古文献学，尤擅目录考据，撰述无不取证坚实，遂指导学生张立东君，遍搜史志文献，广辑各种资料，汇为《李渭集》一书。余先得观之，以为虽不能说毫无遗漏，然凡其重要撰述，能见诸文献者，均大体齐备。而一书在手，其人其事，均灿然如在眼前，不必费力他求矣。

今值是书付梓，文献重光，非特表彰一方乡贤，亦有功于黔中王学。受二君屡请，乃略述李渭思想大要，弁之简端，供世人参考焉。

① 谢圣纶辑：《李渭传》，《滇黔志略》卷二十二，古永继点校，杨庭硕审定，第281页。

“求仁”实践工夫的社会化开显与落实
——《罗汝芳学谱》序

友人陈寒鸣教授长期从事中国儒学史之研究，尤其关注王阳明后学泰州一系之发展变化，以为其乃崛起于民间社会的一个重要心学流派，最能代表有明一代儒家“觉民行道”的发展路向。泰州系虽多为地方基层社会的知识精英，仍明显具有庶民化的精神品性和特征，不妨将其准确定位为“平民儒学学派”。而儒学的未来发展如果真要承担起现代性转型和重建的历史使命，知识精英“一以贯之”的学术研究事业与理论建构工作固然重要，普通民众出于生活与精神需要所展开的社会伦理实践及习俗培养似也不能忽视，否则便难免会丧失民族群体自我必须立足或扎根的深广基层文化土壤，缺少广大社会民众心理自觉意识的认同、支持和配合。而黄宗羲编纂《明儒学案》一书，探讨总结有明一代学术思想发展变化的前后源流，泰州学派即占王门后学叙事篇幅极大的份量，仅辑录甄采案主撰述原文文本，可供学者一一分析研究者，数量即达十八人之多。其中如王艮、颜钧、罗汝芳、耿定向、李贽、焦竑等，均为考察阳明后学思想运动分合变化的微妙过程，了解其升降起伏脉络特征，不可不特别关注的人物。而颜钧未能载入黄氏《学案》，或由于受到资料无从觅得的限制；不收最为偏执激进的李贽，则由于其已突破了泰州王学的樊篱。然而焦竑与李贽乃是讲学好友，二人相交最深，意气亦最相投合。李贽自谓其学问得于焦竑者甚多，焦竑亦极力多方推尊李氏，甚至不顾其师耿定向的不满，不仅为李氏编辑出版著作文集，而且更称其“可坐圣门第二席”[①]，表面居中调停耿、李二人的矛盾，实则完全同情或偏袒后者。焦竑除从学于耿定向之外，又曾师从王襞与罗汝芳。耿定向与罗汝芳过从颇密，今观《耿定向集》中有《与罗近溪》，云凡“针炙吾辈处，亦当袒受，仁蔽于愚，弟与兄俱当常省”[②]，即可见相互间多有切磋，时常彼此批评，尽管看法或有分歧，然仍能透过学者应有的自我反省，达致改过责善，不断顺遂调适，最终实现人生价值的目的。李贽虽与罗汝芳仅有一面之缘，尽管认为“近溪语录须领悟者乃能观于言语之外，不然未免反加绳束，非如王先生（王畿）字字皆解脱门，得者读之足以印心，未得者读之足以证入也”[③]，但仍称自己

---

① 黄宗羲：《文端焦澹园先生竑》，《明儒学案》卷三十五，沈芝盈点校，第829页。

② 耿定向：《与罗近溪》，《耿定向集》卷三，傅秋涛点校，第95页。

③ 李贽：《复焦弱侯》，《焚书》增补二，中华书局2009年版，第271页。

无一日不读其书，故较诸他人更“实知先生深”，“能言先生者实莫如余”[①]，视之宛如亲教之师，为难得之同时知音。今观李氏《罗近溪先生告文》，寄情之深，动人肝肺，亦不难知之。

回头看罗汝芳，他中进士后，曾“与姜凤阿宝、胡庐山直、邹颖泉善、耿楚侗定向、刘养旦应峰诸先生联同志会，辰夕切劘，各有所得”[②]。耿定向既与胡直（庐山）、汝芳均有交往，遂比较二人之学云：“奕奕庐山，峙吉之阳；汤汤近溪，派衍盱江。庐山之学，毫不放过，孔矩孟彀，率由罔堕。近溪之学，一切放下，忘垢忘净，致广以大。……两公所造，异辙同趋，如彼两轮，共翊大车。繄胡肃括，士论多归；惟公（汝芳）博大，知者或稀。”[③] 胡直姑不置论，汝芳门下则有杨起元及周汝登，均为研究泰州学派必须提及的人物。具见他们已形成了一个极为重要的学术文化交流圈，构成了颇有声势影响的学派核心。而罗汝芳在其中尤显突出，致使耿定向不能不发出“知者或稀”的慨叹。故寒鸣教授既将李贽、焦竑合为一书，以思想编年的方式撰为学谱，贡献于学界；今又以罗汝芳独立一编，以学谱系年的方式再现其思想变迁历程，甚有益于读者。至此泰州学派三巨将——李贽、焦竑、罗汝芳——经作者多年搜集整理资料，反复精心结撰，遂成系列性思想编年有用之书，必将推动泰州学派及整个阳明后学研究工作的健康发展。认真拜读之余，不可不先表示祝贺。

一、王艮与颜钧：两位泰州学派的先驱

泰州学派发端于王艮（字汝中，号心斋），王氏“本一灶丁也，目不识一丁，闻人读书，便自悟性”[④]。后乃入王阳明之门，初见面论辩后，阳明即有赞语称：“此真学圣人者，疑即疑，信即信，一毫不苟，诸君莫及也。”[⑤]可见其性格之耿介率直。泰州学派学者多出

---

① 李贽：《罗近溪先生告文》，《焚书》卷三，第124页。

② 谭希思：《皇明理学名臣传·罗汝芳》，罗汝芳：《罗汝芳集》，方祖猷等编校整理，凤凰出版社2007年版，第853页。

③ 耿定向：《祭罗近溪》，《耿定向集》卷二十，傅秋涛点校，第747页。

④ 李贽：《大孝一首》，《焚书》卷二，第80页。

⑤ 王艮：《王心斋年谱》，《明儒王心斋先生遗集》卷三，《王心斋全集》，陈祝生等校点，第70页。

狂狷之士，或亦与王艮的性格影响有关。而总结其一生学问，似可以“始于笃行，终于心悟”[①]来加以概括。故“居尝以经证悟，以悟释经，多发儒先所未发”[②]。而从具体的身心一元的社会化工夫实践活动看，除了以自己证悟的现量与经典的圣言量相互印证外，王艮更重视的则是下学上达的本体存在论觉悟工夫，原因是心学作为一种独立的理论系统，历来都重视实存主体的自觉自悟，重视自觉自悟则必关心具体的成德的实践人生发展方向，无严格意义上的实践工夫即谈不上真正的自觉自悟，无真正的自觉自悟亦必无严格意上的实践工夫。故言工夫必有觉悟义，言觉悟亦必有工夫义，工夫与觉悟又兼含本体义，二事在儒家心性学系统都与形上本体的证入和开显直接有关，亦与成德的精神人文发展方向密不可分。泰州学派既重觉悟又重工夫，王艮实有首开风气之功。

王艮之学，不仅重视“心”的当下直观现量，多方突出“心”在超越界的理知领悟作用，而且也关注“身”在现实世界的客观感性意义，努力寻找人在世俗界安身立命的方法。他特别强调“格物即物有本末之物，身与天下国家一物也，格知身之为本，而家国天下之为末，行有不得者，皆反求诸己。反己，是格物底工夫，故欲齐治平，在于安身”[③]。“身”在他那里决非只是一团无知觉的死物，不仅能视听言动，而且是仁义充塞，实即天地活泼生机的“开显”处。因而他又以身为“絜矩”，认为《大学》“格物”必以知本为前提，只有立本才能安身，安身本质上也联系着家国天下，安身以安天下才能最终实现天下平的价值理想。他所谓的“身”显然是涵盖一切人的，因而也是普遍的和值得关爱保护的，能够絜度天下万物的，即使远离王权体制的普通百姓也决无例外。所以，他又特别指出“身与道原是一件，至尊者此道，至尊者此身。尊身不尊道，不谓之尊身，尊道不尊身，不谓之尊道。须道尊身尊才是‘至善’。故曰：‘天下有道，以道殉身，天下无道，以身殉道。’”[④]身既是存在论的，为天地万物之所依；又是价值论的，具有不可剥夺的意义尊严，不仅国身可以通

① 王士纬：《传纂》，《心斋先生学谱》，王艮：《王心斋全集》，陈祝生等点校，第86页。
② 耿定向：《王心斋先生传樵朱陶韩二子附》，《耿定向集》卷十四，傅秋涛点校，第544页。
③ 黄宗羲：《处士王心斋先生艮》，《明儒学案》卷三十二，沈芝盈点校，第710页。
④ 王艮：《答问补遗》，《明儒王心斋先生遗集》卷一，《王心斋全集》，陈祝生等点校，第37页。

一，甚至道身亦本来不二。因而尊道必尊身，尊身亦必尊道，尊身与尊道本来一体，身亦为成德成道之意义存在物。

发挥《大学》之说而别创新意，王艮的看法可谓颇能发明圣门宗旨。他同时又以儒家道统自任，“以悟性为宗，以格物为要，以孝弟为实，以太虚为宅，以古今为旦暮，以明学启后为重任，以九二见龙为正位，以孔氏为家法”[①]，针对不同的对象群体，广泛开展各种讲学活动，不仅深刻地影响了社会大众的文化心理，也移易转化了地方人伦秩序风气。由阳明而王艮而颜钧，后者中间虽一度从学徐樾，但仍可说三传之下有颜氏。而“艮传吉安颜钧，钧传南城罗汝芳”[②]，颜之后又有罗汝芳的崛起一时，则颜氏亦为泰州王门承上启下的重要人物。

颜钧，字子和，号山农，又号耕樵，为王艮门下以布衣身份最知名者，也是泰州王学的一大奇人。其为人“轻才尚义，视人犹己，鬻衣装以给生徒之费，忍饥寒以周骨肉之贫”[③]，与师门王艮一样，亦出身下层社会，长期“以布衣讲学，雄视一世而遭诬陷”[④]。他治学强调“自立宇宙，不袭古今”[⑤]，颇为重视人格独立精神，大有儒侠豪放英迈风范，自我之主体性显得最为突出。其一生学问“专致力于仁体，而不暇及乎其他”[⑥]。故乃上承儒家工夫论一贯传统，针对“人心有所系而不得放，有所系而强解之又不得放”的现实，极力强调“体仁之妙，即在放心”[⑦]。“放”之一字，或者说“无放”之“放”，乃是实地用功的关键，必在“为”与“不为”，亦即吊诡的“放”与“不放”之间，才是工夫的最好下手处。而无人不具的天赋人性，则“性如明珠，原无尘染，有何睹闻？着何戒惧？平时只是率性所行，纯任自然，便谓之道。及时有放逸，然后戒慎恐惧以修之。凡儒先见闻，道理格式，皆足以障道”[⑧]。具见其证量工夫

① 焦竑：《王先生》，《焦氏笔乘》卷三，李剑雄点校，中华书局2008年版，第103页。
② 佚名：《沈国模传》，《清史列传》卷六十六，王钟翰点校，中华书局1987年版，第5244页。
③ 罗汝芳：《揭词》，颜钧：《颜钧集》卷五，黄宣民点校，中国社会科学出版社1996年版，第44页。
④ 李贽：《大孝一首》，《焚书》卷二，第80页。
⑤ 颜钧：《道坛志规》，《颜钧集》卷四，黄宣民点校，第31页。
⑥《东林书院志》整理委员会整理：《文翰三·东林或问》，《东林书院志》卷十七，中华书局2004年版，第693页。
⑦ 贺贻孙：《颜山农先生传》，颜钧：《颜钧集》卷九，黄宣民点校，第83，82页。
⑧ 黄宗羲：《泰州学案一》，《明儒学案》卷三十二，沈芝盈点校，第703页。

之深，已直入不可言说的“性地”。证道或入道的根本方法，在颜钧看来，当在“体仁”而非“制欲”，以身为载体涵养出无限的生机，其本身就是仁体充塞流行的表现。身的创造活力的唤醒、培养、展开和实现，自然也是生命的意义充分展开和具体落实的生动表现。正是以此为工夫实践手法，他才成功接引了罗汝芳，表现出一种时机化的直觉证量助人智慧，成就了一段颇为后人津津乐道的儒门心学有趣公案。

从王门后学传衍分化的整体情况看，由罗氏经王艮上溯至阳明，则可说“新建之道，传之者为心斋、龙溪。心斋之徒最显盛；而龙溪晚出寿考，益阐其说，学者称为二王先生。心斋数传至近溪，近溪与龙溪一时并主讲席于江左右，学者又称二溪”①。足证王艮与王畿（字汝中，号龙溪）齐名，均为张大阳明良知说的重要人物。黄宗羲曾比较二人，认为“王门有心斋、龙溪，学皆尊悟，世称二王。心斋言悟虽超旷，不离师门宗旨。至龙溪，直把良知作佛性看，悬空期个悟，终成玩弄光景，虽谓之操戈入室可也”②。其批评王畿，几视为王门破坏者，所言是否允当，可暂不置论。唯王艮在王门后学之地位，依其说则决不可忽视。罗氏虽出颜钧门下，实也发扬了王艮学说，乃是泰州学派殿军式人物，影响之大足可与浙中王门主将王畿并埒。阳明向上一着之本体实践学大义，他们都有程度不同的继承和发挥。故时人既以王艮与王畿并称“二王”，又以罗氏与王畿共称“二溪”。可见罗氏的历史性登场也与“二王”的出现一样，都是王学发展的重要思想性事件。其中“王艮昭毅，罗汝芳康纯，王畿昭介”③，各有其精神品性特征。他们前呼后应，各在一方，在晚明思想界中错综交织，构成了学术谱系复杂互动的多元图景，也共同推动了阳明学的进一步发展，丰富了心学的学术文化资源。

与王艮、颜钧两位泰州学派的先驱类似，罗汝芳也特别重视觉悟与践履的交互并进，认为“觉悟透则所行自纯，践履熟则所知自妙”。所谓“觉悟”即是工夫久久熟透而调适上遂证入本体的“践履”，而“践履”亦为本体豁然开显而能神感神应的“觉悟”。无论

---

① 陶望龄：《盱江要语序》，《歇庵集》卷三，《续修四库全书》（第1365册），上海古籍出版社2002年版，第223—224页。

② 黄宗羲：《师说》，《明儒学案》，沈芝盈点校，第8页。

③ 钱海岳：《礼志二》，《南明史》卷七，中华书局2016年版，第389页。

"觉悟"或"践履"，都不离本体发用流行之活机，不断互动，彼此增上。因此，也可说"觉悟"是"践履"化了的"觉悟"，"践履"是"觉悟"化了的"践履觉悟"即"践履"，"践履"即"觉悟"，体用不二，知行合一。"觉悟"与"践履"构成了生命的学问的两大维度，既催生了泰州学派特有的个性或风格，也表现为师门学问接力式的再继承和再发扬，不仅在工夫或实践方法上丰富了个人心性体证的经验内容，而且也在民众接受或传播的范围上扩大了心学思潮发展的社会空间。泰州王学作为传统中国一种特有的心性本体实践之学，其妙义精髓尚有大量的解读空间可供发覆。

二、制欲与求仁：艰难的心路跋涉历程

王艮三传下的罗汝芳，字惟德，号近溪，学者称为明德先生。他与颜钧见面前，早就怀抱希贤希圣之志，在心地工夫上颇多收获。然而利至弊亦随生，修行过程中也产生了不少问题。在彷徨、犹豫和焦虑的过程中，又曾接触释道两家的学说，尽管在方法论上多有受益，却始终未动摇其迈向儒门圣域的终极抱负。今天能看到其早期所采用的工夫实践方法，乃是因为读薛瑄（字德温，谥文清）之书，中有句云"万起万灭之私，乱吾心久矣，今当悉皆扫去，以全吾湛然之性"[①]，遂"决志行之"。可见他最初不仅在书册上寻找现成的理论答案，更重要的是当下就采用了儒家进德成人的实践工夫。他的具体方法是"闭关临田寺，几上置镜与盂水对之。令心与水镜无二"[②]。但或许是用功太过猛急，反而引发了"心火"的病疾。而一味贪静厌动，虽一时窥见了光景，甚至做到了如如不动，但未必就能任心自在，大机大用现前，尚有向上一着需要翻转。因而其"父忧之，授以《传习录》一编，读之病顿愈"[③]。可见他早年的心性体证工夫虽未臻究竟，但毕竟已有了大量正反两面的经验积累。而《传习录》一书的阅读尽管使他深受启发，但纸上得来者毕竟不能代替身心真切体证者，即使静坐中的归寂也只是使病根暂时

① 薛瑄：《读书录》卷一，山东友谊书社1991年版，第86—87页。
② 李贽：《参政罗公》，《续藏书》卷二十二，第1485—1486页。
③ 孙奇逢：《罗近溪汝芳》，《理学宗传》卷二十六，万红点校，第520页。

潜伏，如何与前贤的证悟相应而真得正解，仍有长程的工夫实践之路要走。

值得庆幸的是，他后来辗转寻访，无意中竟找到了已有证量工夫的颜钧，遂“自述其不动心于生死得失之故”，将自己长久埋藏在心中的积虑和盘说出，以求教于颜氏。颜氏告诉他，其所采用的方法“是制欲，非体仁也”，同时又以孟子的四端说启发他，强调如能“扩而充之，若火之始燃，泉之始达，如此体仁，何等直截”。凭借寂然不动固然可以窥见超越境界，透过发用流行亦未尝不能证知形上本体，体用本来一源，岂能打成两橛！因此，人生所患乃在“当下日用而不知，勿妄疑天性生生之息也”[①]。无人不具的原初本真人性，本来就与天道、天理相通相贯，在天即为一刻不容已的生生活机，在人则为始终精进不息的创造活力，化消极负面的“制欲”为积极正面的“体仁”，勇于开展社会道德实践与人间秩序建构的世俗事业，不仅其本身就有着生命内部深层人性秩序自我实现的扎根基础，而且更有天地化育万物运作不止律则（天则）的立足根据。

消极负面的“制欲”与积极正面的“体仁”，作为两种不同的工夫进路，如果稍加比较，则可说“制欲”主要是在后天意念层上对治或克服各种私欲杂念，然后再逐渐恢复先天固有的心性本体光明；“体仁”则当下直接地在先天固有的心性本体光明上立根，并同时将后天意念层上的私欲杂念净尽扫光。因此“制欲”固然有助于人们从外部形迹世界的粘滞中超拔出来，能够摆脱物欲的控制而回归本真心体，但人为的强压也会斩断心灵神感神应的无穷妙用，丧失了良知灵动通物的神明能力，毁掉了仁体活泼起用的创造生机，排斥了人与世界交往必有的道德实践生活，不仅本体呈露变成光景玩弄，即一派活机亦退转为僵硬死结。而“体仁”则直接从经验意识层翻转提升跃入超越层，并彻底调适转化内在自我生命，从超越层向下直贯进入经验层，从容应对改造外部人间各种纷杂事务。具见超越层的立根挺立乃是第一义的，经验层的廓然大公则为第二义的。二者尽管彻上彻下，不离不二，毕竟在工夫论上又有先有后，轻重有别。一旦尽扫枝叶，专意本源，真在本体论上以先立其大的方法有所挺立，心灵本来即有的神感神应的妙用必能当下开显，良

① 李贽：《参政罗公》，《续藏书》卷二十二，第1486页。

知之光亦必遍照一切而使无一物不具价值与意义。透过仁体涵养沛然涌出的天机活力与生气，顺其涌动弥天盖地展开生命本有的刚健劲挺之力，亦必能最大化地实现人的创造潜能和创造价值，丰富人类道德实践多姿多彩的生活内容。所以，“求仁”本身即内涵透过良知灵光的返照，自觉仁体生生创进不已的大义：一方面人必须尽心知性以知天（天道、天理、天命），回归寂然不动之原初天性本体；另一方面更要由天（天道、天理、天命）而性并作用于心，激活纯真本心流行发用之活机，不仅在良知的自明性光照中与万物相通相感，而且透过仁心的活泼起用领悟生命或生活应有的价值与意义。

罗汝芳既得颜钧的当机指点，在工夫论上另辟新路而身心受益，遂心悦诚服地向其纳拜称弟子，不仅自己的大病不治自愈，工夫日趋圆熟，生命气象有了大跨度飞跃式的变化，而且尽得师门心法密旨，从此以儒家道统自任，坚定了以“体仁”方法激活生命、创造活力的决心，踏上了开出圣贤学问和圣贤工夫新天地的人生之路。

终罗汝芳一生，他在自己心路跋涉的人生旅途上，除在颜钧门下大受启迪，终生服膺外，还转益多师，多方问道，即所谓“二十有六而证学于山农，三十有四而悟《易》于胡生，四十有六而授道于泰山丈人，七十而问心于武夷先生，其他顺风下拜者不计其数”[①]。广泛参学不仅扩大了知识闻见，更重要的是层层破除执障光景，使天然本体敞亮开显而流行无碍，能够实践性地开出各种即本体即工夫的悟道方法。时人称他的学问“独以广大为法门”[②]，显然也与其师资传承的广泛密切相关。其中最值得注意者，即他三十四岁时曾闭户三月，从楚中友人胡宗正学《易》。宗正告诉他：“《易》之为易，原自伏羲泄天地造化精蕴于图画中，可以神会，而不可以言语尽者。宜屏书册，潜居静虑，乃可通耳。”他遵照师说“经旬不缀”，在方法论上步步为营，一毫不敢懈怠。一天胡宗正忽然问他“若知伏羲当日平空白地着一画耶？”他回答“不知也。”宗正说：“不知则当思矣。”次日宗正又问他“若知伏羲当日凭空白地着一画未了，又着二画耶？”他依然回答“不知也。”宗正告诉他：“障缘愈添，则本真益昧。”罗氏才破除文字执障相，再次以静坐默证的方

---

① 罗怀智：《罗明德公本传》，罗汝芳：《罗汝芳集》，方祖猷等编校整理，第832页。
② 王士性：《江南诸省》，《广志绎》卷四，吕景琳点校，第79页。

法，凭借实存主体体证的工夫进路，持续用功三月，一步一步契入宇宙森罗万象的有序化存在真实，恍然大悟《大易》先天未画前深隐秘藏的淋漓健劲气象，从此原有一切学问都有了宇宙生成论的哲理奠基，而向内体证的心性证悟思想也有了超越性的形上根据。无论内观外察，都可相互印证，不仅人天不相疏远或隔离，而且原本就泱然通贯，实为一体。天道人道彻上彻下，一气互融互洽，其所昭昭明示予吾人者，正乃同一性的秩序建构原则。而宇宙生生不已之生命创造气象，实已"通之于《学》《庸》《论》《孟》诸书，沛如也"[①]。

透过罗汝芳道德实践的工夫发展进路，即不难看出，传统儒家心性学作为一种有体有用的整体系统，向内既可在自我本真生命心灵秩序的深处扎根，对外亦能与天道、天理之发用流行密契一体。心性觉悟的工夫不仅唤醒了人的主体精神及主观能动性，而且更在生命内部增加了一层天命下贯的神圣价值感和使命感。无论孔门的求仁或罗氏一贯提倡的孝悌慈思想，在真正有心性体悟工夫的儒家学者看来，都不仅具有先验的道德精神形上学意义，更重要的是其本来就是天地化生创进力量的具体展开和实现，尽管仍是日用伦常中的普通行为，却最能显发人天一体的良知天理，是仁体活泼生机的当下呈露。无论显隐巨细"只统之以'生生'一言"[②]。而依罗氏之说，如果"反而求之，又不外前时孝弟之良，究极本源而已。从此，一切经书皆必归会孔孟，孔孟之言皆必归会孝弟。以之而学，学果不厌；以之而教，教果不倦；以之而仁，仁果万物一体而万世一心也已"[③]。也可说良知本质上即仁，仁之生生与造化之流行本来不二，即使以"知"或"灵明"之义说良知，亦无外乎本真仁体的如实觉悟，自觉仁体本自生生不已。人作为人则既"仁"又"知"，必与万物交相感应，汇成一生命鸣唱之大流，当然也就与天地造化之机无间无隔。罗氏论《易》语录之所以要以"一贯"名篇，也是因为"天地万物不二，万物一体，夫道一而已矣"[④]。良知感应创进

---

① 曹胤儒：《罗近溪师行实（节录）》，罗汝芳：《罗汝芳集》，方祖猷等编校整理，第835页。
② 罗汝芳：《近溪子续集》，《罗汝芳集》，方祖猷等编校整理，第277页。
③ 罗汝芳：《近溪子集》，《罗汝芳集》，方祖猷等编校整理，第53页。
④ 熊傧：《近溪先生一贯编序》，罗汝芳：《罗汝芳集》，方祖猷等编校整理，第952页。

之生机，上与宇宙大化流行不二，下与人间社会秩序建构活动一体，均可见“不离百姓日用常行内，直造先天未画前”，正是他下学上达所要达致的工夫境界。虽与天地合德，与日月合明，不为世情所累，不为私虑所蔽，又始终充满人间关怀，不离日用平常，可在生活中随时指点，触处皆是本体世界的开显，未必需要言诠，只是示之身教而已。心性本体调适上遂证知的宇宙论形上哲学，反而能更好地发用流行于百姓日用之中。儒家彻上彻下究竟之学，从王艮经颜钧到罗汝芳，他们前前后后推阐发挥，越到后期就越显得圆融清逸。

然而广泛寻师访友参学固然重要，但毕竟仍只是外部“增上缘”必要条件的配合，真正的吃紧要害处仍在自己的工夫实践，一旦认定了人生发展的终极方向，便当以最大的存在勇气来积极谋求自我生命局限的超越性突破。王阳明龙场悟道后曾告诫来学者：“志不立，天下无可成之事……故立志而圣则圣矣；立志而贤则贤矣。志不立，如无舵之舟，无衔之马，漂荡奔逸，终亦何所底乎？”[①]罗汝芳亦自谓其“从千辛万苦，走遍天下，参求师友，得此具足现成、生生不息大家当。往往说与诸人，奈诸人未经辛苦，不即承当”[②]。具见师友的接引及其他各种社会条件的配合，固然是他悟道和不断升华生命境界的增上缘，但更根本的原因则是他自己从生命内部不断涌动出来的形上冲动和关怀，以及毫不松懈的证道行道实践工夫。缺乏非常人所能忍受的百锤千炼的磨难式努力，便难有生命真谛脱胎换骨般的自我证悟。诚如罗氏自己所说：

> 不肖之为人也，嗜好不他着，精神不他费，惟是此学以系命根，悉涤尘埃，晶光天日。三十年来，穿衣吃饭，终日虽住人寰，注意安身，顷刻不离圣域。是以披沥天心，号呼世梦中，或触怒生憎，万死终不悔避。[③]

由此可见，他一方面在思想资源上广泛吸收了各家学说，折中

① 王守仁：《教条示龙场诸生》，《王文成公全书》卷二十六，王晓昕、赵平略点校，第1120页。
② 罗汝芳：《盱坛直诠》，《罗汝芳集》，方祖猷等编校整理，第391页。
③ 周汝登：《圣学宗传·罗汝芳》，《周汝登集》，张梦新、张卫中点校，浙江古籍出版社2015年版，第920—921页。

阳明学与白沙学而自成一体；另一方面也在工夫见地上步步踏实深入，生命境界越至晚年便越臻圆融通透。但毕竟颜氏是他早年最重要的开悟师，故一生执弟子之礼不敢有任何松懈或怠慢。他后来在回答别人“于心性，如何用工”之问时，亦曾有总结式的大段回忆，文字虽长，但颇值得引录：

予初年也将自己本心，勉力探讨；于生来气性，亦强力调摄。及弱冠乃觉心地颇得光明，性质渐次和顺，日用欣欣，也想圣贤或可有分。久之，乃遇高人相见，痛加呵斥，谓贤辈为学，尽在辛勒（勤），但此所认者不是心体，所用者不是真功，乃妄意欲希圣贤。此何异吹嘘萤火以燃灯烛，满蓄汞银以供灌溉？徒竭心神而后悔莫免也。予时闻言，亦为称谢，然以其来自外道，甚不甘心。因思圣贤去我虽远，而所作经书则于今见在。于是搜索简编，继日以夜，见我孔子之言心，则曰“心之精神之谓圣”，孟子之言性，则曰“知其性则知天”。夫吾人寻常说圣，是何等神妙；说天，是甚么高远。乃兹谓心则即便是圣，谓性则即便是天，其神妙高远，原是何物？而辄敢以粗浮之气、浅露之衷，妄自比拟，其痴愚罪谴，永世何从消灭？惊惕惭惶，汗流浃背，从是迷闷，鬼神瞑漠，若无可出活然者。专切久久，始幸天不我弃，忽尔一时透脱，遂觉六合之中，上也不见有天，下也不见有地，中也不见有人有物，而荡然成一大海，其海亦不见有滴水纤波，而茫然只是一团大气，其气虽广阔无涯，而活泼洋溢。觉未尝一处或纤毫而不生化，其生化虽混涌无停，而几为精密，又未尝一处或有纤毫而不灵妙。然此生化、灵妙，默而会之，似若影响可言，乃即而求之，实是端倪莫得，则此一团神气，充运海中，且尤未尝一处或有纤毫而不玄洞虚通也。其时身家境界，果然换过一番，稍稍轻安自在，不负平生此心。既而憬然，又觉圣人立教，原有自来，乃是即此一个神化，实体诸心，而名做一个学术。如至灵至虚，天地原有此心，则心其心以为吾心，又使人人物物，皆心吾心，以同全天地之心也；如生生化化，天地原有此性，则性其性以为吾性，又使人人物物，皆性吾性，以同全天地之性也；如刚大充塞，天地原有此气，则气其气以为吾气，又使人人物物，

> 皆气吾气，以同全天地之气也。则是合天地人物，而完成一体，通始终本末，而贯彻一机。凭诸君看作致知，而力行未尝不在其中；看作涵养，而发用未尝不在其内。说是心知，而心知该意气；说是意气，而意气兼统性情。惟在诸君立个作圣之志，则天地神明，终不汝负矣。①

以上所云，实为难得的儒家学者心性逆向体证，层层破除各种执相迷障，又层层提升生命境界，一路艰难跋涉而终有所突破，以为作圣终极目标必可实现，从而谆谆告诫立志圣学必有可成，出自切身实证体认经验的一段重要自述文献。据此不难看出，其生命悟觉境域的每一次提升，都决不以暂时所得为满足，而是不断透过工夫证入本体，又不断凭借本体开出工夫，本体与工夫不断良性循环相动，生命的各种困局也就不断突破或超越。其中固然一度得力于“高人”指点，即所谓“外道”（老释）方法论的启示，然而更受益者仍为儒家圣言量的感染，虽主要的途径仍为典籍文本的解读，也有颜钧等一类过来人的当下现量直指，却浃髓沦肤般地完全内化为生命的经验真实，是自身踏实工夫一步一步证取的必然结果。而最要者依然为自己始终未曾放弃成圣的终极志向，以及由此源源滚滚不断沛然涌出的上进动力，特别是能够随时调整修正并做出补弊纠偏行动的内在直观智慧。这正是一切悟道者必须具备的内在精神品性，能够不断地转化为可见诸行事的实践性活机或灵动性力量。

三、归宗性地：人天一体境界的开出

罗汝芳的修道和证道之路，借用阳明的说法，的确做到了“敦笃其行，不息其功”②，乃是通过工夫实践的具体方法，不断调适上遂而步步迈向觉悟。换一个观察角度，也可说是直面生命执障或局限，不断谋求突围式升华，通过自我生命存在状态的不断主动否定，一切情识妄念都逐渐剥落净尽，最终获得层层提升和超越，并以实存主体的无我姿态契入难以言诠的道境。这是工夫实践久久成熟的

① 罗汝芳：《近溪罗先生一贯编》，《罗汝芳集》，方祖猷等编校整理，第354—355页。
② 王守仁：《传习录中》，《王文成公全书》卷二，王晓昕、赵平略点校，第56页。

结果，其中容不得任何一点与“诚”“敬”两字相悖的自我欺瞒，同时也明白昭示直觉内观智慧时时省察克治的重要，代表了儒家学者心性工夫的一种特殊有效进路。例如，罗汝芳早期的反观本心，所达致的“颇得光明，性质渐次和顺”的身心受用效果，显然已逐渐引发了生命气质上的巨大变化，精神境界也较过去有了明显的提升。但如果执着安住在其中而不思继续进取，不知其只是心理情绪的一种暂时稳定状态，根本就谈不上发明本心真性，当然就必须加以否定性的自我痛斥。而发明本心固然已是更高一层的境界，但以“性”与“道”一体不二的视域进行观照①，仍必须再次加以否定，尚需更上层楼绝顶，透过“尽心知性”的踏实工夫，了解“知其性则知天”的存在奥秘②，不仅证入形上超越之本体境域，更要实现人与天合——存在即超越的目的性诉求。

由此可见，在迈向终极目标的路途上，如果只是玩弄概念游戏，贪恋光影，妄自比拟，即使不是自欺，亦必为自愚，乃至满身习气病相，永世无从消除。幸亏罗氏痛加反省，勇于彻底否定，以致“惊惕惭惶，汗流浃背”，表明虽为心性形上本体之学，即在身体行为上也会有所反映。而用功既久，机缘必熟，终于契入人天一体，无我无物，一派空明透脱之境。所谓“六合之中，上也不见有天，下也不见有地，中也不见有人有物，而荡然成一大海”，所谓“一团神气，充运海中，且尤未尝一处或有纤毫而不玄洞虚通”，凡此种种，均不过是用隐喻或象征的方法，传递或暗示了孔子所罕言的性与天道一体不二的形上信息，显示生命已契入了必须以无分别智来表征的万物一体新境。

---

①“性与道”说出自《论语·公冶长》：“夫子之文章可得而闻也，夫子之言性与天道不可得而闻也。”叶采：“既言‘夫子之言’，则是居常语之矣。圣门学者以仁为己任，不以苟知为得，必以了悟为闻，因有是说。性者，人心禀赋之理。天道者，造化流行之妙。以仁为己任，盖期于实体而自得也。”（叶采：《近思录集解》卷三，程水龙校注，中华书局2017年版，第105页）施闰章亦云：“夫子无行不与，而罕言性与天道，岂不乐语人以最上哉？天下上智少而中人多，其教以文、行、忠、信，言惟诗书执礼，使之循循，下学由焉；而各得其性之所近，上之可至于圣，次之不失为贤。”［施闰章：《朱陆异同略》，《文集》卷二十五，《施愚山集》（第1册），何庆善、杨应芹校点，黄山书社2018年版，第485页］当一并参阅。

②《孟子·尽心上》：“尽其心者知其性也，知其性则知天矣。存其心养其性，所以事天也。殀寿不贰，修身以俟之。”孙奇逢发挥说：“尽心知性，知之至也。知之至，则心即性，性即天。天即性，性即心。所以生天生地，化育万物，其次则欲存心养性以事天。”（孙奇逢：《程子纯公》，《理学宗传》卷二，万红点校，第19页）当一并参阅。

当然，无论人人皆具的“性”，或与其相贯相通的“天道”，本质上也是一切价值和创造活力的来源。罗汝芳早年对镜默坐，尽管已能做到是非面前无动于心，如阳明所说“一时窥见光景，颇收近效”，但长期执着此景，亦难免不会“喜静厌动，流入枯槁之病”[①]。而颜钧当下应机契时要他以“体仁”的方法来激活四端之心，涵养生命的无限创造活力，正是对治可能出现枯木死灰病相的良药。所谓“生化、灵妙”云云，显然也意味着“天机原自活泼，受用不胜广大”[②]，均足以显示生命灵机已被彻底激活，心灵“玄洞虚通”而又神感妙应，面对人间世俗变动不居的复杂万象，均能一一做出自己主动的价值判断和行为抉择。就此“至灵至虚”之本体直觉现量而言，当然也可说是周流贯彻，浑然无间无隔，无一人一物不“同全天地之心”，无一人一物不“同全天地之性”，无一人一物不“同全天地之气”，自然必有万物一体境界的开出，当下就一派现成天机，涌出无限的生命创进活力。

作为一种生命的学问，针对门下弟子根器的不同，颜钧“与罗汝芳言从性，与陈一泉言从心，余子所言，只从情耳”[③]，并非只有一种固定的施教言说方法。而由“情”而“心”而“性”，由浅而深而广，若非工夫纯一熟透，亦决难达至此境，可谓孤峰顶上，绝少人迹。如同阳明龙场悟道后，彻底洞悉“圣人之道，吾性自足”一样，[④] 罗氏也透过自己深邃的内在体验工夫，直入形上本体，亦即先在仁体上超然挺立，然后由本体开出工夫，而实践上又触处契理契机，以为人性天然固有之理，乃是“合天地人物，而完成一体，通始终本末，而贯彻一机”。无论致知力行，抑或涵养发用，均无一不在其内，亦无一不与之合辙。与人一体的“天地神明”，何尝有一刻负人，问题只在人是否痛下了复明作圣的工夫，真正觉悟了生命存在本来的真实。

罗汝芳的生命体验历程和悟觉工夫，如果穷根溯源，当也有来自家庭的影响。例如，他的父亲“确然谓圣贤必可企及，盱人士知

---

① 王守仁:《传习录下》,《王文成公全书》卷三，王晓昕、赵平略点校，第130页。
② 罗汝芳:《近溪子四书答问集》,《罗汝芳集》，方祖猷等编校整理，第309页。
③ 黄宗羲:《泰州学案一》,《明儒学案》卷三十二，沈芝盈点校，第703页。
④ 钱德洪:《年谱一》，王守仁:《王文成公全书》卷三十二，王晓昕、赵平略点校，第1396页。

讲学明道实自先君始之”。母亲长期习佛“久已玩心太虚，性地融彻，日惟瞑目静坐。汝芳侍之，移时不接一语。间叩焉，则曰：‘此际此心，空空洞洞已尔。’”[①]罗氏自幼耳濡目染，身心均深受影响。因而他的生命实践进路，也“惟从性地入手，故从虚上用功，坦然荡然，忘垢忘净，更无戚戚之怀，也无憧憧之扰。安排无事，贤愚兼收，直欲心体与天地为徒，意况共莺鱼活泼”[②]。阳明讲“心之本体即是性，性即是理”[③]，罗氏也说“仁也，孝弟也，赤子之心也，而归之性善，归之中庸”[④]。可见顺阳明之义而发挥之，则“性”既是天之所命，也是心之本体，不能不有理，一派雍雍中和，最能由赤子之心来表现，也可透过孝悌等德目来开显，不妨用“仁”或“良知”来加以概括。而前后两人，中隔二代，其说正可相互补充，彼此诠释，足证阳明立说虽极圆融通透，未必就毫无再丰富和再完善的空间。

十分明显，罗氏的学问及工夫实践是以“归宗性地”为终极目标，故最为重视与天道性命之理相关相联，必然涉及人的本真根源性存在的本体论意义的“性学”。而无论由工夫证入本体，抑或从本体开出工夫，顿（悟）渐（修）各有区别，均不可能脱离最能表征人的本真存在状态的“性地”，其中则以最能显示人的主体性的工夫实践为吃紧。由“性地”而开显出“仁体”，即是生生之心的回归。但严格说“此（性）体虽同，然惟至圣乃能先得。今日莫说纯全极处，众不能知，即近易粗浅，如一个孝弟慈，若非《大学》恳切提撕，谁人晓得从此起手？起手之差，其初不过毫厘，而究竟结果，其终将谬千里”[⑤]。因此，工夫问题在他的思想系统中始终占有突出的位置。而无论对己对人，自可随时在日用常行中用功，亦可随机在日用常行中指点，一切应机契时感应，不断破除虚假光影，虽在境界论上代表了心性学者极高明的一路，但在工夫论上又属于极笃实的一派。

---

① 罗汝芳：《先母宁太安人墓志铭》，《罗汝芳集》，方祖猷等编校整理，第638页。

② 谭希思：《皇明理学名臣传·罗汝芳》，罗汝芳：《罗汝芳集》，方祖猷等编校整理，第855页。

③ 王守仁：《传习录上》，《王文成公全书》卷一，王晓昕、赵平略点校，第30页。

④ 陈省：《重刻近溪子续集序》，罗汝芳：《罗汝芳集》，方祖猷等编校整理，第943页。

⑤ 罗汝芳：《近溪子四书答问集》，《罗汝芳集》，方祖猷等编校整理，第308—309页。

四、觉悟与实践：真谛与俗谛的彻底打通

深入生命内部，以默识体认的方法，循序有效地调适上遂，最终如实证知性体与天道原本就融贯旁通，均一一本于其固有之生生大德而发用流行，历来只有少数高明特达之士才能做到。故不少儒门学者都借道大乘佛教或禅宗，多有方法论上的吸收及受益，然后才折返孔孟正学。即在学养最为醇厚的罗汝芳，自谓早年“因读《法华》诸经，而所为文词遂大畅达，若启之者，余亦莫知其所以然也。从是，故于释氏家说，未敢轻訾”[①]。时人与其多有交往者，亦以为其“蚤岁于释典玄宗无不探讨，缁流羽客延纳弗拒”[②]。诚可谓“尤精于阐提，直指人心，见性成佛”[③]，实则不过“犹程伯子之藏身于禅宗，而发窍于圣学也”[④]。足证他在生命的体证工夫上，得力于禅宗者不可谓不多。诚如焦竑所说：

> 性命之理，孔子罕言之，老子累言之，释氏则极言之。孔子罕言，待其人也，故曰：“不愤不启，不悱不发。中人以下，不可以语上也。”然其微言不为少矣，第学者童习白纷，翻成玩狎；唐疏宋注，锢我聪明，以故鲜通其说者。内典之多，至于充栋，大抵皆了义之谈也。古人谓暗室之一灯，苦海之三老，截疑网之宝剑，抉盲眼之金锟。故释氏之典一通，孔子之言立悟，无二理也。张商英曰：“吾学佛然后知儒。”诚为笃论 。[⑤]

或许宇宙天地及人性秩序的本体或真谛只有一个，但由于入世取向及思想言说的不同，儒教得之则为儒，道教得之则为道，佛教得之则为佛，三家在形上本体上固然不可分，但在世俗功用上则差异甚大，只知其异不知其同固然难免“蔽体”之病，只知其同不知其异亦会造成“失用”之害。而借助佛典以通儒理，实际就是凭借

---

① 罗汝芳：《云南唐中丞墓志铭》，《罗汝芳集》，方祖猷等编校整理，第634页。标点有所改动。

② 王时槐《近溪罗先生传》，《友庆堂存稿》卷七，《王时槐集》，钱明、程海霞编校，第194页。

③ 谈迁：《国榷》卷七十八，张宗祥点校，第4824页。

④ 管东溟：《续答杨少宗伯理会大事书》，《管子惕若斋集》卷二，明万历二十四年刻本；转引自吴震：《明代知识界讲学活动系年：1522—1602》，学林出版社2003年版，第378页。

⑤ 焦竑：《支谈上》，《续集》卷二，《焦氏笔乘》，李剑雄点校，第283—284页。

佛教极为丰富的超越智慧，以壮大儒家以“性”与“天道”为基石的形上世界，然后再别树一帜以彰显自身之优势。罗汝芳建构自己的形上心学本体论体系，固然离不开佛教思想资源的正面吸收，但在社会实践方面又始终坚守儒家的价值立场，认为无论本体论意义上的仁体或良知，都必须落实于实践界或经验界中，才能打开彰显其全体大用。因此，对现实世界他始终抱持积极肯定的态度，对人的道德生活实践及人伦秩序的建构活动也满腔的热情，不能不说是儒家圣学的重要发明者和现实文化秩序建构的积极参与者。与佛教毕竟要舍离或逃逸此现实世界明显不同，儒家则要将此现实世界点化为人文化成的世界。所以，罗氏后来也对佛教多有批评，认为“禅家之说最令人躲闪，一入其中，如落陷阱，更能转头出来，复归圣学者，百无一二”。而其所撰“《会语》出晚年者，一本诸《大学》孝弟慈之旨，绝口不及二氏”[①]。就其精神的整体发展方向而言，虽未必就严格区分儒道释三家界线，但仍长期立足于儒家价值立场，始终强调“以孝弟慈吃紧处提掇性体”[②]“以身所践之孝弟慈为与人之公珍，而以心所注之净土为自用之家珍”，便“隐然有庸孔奇释之意”[③]，已完全将真谛与俗谛打成一片。而他之所以重视心性论意义上的觉悟，也是因为“觉，灵知也，言人心之灵，动于感应，其是非得失纤微罔不自知；循其知而致焉，是圣贤之关钥也”[④]。以此来教化民众，当然便容易唤醒其主体性，能够自觉人的存在尊严，有裨于社会秩序的合理建构。

罗汝芳重视回归心性本体逆向体认的自我觉悟，但也强调心体发用流行落实于经验世界的具体践履，其“求仁”思想尽管明显上承明道《识仁篇》之说，[⑤]但在其亲炙弟子看来，未必就没有自身的发明和特点。因此，他们总结师门之学，便特别突出罗氏为孔孟

① 王时槐：《近溪罗先生传》，《友庆堂存稿》卷七，《王时槐集》，钱明、程海霞编校，第194页。

② 罗汝芳：《近溪子四书答问集》，《罗汝芳集》，方祖猷等编校整理，第309页。

③ 管东溟：《续答杨少宗伯理会大事书》，《管子惕若斋集》卷二，明万历二十四年刻本；转引自吴震：《明代知识界讲学活动系年：1522—1602》，第378页。

④ 谭希思：《皇明理学名臣传·罗汝芳》，罗汝芳：《罗汝芳集》，方祖猷等编校整理，第853页。

⑤ 程氏曾明确指出：“学者须先识仁，仁者浑然与物同体，义、礼、知、信皆仁也。识得此理，以诚敬存之而已，不须防检，不须穷索。”（程颢、程颐：《元丰己未吕与叔东见二先生语》，《河南程氏遗书》卷二上，《二程集》，王孝鱼点校，第16页）罗氏也强调“孔门之教，主于求仁；程伯子以识仁为学者所先，最为的确。”（罗汝芳：《近溪先生一贯痛》，《罗汝芳集》，方祖猷等编校整理，第356页）可证后者受前者影响极深，谓其直承明道亦不为过。

嫡传的思想史意义，强调其“直接孔氏，以求仁为宗，以天地万物为体，以孝、弟、慈为实功，以古先圣神为格则。故其躬行实践，无论居家居官如是而学，如是而教，勤勤恳恳，惟欲联属斯世以归仁。每至，必起讲会；每讲，必有语录，一字一句，吃紧指点，良知显现目前。通人己，塞天地，贯古今，无间无息，开示学者。从入之路，未有若是简易精实者”[①]。而工夫实践之学，更要者实即身教，其时时“以精神感人，有出于言诠之外者矣”。他的精神风貌及日常起居，王时槐曾描述说：“天真粹朗，彼已尽忘，八荒洞然，了无畛域。语笑动静，食息寝处，神机自运，不涉人力。”[②]谭希思也称他是直接从性地入手，在一派空中用功，遂使“心体与天地为徒意，况共鸢鱼活泼”[③]乎？均可从中一窥其生命境界之高低深浅，了解悟道者变化气质必然显现出来的精神气象。

从传统儒家学者的整体视域出发，或者立足于泰州王学的思想文化立场，心性之学作为一种有体有用形上超越的义理之学，其最根本之处就在于必须关注人的现实生命存在，必须深入民间基层社会开展化民成俗的工作，不能不以“教化”的方式来提升人的精神品性。因而纯粹抽象或形上超越的义理之学，也就有了社会文化的具体经验形态。例如，早在西汉时期，孝元帝便已布告天下，称“宣明教化，以亲万姓，则六合之内和亲，庶几乎无忧矣”[④]。可证以“教化”的方式来建构社会秩序，已成为当时一项重大国家政治策略。而大量的地方循吏于朝廷政令之外，更主动推行以儒家价值为中心的教化工作，也扩大了儒家思想文化辐射或传播的地理空间，强化了华夏文明共同体的认同感和凝聚力。故历代儒家学者无不重视教化，尤以心学学者最为关注人的精神挺立问题，视人的自身存在及社会人伦礼序的调整维系为大事。而宋明诸大儒上承两汉传统，倡导“修道以教，教必兼乎人事，凡古圣贤所为垂世立教者，皆修道以复性之事也”[⑤]。教化似已成为儒家必做的文化事业，属于社会

① 万煜：《罗近溪师事状》，罗汝芳：《罗汝芳集》，方祖猷等编校整理，第852页。
② 王时槐：《近溪罗先生传》，《友庆堂存稿》卷七，《王时槐集》，钱明、程海霞编校，第193页。
③ 谭希思：《皇明理学名臣传・罗汝芳》，罗汝芳：《罗汝芳集》，方祖猷等编校整理，第855页。
④ 班固：《元帝纪第九》，《汉书》卷九，中华书局1962年版，第279页。
⑤ 施闰章：《朱陆异同略》，《文集》卷二十五，《施愚山集》（第1册），何庆善、杨应芹校点，第485页。

经验形态的秩序建构始终占有重要的位置。故王阳明倡导致良知说，即“随人立教，因病设方，此为中下人说法；而所接引上根人，则本‘天津（泉）证道’一语尽之”[①]。但面对乡民基层社会，他也强调“与愚夫愚妇同的，是谓同德；与愚夫愚妇异的，是谓异端”，认为不可拿个圣人模样去与人讲学，否则人一见都走了，“须做得个愚夫愚妇，方可与人讲学”[②]，从而做了大量“过化觉民”的工作[③]，拓展了民间社会秩序建构的空间，打破了形上界与形下界的分隔。

与王阳明类似，罗汝芳一生也“惟以化育人才为功课”[④]，而“上焉者得先生眉睫间，下焉者亦欣欣化育中。以养以造，先生非吾党之元气耶？……忆滥竽掖垣，曾疏先生云：‘惟道是慕，功名富贵不入其心；逢人必诲，贵贱贤愚不知其类。’识者以为知言”[⑤]。他强调“天地之性，民为贵”[⑥]，认为“善政所以不如善教之得民，而政刑所以不如德礼之有耻且格”[⑦]。因而不仅以教化的方式培养了一批心学精英人才，同时也获得了建构社会秩序必需的民心。时人耿定向以“孔氏学脉，惟是求仁；孔氏路径，惟是同人。亲亲长长，天下斯平”[⑧]之语来概括他的一生。今人马一浮也认为“象山后有阳明，阳明后有近溪，而直指之道益显，实原于明道识仁之说，《大学》之明明德于天下《中庸》之率性谓道，至是阐发无遗蕴矣”罗氏虽晚出，仍“善启发人，使闻者直下认取自心，豁然无滞，实具活人手段。而于天地万物一体之理，昭昭然揭日月而行，可以祛沉霾阴翳之习，尤今日所亟宜提持者也”。[⑨]可见他的为政总是将教化置于优先的地位，同阳明一样，不仅做了大量“过化觉民”的工作，也培养了一批地方精英人才，形上与形下两重世界，一样浃然贯通为一。

---

① 邹元标：《书阳明先生语略后》，《愿学集》卷八，文渊阁《四库全书》本。
② 王守仁：《传习录下》，《王文成公全书》卷三，王晓昕、赵平略点校，第132、144页。
③ “过化”之说出自《孟子·尽心上》：“君子所过者化，所存者神，上下与天地同流，岂曰小补之哉！”历代儒家学者以此自任者颇多，也做了大量化民成俗的工作。
④ 孙奇逢：《罗近溪汝芳》，《理学宗传》卷二十六，万红点校，第521页。
⑤ 邹元标：《明大中大夫云南参政近溪罗先生墓碑》，《愿学集》卷八，文渊阁《四库全书》本；又见罗汝芳：《罗汝芳集》，方祖猷等编校整理，第933页。
⑥ 罗汝芳：《近溪子续集》，《罗汝芳集》，方祖猷等编校整理，第234页。
⑦ 罗汝芳：《里仁乡约训语》，《近溪罗先生乡约全书》，《罗汝芳集》，方祖猷等编校整理，第764页。
⑧ 耿定向：《祭罗近溪》，《耿定向集》卷二十，傅秋涛点校，第747页。
⑨ 马一浮：《重刊〈盱坛直诠〉序》，《马一浮集》（第2册），丁敬涵校点，第38页。

五、以学为政：乡村社会秩序的建构

泰州学派之重视“过化觉民”工作，当然并非自罗汝芳才开始。举其学派开创者王艮为例，他便极力强调“百姓日用即道，虽僮仆往来动作处，指其不假安排者以示之，闻者爽然”[①]。他不仅要将高高在上的天道、天理直接转化为日用伦常道德实践中的普通行为，同时更以工夫指点的方式来多方接引他人当下自觉自悟自己的本真人性。他的教化对象不分阶层或出身，凡“亲炙速肖，钦风兴起者，非独缨绥诗书士，虽荛竖工役，一闻謦咳，咸若澡雪其胸臆，而牖发其天机者”[②]。反映其施教立言已颇有大众化的特征，无怪乎时人要发出“天亦将以先生为木铎”[③]的慨叹。他门下较有代表性的下层社会人物，有樵者朱恕和陶者韩贞，更“毅然以倡道化俗为任，无问工贾佣隶，咸从之游，随机因质诱诲之，顾化而善良者以千数”[④]。不仅反映其施教的对象已广泛涉及士农工商等各个阶层，而且自学派产生伊始便有了平民化、大众化的突出特征。颜钧早年在家乡办“萃和会”，“会及一月，士农工商皆日出而作业，晚皆聚宿会堂，联榻究竟。会及两月，老者八九十岁，牧童十二三岁，各透心性灵窍，信口各自吟哦，为诗为歌，为颂为赞，学所得虽皆刍荛俚句，实发精神活机，鼓跃聚呈农览，逐一点裁，迎几开发，众皆通悟，浩歌散睡，真犹唐虞瑟僩，喧赫震村谷，闾里为仁风也”[⑤]。可见颜氏很早就主动开展了化俗乡里的道德实践活动。以后随着心性体认工夫的加深，儒家道统意识的加强，尤其是王艮平民儒学教化风格的影响，不仅布道施教的范围空间逐渐扩大，同时还吸引了大批乡村基层社会民众，甚至罗汝芳一类的知识精英学者也参与进来。

王阳明“弟子遍天下，率都爵位有气势”，然而王艮“以布衣抗其间，声名反出诸弟子上”[⑥]。颜钧“读经书，不能句读，亦不多识字”[⑦]，名声在当时亦很显赫。与王艮、颜钧均无任何科举功

---

① 黄宗羲：《处士王心斋先生艮》，《明儒学案》卷三十二，沈芝盈点校，第710页。

② 耿定向：《王心斋先生传樵朱陶韩二子附》，《耿定向集》卷十四，傅秋涛点校，第546页。

③ 刘元卿：《心斋王先生要语》，《诸儒学案》卷五，《刘元卿集》，彭树欣编校，第963页。

④ 耿定向：《王心斋先生传樵朱陶韩二子附》，《耿定向集》卷十四，傅秋涛点校，第547页。

⑤ 颜钧：《自传》，《颜钧集》卷三，黄宣民点校，第24页。

⑥ 张廷玉等：《王艮传》，《明史》卷二百八十三，第7275页。

⑦ 王世贞：《嘉隆江湖大侠》，《弇州史料·后集》卷三十五，明万历四十二年刻本；又见张怡：《惩诫》，《玉光剑气集》卷三十一，魏连科点校，中华书局2006年版，第1109页。

名不同，罗汝芳则为进士出身，有长期仕途为官经验，熟谙儒家经典要籍，显然为一代士大夫知识精英。然其既“学师颜钧，志行相似”[①]，亦极为关注地方民众的道德教化实践，重视乡村社会的礼俗秩序建构。尤其致仕后，“还从姑，开诲来学，遍涉抚、吉、洪、饶、楚、粤、闽、浙、留都、徽、宁诸郡，大会同志，东南之学丕振”[②]。与颜钧创办“萃和会”并开展讲学和乡约活动类似，他也“以讲会、乡约为治”[③]，曾多次参与过王艮弟子董燧创为的“乐安会”等多种讲学活动，与会者“老幼走百里者不可胜计”。其中尤以在家乡盱坛及父亲罗前峰创办的“里仁会”活动最为频繁，最突出者即“立义仓、创义馆、建宗祠、置祭田，修各祖先墓，暇则讲里仁会于临田寺，以淑其乡人”[④]。“自家居以及四方，妻孥童仆、族闾村市以及通都大邑、缙绅大夫，千百徒众之相接聚，无一人不勉以学。自令长历郎署，领郡符佐藩臬，所至无一地不以学为政也。”[⑤]他的乡约训语明确告诉乡民大众：

> 今日大家到此，听高皇帝圣谕，叫起孝父母、敬尊长等事，句句字字，触着各人本来的真心，则谁无父母，谁无兄弟，亦谁不曾经过孩提爱敬境界？今虽年纪或有老的，或有壮的，或尚幼的，固皆相去赤子已久，然一时感通，光景宛然，良知良能，如沉睡忽醒，则中心耿耿，便于血肉形躯顿尔作得主起。虽是旧时耳目，而视听却分外聪明；虽是旧时声口，而言辞却分外和顺；虽是旧时手足，而动止却分外敬谨。故自然不待拘检，而静定胜如官府在上，岂止一身受用！且其天机活泼，生生不已。坐间看着乡里，便大众思要和睦；看着子孙，大众思要教训；看着清平世界，大众思要安生乐业，以共享太和。只一心既收，便万善咸集。此善政所以不如善教之得民，而政刑所以不如德礼之有耻且格也。何况此心良知，人人皆同，处处皆同，闻得有场好事，无不喜做，闻得有场不好事，无不羞做。

---

① 谈迁：《国榷》卷七十八，张宗祥点校，第4824页。
② 王时槐：《近溪罗先生传》，《友庆堂存稿》卷七，《王时槐集》，钱明、程海霞编校，第191—192页。
③ 黄宗羲：《参政罗近溪先生汝芳》，《明儒学案》卷三十四，第760页。
④ 曹胤儒：《罗近溪师行实（节录）》，罗汝芳：《罗汝芳集》，方祖猷等编校整理，第836页。
⑤ 王时槐：《近溪罗先生传》，《友庆堂存稿》卷七，《王时槐集》，钱明、程海霞编校，第192页。

> 今我老幼一堂，如此受用，日久一日，自一家而传至他家，自一乡而传至他乡，自一邑而传至他邑，莫不翕然向风，截然归一。即孟氏所谓“人人亲其亲，长其长”，而天下太平将复见矣。此等风俗，皆由吾乡忠厚世积酝酿而成。[①]

与正德年间王阳明制订《南赣乡约》，整顿乡村秩序，强调“凡尔同约之民，皆宜孝尔父母，敬尔兄长，教训尔子孙，和顺尔乡里”[②]，绝口不提太祖《圣谕》略有不同，罗汝芳则多次反复言及《圣谕》六条。显然从罗氏的政治意识和伦理立场出发，他主要是借重王朝帝国《圣谕》的权威，以加重自己说话的语气分量，从而将乡村移风易俗的教化工作，更加有效地纳入到国家治理体系的整体结构中，能够毫无阻碍地维系或推动地方自治秩序的稳定和发展。

但尽管罗氏随时注意借重王朝帝国明太祖皇权的权威，仍自谓“吾此心每日在百姓身上周回，不暂释也”[③]。天下苍生休戚忧乐既已系于一身，以此为前提当然也会关心朝政大事，目的在于“以舜之所以事君者事君，以尧之所以治民者治民”[④]。然其所谓“治民”不过是强化地方人伦礼俗秩序，使其成为高度道德化的自治社会，采取的乃是人文取向的教化启发式的长久方法，而非政治策略强迫统治式的短期权宜手段，亦即是为生民立命并承担天下责任的，不是为权势效力或谋其私利的。故立足于儒家仁学本体实践学的立场，他也特别强调“学大则道大，道大则身大，身大则通天下万世之命脉以为肝肠，体天下万世之休戚以为爪发，疾痛痾痒，更无人相、我相而浑然为一，斯之谓大人而已矣”[⑤]。所以多采用与乡民生活接近的通俗语言，直入他们重情知理的内心世界，以合乎风规礼俗的大众化方式，开展其与道德劝善及人伦秩序建构有关的教化实践活动，目的在于醇化地方乡族风气，最终实现“人人君子，比屋可封”[⑥]的文化理想，展现天下人心无人不向往的太平和谐美景。

---

① 罗汝芳:《里仁乡约训语》,《近溪罗先生乡约全书》,《罗汝芳集》，方祖猷等编校整理，第764页。
② 王守仁:《南赣乡约》,《王文成公全书》卷十七，王晓昕、赵平略点校，第727页。
③ 王时槐:《近溪罗先生传》,《友庆堂存稿》卷七,《王时槐集》，钱明、程海霞编校，第192页。
④ 罗汝芳:《送许敬庵督学陕西序》,《罗汝芳集》，方祖猷等编校整理，第495页。
⑤ 罗汝芳:《报焦漪园太史》,《罗汝芳集》，方祖猷等编校整理，第669—670页。
⑥ 王艮:《勉仁方》,《明儒王心斋先生遗集》卷一,《王心斋全集》，第30页。

六、儒学下乡：基层教化实践活动的开展

从罗汝芳的思想脉络出发，根据其所开展的乡村教化实践活动，据此观察或把握整个泰州学派的价值关怀，则可说他们一方面极为重视关涉本真至善人性的“体仁”工夫，强化了个体性修身及具有体证实践意义的“明明德”方法进路，希望借此激活每一个体本有的生命价值自觉及活泼创进生机；另一方面又由个人推及范围更大的社会群体，汲汲于实现“天下归仁”[①]的秩序化和谐社会生活，极为重视人类群体共同修身及生活实践意义上的“明明德于天下”[②]，希望借此激活家国天下多元秩序应有的文化理想及奋发创造生机。因此，罗氏早在宁国府任上，便“以崇学术、育人才为功课”[③]，并以乡约的形式明确告诉乡民：

> 守令之设，职在亲民，保障之功，机存易俗。惟上之礼教未崇，斯下之向方无定，今府属各县讼狱日烦，寇盗时警，家殊其俗，肆争竞以相高，人各其心，逞刁奸以胥虐，是宜各院勤拳多方督切。但法立则弊生，每画一之为难；势悬则情隔，必大同之是贵。爰循古人乡约之规，用敷今日保甲之意。事先体要，敦德礼以洁治源，而章程则在所略；行务融通，萃人心以端趋向，而讥察则居其次。待斯人以长者之风，弼明时以隆古之化。[④]

儒家的乡治政治理想是“忠厚积累，囹圄空虚，治道所由昌也”[⑤]。因而在奉行朝廷政命建构政治秩序的同时，罗汝芳也极为

---

① “天下归仁”之说，屡见于罗氏书中。如其释《易经》复卦之复，即云：“观‘一日天下归仁’，则可见礼自复而充周也；观‘为仁由已’而不由人，则可见复必自己而健行也，是即孟子所谓‘万物皆备于我，反身而诚乐莫大焉’者也。”（罗汝芳：《近溪子集》，《罗汝芳集》，方祖猷等编校整理，第26页）不遑多举，即可例正。

② 王时槐与罗汝芳交谊甚厚，曾以总结之语评价其学术思想云：“平生学以孔孟为宗，以赤子良心、不学不虑为的，以天地万物同体、撤形骸忘物我、明明德于天下为大。”（王时槐：《近溪罗先生传》，《友庆堂存稿》卷七，《王时槐集》，钱明、程海霞编校，第192页）“明明德于天下”六个大字，即赫然列在其中。

③ 罗怀智：《罗明德公本传》，罗汝芳：《罗汝芳集》，方祖猷等编校整理，第830页。

④ 罗汝芳：《宁国府乡约训语》，《近溪罗先生乡约全书》，《罗汝芳集》，方祖猷等编校整理，第750页。

⑤ 宋理宗：《诫谕监司守令诏》，《全宋文》（第345册），曾枣庄、刘琳主编，上海辞书出版社2006年版，第93页。

关心施行教化或推广文化秩序建构的工作，而在政治秩序“吏”的身份之外，也多了一重他所认同的文化秩序的“师”的身份。推广文化秩序自然不能不化民成俗，化民成俗则不能不“一本于兴教化、明礼乐”①，“所至不事刑朴，惟以化育人才为功课。一时彬彬，有弦歌风”②。他的讲学活动不仅针对上层精英人物，更广涉社会下层普通民众，可说是“儒学下乡”的积极推动者和践履者。李贽称道他的话，便说得十分清楚：

> 牧童樵竖，钓老渔翁，市井少年，公门将健，行商坐贾，织妇耕夫，窃屦名儒，衣冠大盗，此但心至则受，不问所由也。况夫布衣韦带，水宿岩栖，白面书生，青衿子弟，黄冠白羽，缁衣大士，缙绅先生，象笏朱履者哉！是以车辙所至，奔走逢迎，先生抵掌其间，坐而谈笑。人望丰采，士乐简易，解带披襟，八风时至。有柳士师之宽和，而不见其不恭；有大雄氏之慈悲，而不闻其无当。同流合污，狂简斐然；良贾深藏，难识易见。居柔处下，非乡愿也。泛爱容众，真平等也。力而至，巧而中，是以难及；大而化，圣而神，夫谁则知。盖先生以是自度，亦以是度人。③

可见他的教化工作已遍及社会各个阶层，无论先秦早期原始儒家一贯提倡的“有教无类”思想，抑或王门后学“与百姓同作同止，不作一毫奇特伎俩”④的普遍性共识，他都以身体力行的方式真正做到了。因此，一方面他针对士大夫或地方知识精英群体，立足于儒家道统及心学体认的严正立场，多方调动各种大传统学术文化的可用资源，始终强调实地觉悟及践履工夫的重要，认为只有激活生命的无限活泼创造生机，才算初步证入了儒家“体仁”之学的大门，并曾谆谆告诫及门弟子：“徒言也不是道，满前洋溢，具是发育峻

---

① 罗怀智：《罗明德公本传》，罗汝芳：《罗汝芳集》，方祖猷等编校整理，第830页。

② 李贽：《参政罗公》，《续藏书》二十二，第1488页。

③ 李贽：《罗近溪先生告文》，《焚书》卷三，第124—125页。

④ 王畿：《与罗近溪》，《王畿集》卷十一，吴震编校整理，第295页。又有诗云：“轻可御风超倏忽，清如临水濯沧浪；也无奇特无增长，只是孩提爱恋常。”（杨起元：《当下吟二首示诸儿》第二首，《复所先生家藏文集》卷八）按：杨氏乃罗汝芳门下直传弟子，一生发扬师说最力，其说不仅有师门思想一脉相承之线索可供寻绎，亦足以反映不作“奇特伎俩”乃是王门后学多数人的共识。

极。”如果继续向上翻转超越，则应做到理与事完全无执无碍，故临终前曾手书绝笔语云：“此道炳然宇宙，不隔分毫，故人己相通，形神相入，不待言说，古今自直达也。后来见之不到，往往执滞言诠。善求者，一切放下，放下时更有何物？”[①]另一方面，他又时时关心数量庞大的乡村普通民众，立足于他们日常社会生活的实际，尽可能地利用各种小传统习俗文化资源，强调地方民间社会“和睦乡里，教训子孙”的重要，极力推动儒家一贯重视的孝悌慈一类价值的具体落实，并将其提升至天机运作一刻不容已的高度，从而创造性地与他所提倡的“赤子之心”[②]打通，不是束缚而是还原无人不具的本真人性，更重要的是以普通百姓都能接受的浅近语言，将其具化为人人共识共认必须遵守的乡规民约，活化为人间社会普遍性的伦理原则，大讲：“人生世间，谁不由于父母，谁不晓得孝顺父母？”[③]尤其在云南屯田副使任上时“释《圣谕》六条，日与吏民及士官子弟讲解，词旨恳恻，音吐洪畅。蛮人素不知教，亦感悟泣下，多改行者，一时风教大行”[④]。均明显是以普通百姓能够接受的宣教方式，从他们最能认同的固有血缘亲情秩序的强化出发，一步一步地将其转化延展为更高一层的地方社会文化秩序建构，不仅积极推动“儒学下乡”，同时也主动促使“儒学入边”，广泛深入地开展了化民成俗的儒家人文发展事业。

七、明明德于天下：民间社会秩序建构的代言人

与乡村讲学教化活动相互配合，罗汝芳还以大小传统都能接受的方式，撰写了不少传播儒家价值的重要著述。其中如《孝经宗旨》，便认为人之所以为人，社会之所以为社会，天下之所以为天下，即在于“彻骨彻髓，皆喜欢孝弟之意，即自然喜欢孝弟之人，凡言行之合于孝弟者，乐然取之，唯恐不得彼与我一、我与彼一。

---

① 李贽：《参政罗公》，《续藏书》二十二，第1491页。

② “赤子之心”无思虑，知敬知爱，能孝能悌，天然本有，罗氏讨论颇多，可谓阳明良知说的再丰富和再发挥。惜限于篇幅，故暂不赘论。

③ 罗汝芳：《宁国府乡约训语》，《近溪罗先生乡约全书》，《罗汝芳集》，方祖猷等编校整理，第752页。

④ 万斯同：《罗汝芳传》，罗汝芳：《罗汝芳集》，方祖猷等编校整理，第874页。

若合众水之派而趋下流，合众派之流而归沧海，所以天下之士多就之者，成邑、成都，天下定、天下化、天下大同也”[①]。至于《大学》——特别是内蕴于其中的“格物”说宗旨——他更认为完全可以用孟子所云“大人者，不失其赤子之心”来加以概括，如此才能更加切身地体会仁体之自然、真切和寻常普通，并不离百姓日常人伦，当下就可自觉其活泼生机。具体分析，则可说“孩提之爱亲是孝，孩提之敬兄是弟，未有学养子而嫁是慈。保赤子，又孩提爱敬之所自生者也。此个孝、弟、慈，原人人不虑而自知、人人不学而自能，亦天下万世人人不约而自同者也。今只以所自知者而为知，以所自能者而为能，则其为父子兄弟足法，而人自法之，便叫做明明德于天下，又叫做人人亲其亲长其长而天下平也。此三件事从造化中流出，从母胎中带来，遍天遍地、亘古亘今”[②]。凡此种种，均可见他是以最天然和最本真的血缘亲情为基础，以取诸身而譬之远的思想言说方式，一层一层向外延伸推扩，以便更好地建构地方社会秩序乃至天下文化秩序，最终实现“明明德于天下”的价值理想。作为一个同时重视“觉悟”与“践履”双重工夫的心学学者，立足于对人性人心及仁德良知的自信，其内心怀抱的终极政治想想，依然是“内圣”与“外王”完整、全面、合理的统一。

由此可见，罗汝芳长期出入于大小两种传统之中，一方面他“身所止处，辄弟子满座，而未尝以师自居。及门者数千人，直下承当者亦众”[③]，培养了大批引领或改变地方习俗风气的精英人物。今人以为其生命气象及工夫实践已臻“清新俊逸、通透圆熟”之境，不仅发扬了泰州学派直指高明一路的学统风格，而且颇得王阳明正宗精神统系的血脉，堪称儒家大传统绵延亘久价值的倡导者和实践者。另一方面他也能一本阳明所倡导的“亲民”思想，认为“明德亲民，必止于止善。至善也者，圣之纯伦之尽而古之极也，其惟放勋乎？‘克明俊德，以亲睦九族，平章百姓，协和万邦’焉，是明明德于天下矣。故知此者之谓‘知止’，而学此者之谓大学”[④]。因而

① 罗汝芳：《孝经宗旨》，《罗汝芳集》，方祖猷等编校整理，第433页。

② 罗汝芳：《近溪子集》，《罗汝芳集》，方祖猷等编校整理，第108—109页。

③ 杨起元：《明云南布政使司左参政明德夫子罗近溪先生墓志铭》，罗汝芳：《罗汝芳集》，方祖猷等编校整理，第924页。

④ 罗汝芳：《大学四说》，《罗明德公文集》卷三，《罗汝芳集》，方祖猷等编校整理，第586页。

长期主动以乡村民众喜闻乐见的形式或方法，开展各种“教化觉民”的讲学活动，以致“父老子弟依恋环听者万计，公即境即言，发其浑沦活泼之机，启以并生同生之天”[①]，表现出泰州学派特有的平易浅近、合理入情的学风，启发每一个体如实悟觉自己先天本有的道德心性，开展各种源自本心的秩序建构自觉活动，不妨视其为立足于民心向背维系小传统长久和睦秩序的代言人。

从长时段的历史看，罗汝芳充分整合和调动大小两种传统资源的做法，也是儒家一贯重视的历史化传统。孔子倡导“有教无类”（《论语·卫灵公》），孟子引《诗·大雅·蒸民》“天生蒸民，有物有则，民之秉夷，好是懿德”（《孟子·告子上》），以畅发其人性至善之说，均足以显示其对人性尊严及受教育权利的普遍维护和尊重。晚出的朱子也极力强调“圣贤立教通为众人言，不为一人言”[②]，表现出儒家前后一贯的立人达人乃至博施济众的人文宏愿。王阳明承前启后，更认为“学”与“道”本来就应为天下人人所共有与共享：“夫道，天下之公道也；学，天下之公学也，非朱子可得而私也，非孔子可得而私也。”[③]如果说良知的发用流行不可能不开显于日用平常之间，表现出自然、平常、普遍及易见、易知、易晓的特点，那么“良知教”和“致良知”说作为遍及一切人的生命、生活本体并与人的本真存在相应的实践工夫，必然就为任何人都不能专私垄断的普遍性“公道”“公学”奠定了哲理基础。承续阳明“致良知”本体实践之学，扫荡光景而使良知真能发用流行，时时处处关心百姓人伦日用，乃是泰州学派创立以来一贯的家风。罗氏承此家风而又发扬光大，总结或归纳其一生之学“大都指点人心，以日用现前为真机，以孝、弟、慈为实用，以敬畏天命为实功，一念不厌不倦为朝夕。家常茶饭，人人可食，何智何愚；破觚为员，言言中的，彻天彻地……尼父笺笺一脉，千百年来淤而不通者，直至先生而衍其派矣”[④]。适可见他无论当场对机施教，抑或多方开展

---

① 谭希思：《皇明理学名臣传·罗汝芳》，罗汝芳：《罗汝芳集》，方祖猷等编校整理，第853页。
② 黎靖德编：《孟子九》，《朱子语类》卷五十九，王星贤点校，中华书局1986年版，第1403页。
③ 王守仁：《传习录中》，《王文成公全书》卷二，王晓昕、赵平略点校，第97页。
④ 赵志皋：《近溪罗先生墓表》，罗汝芳：《罗汝芳集》，方祖猷等编校整理，第928—929页。标点略有改动。

乡村秩序建构活动，都是要人以默而识之的方法，随时观照或体验自身生命及宇宙生生不已的节律，做到热爱现实却不陷溺于现实，勇于超越又不违背日常情理，实际是以直接启发每一个体如实自觉自己先天本有的道德本心为根本前提，彻上彻下将一切凝滞僵硬的“死理”转化成生动流畅的“活理”。

由于罗氏调动或整合了大小传统各种积极有效的资源，开展以普遍深层人性为基础的民间大众教化及社会秩序建构活动，同时兼顾社会分层结构复杂多元的广大受众，较颜钧的施教对象仅偏重小传统而疏于大传统，可说是两头并进，共擅胜场。因此，我们当然可以将他的儒学称为具有大众特点的精英化儒学。[①] 同时由于罗氏承续和发展了泰州学派家风，始终重视百姓日用之学，并未丢失平民化儒学特有的风格或特征，不妨视为泰州学派日趋成熟发展巅峰式的人物，我们当然也可以将他的儒学称为具有精英特点的平民化儒学。譬如同为王门后学的邹元标就称他：“有目与人同，不见人过则与人异；口与人同，乐道人善则与人异。心与人同，以众人心为心；身与人同，以众人身为身。有官也，而以百姓之肥瘠为荣，勿恤于家矣；有学也，而以众人之立达为学，勿执于见矣。其尚友也，时释时玄，不废参究，一轨于大道；其论著也，圣训帝典，极其阐扬，一根于真性。谓先生有见乎？则与愚夫愚妇同体，未尝有见也。上焉者得先生眉睫间，下焉者亦欣欣化育中。以养以造，先生非吾党之元气耶？”[②] 足证他的确能上能下，早已化身为大小传统沟通的桥梁，不仅上承陆王一系的心学传统，具有传统士大夫承担天下苍生拯救责任的宗教式精神，将泰州学派数代传承和发展的学统推到了绝妙的高峰，而且更与愚夫愚妇一体同仁，表现出置身于芸芸劳苦大众之中忧乐与共的人道情怀，将儒家秩序化价值播撒在天地可以作证的普通百姓心中。其一切作为，都源自真性，发自本心，一派生机活泼，元气淋漓。既“脱略蹊径，浑无朕迹”[③]，又清逸俊

① 李贽曾有称赞罗汝芳之语云：“雪夜花朝无虚日，贤愚老幼贫病贵富无虚人，矧伊及门若此其专且久，有不能得先生之传者乎？吾不信也。”（李贽：《罗近溪先生告文》，《焚书》卷三，第125页）即可见他施教对象涉及阶层之广泛，明显具有大众化儒学的具体特征。

② 邹元标：《明大中大夫云南参政近溪罗先生墓碑》，《愿学集》卷六，文渊阁《四库全书》本。

③ 王时槐：《近溪罗先生传》，《友庆堂存稿》卷七，《王时槐集》，钱明、程海霞编校，第194页。

健，融畅圆通，不失风骨，一归于正。可谓无处不是妙道，无往不是真体，而道必生化以流行，体必敞亮以成工夫。一切本来如此，无欠无余，平常自然至极；同时又当下现成圆融，无过无不及，应机妙用无尽。其终极理想仍为儒家的“明明德于天下”，天下本来就应该是人人君子的天下。

透过以上分析已不难看出，与泰州学派其他学者一样，罗汝芳从儒家一贯重视的“亲亲”原则的自然性和情感性出发，通过他一系列的教化和秩序建构活动，力图建构一个高度道德化的乡村自治理想社会，并使其充满足以滋润普通个体生命与人伦日常生活的有情有理的感性化活力，明显区别于皇权体制内部“尊尊”原则严格化等级秩序笼罩下随时可见的暮气与僵化。尤其是将讲学劝善活动与乡规民约的制订打成一片，认为“天下”理想秩序建构的基石，其实就植根于乡村人伦社会的稳定，而在自证本心实现个体人格“独善”的同时，更要“明明德于天下”实现社会群体的“共善”，其庶民情怀及乡村热情为历来儒家学者所罕见，不能不说是极大地拓展了王学发展的民间化新空间。《明史》描述他当时的社会影响说：“搢绅之士，遗佚之老，联讲会，立书院，相望于远近。”① 而自王艮以迄罗汝芳的泰州学派学者，无论其在思想理论或讲学实践上，都既不离“百姓日用”，又极为自由活泼，表现出“为生民立命”的强烈淑世精神，无不具有敢为天下先的儒侠气概，发挥了推波助澜壮大王门阵营的重要作用，其历史地位自不应低估。罗汝芳身为儒门精英却始终保持庶民作风，虽高明而终归平实，虽平实而蕴含高明，高明与平实浑然融为一体，在泰州王门中实为弊端最少者，乃是最能沟通上层士大夫群体与下层普通社会民众的桥梁式人物。

八、理想与关怀：《罗汝芳学谱》的现实意义

寒鸣教授一生学问主要得力于自学，但由于与黄宣民先生交往甚早，受其影响颇深，情义深笃甚至超过一般师生，当视为黄门非体制化的入门弟子。黄氏乃著名学者侯外庐先生晚年的学术助手，

① 张廷玉等：《叶茂才传》，《明史》卷二百三十一，第6053页。

长期从事中国思想史的研究，协助侯先生撰写了多种学术思想史的专著。其中尤值得注意者即规模宏大的《中国思想通史》一书，侯先生安排了专章分析讨论泰州学派，[①]涉及的人物有王艮、何心隐、李贽等，均给予了极高的评价。他主要从王艮等人接近下层社会的历史事实出发，认为泰州学派虽历来被人视为“异端”，与国家正统思想权力话语格格不入，但其学仍可说是“百姓日用之学”，具有前后首尾一贯的人民性精神特征，甚至可称为早期启蒙思想的先驱。[②]黄宣民先生既在侯外庐门下，因而对王艮及泰州学派亦有深入的研究，论著见诸刊物者数量颇多。其中最值得注意者，即《颜山农先生遗集》的发现、整理、汇编和出版，使这位在当时影响颇大，而为后世所遗忘的平民儒者，尤其是他长期为人所罕知的著述及思想的完整全貌，得以凭借新的文本形式，重新走向当今现实社会，为学界所广泛知晓，从而弥补了泰州学派人物研究极为重要的一大缺环，丰富了其传衍变化脉络及思想史叙事应有的完整线索和内容。[③]

侯外庐先生及其学术传人的相关研究成果，尤其是对所谓“异端”思想的研究，引起了学术界多方面的关注。由于其成果前后相续不断涌现，又多有相同或相似的研究范式，遂赢得了侯外庐学派的美称。毫无疑问，黄宣民先生与陈寒鸣教授，无论以其合撰的《中国儒学发展史》为评判依据，抑或以已问世的多种泰州学派研究成果为衡量标准，都可说他们是这一学派发展过中崛起的人物。而寒鸣教授虽最年轻晚出，但早在弱冠即由黄宣民氏引荐，当面拜谒请益过侯外庐先生，其学问取向始终不离人本情怀，实亦因黄宣民先生之教而矢志恪守。又其相关研究成果数量已不少，治学风格明显表现出侯外庐学派的特点，因而将其置于其中加以观察，当是适宜或客观准确的。

寒鸣教授继承侯外庐、黄宣民两先生的学术传统，长期从事泰州学派的研究工作，以为儒学深入民间，进入平民阶层，不仅是士

① 侯氏之前，嵇文甫撰《左派王学》一书，已论及王艮、颜钧、何心隐、李贽等泰州学派人物，并以“平民性”来指称该派共同的旨趣特征。容肇祖的《明代思想史》也有极端平民化及极端实践化一类的说法。当一并参阅。

② 参见侯外庐主编：《中国思想通史》（第四卷下），人民出版社1960年版，第974—1002页。

③《颜山农先生遗集》的点校整理出版本题名《颜钧集》，除旧本内容得以完整保存外，尚补入不少相关诗文传记资料，并附有依据万历年间刻本《韩乐吾先生遗集》及雍正年间刻本《韩乐吾先生集》整理新编的《韩贞集》，甚有便学者。

大夫安身立命获取精神力量的专门学问，同时也是普通庶民移风易俗吸取思想资源的重要凭借。就传统中国的思想世界与历史实际而言，儒家的义理价值与百姓的生活日用，二者本来就存在高度黏合的可能，泰州学派无疑是其中最典型的一个历史例证。以“平民儒学派”的概念来加以定义或概括，显然是十分允当和妥适的。今天如果要重建符合时代需要的平民儒学，泰州学派的理论主张及社会实践活动，作为一种有用的思想遗产或文化资源，当然也是值得认真总结分析和批判继承的。

正因为如此，着眼于传统中国儒学发展的整体性传统，尤其是泰州学派身家国天下一体的理论主张及具体实践，寒鸣教授主张不仅要“接着讲”，同时更要“接着做”。所谓“接着讲”即必须在理论解释层面上消除权力运作与百姓日用之间的隔阂，而“接着做”则是在生活实践层面上真正确立现代人民大众的政治主体地位。①我们从中正可看到寒鸣教授治学的路径取向，他是以古今融合的视野来展开其思想史的客观研究的。

将泰州学派的儒学思想及其具体社会实践行为定义为“平民儒学”，显然是侯外庐先生以“人民性”来解读泰州学派理论主张及其特征的进一步发展。与庙堂儒学、士大夫儒学、经典儒学不同，平民儒学明显具有大众化、通俗化的特点。按照寒鸣教授的概括，其具体特征主要有五：（一）传道对象大众化；（二）儒学理论的简易化与儒学经典的通俗化；（三）心性工夫的自然化；（四）传道活动的神秘化；（五）社会理想的道德化。这些归纳是否全都正确合理，尚可进一步商榷讨论。例如，心学作一个特殊儒学传承系统，必然涉及内在心灵存在状态的调整与外在社会化的工夫实践等诸多问题，故在内即为密法，在外则为显法。然而显密无间，体用一源，二者本来一体，工夫到处，即可自知，未必能够完全付诸言诠，实为传统心学的普遍特征，其实并无什么神秘，更少见有人有意将其神秘化。只是从宏观整体或“理想型”的归纳上看，上述概括或总结仍是允当合理的。而从孔子的“吾少也贱，故多能鄙事”（《论语·子

① 参见刘伟、陈寒鸣：《现代平民儒学的“接着讲”与“接着做”》，《衡水学院学报》2021年第3期。

罕》）到王阳明提出良知说而使“愚夫愚妇咸可循之入道”[①]，再从王阳明提出良知说而使“愚夫愚妇咸可循之入道”到王艮的“百姓日用之道”，最后从王艮的“百姓日用之道”到罗汝芳的“捧茶童子却是道”[②]，除了儒学逐步由民间走进庙堂，为官僚集团或知识精英所垄断，乃至上升为国家意识形态的权力话语系统，形成了一条升降起伏、曲折多变的官学化历史发展主线外，尚另有一条从庙堂逐步走向民间，由经院通过中间媒介缓慢转入大众，最终催生出因应百姓需要而日愈通俗化、大众化的民间化历史发展辅线。侯外庐先生的研究显然已注意到这条辅线，他的思想史著述从表彰孔子的平民教育开始，便极力想梳理出一条与“人民性”或“异端”思想有关的历史发展线索，便说明他已有了明确的方法论自觉意识。只是在我看来主线与辅线未必就冲突矛盾，它们往往在更多的时候能够相辅相成。譬如泰州学派学者在化民成俗即政治与文化结合推广与国家行为有关的乡村治理的同时，大传统与小传统的民间化交流互动与融突整合也在经由各种渠道不断延伸和展开。主线与辅线交叉互考，才能反映整个明代思想运动的全貌。寒鸣教授的大量研究成果也清楚提示我们：只有思想与社会结合顾及全面的研究，才能更好地反映儒学发展的完整性历史图景。

阳明后学的变动分化至繁至杂，泰州学派由于侯外庐学派的重视，研究成果层累式的积淀增多。然而即使侯先生的《中国思想通史》给予泰州学派很大的介绍篇幅，像罗汝芳这样重要的心学思想人物，却基本没有文字涉及。其他如谢无量撰《中国哲学史》，论及“王门诸子”时，亦仅简单言及王畿、王艮、邹守益、杨东明等少数几人，其余则出以统括隐约之笔，称“王学后流于禅，如罗念庵、颜山农、梁心隐、罗汝芳之徒，尤其甚者也，陈陈相因，殆无足述，因从略焉”[③]。不仅所言依稀恍惚，定位亦极不准确。而劳思光《中国哲学史》论及泰州学派学人，亦仅关注王艮而同样忽略了罗汝芳。或许正是有鉴于此，寒鸣教授乃广采博搜罗氏各种思想文献资料，按照以事系年的方法逐年排比类次，不仅谱主一生学思历程尽在卷

---

① 李颙：《体用全学·明体类》，《二曲集》卷七，陈俊民点校，第49页。

② 黄宗羲：《参政罗近溪先生汝芳》，《明儒学案》卷三十四，沈芝盈点校，第773页。

③ 谢无量：《中国哲学史》，《谢无量文集》（第2卷），第462页。

中，而且亦颇得传统谱牒学知人论世叙事学之长，诚可谓罗氏学术思想之功臣，甚有裨于泰州学派之深入研究。

我读寒鸣教授之书既竟，殊感受益颇多，以为是书之梓行问世，必能嘉惠士林。青年朋友如能取此书与程玉瑛之《晚明被遗忘的思想家：罗汝芳诗文事迹编年》、吴震之《罗汝芳评传》、罗伽禄之《一代思想大师罗汝芳》，同置案头，时时比较对读，收效必更深更巨。而泰州学派学术思想及工夫实践之创造性重新诠释，亦必因此书之出版发行而多得一重现实助缘。至于如何了解、把握和继承传统平民儒学的丰厚遗产，从而推动其朝着现代性的合理方向转换或发展，乃至能够具化为活生生的人文事实，并为制度的良性安排提供必要的借鉴资源，则是蓄积在寒鸣教授心中而有待共同解决的时代问题。我屡受其请而勉力撰成此序，亦望世之君子读其书而知其意焉。

余论

传统心学的现代开展

良知：人生与社会的天则明师

——传统心学思想的现代性新开展

良知乃人的生命存在不可须臾或缺的活泼机藏，亦为世俗人类能在超验与经验两大场域中有所作为的天植灵根。离开了良知即意味着我们窒息了活泼机藏，封闭了天植灵根，不仅人的存在毫无意义，社会生活一片黑暗，即宇宙天地亦将灭绝生机，出现缝隙裂痕。因此，重新呼唤良知在社会生活中的到场显现，重新展示良知无障无碍流行发用的绝对主体性精神，本质上就是重返人的固有生命真实，恢复人性本有的创造活力，维护人的存在尊严，实现人的价值潜能。斯义甚巨且大，故乃有此文之作。

一、良知为人生社会的天则明师

至少一个多世纪以来，良知教不仅在学校教育中缺位，而且也在社会生活中隐遁，已是大家长期习焉不察的普遍现象。我们知道有这样那样的分科分目的老师，我们都希望拜在名师门下求学，甚至政府也在树立道德模范，希望通过道德模范的宣传来影响和转移社会风气，但我们却遗忘了人人都天然拥有的且内在于心性之中的一位最好的老师——“天则明师”——良知，遗忘了依据我们的“天则明师”的绝对律命做出的行为才是真正的道德行为，遗忘了“天则明师”的存在才是人之所以为人的先验存在根据，遗忘了按照“天则明师”的旨意做出的选择才是最真实最本然的选择，遗忘了让“天则明师”恢复其应有的正位才能获得真正的主体自由。现代中国教育的失败乃是多方面的原因造成的，但良知教的缺位或隐遁无疑也是值得我们反思的一大历史原因。

提到“天师明师”和良知教，我们就会想到王阳明，就会想到龙场悟道，就会想到一群宵小对一位哲人的迫害，就想到哲人面对生死困境的生命沉思，就会想到哲人在黑暗现实中的挺拔和超越，就会想到哲人在受辱蒙垢的情况下仍对人性的光明面充满了信心，就会想到哲人在沉沦的世界中的惊天动地的良知呼唤，就会想到哲人即使身后也会遭到凡俗庸众的误读误解，就会想到哲人在现代社会消失退隐后的悲凉和无奈。

哲人消失退隐后的悲凉和无奈，当然在古代社会也时有发生，如明代高僧藕益智旭大师便明确宣称：“近代传孔颜心法者，惟阳明先生一人；传佛祖心法者，惟紫柏大师一人。旭生也晚，习儒时，不得亲炙阳明；后学佛，不得躬承紫柏。所以虽于儒释源流，略窥一线，知与世谛流布之理学禅机，迥然不同，而障厚慧弱，福薄习强，遂尔半生误于虚名，罔臻实诣。”[1]与蕅益大师相较，我们今天当然更生活在一个无哲人的时代，或者说是生活在一个后哲人的时代，众声喧哗，全是凡庸的声音，而所谓“障厚慧弱”“罔臻实诣”者，更百倍千倍于蕅益大师所感者，时代的悲凉与无奈岂能不油然而生？

蕅益大师于佛教则推崇紫柏，紫柏与蕅益一样，均为明代著名高僧，影响后世甚深，其事迹可暂且不论；而儒家人物中，他最为看重者，即比他稍早的王阳明，原因是在他看来，王阳明颇得孔颜心法，故生无限向往之情，颇以不能亲炙为憾。蕅益大师非儒门内人物，评价反而相对客观。可见良知学说，不仅是对治时代弊病的良方，而且也是孔颜心法的发扬，值得我们重返自己的心性，再思再认人类自我拯救的路径。

更明白地说，尽管我们生活在一个后哲人的时代，后哲人的时代必然让人悲凉与无奈，但只要孔子所说的“仁”，颜回所体会的“乐”，孟子所强调的“义”，朱熹所提倡的“理”，王阳明所揭示的“良知”，其真实精神或实质涵义仍长存于天壤之间，人类社会就有希望，哲人就可能重新出现，悲凉就是暂时的心境，无奈也是偶然的现象。这就是为什么我们提倡良知教重返社会与校园的原因，无论“仁”“乐”“义”“理”“良知”，都不应该是外在于我们生命存在的“他物”。

二、沟通先验与经验两重世界

以良知为“天则明师”，即是说价值的本源实则植根于我们的心性，既有着先验的形上的超越的来源，也可以转化为经验的形下的行动的事实。良知根源于最深层、最微妙的人性，又可通过心的能动运作而外显，不能不是天理的心灵化表达，当然也是天德的肉身化展开，同时更是天命的行动化落实。而人的生命亦在此过

---

① 蕅益：《赠石淙掩关礼忏占轮相序》，《灵峰宗论》，曹越主编：《明清四大高僧文集》，孔宏点校，第377页。

程——由“天”而“人”或由“人”而“天”的不断循环往复互动过程——与天理、天德、天命合一，获得终极性的意义与价值，步入天人合一的真实性的圣域。

以良知为“天则明师”，当然就能凭借直观的智慧，告诉我们什么是真实和不真实，什么是应该和不应该。“明师”既能在人的理性活动中呈现自己的存在，化为生命行动或生活实践的灵活指南；也能以情感的形式升华我们的实存感受，透过善的向度消弭一切人间隔阂，获得价值源源滚滚沛然涌出的体验愉悦，在生命的乐境中展示自己的存在，成为人生态度及人间事务的基本律则。良知的根源在天地宇宙，良知之知即是天地宇宙之知，但良知之知的活动本质上仍是人的切身性活动，必须经过人的活动而与现象界发生关联。因此，良知教作为“天则明师”示现和引导人生实现自身价值的活动过程，显然也是天理、天德、天命与人的实存生命浃然合为一体的成己之学的过程。

但良知与良知教，如果不徒玩弄光影，不执着于文字表相，如果重新回到王阳明生死困厄的苦难处境，与古人同发于一境界，就不难发现它是何等的动心忍性的修持工夫才得出的人性结论，是何等的实存体悟的工夫才从心性中流淌出来的生命言说。良知及良知教学说，真可说是千古永存，不因时间有过去、现在、未来而改变，不因地域有东、西、南、北而消失。人不能没有良知，人必须有良知，因为良知是先天的、先验的，是天植灵根且内具于人性之中的。也就是说，生命存在，良知就存在。没有先天本然的良知存在，人便不能成为真正意义上的人，就完全丧失了完成自己德性生命和文化生命的可能。良知不思而能，不虑而知，乃是人与动物的一大根本性区别。良知一旦泯灭或丧丢，人就变成非人，人就退堕为动物，可见良知乃是人的真实存在依据，而良知教就是要使人成为真正意义上的人——不仅凭借内观了解广袤精神世界的先验超越来源，更要依据行动将其转化为人间充满温情的可靠经验事实。

但是，良知尽管为先天的存有，可称为先验的形上本体，乃是含藏着理性、充满着情感的心灵的永恒法则，却可以转化为后天的行为，能够通过“事上磨练”的工夫变化人的气质，升华人的存在状态，见证生命意义和价值的现实到场。凭借良知虽沉默却大声地呼唤，依据良知教所要求的生命实践的精义，能够唤醒我们最深层的善良意识，并透过善良意识过滤了的智慧直觉来认识人人皆有的真实人性。这就是儒家一贯重视的尽心知性的工夫，也是良知教之所以必要和必需的一大前提。由于良知教可以外显为客观的经验事实，良知教的要义即在于生命的磨试与道德的实践，因而它本身也是我们展开社会批判的价值活泉，积极从事人间秩序建构活动的力量来源。所以依据良知所开启的精神天地，一方面我们可以步入形上的境域，领悟不证自明的生命的神圣本源，获得单凭理性思辨根本就无从获得的人性形上学答案，体悟只有在智慧直觉的光明内照下才能如实证取的真知；一方面我们也能够据此踏进经验的世界，看到人间现实社会中各种善意的关怀，危难的帮助，绝境的安慰，厄困的解救，而一切人间的温情善意，都足以提示我们良知的存在，告诉我们“人之超然万物之上，而最为天下贵”①的结论的可靠正确。

由此可见，良知既能沟通先验与经验两重世界，也具有先验与经验两重性格。一方面良知乃是形上的、精神的、心灵的，源于最深层的人性的内部，属于不可说的范畴；一方面良知又不能不是实践的、行动的、存在的，可以外化为社会的现象，属于可以言说的范畴。因此，良知的存在是先天自明的，它的存在及其起用流行既毋须依赖也不必脱离外部经验的存在，根本就超越于权力世界之上，挺拔于功利市场之外，不仅不为权力世界和功利世界所左右，反而是权力世界与功利世界最强大的批判资源，是一切社会政治文化行为正当性的审理依据。而推行良知教的目的，即是打通先验与经验两重世界，避免经验与超验两重世界的割裂，既维护人的存在本有的庄严与神圣，也将生命的潜能转化为现实的意义与价值。

三、对治社会与时代的病症

先天自明的良知，乃是一切道德活动的本体论来源，也是一切社会建构活动的正当性来源。良知虽隐蔽而能外显，虽外显而又隐蔽。尽管是个人的心灵的语言和召唤，但也可以转化为社会的公共

---

① 董仲舒：《天地阴阳》，《春秋繁露》卷十七，上海古籍出版社1989年版，第99页。

的语言和召唤，是人之所以为人的灵性根据，是人人都有的天植灵根，是发潜道之幽光的最伟大的生命美感示范，是天壤间永不朽坏的生命种子，是人类社会最需要珍惜护守的创造性力量，是人与人之间交往与沟通最活泼的情义触媒。离开了代表心性的虚明灵觉的良知的即体即用的活动，人类的一切才情艺术和哲学文化创造活动便都无从谈起。

然而，现实世界人性的扭曲、沉沦和堕落，却导致我们丢失了本有的良知，造成了生命的异化，产生了人与人之间的疏离。人不再向往价值理想，却长于工具理性计算，面对强大的体制与市场，感受到的只是自己的空虚和无力。而一旦人人都将工具理性奉为至上，人人都以工具理性为处世原则，人就难免不会多疑、猜忌、放纵、享乐，虽精于得失多寡的计算，却失去了根本就无法计算的生活意义。享乐的机会膨胀放大，固有的天性则枯萎蔫缩。人只能逃避自己，却不敢面对自己，既丧失了本属自己的主体性，也泯灭了与主体同在的生命自由。而主体性的自由一旦丧失，创造性的活力也就随之枯萎，不但个人生命会感到窒息，即社会国家也必然一派死寂。

更为严重的是，现代社会恰恰凭借消费市场的扩大，娱乐方式的增加，为人们提供了更多的逃避责任的空间，依靠物质繁荣的假象掩盖了精神贫困的真相。而现代教育之所以失败，也恰恰是只有知识灌输、技能训练，却缺乏人格教育、生命提升。既无个人心性体贴和良知肯认的工夫，当然就谈不上人与人之间的感通互助。人一方面不能不防范他人，变得贪婪、狂傲、乖暴、轻浮，一方面也封闭了自己，变得冷酷、自私、麻木、阴鸷。古人肝胆相照、气贯日月的侠义精神，现代社会是很难看得到了。诚如萨特所说，他人不仅是激烈竞争的对手，他人也是必须防范的地狱。地狱埋葬的非仅是实存的自我，更是生命在世不可或缺的意义和价值。颓废与虚无弥天盖地，欺骗与假言无处不在，这显然是现代教育的最大失败，不仅暴露了社会的病相，也造成了时代的不幸。

因此，为了匡正文化的价值发展方向，为了改变现代人生的不幸，为了对治时代社会的病症，我们显然大有必要重新开出现代性的良知教，让良知教重返人生，重返家庭，重返校园，重返社会，并内化为活的人格形态，具化为活的生活内容。试想人一旦泯灭了良知，心灵只是一片黑暗，社会则必然充满戾气，国家亦将遍布乱像，不仅人与人之间会横生隔阂，即人与世界之间也会出现断裂。人有如一堆碎片，完全成为无灵性的行尸走肉；世界也将一片荒芜，完全退堕为率兽食人的丛林。所以恢复源自本心的良知教，就是恢复人与人之间的真诚、信任、坦荡与关怀，维护人的尊严、庄重、高贵和荣耀，让人重新回归生命的意义世界和价值世界，让良知的阳光雨露重新洒满人间大地，滋润一切蓬勃发展的创造性生命和存在。

四、良知必须参与历史文化的创造活动

面对今天的时代困境，寻找人类的未来希望，重提良知学说，恢复良知教育，让良知教重新进入家庭、校园和社会，从积极方面说，就是要恢复人的主体性自由，维护人的尊严，重现人的自性光明，回归人的真实生命，实现人的真实价值；从消极方面看，则是要改变人的不自由状态，打破人的封闭，化除人的桎梏，消解人的私欲偏见，对治人的存在迷惑。良知教即是人性之教，人格之教，生命之教，行动之教，必须做到知行合行，在行动中见证真理，在行动中体悟真实，在行动中领悟意义，在行动中实现价值，与一切虚假天然对立，与一切异化决然冲突，与一切丑恶势同冰炭，与一切污浊天壤判别。

良知作为本心本性的灵明觉知，当然也是求真、求善、求美的自觉心或认知心，是成全自己也成全别人的动力源泉，是人与人之间往来沟通的情义温暖，是人能够反省自己并通过反省不断提升精神境界的本体论依据，是人能对是非善恶进行判断辨识并展开批判的生命原则，是人可与日月争辉的既内在又超越的存在论源泉，是去弊兴利挽狂澜于既倒的救世悲愿，是文化生命机体虽百死千难仍能绵延传承的一线活脉。因此，良知只能呈现，只能到场，不能坎陷，不能遮蔽。良知所提供的价值应成为社会生活主导的价值，良知教也应成为第一义的安身立命的根本之教。

大家知道，存在不只是虚无的空壳，不只是肉体的外在的存在，不是萨特所谓的无用的激情。存在有自己深刻的人性内蕴，有自己意义涌现的内在本体来源，有自己内外打通无限开阔包容的天地。

根据人的不同的存在选择，人既可以堕入污潭，走上自我欺瞒的虚假化道路，也能够不断超拔，踏上返归本心本性的真实化道路。

一如缺少了文化，社会就会退堕为沙漠一样，丧失了良知，人也会还原为野兽。因此，我从来都不赞成牟宗三先生“良知坎陷”的说法，因为“良知坎陷”就意味着人的异化，社会的败坏，生活世界的冷酷，意义世界的坍塌。良知坎陷即为生命灵性的汩没，只会造成生命的封闭，难以滋生任何真实的知识与价值，实为人生的大不幸、存在的大痛苦，不但动摇了第一义的良知教的立根基础，而且也破坏了社会秩序赖以存在的伦理原则。

从更深的层次看，良知运作的状态不仅与我们的心灵秩序本来一致，同时也与我们存在的秩序密契应合。良知、心灵与存在的状态或方式具有同构的关系，良知语言、心灵语言、存在语言也不可能成为相互脱节的系统。良知活动是先验与经验的统一，形上与形下的统一，本体与实践的统一，人格与存在的统一，代表了生命的创造性本质，展示了生生之道的活泼风姿，体现了存在的和谐性真实，见证了主体自由的人格化实现。[①]失去了良知的存在只能是内外一片黑暗，不仅心灵锁闭在身体的黑漆桶子中，而且世界亦为黑暗所吞噬，人生在举目茫茫中，只能像孤魂一样随风飘荡，既无法贞定自己的生命，也失去了创造的可能。

更直截地说，欲望、私利、冲动和贪婪的意象，既有可能遮蔽心性中的良知准则，也有可能搅乱头脑中的理性清澈，不仅会导致生命意义的迷失，而且也将造成认知方向的错乱。心性离不开价值，大脑不能乖悖理性，社会不能抽空秩序。而良知即意味着价值，理性即表征着秩序，秩序必须以价值的方式来加以滋润。所以良知不仅不能坎陷，反而必须呈现升华。

特别重要的是，我们必须依据良知重建社会生活不可或缺的批判精神传统，即以良知为主脑来引导现代科学的发展方向，以良知为主脑来匡正现代民主的弊病。无论科学或民主，都不能缺乏良知的到场。如果良知不参与历史文化的创造活动，历史文化能不崩溃吗？社会能不解体吗？国家能不衰败吗？良知缺位的世界只能是一

① 参见张新民：《探寻精神生命的终极安顿——王阳明“良知”与“致良知”学说》，《王阳明国际学术讨论会论文集》，贵州教育出版社1997年版。

个毫无生气的退堕的小人世界，而不可能是一个充满行健自强生气的君子世界。因此，我们要重建可以屹立于世界之林的华夏文化，就必须重建具有创性活力的君子形态的华夏文化，重建良知活泼发用的礼仪之邦形态的华夏文化。没有良知参与其中的无道德的世界，只能是丛林莽野般野蛮蒙昧的世界：谈何礼仪，谈何文化，谈何传统，谈何社会！所以，我一有机会就要大声疾呼，我们必须让良知教重新发挥涵化人生、滋润社会的功能，让多元化的精神教育成为第一义的教育。[①]我们必须重建君子形态的中国文明，重建良知形态的华夏文化。人类应成为相互关爱的人类，以良知来交往的人类。而作为个体生命的良知，也应该成为社会性的集体良知，没有良知就没有生命存在的意义！

五、良知教是大圆融教

面对工具理性一脉偏大的现代功利社会，致良知和良知教的展开实现并非容易之事。然而无论良知说或良知教，都不仅是一种解释的理论，更是一种实践的哲学。也就是说，即使是解释的理论的向度，也必须踏上实践行动的路途，将人导入终极性的善的价值境域，获得具体性的主体自由和存在真实。因此，同当年的王阳明一样，我们今天也有必要大力提倡知行合一。而将良知本体之善活化为生活实践之善，则是我们提倡知行合一说的一大基本出发点。

从根本上说，恢复良知教的意义即在于致良知，致良知的目的则在于人类整体的“至善”。因为良知的创造性活动不能不有实践的环节，人类只有在道德的实践过程中才能完成自己与天理、天德、天命合一的“至善”。致良知即是创造意义和价值的生命实践的行为，是作为本体的本心本性的展开、实现和完成的生命的实践过程。[②] 如同天地流行发用的创生性力量能够使万物活泼畅遂地生长一样，良知流行发用的创造性力量也可以让每一个人活泼畅遂地成长。可见知行合一说的根本要义，着眼处仍在与天地相通的价

---

① 参见张新民：《多元化的精神教育应成为第一义的教育——就传统心学的现代意义答客问》，《阅江学刊》2010年第6期。

② 参见张新民：《生命行动的哲学——论王阳明的知行合一说》，《中国哲学》1997年第7期。

值经验感的获得，心灵遂在饱满和谐的状态中焕发出最大的创造力量，人类亦因此而有健康、全面、长足的发展。

知行的统一本身即是身心的统一和创造的表现，[①]必须通过“事上磨练”的工夫，将知与行以统一的方式，完整全面地整合到我们的生命结构和生活结构之中，使“行”成为有价值理想导向和至善目的诉求的正义之“行”，而“知”亦成为可见诸行事并获得实践性经验意义的“知”。知与行不断展开对话式的良性循环互动，从而真正挖掘或开拓人生价值意义体验的深度或广度，既是创造性的活力永不枯竭的前提保障，也是人生实现和完善自己必须经历的命运考量。而良知教的推行与落实，显然也是为了确保知与行的统一，不仅要避免知与行分裂所造成的人生痛苦，同时也要尽量减少知与行脱节所滋生的社会弊端。

从知行合一的角度看良知说与良知教，则可说良知说是大圆融说，良知教是大圆融教。因为知行合一的目的性诉求，决不允许“知”与“行”分裂成两个世界，也拒绝一切欺瞒的言说和盲目的行为。无论“知”或“行”，都必须以良知为本体，都必须照耀在良知的阳光下，都应该透过“至善”的境域，获得完整的统一性整合，不仅良知得以流行发用而无碍，即人生亦因此而满合创造性的生机，诚可谓先天而天弗违，后天而奉天时。如阳明子所说：“只是随顺良知之发用，天地万物，俱在我良知的发用流行中，何尝有一物起于良知之外能作障碍。”[②]如此则大圆融教既成，人生亦臻于至善之境。

六、守住寂寞与孤独的边缘

然而稍加审视，即不难发现，市场主义取向的现实社会所呈现给我们的，乃是大量知行不一的恶劣习气和社会现象。尤其自20世纪初叶以来，由于激进主义的思潮一浪高过一浪，传统精英文化遭到了彻底的扫荡，中心与边缘发生了巨大的错置性颠覆，我们已失去了固有的“道不远人”的人文主义的传统，失去了具有凝摄力和

① 成中英：《论王阳明心学之“知行合一”》，张明译，《阳明学刊》2011年第5辑。
② 王守仁：《传习录下》，《王阳明全集》卷三，吴光等编校，第117页。

向心力的文化认同力量。尽管向上提升的大门依然向每一个人敞开，但堕落下坠的陷机也遍藏大地。因此，如果要真正恢复良知教，并透过良知教对宇宙人生的奥秘有一彻底的了解，就必须一方面在人性的本体论问题上怀抱乐观的自信态度，透彻地看到每一个体的心性本体都内蕴着良知的无尽活泼机藏，都有实现和完善自己的先天人性条和后天现实可能；一方面又在人性的实践论问题上采取忧患的致思取向，清醒地看到现实人生和现实社会的不完善或不完美，了解“事上磨练”的艰难困苦和复杂诡谲。也正是在这一意义上，我多年来始终强调，越是怀抱价值理想，就越应该以守道、行道为己任，就越应该正视社会的邪恶、病态和弊端，明悉历史文化发展的反复、多变、吊诡和曲折。概括地说，即乐观而不失于肤浅，始终看到人人都不能不面对堕陷的向下门的吞噬异化力量的考验；忧患而不动摇希望，始终坚信人人都可透过超越的向上门助成人生或社会的美好和完善。现实社会总是道魔消长，善恶夹杂。而孔子修《春秋》，凭借褒贬笔法，以微言示大义，为千秋留炯戒，无论知我罪我，是毁是誉，均一概超越，其所展示出来的，恰好正是乐观与忧患合为一体的历史智慧，以及敢于正视一切负面历史经验并善于将其转化为人间正面秩序建构力量的批判精神。所谓“将顺其美，匡救其恶，故上下能相亲也”（《史记·管晏列传》），则不但要顺百姓民风之美，更要匡权力世界之恶。故“顺美”者不能不“匡恶”，而只有“匡恶”才能“顺美”，历史批判的目的乃是要开辟现实发展的方向，谁也不能躲脱历史的批判，除非他根本就没有进入历史。所以君子风骨人格的一大衡量标准，中国文化从来认为救过即是“正”，匡恶方为“忠”；反之，从人之过便是“邪”，顺之恶则为“佞”。正与邪不能两立，忠和佞也不许淆混。历史批判植根于华夏民族久远深厚的传统，它应该转化为制度性的建构，从而真正发挥权力监督的作用，让权力世界永远受到历史批判的震慑。

由此可见，儒家对人性本体及其现实表现的洞察，乃是极为深刻和十分实际的。一方面，儒家始终强调必须以尽心知性的生命实践工夫，切己切身地体贴人性本然的懿美醇善，长期提倡并积极坚持返求诸己的“复性”工夫；另一方面，儒家也以我不济世谁济世的精神勇猛直面现实社会与现实人生的各种问题，严格剖析和批判各种社会弊端和人生病相，敢于以道抗势或以道驭势，积极参与一切符合价值理想的秩序建构工作。良知说与良知教乃是既救心又救世的学问体系。从救心的角度看，它对人性体贴的深刻超过了任何西方学说，可说是有大根大本的心性系统学说；从救世的立场说，它对世俗的悲苦从来都有极为深刻的同情性了解，总是表现出一种济世安民的宗教情怀，对现实政治的批判也积累了大量的经验资源。

以过往的历史为今天现实的参照，置身于以效率为中心的工具理性的主流文化大潮，如果真要坚持价值理想，就必须甘于边缘；面对放纵主义的市场原则，倘若真要固守人格情操，亦必须安于孤寂。“应然”与“必然”能够统一固然很好，因为天下有道本来就是良知教的愿望，促使“应然”变成“必然”亦为君子的责任；唯“应然”与“必然”一旦分裂，良知教所要选择者则为“应然”而非“必然”，因为君子所从者只是“道”而非“势”。纵使天下滔滔，所守者亦为“道”。

因此，一旦听从内在良知的严肃召唤，肩负天命下贯的时代责任，则良知边缘，自己亦甘愿边缘；良知孤寂，自己亦宁可孤寂。即便困难重重，乃至未来一无收获，根本就看不到人类的希望，也必须守护好自己的良知和人格情操，维护好亘古亘今永在的“道”。

今天，良知在无道德的冰冷的世界中早已边缘，良知在昏沉麻木的恶浊世界中格外孤寂，但良知仍然能在冰天雪地的世界中为我们带来一丝春天的信息，在冷酷算计的社会中为我们递送一丝人间的温暖。因此，我们心甘情愿地守住自己的边缘，坦然自在地接受生命的孤寂。我们深切地知道，尽管人类危机积久深重，社会病相触目惊心，思想无出路，前程无希望，生命无意义，存在无价值，但只要天植灵根尚在，天地生机获存，人心仍有所不满，人心尚在思变，则现实必变，社会必变。天地变化，草木必蕃。天地大道既然如此，社会人生又何能例外。

心灵是一切创造性活动扎根的原型家园，也是良知教得以成立的本体基础。只要美好的心灵尚在，良知的呼唤犹存，生命就有意义，主体就有自由，人间就有温暖，社会就有生气，人类就有希望，世界就有前途。

参考文献

一、古籍类

王守仁:《王阳明全集》，吴光等编校，上海古籍出版社1992年版。

王畿:《王畿集》，吴震编校整理，凤凰出版社2007年版。

邹守益:《邹守益集》，董平编校整理，凤凰出版社2007年版。

欧阳德:《欧阳德集》，陈永革编校整理，凤凰出版社2007年版。

聂豹:《聂豹集》，吴可为编校整理，凤凰出版社2007年版。

罗洪先:《罗洪先集》，徐儒宗编校整理，凤凰出版社2007年版。

罗汝芳:《罗汝芳集》，方祖猷、梁一群、李庆龙等编校整理，凤凰出版社2007年版。

徐爱、钱德洪、董沄:《徐爱　钱德洪　董沄集》，钱明编校整理，凤凰出版社2007年版。

王时槐:《王时槐集》，钱明、程海霞编校，上海古籍出版社2015年版。

黄绾:《黄绾集》，张宏敏编校，上海古籍出版社2014年版。

胡直:《胡直集》，张昭炜编校，上海古籍出版社2015年版。

耿定向:《耿定向集》，傅秋涛点校，华东师范大学出版社2015年版。

颜钧:《颜钧集》，黄宣民校点，中国社会科学出版社1996年版。

朱熹:《四书章句集注》，陈立校点，辽宁教育出版社1998年版。

黄宗羲:《明儒学案》，沈芝盈点校，中华书局2008年版。

黄宗羲原著，全祖望补修:《宋元学案》，陈金生、梁运华点校，中华书局1986年版。

张载:《张载集》，章锡琛点校，中华书局1978年版。

陆九渊:《陆九渊集》，钟哲点校，中华书局1980年版。

程颢、程颐:《二程集》，王孝鱼点校，中华书局1981年版。

黎靖德编:《朱子语类》，王星贤点校，中华书局1986年版。

王艮:《王心斋全集》，陈祝生等校点，江苏教育出版社2001年版。

张廷玉等:《明史》，中华书局1974年版。

戴震:《戴震全书》，杨应芹、诸伟奇主编，黄山书社2009年版。

永瑢等:《四库全书总目》，中华书局1965年版。

焦循:《孟子正义》，沈文倬点校，中华书局1987年版。

刘宗周:《刘宗周全集》，吴光主编，浙江古籍出版社2012年版。

黄侃点校:《黄侃手批白文十三经》,上海古籍出版社1983年版。

阮元校刻:《十三经注疏》,中华书局1982版。

段玉裁:《经韵楼集》,钟敬华校点,上海古籍出版社2008年版。

王士性:《广志绎》,吕景琳点校,中华书局1997年版。

焦竑:《澹园集》,李剑雄点校,中华书局1999年版。

陈弘谋:《五种遗规》,苏丽娟点校,凤凰出版社2016年版。

陈鑫、杨传庆整理:《严修集》,中华书局2019年版。

欧阳修:《欧阳修全集》,李逸安点校,中华书局2001年版。

莫友芝:《莫友芝全集》,张剑、张燕婴整理,中华书局2017年版。

王阳明:《新刊阳明先生文录续编》,张新民审定,孔学堂书局2020年版。

顾文彬、孔广陶:《过云楼书画记•岳雪楼书画录》,柳向春校点,上海古籍出版社2011版。

邵懿辰:《半岩庐遗集》,清光绪三十四年邵章刻本。

陈田辑:《明诗纪事》,商务印书馆1936年版。

黎庶昌:《黎庶昌全集》,黎铎、龙先绪点校,上海古籍出版社2015年版。

龚晓康、赵永刚主编:《王阳明年谱辑存》,龚晓康等点校,贵州大学出版社2018年版。

丘禾实:《循陔园集》,明万历四十一年刻本。

孙应鳌:《孙山甫督学文集》,赵广升点校,张新民审订,《黔南丛书》(第七辑),贵州人民出版社2015年版。

孙应鳌:《孙应鳌全集》,赵广升编校整理,贵州民族出版社2016年版。

李独清:《洁园集》,云南人民出版社2013年版。

文庆、李宗昉等纂修:《钦定国子监志》,郭亚南等点校,北京古籍出版社2000年版。

谈迁:《国榷》,张宗祥点校,中华书局1958年版。

顾炎武著,黄汝成集释:《日知录集释》,岳麓书社1994年版。

张居正:《张太岳集》,上海古籍出版社1984年版。

何心隐:《何心隐集》,容肇祖整理,中华书局1960年版。

骆问礼:《万一楼集》,清嘉庆年间活字本。

方以智:《方以智全书》,黄得宽、诸伟奇主编,黄山书社2019

年版。

李颙：《二曲集》，陈俊民点校，中华书局1996年版。

王重民：《中国善本书提要》，上海古籍出版社1983年版。

刘知幾：《史通笺注》，张振珮笺注，贵州人民出版社1985年版。

邹德涵：《邹聚所先生文集》，南京图书馆藏明万历年间邹衮、邹衮刻本。

刘伯燮：《鹤鸣集》，明万历十四年郑懋洵刻本。

冒广生：《冒鹤亭词曲论文集》，冒怀辛整理，上海古籍出版社1992年版。

马振彪遗著：《周易学说》，张善文整理，花城出版社2002年版。

《东林书院志》整理委员会整理：《东林书院志》，中华书局2004年版。

薛瑄：《读书录》，山东友谊书社1991年版。

周汝登：《周汝登集》，张梦新、张卫中点校，浙江古籍出版社2015年版。

施闰章：《施愚山集》，何庆善、杨应芹校点，黄山书社2018年版。

张怡：《玉光剑气集》，魏连科点校，中华书局2006年版。

董仲舒：《春秋繁露》，上海古籍出版社1989年版。

二、地方志

郭子章：《黔记》，赵平略点校，西南交通大学出版社2016年版。

罗绕典：《黔南识略·黔南职方纪略》，杜文铎等点校，贵州人民出版社1992年版。

谢东山删正，张道编集：嘉靖《贵州通志》，张祥光等点校，贵州人民出版社2015年版。

田雯：《黔书·续黔书·黔记·黔语》，罗书勤等点校，贵州人民出版社1992年版。

周作楫辑，朱德璲刊：道光《贵阳府志》，贵州人民出版社2005年版。

王耒贤、许一德修纂：万历《贵州通志》，黄富源点校，贵州大学出版社2010年版。

蒋旭修，陈金珏纂：《蒙化府志》，清康熙三十七年刻本。

乾隆《贵州通志》，清乾隆六年刻嘉庆修补本。

贵阳市志编纂委员会编：《贵阳市志·文物志》，贵州人民出版社1993年版。

沈庠删正，赵瓒编集：《贵州图经新志》，张祥光点校，贵州人民出版社2015年版。

谢圣纶辑：《滇黔志略》，古永继点校，杨庭硕审定，贵州人民出版社2008年版。

贵州省文史研究馆编：《续黔南丛书》（第二辑），张祥光、郎启飞点校，贵州人民出版社2012年版。

陈法：《易笺》，《黔南丛书》（第一辑），顾久点校，贵州人民出版社2010年。

三、研究著作

陈寅恪：《金明馆丛稿二编》，上海古籍出版社1980年版。

张君劢：《王学之衰落与日本阳明学之兴起》，中国人民大学出版社2006年版。

汤用彤：《理学·佛学·玄学》，北京大学出版社1991年版。

陈垣：《明季滇黔佛教考》，河北教育出版社2000年版。

南怀瑾：《禅海蠡测》，中国世界语出版社1994年版。

江味农讲述：《金刚经讲义》，余晋、阮添愉点校，黄山书社2005年版。

余英时：《朱熹的历史世界：宋代士大夫政治文化的研究》，生活·读书·新知三联书店2004年版。

郭齐勇编：《现代新儒学的根基——熊十力儒学论著辑要》，中国广播电视出版社1996年版。

陈来：《有无之境：王阳明哲学的精神》，生活·读书·新知三联书店1997年版。

钱明：《儒学正脉——王阳明传》，浙江人民出版社2006年版。

张新民：《贵州地方志考稿》，根特大学出版社1993年版。

袾宏：《竹窗随笔》，心举点校，华东师范大学出版社2013年版。

谢无量：《谢无量文集》，中国人民大学出版社2011年版。

束景南：《阳明佚文辑考编年》，上海古籍出版社2012年版。

李零:《郭店楚简校读记》(增订本),北京大学出版社2002年版。

严绍璗:《日藏汉籍善本书录》,中华书局2007年版。

吴震:《明代知识界讲学活动系年:1522—1602》,学林出版社2003年版。

侯外庐主编:《中国思想通史》(第四卷下),人民出版社1960年版。

钱明、叶树望主编:《王阳明的世界:王阳明故居开放典礼暨国际学术研讨会论文集》,浙江古籍出版社2008年版。

张新民主编:《阳明学衡》(第二辑),贵州人民出版社2006年版。

后记

本书所收之文字，乃近30年来，我不断研读有明一代典籍文献，尤其姚江阳明及其各地后学文集史料，陆续撰写并发表于不同类型之期刊的文章，并由孔学堂书局根据“中国知网”逐篇排查审定，最后取其内容密契相关而又首尾一贯者，反复比较分类合编，悉心费力汇为一帙，俾其完整全面可观能读，才郑重出版并推荐给学术界和读书界的。我自20世纪80年代初，即因长期整日浸淫图书馆，大量苦读各种古籍，劳累过度而眚去一目。术后医生反复叮咛告诫，不能再从事任何案头文字工作。是时年轻颇不以为意，仍终日坚持读书写作不辍，无论寒暑节假，从未有过中断。不意20年后，不出医家所料，果然又翳去一目。从此双眼蒙眬，五步外即难辨黑白，自嘲已如“长夜室”中人。尤其今春疫情染疾，病眸愈加晕昏，遂三度赴沪手术，虽幸免于失明，仍几同于半瞎。故是书之编排雠校，自始至终，全由孔学堂书局负责；即书后之参考文献，自前至后，亦概由编辑根据正文注释一一比对列出，非唯省我眼枯无力与役之苦，即耐心细致亦非常人所能想象，不能不以为天地从来有情，人间总是有义。

以上所云，无非是想强调，是书之所以能列入《阳明文库》，作为丛书之一种梓行，无论最早之构想设计，抑或后来之编辑雠校，均完全得力于孔学堂书局之鼎力相助。非特总编苏桦、副总编张发贤不辞僻远，多次登门亲访，商讨内容体例，即责任编辑丁羽、陈真亦不避劳苦，倾力通校全部文字，细心比勘引文出处。病中我曾口述一函，略抒心中情愫，表达感激之情云：“编辑费时费工，百般辛苦，无任感荷，谨先致谢。文稿分编，环环相扣，首尾呼应，俨然已成专著，颇具慧识，亦令人感佩。”或可见当时歉疚不安之心迹，诚已铭刻为晚年难忘之记忆。

由于长期病目，我遂遵照宋儒“半日静坐，半日读书”之法，每日立订课程，不完成则不休息。《易》讲“艮止”，以为“时止则止，时行则行；动静不失其时，其道光明”。《大学》称“知止而后有定，定而后能静，静而后能安，安而后能虑，虑而后能得”。皆教人从身心上用功，以静定之法，收藏宥密，而后心之全体大用无不明，举止动静行为概合乎理。故朱子亦教人习静，强调涵养本源的重要，自谓“熹以目昏，不敢著力读书。闲中静坐，收敛身心，颇觉得力。间起看书，聊复遮眼，遇有会心处，时一喟然耳”（《晦庵先生朱文公文集》卷四十六《答潘叔昌》）。他以静坐收敛身心为下学而上达天德之工夫，读其文则不期然而然地升起强烈之认同感。我当然也坚信习静澄一既久，身心之滓秽必然可以连根拔去。至于阳明的“龙场悟道”，更得力于他“日夜端居澄默，以求静一”的实践工夫。(《年谱一》“正德三年戊辰”条)。而我之所以能够不因眵昏为苦痛，即在晚年亦无一日不耽书好读，乃至长时间用眼而不觉疲厌，虽不敢遽云有何条理秩如之深刻心性体悟，实亦与长期习静且思虑不散不乱大有关系。

是书将送厂付印之际，恰逢《文史天地》杂志主事者罗君晓东一再邀请，希望我为该刊近期撰一与阳明思想有关的开卷语。我以为办刊不易，其为人也真诚，遂慨然应允，匆匆拟一短信文，以为亦可附录于此，以作全书之补充。文章从阳明“龙场悟道”谈起，盖阳明悟道在黔地，书之出版亦在贵州，《阳明文库》已渐成规模，其中自有深意存焉。

我在文中所强调的是：明武宗正德三年（1508），王阳明在贵州龙场驿任上的“悟道”，乃是中国历史上一件极为重大的思想性事件。他“中夜大悟格物致知之旨”，并大声跃呼“圣人之道吾性自足”，宛如一声振聋发聩的惊天巨雷，不仅一语道破了生命和人格自我完善的本体论依据，原来就内在于无人不具的光辉人性，甚至长期权威化了的朱子《大学章句》“格物致知”之说，亦有必要重新诠释并赋予新的理论形态意义，从而在沉闷僵硬的官学文化系统之外，又开出了一条思想解放的新路径，形成了朱学与王学二水分流、双峰并峙，同时又循环互动、交流对话的良性思想文化生态局面。阳明的悟道话语及其对《大学》“格物致知”的重新解读，说明“格物致知”的工夫最重要的便是如何开显人人自身本有的内在德性——“明德”或“明明德”。而“明德”或“明明德”本质上就是阳明反复强调的体用一源的“良知”或“致良知”。无论“明明德”或“致良知”的修养实践工夫，都必须尽可能地开发或实现人的生命内部本有的一切潜能，然后再不断将其推至家国天下，亦即必须以先立乎其大的生命实际行为，将个人修身与社会政治实践，源自本心真性的价值与社会公共生活必需的知识，个体人格的完善与人类群体的完善等等，都有主有次完整全面地统合融贯为一体。如此人才能堂堂正正地站立于天地之间，不愧于中国文化一贯强调的天地人三才并立之大道宏业。

在阳明思想及其实践理论中，人性乃是“理”（性理、理性）的凝聚处，透过心性及社会化的实践工夫，将此“理”层层打通，则无论最能代表人的主体性的“心”（本心、真心）的活动，抑或由“心”灵妙发动的“意”（道德意志、自由意志），以及可以对“意”自明自觉省察克治的“知”（道德之知、理性之知），乃至由“意”或“知”感应沟通社会实践化的“物”（人与世界打交道过程中的“意义物”、人的行为过程中不断社会实践化的“事”），都无一不有“理”存在于其中。但更重要的是，“性理”之外复有“性情”，亦都融会贯通于人的“心”“知”“意”“物”的社会化实践行为之中，最终则不仅要成就理世界，同时也要成就情世界，从而达致人人都能诗意地栖居于其中的情理交融的终极理想目标。以“龙场悟道”为大跨度思想飞跃升华的转折性起点，阳明提出了“心即理”“心外无物”“知行合一”“致良知”等一系列颇有原创性特点的理论学说，从而一方面反映了他的思想境界的不断提升及理论言说的日趋成熟；另一方面也说明作为个体的人的价值及其尊严也越来越受到社会的广泛重视和认可。尤其萌芽于龙场而定型于晚年的“良知”和“致良知”学说，即本体即工夫，即工夫即本体，“知”与“行”之所以是两个字说一个工夫，乃是因为它们本质上都是良知实践过程中的一体两面。因而其说不仅为“知行合一”说赋予了新的体用哲学的深刻意义，而且也再次强化了先秦以来即有的人性或道德面前人人平等的一贯思想传统，发挥了冲破官方教条及解放思想的启蒙性历史作用。即使在21世纪的今天，如果要重建归属于每一个体的大写的主体性，强化人本来应有的自尊、自重、自信、自强、自立精神，从而从个人的修身点点滴滴地积累为人类社会的高度道德化文明，阳明的思想学说仍能以源头活水的方式发挥创造性转化和创新性发展的现代性意义和现代性作用。

最后，稍须说明的是：本书各篇文字撰于不同的时间地点，因而随手取用之参考文献资料，其版本来源出处或多或少亦存在差异，今则概存其旧，不强求统一。生也有涯，知则无涯，自知讹误必多，甚望读者随时示正。

张新民

二〇二三年谨识于筑垣花溪晴山书屋